JN415121

디지털 경제의 진화에 따른 창조경제의 이해

정보통신경제론

박경진 지음

Information Communication Economics

백산출판사

머리말

21세기 지식기반사회에서 IT분야를 국가발전 전략으로 추진하여 이제 우리나라는 창조경제의 기반을 갖추고 글로벌 경쟁력이 있는 ICT 산업을 보유한 정보통신 일등국가로 도약하였다. 그러나 급변하는 세계 정보통신경제를 선도하기 위해서는 계속하여 기술과 경제를 연구하는 새로운 준비가 필요하다.

이제 창조경제시대에 정보통신경제는 사회 각 분야의 변화를 야기시키는 원동력으로 떠오르게 되었으며 따라서 정보통신산업은 중요시 되고, 국가경쟁력을 결정짓는 ICT경제가 대두되었다.

이 책은 다년간 정보통신분야에서 종사하였고, 대학에서 오랫동안 정보통신공학과 정보통신정책학 및 IT경제학을 강의하였던 자료들을 바탕으로 하여 정보통신기술과 인터넷을 이용한 정보통신경제가 집합된 도서이다.

우리는 정보사회에서 빠르게 발전하고 있는 정보통신기술의 홍수 속에서 살고 있으며 선진국에서는 국가의 전체 수출액 중 30～40%를 정보통신분야가 차지하고 있다. 인터넷과 스마트폰 활용의 급격한 증가로 국가 경제의 패러다임이 정보통신기술을 이용한 창조경제로 확산되고 있으며, 방송과 통신의 융합에 이어 다양한 산업현장에서의 통신기술과 경제의 융합을 확인할 수 있다.

정보사회에서는 이러한 창조경제의 필요성에 효율적으로 대응하고 정보통신분야의 연구개발에 한층 더 노력하여 국가경제 발전에 기여하여야 한다. 현재 한국의 정보통신분야 국가기술수준은 인터넷 기술, 스마트폰 기술, 반도체 기술, 디스플레이 기술 등에서 세계적 우위를 차지하고 있으나 더욱 많은 분야에서 앞서가도록 계속 노력하여야 하고 정책적으로 지원하여야 한다.

정보화사회에서 인터넷과 IPTV 등을 중심으로 기업과 소비자들의 경제활동에 관한 의사결정이 이루어지는 디지털 경제 질서를 이해하기 위해서는 자본과 토지 등 유형의 자원으로 이루어지던 전통적인 경제와는 다른 무형의 신경제 접근이 필요하다.

따라서 이 책에서는 정보통신기술을 기반으로 네트워크의 확산을 통하여 형성되는 정보통신경제의 진화와 그에 따른 경제형성의 변화를 살펴보고, 이러한 변화가 소비자와 기업의 경제활동에 미치는 영향과 변화 및 발전을 살펴보고자 한다. 따라서 정보통신기술을 기반으로 한 디지털 경제의 진화에 따라 창조경제를 이해하고 국가 신경제발전에 도움이 되기를 바란다.

이 책은 총 15개 장으로 구성하였으며, 제1장에서 제5장까지는 경제학의 이해 및 IT경제와 창조경제를 다루었고, 제6장에서 제10장까지는 신경제의 수확체증의 법칙, 전자상거래와 소셜네트워크, 정보보안과 특허 및 혁신 등을 다루었으며, 제11장 소프트웨어산업의 경제적 중요성과 활성화 방안, 제12장 IPTV의 경제적 가치, 제13장 디지털 경제와 기업경영, 제14장 디지털 경제와 인적자원관리, 제15장 정보통신기술정책이 국가경제성장에 미치는 영향으로 구성하여 정보통신경제를 이해하도록 하였으며 부록에서는 주요용어 해설을 첨부하였다.

끝으로 이 책을 펴내는데 관련분야 여러 학자들의 연구결과가 많은 도움이 되었으며, 또한 이 책의 발행을 맡아 주신 백산출판사의 진욱상 사장님과 편집부 관계자분들께도 깊은 감사를 드린다.

2014년 9월

박경진 씀

차 례

제2부 소프트웨어산업과 디지털 경제의 기업경영 199

표목차

그림목차

제1부 IT경제와 창조경제

제1장

경제학의 이해

제1절 · 경제학의 정의

경제학(economics)은 제한된 자원희소성에서 태동되었으며 "경제주체들이 무한한 인간의 욕구(unlimited needs)를 충족시키기 위해 희소한 자원(scarce resources)을 활용하여 무슨 재화를 생산할 것인가, 자원을 어떻게 배분하여 생산할 것인가, 생산된 재화를 경제주체 상호간에 어떻게 배분할 것인가를 연구하는 사회과학"이다.

경제학은 주로 자원의 희소성으로 인해 발생하는 선택의 문제를 다루는 학문으로 '경제학은 제한된 자원으로 인간의 물질적인 욕구를 충족시키기 위한 합리적인 방법을 연구하는 학문분야이다'라고 정의할 수 있다. 경제학은 사회과학의 한 분야로 개인 및 사회전체의 경제문제 해명이 학자들의 관심사이다. 전통적으로는 재화의 생산, 교환, 소비 등과 관련된 선택의 문제가 경제학의 주요 분석대상이다.

1. 경제학의 3요소

1) 경제주체

경제주체란 가계(household), 기업(firm), 정부(government)를 말하는데, 이들은 소비는 물론 생산활동도 동시에 수행하고 있는 독립된 경제단위이다. 전업주부나 전업학생은 가계로 볼 수 없다. 그 이유는 소비활동은 하고 있으나 생산활동에는 참여하고 있지 않으며 독립적인 의사결정을 하지 못하고 가계 내에서 발언권은 있으나 의사결정은 어디까지나 가족 전체에 있기 때문이다. 기업은 가계로부터 생산요소를 제공받아 재화를 생산, 판매하여 이윤을 취하는 경제단위이다. 정부는 가계나 기업으로부터 세금을 징수하거나 자체 사업을 통해 수입을 창출하고 이를 다시 소비하는 경제단위이다.

2) 자원

희소한 자원이란 생산에 사용되는 생산요소(production factor)로써 보통 토지, 자본, 노동 세 가지를 말한다. 토지는 생산의 기초공간이다. 자본은 생산에 필요한 공장설비, 기계, 원자재 등을 말한다. 노동은 인간이 제공하는 에너지와 지식 등이며 여기에는 기업가의 경영도 포함된다.

넓은 의미로 보면 경제적 자원이란 인간의 생활에 도움이 되는 재화나 물자를 의미하나 좁은 의미로는 생산요소를 말한다. 생산요소(input of production)란 생산과정에 투입되어 재화나 서비스로 변환될 수 있는 것을 의미하는데 생산요소는 노동, 자본, 토지인 것이다.

3) 재화

재화는 희소성이 있는 경제재(economic goods)와 무한히 존재하므로 대가를 받을 수 없는 자유재(free goods)로 나눌 수 있는데 경제학의 연구대상은 경제재에 국한된다. 경제재는 다시 형태가 있는 유형의 재화와 형태가 없는 무형의 재화로 나눌 수 있다. 유형의 재화는 의식주와 같은 옷, 자동차, 쌀, 주택 등 우리가 흔히 눈으로 볼 수 있는 재화이다. 무형의 재화를 용역 또는 서비스(service)라 부르는데 무형의 재화로는 교사의 교육서비스, 가수의 노래, 의사의 의료행위, 보험이나 정보제공 등에 이르기까지 종류가 점차 다양해지고 있고 정보화 사회에서는 그 비중도 높아지고 있다(안홍식, 2009).

다시 말하면 재화(goods)란 음식, 운동화, 스마트폰과 같이 사람들이 소비함으로써 만족을 얻을 수 있는 것을 말한다. 이 재화는 희소성 여부에 따라 햇빛, 공기와 같은 자유재(free goods)와 대가를 지불해야 얻을 수 있는 경제재(economic goods)로 나누어지고, 경제재는 용도에 따라 소비재(consumer goods)와 자본재(capital goods)로 구분된다. 그리고 서비스(service)는 음악가의 연주 등과 같이 사람들이 만족을 얻을 수 있는 유용한 행위를 말한다.

2. 희소성의 법칙

인간의 욕구는 무한이나 이를 충족시켜 줄 수 있는 재화나 서비스를 원하는 만큼 생산하기에는 경제적 자원이 부족한 상태를 희소성의 법칙(law of scarcity)이라고 한다. 경제적 자원이 희소하므로 사람들은 제한된 자원을 어떻게 사용하는 것이 합리적인지에 관련된 선택의 문제에 직면하게 된다. 자원의 희소성으로 인해 소비, 생산, 분배에 있어서 발생하는 여러 가지 문제를 경제문제라고 한다. 즉 자원의 희소성이란 절대적인 양이 적은 것을 의미하는 것이 아니라 사람들이 원하는 양에 비해 부족한 상태를 말한다.

3. 3가지의 경제문제

경제적 자원의 희소성으로 인해 모든 사회는 다음과 같은 세 가지의 경제문제에 직면하게 된다.

1) 어떤 재화를 얼마나 생산할 것인가? (생산물의 종류와 수량)
2) 어떻게 생산할 것인가? (생산방법)
3) 누구를 위하여 생산할 것인가? (소득분배)

이와 같이 한정된 재화나 서비스를 한 사람이 많이 가져가면 다른 사람의 몫이 줄어들게 되므로 위의 세 가지 중에서 소득분배는 항상 갈등의 소지를 내포하고 있다. 경제문제의 해결방식은 그 사회가 채택하고 있는 경제체제에 따라 달라진다.

제2절 · 경제학의 원리

1. 경제 원리

경제학(經濟學: economics)은 생산과 분배, 그리고 재화나 용역의 소비와 같은 경제 현상을 연구하는 사회 과학이다. 경제학은 복잡한 경제 활동에서 특정한 규칙성을 발견하여 경제 현상의 원인과 결과를 탐구하고 예측하는 것을 목표로 한다. 이를 위해 경제학자들은 세계의 경제 상태, 개개인과 기업이 노동, 소비, 투자, 고용, 가격 등을 어떻게 결정하는 지를 연구한다. 또한 경기의 침체와 호황, 개인이나 국가 간에 나타나는 부의 불균형과 같은 것들도 경제학의 주요 관심 분야이다.

경제학은 자원 등 경제적 가치가 있는 대상이 희소하고 이를 선택할 때에는 기회비용이 발생한다는 것을 기본적인 전제로 한다. 경우에 따라서는 공기와 같은 것마저 공짜가 아니다. 개인, 기업, 국가와 같은 경제 주체들은 시장에 참여하여 재화와 용역의 수요와 공급을 창출하고, 이 과정에서 최대한 이익이 되는 방향으로 행동하려한다.

따라서 경제 활동은 각 경제 주체가 가장 합리적인 선택을 하려는 경향성을 보이게 되고 이때문에 일정한 규칙이 성립하게 된다. 경제학은 이러한 경제 활동의 규칙을 가지고 이를 바탕으로 미래의 경제를 예측한다. 경제학은 현재의 상황을 분석하여 그 원인과 결과를 규명하는 실증경제학과 가치 판단에 따라 경제 활동을 평가하는 규범경제학으로 나눌 수 있다.

한편, 경제학은 시장에 참여한 경제 주체의 활동을 연구대상으로 하는 미시경제학과 국가 단위 규모의 경제 활동과 정책을 연구 대상으로 하는 거시경제학으로 구분되기도 한다. 경제학의 학파에는 고전학파, 케인즈주의, 제도학파, 통화주의 등이 있다. 비주류 경제학으로는 대표적으로 마르크스 경제학, 행동경제학, 신경경제학 등이 있다.

인간은 다양한 욕구를 가지고 있다. 인간이 욕구를 만족시키기 위해 자원을 사용하는 모든 과정이 경제학의 연구 대상이 된다. 인간의 욕구를 만족시키는 데 사용되는 최종적인 대상을 재화와 서비스라고 한다. 재화는 유형적인 대상, 서비스는 무형적인 대상을 가리킨다. 구체적으로 예를 들면, 머리빗은 재화이고, 미용실에서 머리를 자르는 것은 서비스이다. 재화와 서비스는 노동, 자본, 원자재 같은 생산요소를 결합하여 생산된다.

예를 들어 플라스틱 머리빗은 노동력과 머리빗 만드는 기계(자본), 플라스틱의 원료가 되는 석유(원자재)를 결합하여 생산된다. 생산된 재화와 서비스는 경제 행위자들 사이에서 교환되어 분배된다. 분배된 재화와 서비스는 최종적으로 소비되어 인간의 욕구를 만족시키게 된다. 이 각각의 과정, 즉 생산, 교환, 분배, 소비 등이 경제학의 연구 대상이 된다. 생산, 교환, 분배, 소비 등의 과정에 영향을 미치는 요소들이나 혹은 특정한 산업 역시 경제학의 연구 대상이 된다. 노동이라는 생산요소에 초점을 맞추는 노동경제학, 농업이라는 산업에 특화된 농업경제학 등이 그 예이다. 산업 내의 구도를 연구하는 산업조직론, 국가 간 무역을 연구하는 국제무역론, 국가 간 금융 거래와 흐름을 연구하는 국제금융론 등도 있다.

장기적이고 경제 전체를 연구하는 분야로는 거시경제학이 있으며, 거시경제학에서는 경제성장, 경기변동, 실업률, 물가 등을 다룬다. 직접적으로 경제와 관련된 문제 이외에도 현대의 경제학은 경제학 제국주의라고 불릴만큼 인접 학문의 주제들을 넓게 연구하고 있다. 법, 투표, 범죄, 정보, 교육 등이 대표적으로 인접 학문과 겹치는 분야들이다.

2. 경제이론의 개념

1) 경제이론(economic theory)이란 복잡한 경제현상을 추상화하고 단순화하여 여러 가지 경제변수들 간의 인과관계를 체계적으로 정리한 것을 의미한다.
2) 우리는 경제이론을 통해 현실에서 일어나고 있는 각종 경제현상의 원인과 전개과정 등을 체계적으로 이해할 수 있다.
3) 더 나아가 해외경제상황의 변화, 정부의 각종 경제정책 등 외부적인 변화가 경제에 어떤 영향을 미칠지에 대한 예측을 할 수 있게 된다.
4) 경제이론은 언어를 통해 서술적으로 나타낼 수도 있고, 그림을 통해 나타낼 수

도 있으며, 수식으로 나타낼 수도 있다.

5) 수식을 이용하는 것이 가장 간단히 나타낼 수 있을 뿐만 아니라 엄밀한 논리전개가 가능하기 때문에 경제이론은 수식으로 표현될 때가 많다.
6) 경제이론은 분석의 대상, 경제문제에 대한 접근방법 등에 따라 여러 가지로 구분할 수 있다.

3. 경제학의 역사

경제학이 체계적인 학문으로 자리매김한 것은 애덤 스미스가 국부론을 출판한 1776년 이후이다. 애덤 스미스 이전에 경제에 대한 연구가 없었던 것은 아닌데, 이를테면 경제에 대한 노동가치설의 효시가 되는 내용은 아리스토텔레스의 저작에서 확인할 수 있다.

애덤 스미스가 국부론을 출판할 당시, 각 개인의 경제적 자유는 지금처럼 중요하게 여겨지고 있지 않았다. 국가가 개인의 경제 활동을 통제하는 것은 자연스럽게 여겨졌고, 세금, 수출입 규제 등은 체계적인 이론적 바탕 없이 자의적으로 이뤄지고 있었다. 애덤 스미스는 시장의 자율적인 조정 능력을 강조하며 개인이 사적 이익을 추구할 수 있도록 내버려두는 것이 사회 전체의 이익에 기여한다는 것을 보였다.

애덤 스미스는 국가가 개인의 경제 활동에 개입하지 않아도 시장에서의 가격 조정을 통해 수요와 공급이 균형을 이룬다고 주장했다. 이런 시장의 기능을 그는 보이지 않는 손이라고 표현하기도 했다. 애덤 스미스는 또한 분업의 이점을 논리적으로 설명하였고, 노동가치설을 설명하기도 했다.

국부론 이후, 토마스 맬서스, 데이비드 리카도, 존 스튜어트 밀, 카를 마르크스 등이 애덤 스미스를 계승하여 가치론, 분배 이론, 국제 무역에 대한 설명을 제공했다.

애덤 스미스 이후, 경제학이 방법론상의 큰 변화를 겪은 것은 한계 효용 학파의 등장 이후이다. 한계 효용 학파는 물리학의 프레임워크를 받아들여 미적분을 사용한 수학적인 모형을 개발했다. 일반 균형 모형이 연구된 것이 한계 효용 학파 시대이다. 경제학이 현대의 주류 경제학과 가까운 모습으로 정착한 것은 한계 효용 학파 이후다. 한계 효용 학파 이전의 경제학에는 수학이 제한적으로 사용되었고, 많은 부분이 말로 설명되었다.

한계 효용 학파에 따르면, 합리적인 경제주체는 한계 효용이 한계 비용과 같아지는 지점을 선택한다. 이 원리는 현대에서도 다수의 경제 모형의 결론에서 발견할 수 있는 원리이다. 한계 효용 학파 시대에 경제학은 처음으로 대학에 독립된 학과로 개설되었다. 알프레드 마셜이 1903년에 캐임브리지 대학에 경제학과를 개설한 것이 최초이다.

알프레드 마셜의 제자였던 존 메이너드 케인즈는 국가의 전체적인 관점에서 경제를 설명하려 했다. 그는 현대에 사용되는 재정 정책과 통화 정책 등의 경기 부양 정책의 기초적인 논리를 마련했다. 그는 거시경제학의 아버지로 불린다. 그는 경기 불황 시에 국가의 적극적인 개입을 강조했다.

1944년에 존 폰 노이만과 오스카 모겐스턴은 게임의 이론과 경제 행위라는 책을 출간한다. 이는 게임 이론의 시초가 되는 저작으로 여겨진다. 게임 이론은 경제 행위자 간 상호작용을 다루는 경제학의 분야이다. 현대의 경제학은 학문으로서 성공적인 지위를 누리고 있으며, 대부분의 국가의 정책 결정에 필수적으로 사용된다.

4. 경제학의 연구방법

경제는 연구하기 까다로운 대상이다. 그 이유는 첫째, 경제라는 시스템은 절대적인 크기가 크며, 둘째, 인간이라는 요소를 포함하고 있고, 셋째, 상호작용하는 요소가 다양하고 수가 많기 때문이다. 이 이유들 때문에 경제는 실험을 통해 연구하기가 어렵다. 따라서 주류경제학은 독특한 연구 방법을 발전시켜왔다. 많은 경우에 경제학은 경제를 수학적 모형으로 만들어 그 성질을 분석한다.

주류경제학에서 인간의 행동을 수학적으로 형식화하기 위해 사용하는 중요한 가정은 인간의 선호에 대한 합리성 가정이 있다. 거칠게 설명하자면, 합리성 가정은 인간의 선호에 순서가 주어질 수 있다는 가정이다. 이 가정은 수학적으로 형식화된 몇 개의 공리로 이뤄져 있다. 대부분의 현대 주류경제학 이론은 이 공리에 기초하고 있다. 선호에 순서가 주어질 수 있다는 것은 인간의 행동을 관찰해보면 그다지 강한 가정은 아니다. 경제학에서 선호에 순서가 주어질 수 있다고 가정하는 것은 두 개의 대상을 똑같이 좋아할 수 없다는 의미가 아니다. 다만 순서에 모순이 없어야 한다는 의미이다.

당신에게 세 명의 친구 영희, 철수, 민희가 있다고 생각해보자. 당신이 영희를 철수보다 더 좋아하고, 철수를 민희보다 더 좋아하면, 당신은 영희를 민희보다 더 좋아할 것이다. 이 경우 세 명의 친구에 대한 선호는 영희>철수>민희의 순서가 된다. 영희, 철수, 민희를 똑같이 좋아하는 경우에도 합리성 가정은 만족된다. 다만 합리성 가정이 배제하는 경우는 영희를 철수보다 더 좋아하고, 철수를 민희보다 더 좋아하는데, 민희를 영희보다 더 좋아하는 경우이다. 이 경우 영희>철수이면서 철수>민희지만 영희>민희라고 쓸 수 없게 된다.

합리성 가정은 크게 무리있는 가정은 아니지만, 이 합리성 가정에 대해서는 신경경제학, 행동경제학 등 비주류 경제학계에서 비판이 있었다. 실증적으로는 합리성 가정이 깨지는 경우가 있으며 어린아이의 경우 그런 경향이 더 크다는 연구 결과가 있다. 경제학에서는 주로 실험 대신 통계적 방법으로 이론을 검증한다. 경제학 이론을 검증하는 데 특화된 통계학을 계량경제학이라고 한다. 최근에는 시뮬레이션도 많이 사용되고 있다.

제3절 · 경제학의 분류

1. 미시경제학과 거시경제학

현대의 주류 경제학은 크게 개인과 기업 등의 개별경제 주체의 행동을 다루는 미시경제학과 경제성장, 경기변동, 실업, 인플레이션 등 경제 전체의 움직임을 다루는 거시경제학으로 나눈다. 그 외에 환경경제학, 교육경제학, 정보경제학, 노동경제학 등 연구의 주제나 연구방법에 따라 분류하기도 한다.

1) 미시경제학

미시경제학(Microeconomics)은 개인과 기업 등 개별경제 주체의 행동을 다룬다. 미시경제학은 개별 주체가 사용할 수 있는 자원의 양이 제약되어 있을 때, 개별 주체가 어떻게 최선의 선택을 하게 되는지를 설명한다. 미시경제학의 하위 분야인 게임이론에서는 경제 주체 간의 상호작용을 다룬다.

그 외의 미시경제학에 속하는 경제학 분야로는 산업조직론, 재정학 등이 있다.

(1) 미시경제학은 경제를 구성하는 개별경제주체인 소비자와 생산자의 행동 원리 및 개별시장에서의 가격과 거래량이 결정되는 메커니즘 등을 분석한다.

(2) 소비자의 효용극대화 행위로부터 수요곡선과 요소공급곡선이 도출되는 과정 및 기업의 이윤극대화 행위로부터 공급곡선과 요소수요곡선이 도출되는 과정에 대해 살펴본다.

(3) 생산물시장에서 재화가격과 생산량, 생상요소시장에서 요소가격과 고용량이 결정되는 과정을 분석한다. 또한 시장실패를 유발하는 요인인 외부효과와 공공재, 정보의 비대칭성 등을 다룬다.

2) 거시경제학

거시경제학(Macroeconomics)은 경제 전체의 움직임을 다룬다. 경제성장, 경기변동, 실업, 인플레이션 등이 거시경제학의 주요 주제이다. 거시경제학의 하위 분야로는 국제금융론 등이 있다.

(1) 거시경제학은 개별경제주체들로 구성된 국민경제 부문간의 상호관계, 경제전체의 구조와 성과 및 이에 영향을 미치는 각종 정부정책 등을 다룬다.

(2) 국민소득(GDP), 물가, 실업 등과 같은 거시경제변수들의 결정요인에 대해 분석한다. 또한 정부의 각종 정책이 경제활동에 미치는 영향과 정부정책의 파급경로 등을 다룬다.

(3) 경제활동수준이 주기적으로 변하는 경기변동과 장기적으로 경제규모가 커지는 경제성장의 요인에 관한 것도 거시경제학에서 다루는 주요 내용의 하나이다.

개념적으로 경제학을 크게 거시경제학과 미시경제학으로 나누지만, 그 경계가 그렇게 분명한 것은 아니다. 경제의 거시적인 현상은 결국 미시적인 현상들의 상호작용이 하나의 흐름으로 나타난 것이다. 예를 들어, 거시경제학에서 사용하는 총수요 개념은 실제로는 각 가계의 수요가 종합된 개념이며, 각 가계의 수요는 미시경제학으로 설명할 수 있는 것이다. 이런 사실을 반영하여 최근의 거시경제학에서는 미시경제학적 설명을 기초로 한 모형이 대세를 이루고 있다. 다만 사용하는 수학의 수준이 높기 때문에, 학부 기초 수준의 과목에서는 미시경제학적 설명이 포함된 거시경제학 모형이 잘 다뤄지지는 않는다.

3) 경제학에서의 통계학의 사용

통계학은 경제학에서 필수적으로 사용된다. 경제학은 실험을 하기가 어렵기 때문에 통계적인 방법으로 검증하는 경우가 많다. 통계학 중에서도 경제 데이터 특유의 관점에 집중하는 통계학을 계량경제학이라고 한다. 계량경제학을 사용한 이론검증은 대부분의 경제학 분야에서 사용된다. 계량경제학 이외에 경제 과정을 확률과정으로 모형화하는 경우에도 통계학적 기초가 필요하다.

2. 경제학의 학파

고전경제학(古典經濟學, classical economics)은 경제사상사에서 최초의 근대 경제이론으로 지목하는 경제학의 한 부류이다. 고전경제학을 정립한 주요 학자로는 애덤 스미스, 데이비드 리카르도, 토머스 멜더스, 존 스튜어트 밀 등이 있다. 이들 외에도 윌리엄 퍼티, 요한 하인리히 폰 튀넨, 그리고 카를 마르크스 등도 고전경제학자로 다루어지기도 한다.

일반적으로 1776년 출간된 애덤 스미스의 국부론이 고전경제학의 시발점으로 여겨진다. 고전경제학은 19세기 중반까지 경제 이론에 큰 영향력을 발휘하였으며, 1870년 시작된 영국의 신고전경제학 발현의 근원 역할을 하기도 하였다.

1) 케인즈주의 : 존 메이너드 케인즈가 시초다.

케인즈 경제학(Keynesian economics)은 20세기 영국의 경제학자 존 메이너드 케인즈의 사상에 기초한 경제학 이론이다. 케인즈 경제학은 공공 부문과 민간 부문이 함께 중요한 역할을 하는 혼합경제를 장려한다. 이는 시장과 민간 부문이 국가의 간섭이 없는 상태에서 가장 잘 작동한다고 주장하는 방임주의적 자유주의와는 상당한 차이가 있으며, 실제로 케인즈 경제학은 여러 경제학자들이 방임주의의 실패로 인한 것으로 여기는 문제점들을 해결하기 위해 개발되었다.

케인즈의 이론은 거시경제적 흐름이 각 개인들의 미시적 행동을 압도할 수 있다고 말한다. 경제적 과정을 잠재 생산의 지속적인 성장으로 보는 18세기 후반 이후 고전 경제학자들의 관점과는 달리, 케인즈는 (특히 불황기에) 경제를 이끌어 가는 요소로서 상품에 대한 총수요를 강조했다. 이런 관점에서 그는 1930년대의 높은 실업률과 디플레이션에 대해 거시적인 규모에서 대처하기 위해 정부가 정책적으로 소비를 유도해야 한다고 논했다. 불황 시기에 정부가 지출을 늘리면 보다 많은 돈이 유통되므로 시민들의 소비와 투자가 유도되어 경제가 정상 상태를 회복한다는 것이 케인즈의 주장이다. 이는 공급측면 경제학에 반대되는 의미로서 소비측면 경제학이라 할 수 있을 것이다.

2) 신자유주의

밀턴 프리드먼이 거두다. 신자유주의(新自由主義, 영어: neoliberalism)는 1970년대부터 부각하기 시작한 경제적 자유주의 중 하나이다. 토머스 우드로 윌슨 대통령이 1920년대 제창했던 새로운 자유(The New Freedom) 정책, 그리고 정치적, 문화적 자유에도 중점을 두었던 자유주의와는 다른, 고전적 자유주의에 더 가까운 것이다.

국가 권력의 개입증대라는 현대 복지국가의 경향에 대하여 경제적 자유방임주의 원리의 현대적 부활을 지향하는 사상적 경향이다. 고전적 자유주의가 국가개입의 전면적 철폐를 주장하는데 비해, 신자유주의는 강한 정부를 배후로 시장경쟁의 질서를 권력적으로 확정하는 방법을 취한다. 신자유주의는 1980년대의 영국 대처 정부에서 보는 것처럼 권력기구를 강화하여 치안과 시장 규율의 유지를 보장하는 '작고도 강한 정부'를 추구한다.

신자유주의는 한국에서 주로 노동 시장의 유연화(해고와 감원을 더 자유롭게 하는 것), 작은 정부, 자유시장경제의 중시, 규제 완화, 자유무역협정(FTA)의 중시, 공기업 사유화, 의료 사유화, 방송 사유화 등의 형태로 나타나고 있다.

3) 마르크스 경제학

마르크스 경제학은 카를 마르크스의 1867년 저작 자본론이 그 시초이다. 자본론은 경제 체계와 개인의 관계를 유기적인 관점에서 파악한다. 노동자와 자본가의 대립관계를 강조하며, 계급 혁명을 주장한다. 러시아 등지의 공산주의 혁명은 마르크스 경제학의 영향을 받은 것이다. 마르크스 경제학은 사회 민주주의 등에도 영향을 미쳤다.

4) 생태경제학

경제를 생태계의 일부로 보는 관점을 적용한 경제학 분야이다. 열역학 경제학과 관계가 깊다. 1970년대에 인류의 복지 향상을 위해서는 인류 사회와 생태계의 지속가능한 발전을 함께 추구해야 한 다는 분야가 태동하였다. 이 분야가 바로 생태경제학(ecological economics)이다.

5) 환경경제학

1960년대에 선진국에서 환경주의의 영향을 받아 환경문제를 경제학의 테두리에서 고민하는 분야가 태동하였다. 환경호르몬은 유독 폐기물, 온실효과 기체 등 환경을 오염시키는 물질은 경제 활동의 결과 배출된다, 따라서 환경경제학은 경제 활동의 영역 안에서 환경문제의 원인을 규명하고 해결 방안을 모색한다. 환경경제학에서는 시장실패, 곧 자원 배분의 비효율성은 외부효과 때문에 발생하며, 외부효과는 환경오염으로 인해서 나타난다고 전제한다.

따라서 환경경제학은 시장 실패를 해결하기 위해 대기 및 수질 오염, 유독 폐기물, 지구 온난화, 생물 다양성 보존 등에 관련된 환경정책에 대한 비용 및 편익 분석을 통해서 가장 효율적인 해결 방안을 모색한다. 환경오염으로 인해서 발생하는 시장실패를 해결하기 위해서는 모든 환경오염의 원인 제공자가 환경 이용에 대해

응분의 가격을 치르도록 제도적 장치를 만들고 이를 실시해야 한다. 이를테면 지구 온난화의 주범인 이산화탄소를 배출할 수 있는 권리를 설정한 다음에 이러한 탄소 배출권을 자유롭게 사고팔게 하는 방법이 대표적 사례이다.

3. 실증경제학과 규범경제학

경제학을 가치판단이라는 다른 각도에서 분류해보면 실증경제학(positive economics)과 규범경제학(normative economics)으로 나눌 수 있다.

1) 실증경제학

실증경제학이란 연구자의 주관적 가치판단을 배제한 채 경제현상을 존재하는 그대로 분석한다. 예를 들어 "통화량이 증가하면 물가가 오른다." 혹은 "통화량이 증가하면 총수요가 증가하여 국민소득이 오른다."는 분석을 내놓은 것은 실증경제학의 범주이다. 즉, 실증경제학은 경제분석의 결과 얻어진 사실만을 진술하는데 그친다.

2) 규범경제학

규범경제학은 연구자의 가치판단이 개입되어 무엇이 나은 것인지를 따진다. 예를 들어 통화량의 증가는 물가를 올려 인플레이션을 유발하는 반면 총수요를 증가시켜 국민소득을 증가시킨다는 실증적 분석에 대해 규범경제학은 이 시점에서 통화량의 증가가 바람직한 것인가 아닌가를 논한다.

제4절 · 합리적 선택과 기회비용

1. 합리적 선택

합리적 선택(rational choice)이란 여러 대안 중에서 가장 최선의 대안을 고르는 것을 말한다. 최선의 대안을 선택하기 위해서는 각 대안의 편익과 비용을 정확하게 파악해야 한다. 그리고 편익(benefif)이란 어떤 선택을 하였을 때 얻게 되는 유형, 무형의 가치를 말하며, 비용은 그 선택을 함에 따라 희생해야 하는 것(기회비용)을 말한다. 편익에서 비용은 차감한 순편익이 가장 커지는 대안을 선택하면 최선의 결과에 도달하게 된다.

2. 기회비용과 매몰비용

1) 기회비용

기회비용(opportunity cost)이란 어떤 선택을 함에 따라 포기해야 하는 여러 다른 대안 중에서 가치가 가장 큰 것을 의미한다. 어떤 선택에 따른 기회비용에는 명시적 비용과 암묵적 비용이 모두 포함된다.

(1) 명시적 비용 : 어떤 대안을 선택할 때 실제로 지출한 것으로 회계적 비용이라고도 한다. 예를 들면 대학교에 진학할 때 필요한 등록금과 책값이 명시적 비용이다.

(2) 암묵적 비용 : 그 대안을 선택하지 않고 다른 대안을 선택했다면 얻을 수 있었던 것의 가치를 말한다. 예를 들면 고등학교를 졸업하고 바로 취업을 하였다면 얻을 수 있었던 소득이 암묵적 비용에 해당된다.

합리적인 선택을 하기 위해서는 항상 기회비용의 관점에서 의사결정을 내려야 한다. 기회비용은 주관적이며 화폐액으로 측정되기도 하나 화폐로 측정된 금액은 기회비용의 일부인 경우가 많다.

2) 매몰비용

매몰비용(sunk cost)이란 이미 지출이 이루어져 다시 회수가 불가능한 비용을 의미한다. 예를 들면, 광고비, 연구개발비 등과 같이 일단 지출하고 나면 회수가 불가능한 매몰 비용이다. 합리적인 선택을 위해서는 이미 지출되어 회수가 불가능한 매몰비용은 고려하지 말아야 한다.

제5절 · 경제주체와 경제순환

1. 현대의 경제주체

경제주체란 경제행위를 수행하는 개인이나 집단을 의미하는데, 경제주체는 가계, 기업, 정부와 현대의 세계화시대에는 외국도 들어가 4가지로 구분된다. 경제주체 중에서 가계와 기업이 가장 중요한 역할을 수행하고 있으나 현대사회로 들어오면서 정부의 역할도 점점 커지고 있다.

2. 경제체계와 경제문제의 해결방식

경제체제란 각 구성원의 경제활동을 조정하여 경제문제를 해결하는 사회적인 양식을 의미하는데, 대표적인 경제체제로는 자본주의 시장경제체제와 사회주의 계획경제체제를 들 수 있다. 자본주의 시장경제체제에서는 시장의 가격기구를 통해 경제문제의 해결이 이루어지는데 비해 사회주의 경제체제에서는 정부의 계획과 명령에 의해 이루어진다.

경제학은 자본주의 시장체제하에서의 자원분배 문제를 다루므로 우리는 경제문제들이 시장의 가격기구를 통해 해결되는 것으로 본다. 시장경제체제하에서는 자원 배분과 관련된 모든 의사결정이 시장의 가격기구를 통하여 다른 어떤 경제체제하에서보다 효율적으로 이루어지는데, 최초로 경제학을 정립한 애덤 스미스(A. Smith)는 가격기구의 역할을 '보이지 않는 손(invible hand)에 비유한 바 있다.

3. 경제순환

1) 시장경제에서는 각 경제주체들이 시장을 통해 상호작용하는 과정에서 희소한 경제적 자원이 어떤 재화생산에 사용되며, 이를 누가 소비할지가 결정된다.

2) 가계와 기업만으로 구성된 경제에서의 경제순환을 간단히 정리하면, 가계는 생산요소시장에서 노동, 자본 등의 생산요소를 공급하고 얻은 소득으로 재화시장에서 재화와 서비스를 구입한다. 이를 통해 가계는 효용을 극대화하고자 한다. 또한 기업은 재화시장에서 재화와 서비스를 판매하여 얻은 판매 수입으로 생산요소시장에서 요소가격을 지불한다. 이 과정에서 기업은 이윤을 극대화하고자 한다.
3) 재화시장에서 각 재화의 가격이 결정되면, 기업은 어떤 재화를 생산할지를 결정하고, 그에 따라 생산요소에 대한 수요가 결정된다. 이 과정에서 요소가격이 결정되고, 또한 희소한 경제적 자원이 어떤 재화생산에 사용될 지가 결정된다.
4) 시장기구에 의해 모든 경제문제가 효율적으로 이루어지는 것은 아니며, 시장기구에 의한 자원배분이 비효율적이거나 공평하지 않는 경우가 생겨날 수 있는데 이를 시장실패(market failure)라고 한다.
5) 시장실패로 인해 정부가 시장에 개입하게 되는데, 정부가 경제에 개입하고 있으므로 현대의 행정체제는 대부분 혼합경제체제라고 볼 수 있다.

제6절 · 정보경제학

1. 정보경제학의 개념

1) 전통적인 이론에서는 대부분 완전정보를 가정하고 경제현상을 분석하나 현실에서는 정보가 불완전한 것이 일반적이고, 정보획득에는 많은 비용이 소요된다.
2) 정보의 비대칭성이 존재하는 경우에는 시장거래규모가 축소되거나 시장거래 자체가 이루어지지 않는 경우도 있다.
3) 완전정보를 가정하고 있는 전통적인 이론으로는 분석에 한계가 있는 상황이 다수 존재하고 있어 정보의 비대칭성이 미치는 상황에 대한 분석이 필요하다.
4) 정보경제학(information economics)은 거래당사자 사이에 정보의 비대칭성이 존재하는 상황에서 발생하는 각종 현상들을 분석하는 분야이다.

5) 정보경제학은 1970년대 이후에 연구가 시작된 분야이나, 최근 들어 급속히 발전하고 있는데, 정보경제학에서는 주로 다음과 같은 내용을 다룬다.
   (1) 정보의 비대칭성이 시장성과(market performance)에 어떤 영향을 미치는가?
   (2) 정보의 비대칭성으로 인하여 초래되는 문제를 해결하기 위하여 경제주체들이 어떤 반응을 보이는가?
   (3) 정부는 정보의 비대칭성으로 인한 문제에 대응하여 어떤 역할을 할 수 있는가?

2. 비대칭성 정보의 상황

1) 정보 비대칭성의 개념

(1) 정보의 비대칭성(asymmetric information)이란 경제적인 이해관계가 있는 당사자들 사이에 정보수준의 차이가 존재하는 상황을 의미한다.
(2) 정보가 비대칭적인 상황은 감추어진 특성과 감추어진 행동의 상황으로 구분된다.

2) 감추어진 특성(hidden characteristic)의 상황

(1) 거래당사자 중에서 일방이 상대방의 특성에 대하여 잘 모르고 있는 상황을 의미한다.
(2) 거래당사자들 사이에 정보수준의 차이가 있는 경우를 말한다.
(3) 감추어진 특성의 상황에서는 역선택이 발생한다.

3) 감추어진 행동(hidden action)의 상황

(1) 감추어진 행동의 상황이란 거래당사자 모두에게 영향을 미치는 어느 일방의 행동을 상대방이 관찰할 수 없거나 통제 불가능한 상황을 말한다.
(2) 예를 들면, 화재보험 가입 이후에 보험 가입자가 화재예방노력을 게을리하는 것이나 자동차보험 가입 후에 운전을 이전보다 난폭하게 하는 것 등

이 있다.

(3) 감추어진 행동의 상황에서는 도덕적 해이와 주인-대리인 문제가 발생한다.

그러므로 특성과 행동의 차이점은 감추어진 특성의 상황에서는 감추어진 특성을 밝히는 방법이 주요 관심사인데 비해, 감추어진 행동의 상황에서는 어떻게 하면 상대방의 행동을 바람직한 방향으로 유도할 수 있는지가 주요 관심사가 된다(김정홍, 2011).

제2장

디지털 경제의 개념과 특징

제1절 · 디지털 경제의 개념

1. 디지털 경제란

정보화시대에 들어서면서 디지털 경제, 또는 인터넷에 대한 관심이 부쩍 높아지고 있다. 디지털 경제와 인터넷의 개념은 이미 수년 전부터 소개되고 논의되어 왔다. 또한 디지털 경제로의 전환에 핵심이 되는 디지털기술은 지난 60년대부터 지속적으로 발전하고 있으며, 컴퓨터 역시 일반화되었다. 그럼에도 불구하고 디지털 경제가 새삼 더욱 중요하게 부각되는 데에는 여러 가지 이유가 있을 것이다. 이 중 가장 중요한 측면은 지난 수년간 이루어진 인터넷의 폭발적인 확산을 들 수 있다.

인터넷의 확산은 디지털 경제의 중심에 있는 정보네트워크가 세계적인 차원으로 확대됨을 의미한다. 다시 말하면 그 동안 개별적으로만 활용되던 디지털기기들이 세계적인 네트워크로 연결됨으로써 경제뿐만 아니라 정치, 사회, 문화, 더 나아가 우리의 삶 자체에까지 영향을 미치기 시작한 것이다. 결국 디지털 경제는 단순히 디지털기술을 활용한 컴퓨터나 스마트폰, 디지털 TV 등 개별 제품에서의 혁신을 훨씬 뛰어 넘는 개념이다. 이들 제품들이 세계적인 네트워크로 연결되어 새로운 정보 유통 채널을 형성함으로써 경제질서 자체가 혁명적으로 변화하는 추세를 일컫는다고 할 수 있다.

이런 점에서 본다면 인터넷의 확산은 디지털 경제를 발전시키는 출발점이라고 하겠다. 디지털기술과 인터넷에 기초한 정보전달은 실시간에 세계 어느 지역의 누구와도 대규모의 정보전달이 가능해지는 만큼 정보전달의 범위와 속도는 우리의 상상을 초월하는 수준이라고 할 수 있다. 또한 이러한 경제질서의 변화는 정치, 사회, 문화 등 삶의 모든 면에서 새로운 질서와 변화가 구축되어 가는 것으로까지 연결되고 있다고 하겠다.

따라서 디지털 경제는 단순히 디지털기술을 생산 · 활용한 산업이나 제품을 지칭하는 것은 아니라 디지털기술과 인터넷의 확산에 의해 촉발되어 구체화되기 시작한 새로운 경제 패러다임이라고 할 수 있다.

2. 디지털 경제의 발전과정과 인터넷

디지털의 원래 의미는 연속적인 아날로그 신호를 0과 1의 조합으로 나타내는 기술적인 개념이다. 아날로그값인 음성, 문자, 영상 등 자연신호를 디지털값으로 변환함으로써 신호 또는 정보의 전달, 처리, 활용 등에서 획기적인 발전이 이루어지게 되었다. 특히 디지털기술은 여러 가지 신호를 동일한 기기로 처리할 수 있고, 가공과 변형이 용이하며, 복사하거나 반복하여 사용하더라도 원형을 그대로 유지할 수 있는 장점을 가지고 있다.

디지털 경제는 이러한 디지털기술의 발전과 이를 활용한 기술혁신에 기초하고 있다. 디지털기술의 발전이 디지털 경제라는 새로운 경제질서로 연결되는 과정은 대체로 다음의 5가지 경로로 설명될 수 있다.

1) 컴퓨터와 반도체의 발전

디지털 경제의 출발점은 컴퓨터와 반도체의 획기적인 발전이라고 할 수 있다. 컴퓨터의 발명으로 디지털값인 이진수를 이용한 계산과 논리 전개가 가능해졌고, 이를 통해 디지털 기술이 광범위한 부문에서 활용될 수 있는 계기가 마련되었다. 여기서 주목하여야 하는 것이 반도체이다. 반도체의 발전으로 데이터 처리 용량과 속도가 획기적으로 개선되었고, 이것이 현재와 같은 개인용 컴퓨터(PC)의 개발을 가능케 하였기 때문이다.

PC의 개발은 디지털시대의 정보네트워크를 구성하는 기본 단위를 개인으로 구성할 수 있는 계기가 되었을 뿐만 아니라 컴퓨터를 TV와 같이 일상생활에 접목시키는 데에 큰 기여를 하였다. 또한 노트북 PC가 개발됨으로써 개인성과 휴대성을 동시에 만족시키는 것이 가능해졌다.

이로 인해 컴퓨터는 정보네트워크의 가장 기본적인 단말기로 자리매김하게 되었다. 이에 더하여 각종 소프트웨어의 개발에 힘입어 PC 사용에서의 어려움도 상당히 해소되었다. 그러나 아직까지 일반인들이 쉽게 사용하는 데에는 한계가 있는 것도 사실이다. 따라서 앞으로 컴퓨터는 한편으로 더욱 소형화되고, 다른 한편으로는 일반인들도 TV, 전화기 등과 같이 쉽게 사용할 수 있는 방향으로 발전해 나아갈 것으로 예상된다. 이 경우 컴퓨터 또는 새로이 나타나는 멀티미디어 형태의 정보단말기는 명실공히 디지털시대의 핵심적인 구성요소가 될 것이다.

2) 통신기술의 발전 및 통신망의 확충

컴퓨터가 정보를 처리하는 단말기라면 통신망은 이러한 정보를 전송하고 교환하는 도로의 구실을 하는 것이다. 따라서 디지털 경제가 실제로 발현되기 위해서는 언제, 어디서나 누구와도 디지털 정보를 교환할 수 있는 통신기술의 발전과 통신망의 확충이 이루어져야 한다. 실제로 디지털시대를 뒷받침할 수 있는 정보네트워크는 유선, 무선, 위성, 방송 등 다양한 형태로 발전되어 왔다.

먼저 과거 음성 위주로 이용되었던 유선통신망은 음성, 데이터, 영상 등 모든 정보를 고속으로 전송할 수 있는 디지털 종합정보통신망으로 발전하고 있다. 이를 위해 광케이블을 이용한 초고속정보통신망과 디지털 네트워크장비의 구축이 각국에서 활발히 이루어지고 있다. 그 결과 기간통신망은 상당부분 광케이블로 교체되었으나, 가입자망까지를 광케이블로 구축하는 데에는 막대한 비용과 시간이 소요된다. 이런 이유로 인해 가입자망의 경우 기존의 전화가입자선로나 케이블 TV망을 고속 데이터전송에 활용하는 기술들도 활발히 개발되어 대량의 정보를 고속으로 전송할 수 있는 통신망이 어느 정도 갖추어지고 있다.

한편, 디지털시대의 정보전달에서는 방송의 역할도 매우 중요하다. 통신망을 통해 전달되는 정보가 음성에서 데이터, 영상으로까지 확대되는 만큼 기존의 영상 전달수단인 방송망은 정보의 대량 전달이 가능한 매우 유용한 수단이기 때문이다. 특히 방송의 디지털화가 급진전됨에 따라 방송과 통신을 서로 구분할 수 없게 되고, 그 결과 두 산업이 서로 융합하는 것도 일반적인 현상으로 나타나고 있다. 따라서 케이블 TV나 위성 TV뿐만 아니라 지상파방송도 디지털 경제시대의 핵심 정보통신망으로서 한 축을 형성하게 될 것이다.

3) 인터넷을 통한 세계적 정보통신망의 통합

인터넷은 디지털혁명을 개별적인 정보기기 차원에서 정치, 경제, 사회적인 측면으로까지 확산시키는 기폭제 역할을 하고 있다. 다시 말하면 위에서 살펴 본 두 가지 변화, 즉 컴퓨터의 발전으로 이루어진 정보처리 능력의 획기적 개선과 초고속, 대용량의 정보통신망 및 서비스의 확충을 세계적인 정보네트워크로 실현한 것이 인터넷이다.

인터넷이 출현하기 이전에도 컴퓨터를 일정한 범위 내에서 서로 연결하여 정보를 교환하는 시스템이 활용되었다. 예를 들어 LAN(Local Area Network)은 기업과 같이 한정된 범위에서 대형 컴퓨터를 중심으로 개인의 컴퓨터나 단말기를 상호 연결하여 각종 정보를 고속으로 교환하는 시스템이다. 그러나 인터넷은 이를 전세계적인 범위로 확대하여 각종 디지털기기들을 하나의 네트워크로 연결시킨 것이다.

전세계에 산재한 정보단말기가 하나의 네트워크로 연결된다는 것은 디지털 경제시대의 핵심인 언제, 어디서나, 누구와도 다양한 정보를 실시간으로 교환하는 것이 가능해진다는 것을 의미한다. 네트워크의 경우 가입자수가 늘어날수록 그 효용이 기하급수적으로 증가하게 되는 만큼 전세계의 컴퓨터를 단일 네트워크로 통합하는 인터넷이 미칠 영향과 파급효과는 상상을 초월하는 수준이 될 것이다. 이런 이유로 인터넷은 정보 전달의 범위와 속도를 우리가 상상할 수 있는 이상으로 발전시킨 혁명적인 사건으로 간주되기도 한다.

4) 인터넷 관련 비즈니스의 활성화

인터넷은 1994년 상업적인 이용이 시작된 이후 폭발적인 확대추세를 보이고 있다. 전세계 인터넷 사용자수는 2013년 말 기준하여 이미 20억 명을 돌파하였으며, 이러한 증가추세는 앞으로도 당분간 계속되어 조만간 일부 후진국을 제외하고는 대부분의 국가에서 어떤 형태로든 인터넷 사용이 일반화될 것으로 보인다.

이를 배경으로 인터넷과 관련된 비즈니스도 폭발적으로 확대되고 있고, 기존의 산업들도 인터넷을 기반으로 하는 형태로 급속히 변화하고 있다. 인터넷 관련 비즈니스로는 가장 대표적인 것이 전자상거래이다. 이를 좀더 구체적으로 보면 각종 정보를 수집, 가공하여 인터넷을 통해 제공하는 정보가공, 특정 수요자가 필요로 하는 특정한 정보 제공, 홈페이지 구축, 소비자와의 직접적인 상거래 연결, 기업 간의 효율적인 거래 알선 등을 들 수 있다.

최근에 대두된 비트코인(Bitcoin)은 2009년 발행을 시작한 가상 디지털 화폐이며, 2009년 1월 사토시 나카모토라는 필명의 프로그래머가 개발한 비트코인은 실제 생활에서 쓰이는 화폐가 아니라 온라인 거래상에서 쓰이는 가상화폐이다.

비트코인은 2008년 사토시 나카모토라는 정체불명의 인물이 각국의 중앙은행이 화폐 발행을 독점하고 자의적인 통화정책을 펴는 것에 대한 반발로 고안해 낸 것으로 알려져 있다. 컴퓨터가 제시하는 매우 난해한 수학 문제를 풀면 그 대가로 비트코인을 지급하는 작동방식으로, MIT 라이선스를 적용해 오픈소스로 공개했다. 컴퓨터 운영체제(OS)인 리눅스 비트코인 역시 프로그래밍 설계도가 공개되어 있어서 개발자라면 누구나 프로그래밍 업그레이드에 참여할 수 있다.

비트코인을 만드는 과정은 광산업에 빗대어 '캔다'(mining)라고 하며 이러한 방식으로 비트코인을 만드는 사람을 '마이너'(miner), 즉 '광부'라고 부른다. 2009년부터 캐기 시작해, 2014년 3월 현재까지 약 1200만 비트코인을 캤다. 처음 설계 당시 2145년까지 총 2100만 비트코인만 캘 수 있도록 설정했으므로 앞으로 약 800만 비트코인을 캐면, 비트코인은 고갈된다. 광부가 아닌 사람은 돈을 주고 비트코인을 구입해 거래할 수 있다.

비트코인에서는 계좌를 '지갑'이라고 부르는데 지갑마다 숫자와 영어 알파벳 소문자, 대문자를 조합한 약 30자 정도의 고유한 번호가 붙여져 있어 공개 키 암호 방식 기반으로 거래를 수행한다. 비트코인은 스마트폰이나 컴퓨터 등 전자지갑을 사용할 수 있는 곳에서 계좌를 만들 수 있고, 계좌를 만들면 인터넷상에서 한 쌍의 암호키가 생성된다. 암호키 하나는 본인만 확인할 수 있는 개인 키로 단말기를 통해 가지게 된다. 나머지 암호키 하나는 비트코인을 사용하는 모두에게 공개돼 있는 암호키이다. 예를 들어 비트코인 사용자가 물건을 사기 위해 개인 암호키로 전자서명을 했다고 하면 이때 비트코인을 사용하는 다른 사용자들은 공개 암호키를 통해 전자서명을 한 사람이 암호키의 주인이 맞는지를 검증할 수 있다. 이러한 전자서명과 검증 과정이 계속 반복되면서 거래가 이뤄지는 체계이다.

한 사람이 다수의 지갑을 만들 수 있으며 개수에 제한이 없다. 지갑을 만들 때는 개인식별정보가 필요하지 않고 특정 국가나 발행주체의 관리도 받지 않으므로 익명성이 보장되는 한편 누구나 접속하고 들여다볼 수 있는 오픈소스 소프트웨어이기 때문에 공개성도 동시에 가진다. 하지만 전문가들은 익명성이라는 점 때문에 불법거래에 악용될 수 있는 단점이 있다고 지적한다(naver, 2014.4.1).

그러나 이러한 인터넷 비즈니스는 아직까지 초기단계에 불과하다. 앞으로 어떤 형태의 경제행위가 인터넷을 통해 이루어지게 될지는 예측하는 것조차 쉽지 않다. 특히 최근 들어서는 경제의 거의 모든 분야에서 인터넷을 활용하기 위한 노력을 계속하는 만큼 인터넷 관련 비즈니스는 그 범위와 형태가 계속 확대되고, 중요성이 커질 것으로 예견된다.

5) 종합정보단말기의 개발과 사이버시대의 삶

앞으로 디지털 경제가 어떤 방향으로 전개되어 나아갈 것인지를 예견하는 것은 쉽지 않다. 지금까지 인터넷을 중심으로 이루어진 디지털 경제의 모습은 과거 산업혁명 초기에 증기기관을 부분적으로 활용하던 모습에 불과할지도 모르기 때문이다. 현 시점에서 디지털 경제의 발전방향을 전망하는 것은 당시에 지금과 같은 진보된 자동차와 공장시스템을 예견하는 것과 마찬가지일지도 모른다.

실제로 앞으로 수십년 후에는 공상과학소설이나 영화에서 이야기하는 지능형 로봇이나 전화처럼 간편한 정보단말기가 나타날 수도 있고, 지구촌 전체가 하나의 사이버세계로 통합되어 새로운 사회상과 인간 유형이 등장할 수도 있을 것이다.

하지만 현 시점에서 분명히 예견할 수 있는 것은 대체로 세 가지로 요약할 수 있다.

첫째, 컴퓨터, 디지털 TV, 통신기기 등이 하나로 융합되면서 사용이 간편한 지능형 정보단말기가 개발될 것이다.

둘째, 현재의 인터넷보다 훨씬 고도화된 네트워크가 형성되어 이들 정보단말기를 연결시킴으로써 디지털 경제의 영향이 일상생활에까지 깊이 침투하게 될 것이다.

셋째, 더욱 중요한 것은 이러한 변화가 경제활동의 패러다임을 근본적으로 바꿈으로써 정치, 사회, 문화, 그리고 삶의 행태까지도 사이버시대로 전환시키게 될 것이라는 점이다.

현재 20대 이하의 연령층은 컴퓨터를 더 이상 새로운 발견으로 간주하지 않으며, 컴퓨터와 함께 생활하며 자라고 있다는 점에서 본다면 사이버시대로의 전환은 매우 급속히 진전될 가능성도 있다고 하겠다.

3. 디지털 경제 등장

디지털 경제의 직접적인 원인으로는 1980년대 후반 이후 미국을 중심으로 하는 IT(Information Technology) 산업의 급속한 성장과 1990년대 중반부터 인터넷의 상용화를 들 수 있다. 주지하듯이 IT산업은 미국경제 성장의 핵심 산업이며, 디지털 경제를 주도하는 벤처산업의 활성화 시대를 열었다. 인터넷의 상용화는 디지털 경제 등장의 기폭제로 작용했다.

한편, 디지털 경제 등장의 간접적인 배경으로는 선진국을 중심으로 한 자본주의 세계경제의 '서비스화', '소프트화', '글로벌화'를 들 수 있다. 선진국의 경우 대부분 70년대 후반부터 서비스산업의 비중 증가로 생산의 서비스화 경향이 나타났다. 80년대 중반 이후에는 소비의 측면에서도 수요의 중심이 서비스분야로 이동되는 소비의 서비스화가 촉진되었다. 생산의 소프트화는 산업구조에서 하드웨어 산업에 비해 소프트웨어 산업의 비중이 증가하는 것을 말한다. 산업구조가 소프트화 됨에 따라 기술서비스나 정보소프트 등의 비율이 높아지고, 최종수요에 점하는 소비의 소프트화 비중도 높아졌다.

〈표 2-1〉 정보통신의 발전이 가져온 변화

산업혁명		IT혁명
• 방적 기계 등의 기계기술의 진보	원인	• 컴퓨터, 인터넷 등 정보기술의 진보
• 비교적 늦음(100년 정도) • 국가에 따라 시기가 다름	변화속도	• 매우 빠르다 • 전세계에서 동시에 진행됨
• 생산자	기술의 직접 이용자	• 소비자와 생산자 모두
• 주로 기술자	혁명의 공헌자	• 기술자 이외에 새로운 용도를 고안해 내는 것만으로도 크게 공헌
• 물질적 풍요 중심, 단, 임금노동에 의한 착취 문제가 발생	소비자가 받는 사회	• 문화적인 변화를 포함한 질적인 변화 • 소비자의 교섭력 상승
• 대폭 상승	물건의 생산성 향상	• 산업혁명 정도의 상승은 아님
• 가내 수공업에서 기계 공업으로 • 프롤레타리아의 출현 • 산업 자본 체제의 성립	경제 체계의 변화	• 산업혁명 정도의 구체적인 변화는 예측되지 않고 있음

또한, 70년대 이래 초국적기업의 급성장으로 이미 자본 및 생산의 '글로벌화'가 진행되었다. 자본의 '글로벌화'는 생산의 '글로벌화'와 소비의 '글로벌화'를 더욱 촉진시키고 있다. 1995년 WTO체제의 성립은 경제의 '글로벌화'가 제도적으로 완결되었음을 의미한다. 결국 '디지털 경제'는 70년대 이래 지속적으로 진행되어온 아날로그 경제의 '서비스화, 소프트화, 글로벌화'를 그 성립배경으로 하고 있다.

글로벌화와 정보통신기술(information and communications technology: ICT)혁명은 사회 전반에 걸쳐 많은 변화를 가져왔다. ICT기술의 급속한 발전은 정보의 가공·처리 비용을 감소시켜 지식확산을 촉진하였으며, 네트워크로 연결되는 경제 및 사회를 창출하였으며, 새로운 기술 패러다임(정보기술, 사용자 중심의 개방형 네트워킹)과 함께 새로운 경영환경, 새로운 지정학적 질서, 새로운 기업(개방형의 네트워크화 된 정보기반 조직) 출현 등이 삶의 방식도 변화시켰다.

4. 디지털 경제의 진행

고전 경제학의 대표적인 이론의 하나였던 경기의 순환성에 정면으로 도전하면서 미국 경제는 10년 가까이 최대 호황을 구가해왔다. 그 호황의 내용도 '저실업, 저금리, 저인플레'라는 기존 경제학에서는 도저히 타협할 수 없는 현상들이 공존하는 형태로 나타나면서 바야흐로 경제학자들은 이러한 현실을 설명한 새로운 용어로 '신경제(New Economy)'를 창출하기에 이르렀다.

일명 '신경제(New Economy)' 현상은 인터넷 등 지식기반 산업이 성장하면서, 소위 구경제(Old Economy)에서는 볼 수 없었던 다양하고 새로운 현상이 나타나고 있는 상황을 설명하기 위한 새로운 개념으로 받아들여지고 있다.

신경제의 현상들을 설명하는 데 있어서 가장 주요한 요인으로 IT산업의 발전을 들면서 '신경제 = 디지털'의 등식이 성립하게 되었다. 즉, 신경제는 정보기술((Information Technology, IT)의 특성을 반영하여 디지털 경제, 네트워크 경제 등으로 불리기도 한다. 디지털 경제는 단순히 디지털기술을 활용한 컴퓨터나 이동전화, 디지털TV 등 개별 제품에서의 혁신을 훨씬 뛰어 넘는 개념으로 이해되어야 한다.

인터넷과 디지털기기로 인해 세상은 보다 빨라지고, 정보가 경제활동의 중요 자원이다. 민주화, 글로벌, 양방향, 직접적, 실시간, 간편, 공유, 개방, 우연, 저비용 등이 디지털시대의 주요 키워드가 될 것으로 예상된다.

인터넷은 이들 정보네트워크를 세계적으로 연결하는 구실을 하며, 인터넷에 기반 한 각종 서비스들이 생김으로써 경제질서의 변혁이 더욱 촉발되고 있다. 한편 단말기의 경우 PC, 디지털TV, DVD, 등 다양한 형태의 디지털 정보기기들이 하나로 통합되어 사람들이 쉽게 사용할 수 있는 단말기로 발전을 거듭함으로써 디지털 경제시대가 성숙될 것으로 예상된다.

제2절 · 디지털 경제의 특징

1. 디지털 경제의 특징

1) 네트워크경제

디지털 경제의 요체가 언제, 어디서나, 누구와도, 필요한 정보를 상호 교환할 수 있는 것이라는 점은 이미 수차례 지적하였다. 이런 점에서 디지털 경제는 지식이나 정보가 네트워크로 연결되어 쉽게 활용되는 경제시스템이라고 할 수 있다. 인터넷 역시 이러한 정보네트워크가 전세계로 확산된 것이라는 점에서 디지털 경제의 핵심적인 개념으로 자리잡게 된 것이다.

정보나 지식이 네트워크를 통해 공유된다는 것은 경제활동에서 매우 중요한 의미를 갖는다. 네트워크를 통해 공유된 지식은 과거보다 훨씬 효율적으로 활용되어 생산성의 획기적 향상으로 연결될 수 있다. 또한 물리적인 공간이 사이버공간으로 바뀌어 지역의 의미가 퇴색된다. 따라서 생산과정에서 분업과 협업의 범위가 지금까지보다 훨씬 확대되고, 이것이 새로운 산업의 출현이나 기존 산업의 혁신으로 연결될 수 있다. 인터넷 관련 기업들이 전통적인 기업들에 비해 외부조달을 많이 하는 것도 이러한 여건을 반영한 것이라고 할 수 있다.

또한 생산자는 전세계의 소비자를 대상으로 직접 제품을 판매할 수 있고, 소비자는 전세계의 생산제품을 비교하여 구매하는 것이 가능해진다. 그 결과는 전자상거래와 같은 새로운 유통형태의 발전, 기업 간 경쟁의 격화, 세계적인 차원에서의 독과점 출현 가능성, 물류 혁신 등 다양하게 나타나고 있다. 기업, 정부 등 주요 경제주체들의 조직이나 경영방식 역시 네트워크경제에 걸맞게 변화하고 있다.

디지털 경제가 정보네트워크에 기초하고 있다는 사실은 디지털 경제가 정치, 사회, 문화, 교육에까지 영향을 미치게 되는 원인이라고 할 수 있다. 정보네트워크가 새로운 대화방식의 역할을 하게 되기 때문이다. 모든 국민들이 컴퓨터를 가지고 네트워크를 활용한다면 현재의 대의 민주주의가 직접 민주주의로 전환되거나 재택근무나 원격진료가 일반화되는 것이 불가능하지 않으며, 가족의 구성원들이 따로 살면서 대화를 할 수도 있게 된다. 문화적으로도 이미 기존의 음악, 영화, 방송, 문학,

신문 등 다양한 형태들이 통합, 분화되고 있으며, 앞으로 어떤 방향으로 전개될지 예상하는 것도 쉽지 않다. 교육 역시 이미 사이버교육이 시작되고 있다.

2) 지식기반경제

디지털 경제가 정보네트워크를 제공하는 만큼 경제활동에서 지식이나 정보의 중요성이 더욱 커지게 될 것이다. 지식기반경제의 핵심은 지식의 축적, 확산, 활용이며, 이 모든 과정에서 가장 중요한 사회적 인프라는 지식을 공유하여 규모의 경제효과와 외부효과를 극대화시킬 수 있는 네트워크라고 할 수 있다. 또한 네트워크를 활용하기 위한 기술적 변화는 디지털기술을 근간으로 한 정보통신부문의 발전에 의해 주도되고 있다. 이렇게 볼 때 인터넷의 급속한 확산, 정보통신의 발전, 그리고 이들을 근간으로 한 새로운 상품과 서비스의 출현 등은 모두 지식기반사회로의 전환을 더욱 촉진시키는 계기가 될 것이다.

지식기반경제의 특징은 지식이 노동, 자본 등 전통적인 생산요소들보다 국가의 경제성장과 산업발전에 상대적으로 더 많이 기여하게 된다는 것을 들 수 있다. 이 경우 지식의 범주에는 학문적 지식뿐만 아니라 생산현장에서 축적된 경험이나 노하우 등 실용적 지식과 정보, 기술 등이 모두 포함된다고 하겠다. 이에 대응하기 위해서는, 모든 국가 및 기업들은 지속적으로 지식을 습득하고자 하는 자세를 갖고, 전세계적으로 기업 간 네트워크를 구축하며, 신속한 업무처리와 신뢰도 제고에 노력하는 것이 필요할 것이다.

또한 지식은 규모의 경제효과와 외부효과를 가진다. 과거 경제성장에서 중요시되었던 자본이나 노동은 규모가 커짐에 따라 수확이 체감하는 것이 일반적이다. 따라서 이들 전통적 생산요소를 아무리 늘리더라도 일정 수준 이상의 경제성장은 기대할 수 없다. 반면 지식은 축적규모가 확대됨에 따라 수확이 체증하고, 산업 내 또는 산업 간에 다양한 외부효과를 가지기 때문에 지속적인 성장의 동인이 될 수 있다.

3) 지구촌 경제

디지털 경제가 확산될수록 경제활동의 세계화는 더욱 빠르게 진행될 것으로 예상된다. 인터넷 등을 통해 정보의 흐름이 시간과 공간의 제약 없이 이루어지면 기업활동은 별다른 추가적인 비용 없이 세계를 대상으로 이루어질 수 있고, 이러한 현상은 이미 상당히 진전되고 있다. 또한 정보의 공유가 자유롭게 이루어지는 만큼 규제 완화, 민영화, 자유화 등을 통해 효율을 높일 수 있는 가능성도 커지게 된다.

이 경우 세계경제질서는 자본주의의 기본원리인 시장메커니즘과 기업 간 공정경쟁이 특히 강조되는 방향으로 더욱 빠르게 전환될 것이다. 또한 기업 간의 경쟁이 이루어지는 시장의 범위도 과거의 국내시장 중심에서 세계 전체로 확대되어 명실공히 국경 없는 지구촌경제시대가 도래하게 될 것이다.

세계화를 넓은 의미에서 해석하면 생산물 및 생산요소의 국가 간 자유로운 이동을 통해 세계경제의 통합이 심화되고 세계시장이 하나가 됨과 동시에, 이 시장을 시장메커니즘에 의한 공정경쟁시장으로 만들어 가는 과정이다. 이는 기업활동의 세계화, 즉 개별기업들이 세계적인 네트워크 속에서 제품개발, 생산, 원자재 및 부품 조달, 판매, 재원조달 등을 행하는 것으로 구체화된다.

따라서 상품, 서비스, 투자 등의 국가 간 교역이 원활해질 뿐만 아니라 이를 규율하는 제도 및 규범까지 국제적으로 일치 또는 조화시키기 위한 노력이 더욱 활발히 진행될 것이다. 특히 국제 간 거래가 어려웠던 서비스의 교역과 국제자본이동이 더욱 광범위하게 이루어지게 될 것이다. 또한 세계시장을 하나의 단일시장으로 간주한다는 측면에서 시장에서의 공정경쟁을 보장하기 위한 경쟁정책의 국가 간 차이 해소도 중요해질 것이다.

이 경우 경제활동에서 국가의 역할과 중요성은 줄어드는 대신 기업이 세계시장을 대상으로 한 경쟁의 중심에 서게 될 것이다. 또한 한 국가가 갖고 있는 비교우위에 의한 전통적인 국제분업관계는 그 의미가 줄어들게 된다. 특히 경쟁이 치열해지는 만큼 각 제품별로 확고한 경쟁력을 갖춘 소수의 글로벌기업이 세계시장을 주도하거나, 국가를 초월하여 기업 간의 전략적 제휴가 더욱 활발히 이루어지게 될 것이다.

4) 사이버경제

디지털 경제시대에는 네트워크, 특히 인터넷을 통한 사이버(cyber)세계가 새로운 산업영역으로 부상한다. 사이버경제는 디지털화된 정보를 기반으로 인터넷과 같은 정보네트워크상에서 경제활동을 하는 것으로 요약할 수 있다. 뒤에서 자세히 살펴

볼 인터넷산업들은 새롭게 나타나는 사이버경제의 직접적인 형태라고 할 수 있으며, 기존의 산업들도 앞으로 사이버경제와 연계하여 다양한 형태로 발전해 나아가게 될 것이다.

물론 사이버경제가 발전한다고 해서 기존의 산업들이 없어지는 것은 아니다. 이는 산업혁명 이후 제조업이 급성장하였지만 농업과 같은 전통산업들이 이들로 완전히 대체되지 않은 것과 마찬가지이다. 하지만 산업혁명 이후 제조업의 중요성이 대폭 커지고 관련 기술들이 농업에도 접목되었다는 것은 주지의 사실이다. 이렇게 본다면 디지털 경제시대에는 한편으로는 새로운 사이버산업들의 중요성이 획기적으로 증가하면서 다른 한편으로는 이들 기술들이 전통적인 제조업과 서비스업에 광범위하게 활용되어 사이버경제에 편입되게 될 것으로 예상할 수 있다. 사이버산업의 일차적인 대상은 제품이나 서비스의 디지털화가 가능한 유통, 문화, 오락, 광고 등이 되겠지만 앞으로 그 포괄영역이 계속 확대될 것이다. 이런 점에서 디지털 경제의 또 다른 특성으로 사이버경제, 또는 사이버산업의 부상을 지적할 수 있을 것이다.

사이버산업의 부상은 지금까지 경제발전의 과정에서 새롭게 부상하였던 산업들과는 그 의미가 근본적으로 다르다. 사이버세계에는 국경이 없으며, 거래되는 제품도 디지털화된 것이기 때문에 변형, 융합 등 처리가 자유롭다. 또한 뒤에서 살펴보듯이 경제활동을 규율하는 원리나 비즈니스 모델(business model) 자체가 과거와는 전혀 다르며, 여기에 참여하는 소비자나 생산자의 의식 또한 매우 자유롭다고 할 수 있다. 따라서 이러한 변화가 경제, 사회에 미치는 파급효과는 매우 클 것으로 예견된다.

5) 새로운 산업 패러다임과 경쟁양태

디지털 경제시대에는 산업의 패러다임, 경제활동에서 경쟁의 규칙, 시장과 정부의 기능, 심지어 전통적인 가치관 등에도 변화가 있을 것으로 예상된다. 지식과 정보의 공유가 쉽게 이루어지면 규모의 경제를 통해 모든 산업에서 비약적인 생산성 향상을 기대할 수 있고, 정치, 경제, 사회의 모든 면에서 삶의 패러다임 자체가 근본적으로 바뀔 것이기 때문이다.

실제로 정보의 디지털화와 양방향 네트워크화는 산업전반에 걸쳐 규모의 경제와 범위의 경제를 통한 생산성 향상으로 연결되고, 다양한 정보(음성, 영상, 데이터)가 네트워크를 통해 쉽게 공유될 수 있도록 함으로써 시장에서의 경쟁 양상도 바꾸고 있다. 또한 한편으로 새로운 사업이 나타나면서 다른 한편으로 기존 사업 간의 영역이 허물어지는 산업 간 융합과 분화가 활발히 진행되는 가운데, 기업과 소비자간의 직접 연결, 재택근무, 소비패턴 변화 등으로 산업질서 자체가 구조적으로 바뀌어 나가고 있다. 최근 활발한 이업종 간 전략적 제휴 및 M&A는 이러한 변화를 반영한 것으로 볼 수 있을 것이다.

생산 측면에서는 대규모 장치산업보다는 다품종 소량생산을 기반으로 소비자에 밀착된 생산 및 마케팅을 할 수 있는 능력이 경쟁력 확보에서 더욱 중요해지고 있다. 이러한 상황에서 기업은 소비자 기호 및 시장의 변화, 기술이나 신제품의 발전 방향 등에 능동적이고 유연하게 대처할 수 있는 능력을 확보하는 것이 시장경쟁에서 이길 수 있는 필수요건으로 작용하게 될 것이다.

특히 인터넷을 통한 전자상거래가 확산됨에 따라 금융, 유통시스템 등도 혁신적인 변화를 경험함으로써 이러한 산업패러다임 변화는 더욱 가속화될 것으로 예상된다. 산업분야에서는 인터넷 및 정보통신이 새로운 주도산업으로 부상하면서 다양한 서비스를 창출하여 경제활동의 영역을 넓혀 나아갈 것이며, 기업활동의 효율이 높아지는 가운데 산업입지의 제약요건이 완화되어 기업활동의 세계화를 더욱 촉진시키게 될 것이다.

또한 한편으로는 최초로 기술이나 상품을 개발하는 것이 매우 중요해지지만, 다른 한편으로는 기술정보가 쉽게 확산, 공유 또는 모방되기 때문에 전통적인 시장경쟁의 룰도 바뀌게 된다. 이러한 가운데 새로운 기술개발을 선도하는 벤처기업들의 역할이 두드러지게 나타나고 있다.

6) 신기업, 신소비자, 신정부

디지털 경제시대에 경쟁력을 확보하기 위해서는 기업, 정부, 소비자 등 경제주체들의 의사결정방식 및 조직체계 등도 대폭적으로 변화할 필요가 있다. 지식과 정보의 네트워크화는 과거 사람들이 물리적으로 만나야 가능하던 지식의 공유가 아무런 공간적인 제약 없이 순식간에 이루어질 수 있음을 의미한다. 이 경우 정부나 기업의 조직, 작업형태, 소비행동 등 경제활동방식에도 근본적인 변화가 나타나게 될 것이다.

디지털 경제가 확산될수록 기업들은 새로운 상품, 새로운 생산 및 경영방법, 새로운 고객 등을 창조하여야 경쟁에서 살아남을 수 있게 된다. 또한 기존 사업 간의 영역구분이 허물어지고 모든 분야의 경쟁에서 이길 수 있는 근본적인 변혁을 추구하지 않으면 안된다. 특히 세계적 네트워크를 활용한 지식 및 정보의 수집에서 뒤지는 기업, 또는 정보화를 통해 비용 절감, 생산성 향상 등 내부 효율을 높이지 못하는 기업은 경쟁력 확보가 더욱 어려워지게 될 것이다. 따라서 경영자와 근로자 그리고 기업조직 간에 원활한 지식창출과 공유체계를 구축하여 지식경영을 도입하고, 세계시장을 대상으로 하는 세계적 지식기업으로 거듭나야 할 것이다.

소비자들은 정보네트워크를 통해 필요한 정보를 언제, 어디서라도 구할 수 있게 된다. 또한 소비자들의 다양한 기호를 충족시킬 수 있는 차별화된 제품이나 서비스의 공급도 이루어지게 된다. 따라서 소비행동에 있어서도 다양한 정보를 효과적으로 분석할 수 있도록 컴퓨터나 네트워크 이용능력을 갖추어야 합리적인 소비가 가능해질 것이다. 이와 함께 경제활동에서 소비자들의 권리가 대폭 신장되고, 쇼핑에 소요되는 시간이 줄어드는 만큼 여가시간이 늘어나게 될 것이다.

정부 역시 혁신적인 변화를 경험하게 될 것이다. 정부 기능의 중점이 시장실패를 보전하기 위해 자원배분에 직접 개입하기 보다는 다양한 사회적, 전략적 목표를 효과적으로 달성할 수 있는 시장경제시스템의 구축과 이를 원활히 운영하는 것으로 바뀌게 될 것이다. 조직형태에 있어서도 비대한 계급 위주에서 슬림화된 임무 수행조직 중심으로 바뀌면서 정부 부처 간 원활한 업무협조와 유기적인 연계관계의 중요성이 커지게 될 것이다. 또한 정부 운영 역시 네트워크에 기반을 둔 정보화된 전자정부의 형태를 띠게 될 것이다.

7) 새로운 사회문제 등장

디지털 경제는 지금까지와는 다른 형태의 경제, 사회문제를 야기하는 측면도 있다. 국가적으로 가장 중요한 측면은 지역 간 또는 개인 간 정보격차문제이다. 아직까지 컴퓨터를 손쉽게 사용하는 데에는 한계가 있고, 정보단말기 가격과 인터넷 등 정보네트워크를 사용하는 비용이 높기 때문에 일반인들이 쉽게 디지털 경제에 참여하는 것이 어렵다. 이런 이유로 인터넷에 접근할 수 있는 계층이 제한된다면 경제의 디지털화가 느리게 진행될 뿐만 아니라 계층 간의 정보격차가 심각한 사회문제가 될 수 있다. 따라서 과거 전화이용이 보편적 서비스의 개념으로 보장되었듯이 모든 국민들이 정보네트워크에 싼 값으로 접근할 수 있도록 하고, 정보단말기의 사용방법을 쉽게 만드는 것이 필요하다.

네트워크를 이용한 신형 범죄뿐만 아니라 해킹 등을 이용한 불법적 정보이용, 컴퓨터 바이러스의 확산, 정보네트워크의 기능을 마비시키는 행위 등도 나타나고 있다. 특히 디지털 경제가 진전될수록 이러한 행위는 경제 전반에 심각한 타격을 주게 된다. 이러한 범죄적 행위들은 정보네트워크의 개방성과 익명성 등에 기인하는 만큼 앞으로 일정한 보완대책이 마련될 수 있을 것으로 예상된다. 그러나 기술적인 접근만으로 완전한 해결은 어려운 만큼 교육 등을 통한 근본적인 해결책이 마련되어야 할 것이다.

이 밖에 인터넷과 관련된 벤처기업 열풍과 주식가격의 급등은 거액의 스톡옵션 등을 통해 새로운 고소득층을 만들어내고 있다. 인터넷기업의 주가 급등에 대해서는 이것이 미래의 기업가치를 반영한 것인지, 혹은 일시적인 버블인지에 대한 논란이 계속되고 있는 만큼 현 시점에서 논의하는 것은 적절하지 않다.

2. 디지털 경제하의 주요 경제원리

디지털 경제가 경제패러다임의 변화를 촉발시키는 이면에는 그 동안 전통적인 경제이론에서 예외로 취급되었던 경제원리들이 의사결정에서 중요한 변수로 등장하고 있다는 사실이 작용하고 있다. 이는 기본적으로 디지털화된 정보의 창출과 거래에서 주로 나타나지만, 인터넷을 통한 전자상거래 등이 확산되면서 기존 재화들의 거래에서도 경제원리를 새롭게 해석하거나 적용하여야 할 경우가 점차 많아지고 있다.

물론 이러한 경우라 하더라도 아직까지는 전통적인 경제이론의 테두리를 완전히 벗어난 것은 아니다. 그러나 앞으로 디지털 경제가 정착되어 가면 경제이론의 근본적인 수정이 필요하게 될지도 모르며, 디지털 경제를 설명하는 새로운 학문체계로 발전할지도 모른다. 또한 디지털 경제로의 전환과정에서 중요성이 커지고 있는 경제원리들을 이해하는 것은 디지털 경제를 이해하는 데에 많은 도움이 될 수 있을 것이다. 따라서 여기서는 이러한 개념들을 간단히 정리해 본다.

1) 네트워크 외부성

디지털 경제는 각종 정보단말기들이 인터넷과 같은 세계적인 정보네트워크를 통해 연결됨으로써 형성되고 발전되어 간다. 따라서 네트워크 외부성(network externality)은 디지털 경제를 이해하는 데에 가장 중요한 경제원리이다.

네트워크 외부성은 어떤 재화들이 서로 연결되어 사용될 경우 그 재화들로부터 얻을 수 있는 효용이 변화하는 것을 의미하는 것이다. 직접적인 네트워크 외부성은 전화와 같이 실제의 네트워크가 형성될 경우 가입자가 많아질수록 개별 가입자가 얻을 수 있는 효용이 커지는 현상이다. 간접적인 네트워크 외부성은 컴퓨터 하드웨어와 소프트웨어, 또는 VCR과 비디오테이프와 같은 보완재들 사이에서 나타난다.

위에서 든 예에서도 유추할 수 있듯이 디지털시대의 핵심이 되는 인터넷, 통신망, 소프트웨어, 콘텐츠, 그리고 관련되는 정보기기들은 모두 네트워크 외부효과를 갖는다. 네트워크 외부성이 있을 경우 시장에서 성공하기 위해서는 기술적인 우위뿐만 아니라 자신의 네트워크를 최대한 확대하는 것이 필요하다. 인터넷 관련기업들이 무료로 가입자를 모집하는 것이나 이동전화사업자가 단말기에 대해 보조를 하는 것도 모두 자신의 네트워크를 키움으로써 기업가치를 높이기 위한 전략으로 이해할 수 있다. 인터넷이 디지털 경제시대의 중심적인 발명으로 간주되는 이유도 정보네트워크를 전세계적으로 구축함으로써 네트워크 외부효과를 대폭 늘릴 수 있는 계기가 되었기 때문이다.

또한 네트워크 외부성이 있는 상황에서는 호환성과 표준화의 개념이 매우 중요한 의미를 갖게 된다. 호환성이 있게 되면 다른 시스템과 부품 또는 소프트웨어나 콘텐츠의 상호 교환이 가능하여 규모의 경제, 학습효과, 기술파급효과 등을 극대화시키는 것이 가능하다. 그리고 시장에서의 표준을 선점하는 것은 곧바로 자신의 제품이 제공할 수 있는 네트워크의 크기가 커짐을 의미하므로 시장경쟁에서 이기는 것으로 연결될 수 있게 된다. 먼저 고객을 확보하여 시장을 고정화(lock-in)시키는 것은 당장의 수요뿐만 아니라 미래의 수요까지도 보장하는 것이 되기 때문이다.

2) 높은 초기 개발비용과 매우 낮은 한계 비용

컴퓨터, 통신장비 등의 하이테크 제품뿐만 아니라 컴퓨터 소프트웨어, 그리고 영화, 음악, 게임 등의 콘텐츠산업들은 기술의 노하우에 대한 의존도가 높은 반면 물질적 자원에 대한 의존도가 낮다. 즉 디지털시대의 주요 제품들은 대부분 최초의 연구개발 비용은 매우 큰 반면 단위 생산에 필요한 비용은 매우 작은 특성을 갖고 있다.

물론 전통적인 산업부문에서도 연구개발과 초기 설비투자에 대한 고정비용이 필요하고 이것을 기반으로 생산이 이루어진다. 그러나 생산 자체에 소요되는 비용도 무시할 수 없으며, 생산설비가 없이는 생산을 할 수가 없다. 반면 디지털화된 정보인 소프트웨어나 콘텐츠는 생산설비가 없이도 가공이나 복제가 쉽고 생산에 거의 비용이 들지 않는다. 즉, 한계비용이 거의 제로에 가깝다는 것이다. 게다가 연구개발에 소요되는 초기 비용은 단순히 고정비용이 아니라 매몰비용이다. 다시 말하면 고정비용이 생산 이전 단계에 이미 발생하고 실패할 경우 회수가 불가능한 것이다.

따라서 가격이 한계비용에서 결정된다면 이를 개발한 기업은 수익을 창출하는 것이 불가능하기 때문에 교과서적인 경쟁시장이 형성되는 것이 어렵게 된다. 이런 이유로 디지털 경제시대에는 지적재산권 보호가 매우 중요한 사회적 과제가 되며, 기업들도 이러한 특성을 감안한 경영전략을 채택하는 것이 불가피하다. 이 경우 디지털제품들은 제품 차별화를 기초로 한 독점적 경쟁시장의 형태를 띨 가능성이 크다.

그러나 이것이 사회적으로 반드시 바람직한 것은 아니다. 물론 지적재산권을 보호하지 않으면 연구개발에 대한 유인이 줄어들어 경제발전에 장애가 되는 것이 사실이다. 반면 지적재산권을 지나치게 보호하면 이미 개발된 기술의 활용이 제한을 받게 되기 때문에 디지털시대의 핵심인 정보네트워크의 효율성이 낮아지게 될 것이다. 또한 보호받는 기술을 가진 세계적인 거대기업에 의한 독과점이 형성되어 사회적인 문제를 야기할 수도 있다.

3) 수확체증과 선발자의 이익

디지털시대에는 생산에서 정보나 지식의 중요성이 매우 크다. 그런데 정보나 지식은 생산측면에서 추가 투입에 따라 수확이 점차 감소하는 것이 아니라 오히려 증가하는 수확체증의 법칙이 작용한다. 또한 일단 창출 · 축적된 지식은 그 스스로 새로운 지식을 계속 증식시켜 나가는 자기증식의 특성도 갖고 있다.

정보와 지식의 이러한 특성과 앞에서 지적한 네트워크 외부성이 동시에 작용할 경우, 어떤 제품이 시장에서 먼저 앞서 나가기 시작하면 그 앞선 것 때문에 그 제품이 더욱 그 시장에서 앞서 나가게 되는 현상이 나타나게 된다. 다시 말하면 선발자의 이익(first mover's advantage)이 매우 극명하게 나타날 가능성이 큰 것이다.

디지털 경제의 이러한 특성 역시 독과점의 우려로 연결된다. 연구개발을 통한 새로운 제품의 생산이 독과점으로 연결되는 것은 그것이 일시적일 경우 정당한 대가로 인정될 수 있을 뿐만 아니라 사회적으로도 필요한 현상이다. 독과점이윤이 보장되지 않으면 연구개발에 투자하는 기업이 없을 것이기 때문이다. 그러나 네트워크 외부성이나 지식과 정보의 수확체증으로 인한 선발자의 이익이 기술적으로 열등한 시장선점기업의 독과점을 보호하는 역할을 한다면 사회적으로 바람직하지 않다고 할 수 있을 것이다. 또한 시장의 안정성이 낮아지는 경우도 발생할 수 있다. 어떤 제품이 특정한 이유로 시장을 탈환하게 되면 그 제품이 전체 시장을 장악하게 되며 이러한 과정이 계속적으로 반복되기 때문이다.

4) 완전경쟁시장에의 근접과 제품차별화

인터넷을 통한 전자상거래는 경제이론에서 가장 효율적인 시장형태로 여기는 완전경쟁시장이 형성될 가능성을 제공한다. 전자상거래시장의 경우 잠재적인 공급자는 별다른 비용 없이 시장에 진입하거나 퇴출할 수 있고, 소비자들도 거의 무한정의 제품정보를 얻을 수 있기 때문에 다수의 공급자와 다수의 소비자가 완전한 정보를 가지고 경쟁하는 것이 가능해진다. 이와 함께 공급자가 가격을 변경시키는 데에 필요한 비용(menu cost)이나 정보획득비용 등 거래에 수반되는 비용(transaction cost)도 거의 제로에 가깝다. 이 경우 가격은 한계비용에 의해 결정되기 때문에 상점에서의 판매가격보다 낮아지며, 동일한 제품은 어디서나 동일한 가격에 거래된다는 일물일가의 법칙(law of one price)도 성립되게 된다.

앞으로 전자상거래가 더욱 확산되면 완전경쟁시장에 가까운 경쟁양태가 이루어져 가격이 인하될 가능성은 클 것으로 예상된다. 그러나 다른 한편으로는 소비자의 성향에 입각한 가격차별화가 더욱 확대될 가능성도 있다. 디지털시대에는 다수의 소비자나 공급자에 대한 일반적인 정보뿐만 아니라 개별 소비자들의 취향이나 소비패턴에 대한 정보도 얻을 수 있기 때문이다.

3. 기존 경제 체제와의 차이점

디지털 경제와 기존 경제 체제와의 차이점을 명확히 파악하고 디지털 경제에서 성공하기 위한 요인을 이해하는 것은 전자상거래 사업전략수립에서 대단히 중요하다. 디지털 경제가 기존 경제 체제와의 차이점은 아래와 같이 크게 5가지로 요약될 수 있다.

첫째, 디지털 경제에서는 지식과 정보가 중요하다. 기존의 산업 사회에서는 상품과 서비스를 창출하고 유통시키는 것이 경제 활동의 중심이었다. 즉, 대량 생산과 대규모 유통을 통한 규모의 경제는 경쟁력의 핵심이었으나 디지털 경제에서는 지식과 정보를 활용해서 생산된 물리적인 재화의 가치를 어떻게 한차원 더 높일 것인가에 경쟁력이 달려 있다.

둘째, 디지털 경제하에서는 인간 사회의 조직이 점차 물리적인 공간에서 인터넷과 같은 가상공간 즉 사이버 커뮤니티(Community), 쇼핑몰, 경매시장 등으로 이전한다. 현재 실재 공간에 존재하고 있는 조직과 기능들 중 더 많은 부분이 인터넷 네트워크로 이전하게 될 것이다. 사람들은 도서관을 찾기보다 도서관 웹사이트를 통해 필요한 정보를 얻게 되고 주부 들은 편의점이나 슈퍼에 직접 가기보다는 인터넷을 통해 쇼핑할 것이다. 또한 동호인들과 카페에 모여 앉아 토론의 시간을 갖기보다는 한 번도 만나 본 적이 없는 사람끼리 인터넷을 통해 서로간의 의견을 교환하게 되는데 이는 실제의 공간이 중요한 것이 아니라 가상적인 공간이 사업과 일상생활 양쪽에서 모두 중요하게 됨을 의미한다.

셋째, 인터넷 통신으로 기업 간의 제휴관계가 늘어나고 협력의 정도도 한층 강화될 것이다. 지식과 정보의 중요성이 높아짐에 따라 지식과 정보를 공유할 수 있는 파트너를 확보하는 것이 전략적으로 중요한 의미를 갖게 된다. 기업은 모든 기능을 사내에 보유하기 보다는 외부 전문가를 활용하는 방식을 더 선호하게 될 것이고 따라서 디지털 경제에서 기업의 형태는 서로 느슨하게 결합된 파트너 형태로 구성될 것이다.

넷째, 디지털 경제에서는 중간 유통과정이 최소화되면서 생산자와 최종 소비자 간의 직접적인 만남이 늘어나 산업의 수직계층 구조가 단순화될 것이다. 즉 전자상거래를 통해 최종 소비자들은 생산자의 웹사이트에 직접 들어가 원하는 상품을 바로 주문하고 생산자는 소비자의 요구를 더 직접적으로 파악할 수 있게 되며 중간 유통 과정을 거치지 않고 상품 및 서비스를 소비자에게 전달하게 됨에 따라 유통산업에 일대혁명이 일어나게 될 것이다.

다섯째, 산업 간의 구분이 모호해지면서 서로 사업 분야가 상이한 업체가 같은 시장을 놓고 경쟁하는 현상이 가속화될 것이다. 예를 들어 자동차회사인 GM과 소프트웨어회사인 마이크로소프트가 자동차시장을 두고 함께 경쟁하는 일도 벌어진다. 최근 국내의 경우 삼성 몰에서 택배회사를 직접 운영하고 또 국내 택배 3사인 현대, 한진택배 등이 직접 쇼핑몰을 운영하는 사례도 이에 해당된다고 할 수 있다.

과거에는 부가가치를 지배하는 중요한 요소가 물리적인 상품의 종류 및 특성이었다면 디지털 경제에서는 정보와 지식의 활용이 부가가치의 핵심이다. 따라서 한 산업에 속해 있는 업체가 정보와 기술 활용 역량만 뛰어나면 다른 산업에서도 충분히 경쟁할 수 있게 되며 타 산업 내 주요 기업들을 위협하는 강력한 경쟁자로 떠오르게 될 것이다. 또한 디지털 경제는 인터넷과 정보화, 정보통신기술의 급속한 발달로 가속화되고 있는 디지털 경제체제는 21C 새로운 패러다임으로 자리 잡고 있다.

〈표 2-2〉 디지털 경제의 주요특징

기존	디지털 경제
정보의 비대칭(asymmetry)	정보의 민주화(democratization)
특권층(elites)	모두(everyone)
만들고 파는(make-and-sell)	감지하고 반응하는(sense-and-respond)
지역경제(local economy)	글로벌경제(global economy)
수익체감(diminishing returns)	수익체증(increasing returns)
자산의 소유(owning assets)	사용권 획득(gaining access)
기업지배(corporate governance)	시장지배(market governance)
대량시장(mass market)	고객시장(market of one)
적시(just in time)	실시간(real-time)

특히 이러한 패러다임은 기업과 소비자에게 많은 기회와 동시에 위험을 제공하고 있으며, 따라서 디지털 경제와 기존 경제 체제와의 차이점을 명확히 파악하고 디지털 경제에서 성공하기 위한 요인을 이해하는 것은 대단히 중요하다.

제3절 · 디지털 혁명과 디지털 경제

1. 디지털 혁명

신석기 시대의 농업혁명, 17-18세기의 산업혁명에 이어 인류 역사상 3번째 혁명이라고 불리는 디지털 혁명은 90년대 들면서부터 시작. 20세기 후반 컴퓨터, 반도체, 통신 등의 산업이 발전하였고 90년대 인터넷이 도입되면서 디지털 혁명이 시작되었다.

디지털 혁명은 이전의 두 혁명과 뚜렷한 차이를 보이고 있는데 이를 정리해 보면 아래의 〈표 2-3〉과 같다. 변화의 속도면에서 보면 디지털 혁명은 빛의 속도를 변하고 있으며, 디지털 혁명에서 변화를 주도하는 것은 지식과 정보이다.

〈표 2-3〉 인류사의 3대 혁명

구 분	농업혁명	산업혁명	디지털 혁명
시 작	기원전 2000년경	1760년대	1990년대
변화 동인	원시도구	기계 엔진	디지털 기술
변화 속도	정체	점진적	광속
변화 주도	물리력(군대)	경제력(기업)	지식과 정보 (지식근로자, 신지식인)
통제 구조	혈연, 지연의 가부장제	관료적 중앙집권제	수평적 전문가 집단

디지털 혁명은 정보통신 인프라와 인터넷망을 통하여 짧은 기간에 전세계로 확산되면서 기술, 산업, 경제, 생활 등 여러 부문에서 총체적이며 획기적인 변화를 가져오고 이에 따라 사회경제 패러다임이 전환되고 있는데 이를 요약하면 다음 〈표 2-4〉와 같다. 디지털 혁명은 장기호황속의 물가안정이라는 신경제 현상을 초래하였고 IT산업의 경제성장 기여도나 고용증대 효과가 전통 제조업보다 상당히 높은 현상을 가져 왔다. 또한 산업측면에서는 음악, 문서, 사진 등 디지털 기술이 직접 응용되는 상품이 높은 성장을 하고 인터넷을 기반으로 한 전자상거래가 급속도로 발전하였다. 또한 인터넷 사용이 보편화되면서 정부와 기업조직도 수평적인 구조로 변화하고 있다.

〈표 2-4〉 디지털혁명으로 인한 사회경제변화

구 분	변화내용
신경제	• 경제성장률 상승, 물가안정 • 지식기반경제로의 전환 가속 • 디지털 격차로 인한 계층 간 차이 확대
IT산업발전 산업의 IT화	• IT산업 팽창, 산업의 IT 집약화, 제조업 및 서비스업의 융합 • 전자상거래 확산, 유통, 통신 및 금융의 융합
디지털 기업	• 비즈니스모델 선점을 둘러싼 경쟁 • 전자상거래를 이용한 외주확대 • 사무, 공장, 디자인의 자동화
디지털 정부	• 국가권력의 약화 • 정부조직의 전자화 및 전자민주주의 확대
디지털 공동체	• 취미, 오락 등 가상체험과 온라인 쇼핑 확대 • 사회 문화적 공동체가 가상공간에서 확대

2. 디지털 경제

넓은 의미에서의 디지털 경제는 재화와 서비스의 생산, 분배, 소비 등 주요 경제활동이 '디지털화되고 네트워크화된 정보와 지식'이라는 생산요소에 주로 의존하는 경제를 의미한다. 이 정의에 나타난 여러 가지 용어들을 이용하여 정보경제, 네트워크 경제, 지식기반경제 등이 디지털 경제라는 용어와 동일한 의미로 사용되거나 유사용어로 혼용되고 있다.

또한 토지, 노동, 자본 등 전통적인 생산요소에 의존하는 기존의 경제와 구분하여 디지털 경제를 신경제(new economy)라고도 한다. 좁은 의미에서 디지털 경제는 정보통신기술산업과 인터넷을 기반으로 하는 전자상거래가 중심역할을 하는 경제라고 할 수 있으며 따라서 인터넷 경제라고도 한다.

디지털 경제에서는 구경제와 달리 컴퓨터 및 통신기술을 기반으로 개인이나 조직들이 상호 연결되므로 구경제에서 상상하지 못했던 일들이 가능해진다. 『디지털 경제』 저자인 단 탭스캇은 신경제가 구경제와 다른 점으로서 12가지 주제를 제시하고 있다.

1) 지식(Knowledge)

정보기반 경제의 핵심은 지식이다. 지식은 컴퓨터가 아닌 인간에 의해 창출된다. 전문직 및 기술직 근로자를 포함하는 지식근로자에 의해 그리고 지식 소비자가 곧 지식창출의 주체이다. 오늘날 소비자의 아이디어와 정보가 제품 속에 녹아 들어감에 따라, 제품 및 서비스의 지식콘텐츠는 크게 성장하고 있는 추세이다. 가령, 스마트의복, 스마트카드, 스마트자동차, 스마트타이어와 같이 제품 내에 칩을 장착시켜 지능적 속성을 갖게 한 제품들이 점차 선을 보이고 있어 우리 사회를 변화시킬 것으로 예상되고 있다.

2) 디지털화(Digitization)

지식정보화사회는 모든 정보가 디지털화되는 사회이다. 책, 잡지, 교육 콘텐츠, 음악, 사진 등 대부분의 전통매체에 존재하던 정보가 디지털화됨으로써 인터넷망을 통해 빠르고 용이하게 분배되고 전달되는 추세에 있다. 특히 소프트웨어, 연구보고서 등과 같은 무형의 디지털상품은 네트워크상으로도 100% 전송이 가능하여 물류비용의 부담 없이 자유로운 상거래를 할 수 있다.

3) 가상화(Virtualization)

아날로그 시대에서 디지털 시대로 접어들면서, 실체적 사물이 가상화되고 있다. 이로 인해, 조직의 유형 및 관계가 변화하고 경제활동 자체의 속성도 달라지고 있다. 몇몇 예를 들자면, 가상 외국인, 가상 투표함, 가상 게시판, 가상 국회, 가상 기업, 가상 쿠폰, 가상 정부기관, 가상 몰, 가상 현실, 가상 시장, 가상 오피스, 가상 상점, 가상 마을 등 여러 가지가 있다.

4) 분자화(Molecularization)

디지털 경제는 분자화된 경제이다. 구기업은 해체되어 역동적인 분자요소들에 의해 교체되고 있다. 물리학에서 분자(molecules)란 가장 작은 물질구성 단위로서 주변의 상태(가령, 온도)에 따라 다양한 물질을 형성시켜 준다. 마찬가지로 기업에서도 조직구성원들은 분자와 같이 주어진 상황에 따라 신속하게 팀으로 구성되어 힘을 발휘하게 된다. 동기부여가 강하고 자율적으로 학습하는 근로자들은 새로운 툴들을 통해 상호협력하며, 가치창출을 위해 그들의 지식과 창의성을 적용하게 되는 것이다.

5) 통합화/네트워크화(Integration)

정보화 사회에서 개별요소들은 통합되어 집합체가 되고 이들 집합체는 또 부를 창출하는 다른 집합체와 네크워크로 연결된다. 수익 창출의 패러다임 변화는 아날로그가 아닌 디지털 컴퓨터망 때문에 가능하며 또 중앙집중식 컴퓨터 환경에서 인터넷기반의 상호 접속식 웹환경으로 변화가 이루어졌기 때문에 가능하다. 이들 네트워크의 대역폭이 점차 확대되어 데이터, 문자, 음성, 이미지, 화상 매체를 모두 통합하는 멀티미디어 전송능력을 확보하는 것이 가능해지고 있다.

6) 비중개화(Disintermediation)

생산자와 소비자 사이에 중개 역할을 수행하던 중간상인이 디지털 네트워크로 인해 사라지고 있다. 이제 중개역할을 하던 중간상인은 중개 이외의 다른 새로운 가치를 창출하기 위해 그 역할을 변화시켜야 하며, 변화에 실패할 경우 시장에서 사라지게 될 것이다. 예를 들어, 이들의 역할이 제품매매의 중개기능보다는 정보교환의 중개기능으로 전환될 것으로 예상된다.

7) 융합화(Convergence)

지난 반세기동안 끊임없이 발전을 거듭해 온 컴퓨터 및 통신기술이 최근 들어 급성장하고 있는 디지털콘텐츠 기술과 융합되어 향후 21세기의 지식정보사회를 끌고나갈 주요 기술적 토대로 부상하고 있다. 디지털 컨버전스가 가속화 되면서 다양한 기능을 하나로 융합한 기기들이 등장하고 있다

8) 혁신(Innovation)

지식정보화 사회는 혁신에 기반한 사회이다. 기업에서는 제품은 물론 시스템, 프로세스, 마케팅 및 인력에 대해 지속적인 변화와 개선을 추구해야 한다. 산업사회

에 접어들면서 대량생산을 목표로 조직 및 프로세스가 구성되면서 혁신보다는 자동화, 규격화 등이 크게 강조되었다. 그러나 오늘날 시장에서 요구되는 다품종소량 생산 능력을 기업이 확보하기 위해서는 혁신을 기업의 중심에 놓아야 한다.

9) 고객중심 생산(Prosumption)

신경제에서는 소비자와 생산자 간의 격차가 없어진다. 대량생산 대신 대규모 커스터마이징이 나타나면서, 생산자들은 개별 소비자의 요구사항 및 구미에 맞는 특정 제품을 만들어야 한다. 궁극적으로는 소비자가 실제 생산프로세스에 참여하게 된다. 이를테면, 고객이 온라인상에서 자동차 쇼룸에 들어가 니즈에 맞게 차를 구성하거나, TV시청자가 원하는 저녁뉴스 토픽들만을 선택해 뉴스를 시청할 수 있게 될 것이다. 델컴퓨터사의 경우, 고객이 PC제품을 자신의 니즈에 맞게 구성한 다음 이를 하루만에 생산하여 발송하고 있다.

10) 즉시성(Immediacy)

신경제의 기업들은 주기시간(cycle time)의 단축을 비즈니스 성공을 위한 핵심과제로 삼는다. 1990년에는 자동차의 컨셉 단계에서 생산 단계까지 6년이 소요됐지만, 근래에는 2년 이하로까지 짧아지고 있다. 따라서 제품의 수명주기 또한 크게 줄어들고 있으며, 이 때문에 새 제품의 개발을 완료한다 해도 곧 다음 제품의 개발단계에 돌입해야 하는 것이 현실이다.

11) 글로벌화(Globalization)

현대기업들은 정부에 의해 자국시장을 보호받던 과거 경영환경과는 달리 글로벌 시장에서 글로벌 고객의 니즈를 충족시킬 수 있는 글로벌 제품을 개발하고 생산하고 또 판매하여야 한다. 자국시장에 비해 글로벌 시장은 다양한 민족, 문화, 언어, 법적 환경 등의 요소들을 충족시킬 수 있어야 하므로 많은 노력이 요구되지만, 반면 시장규모도 크고 소비자 계층도 다채로워 기업이 성장할 수 있는 기회요인도 될 수 있다.

12) 이슈충돌(Discordance)

디지털 경제에 들어서는 전례 없던 사회적 이슈들이 등장해 대규모 충격과 갈등을 불러일으킬 것으로 전망된다. 이를테면 권력, 프라이버시, 정보접근, 민주적 절차 등과 관련해 다양한 의문과 논쟁을 불러일으킬 것이다. 이로 인해 인터넷상에서 네티즌들 간에 공방이 치열해지고 극단적인 경우에는 사안이 법정소송으로까지 발전할 수 있다.

3. 디지털 경제의 미래

인터넷 이용자들의 급속한 증가와 인터넷의 상업적 이용이 크게 늘 것이다. 이에 따라서, IT부문에서 뿐만 아니라 경제 모든 부문에도 성장이 가속화될 것이다. 미국 상무성이 1998년 발간한 『The Emerging Digital Economy』에서는 디지털 경제가 성장하는 과정에서 발생할 주요 변화로서 (1) 인터넷 이용확산 및 효율성 제고, (2) 기업간 전자상거래의 확대, (3) 재화와 서비스의 디지털 운송, (4) 상품의 전자소매업 확산 등을 들고 있다. 그에 대한 내용은 아래 〈표 2-5〉에 나타나있다.

〈표 2-5〉 디지털 경제의 주요변화

인터넷 구축의 완성	기업 간 전자상거래의 확대	재화와 용역의 디지털 운송 증대	물리적 재화의 전자 소매 확산
• 인터넷을 통한 정보전달 속도증대 • 인터넷 접속의 확대	• 구매 비용 감소 • 재고 감소 • 제품제조 기간단축 • 고객에 대한 서비스의 효율성 증대 • 판매 및 마케팅 비용 감소 • 판매기회의 확대	• 인터넷을 통한 콘텐츠 운송 증대 • 비행기표 또는 금융증권 등의 인터넷 거래 확대	• 인터넷을 통한 물리적 제품의 소매거래 증가

디지털 경제의 가장 큰 특성은 다양한 목적의 인터넷 거래가 크게 증가한다는 점이다. 그에 따라 기업차원에서의 생산성 향상과 인터넷상에 형성되는 새로운 시

장이 전세계적으로 연결되면서 판매기회도 확대될 것이며, 이를 통해 지속적으로 경제 발전이 이루어질 것이다.

제4절 · 디지털 경제의 영향

1. 대기업과 중소기업

1) 디지털 경제는 중소기업들에게 새로운 비즈니스 기회 제공

- 저렴한 비용으로 온라인을 이용하여 글로벌 비즈니스 수행 가능하다.
- 대기업과 비교하여 상대적으로 낮은 간접비를 부담한다.
- 보다 저렴한 가격의 제품과 서비스를 인터넷을 통해 판매한다.

2) 고객선호도의 전환

- 산업경제의 대기업에서 디지털 경제의 신생기업으로 고객선호도가 전환한다.

3) 디지털 경제에서 중소기업의 강점과 약점

- 강점 : 조직의 유연성, 사용자 친화력, 개인화 등이 있다.
- 약점 : 주요 기반구조(infrastructure)의 확립이 요구된다.

4) 모든 기업에게 동일한 비즈니스 환경을 제공

2. 구매자와 판매자

1) 산업경제 : 구매자 → 수동적, 판매자 → 능동적

- 판매자들은 시장점유율 유지 및 향상을 목적으로 고객을 유인한다.

- 산업경제에서는 고객충성도가 안정적이다.
- 가격결정 : 제품이 생산되기 위해 얼마 정도의 원가가 소요되는가에 의해 가격이 결정된다.
- 광고유형 : 대중매체를 이용한다.

2) 디지털 경제

- 구매자 : 인터넷을 이용하여 적정가격대의 제품을 쉽게 탐색, 선호하는 가격이나 요구조건 등을 구체화하는 경향이 있다.
- 판매자 : 고객들의 신뢰도와 충성도를 유지하기 위한 구매자 행위 분석 필수
- 가격결정 : 고객들이 어느 정도 지불할 의사가 있는지에 따라 가격이 결정된다.
- 광고유형 : 기존의 대중매체에 의한 광고에서 역광고 형태로 변화, 구매자들이 자신들의 요구사항이나 구체적인 판매자 조건 등을 제시한다.

3. 고용자와 노동자

1) 웹에 기반한 우수 인력 채용이나 특정 기술 프로젝트 팀 구성 가능하다.
2) 노동자들에게도 작업 패턴의 향상된 유연성 제공한다.
3) 디지털 경제에서 고용자들이 유의해야 될 몇 가지 사항
   - 투명한 경영과 유연한 노사관계 정립 근로자들에게 동기의식 고취한다.
   - 고객지향적인 기업문화 정립한다.
   - 조직 내의 정보나 데이터를 공유할 수 있는 기업문화와 시스템 개발한다.
   - 웹 개발이나 IT관리 및 운영 등에 필요한 교육을 수시로 제공한다.
4) 디지털 경제에서 노동자 측면의 기회적 요인 → 팀작업과 지식공유
   - 작업에서 유연성 향상 » 향상된 자율성 » 높은 책임감
   - 작업자들과 유대감 향상 » 높은 작업만족.
5) 디지털 경제의 기회를 인식하고 새로운 도전을 준비하는 고용자와 노동자는 계

속적인 성장과 발전을 도모한다.

4. 기성세대와 새로운 세대

1) 기성세대(old generation)

- 인터넷의 혜택으로부터 소외된다.
  - 대부분의 기성세대들은 컴퓨터를 이용하지 못하거나 대체로 낮은 흥미를 갖는다.
- 디지털 경제가 점점 확대될수록 기성세대의 생활의 폭이 줄어든다.

2) 새로운 세대(new generation)

- 컴퓨터와 함께 성장한다.
  - 삶의 모든 측면에서 사회생활을 위한 자연적인 수단으로 컴퓨터를 인식한다.
  - 디지털 경제는 젊은 세대에게 새로운 부를 창출 할 수 기회를 제공한다.
  - e-비즈니스 기업 : 젊은 세대들을 목표 고객 → 개인화된 웹사이트 개발한다.
- 문제점
  - 온라인 쇼핑에서 충동구매나 카드사용을 남발한다.
  - 디지털게임의 과다 사용에 따른 인터넷중독이 된다.

3) 기성세대와 신세대 간 발생할 수 있는 문제점에 대해 해결할 수 있는 대책이 필요하다.

5. 부유한 계층과 가난한 계층

1) 디지털 경제의 확산은 개인의 경제적인 능력과 지적인 수준에 영향을 준다.

- 가난한 계층의 구매력을 떨어드리는 요인이 된다.
  - 고가의 PC가격, 높은 통신비용, 신용카드 결제 등.
- 가난한 계층은 정보와 지식을 액세스하는 데에도 제한적이다.

2) 사회의 발전은 참여하고 있는 사람들의 지적인 능력에 좌우된다.
- 정보화에 소외된 계층에 대한 교육과 사회적인 지원이 필요하다.
- 정보통신기술에 대한 계속적인 홍보와 교육은 부의 불균형 문제를 완화한다.

6. 여성과 남성

1) 인터넷에 의한 유연한 작업환경이 유지된다.
2) 사이버 공간은 남성과 여성에게 동일한 작업환경을 제공한다.
3) 여성들은 사이버 공간에서 많은 일자리 확보가 가능하다.
- 자신들이 원하는 시간과 장소에서 근무 가능하며 재택근무 등 근무가 가능하다.

4) 디지털 경제의 근로 환경에서 여성들에 관련된 흥미 있는 이슈
- 여성 전용 사이버 공간의 필요성을 주장한다.
- 이러한 편의는 오히려 여성들의 잠재적인 역량을 떨어뜨리는 요인이다.

5) 디지털 경제에서 요구되는 여성상
- 기존 산업경제에서의 여성의 위치, 여성의 능력, 여성의 요구와 관련된 동시대인들의 편견에 대하여 디지털 경제에서는 실력과 능력으로 극복할 수 있다.

제5절 · 디지털 경제의 산업구조 및 고용

1. 정보기술과 산업구조의 변화

인터넷의 등장 및 네트워크의 확산은 기업의 경쟁전략 및 경쟁적 위치를 변화시켜 산업구조를 새로운 방향으로 변화시킨다. 정보기술은 경영의 효율성 제고에서 점차 경쟁우위를 위한 전략의 수립에 쓰이며, 디지털 경제 성장의 원천이 되고 있다. 핵심 역량(core competency) 외의 활동은 아웃소싱으로 조달함으로써 운영의 효율을 높인다.

1) 산업의 지식기반화

전 산업에서 정보통신을 활용하여 지식기반이 구축되면서 전반적으로 지식기반 산업으로의 이행이 촉진될 것이고, 정보의 산업화를 담당하는 정보통신산업은 디지털 경제의 핵심이 될 것이다.

2) 산업의 분화 · 융합 및 신산업 출현

디지털 경제에서는 소비자의 다양한 욕구 충족과 생산자의 효율증대를 위하여 산업이 다양하게 분화되고 있다. 또한 산업의 융합도 촉진되어 특정 디지털 기술을 바탕으로 하는 정보통신산업의 경우 융합화 현상이 나타난다. 이에 따라 기존의 방송산업, 통신산업, 컴퓨터산업, 가전산업 등의 산업구분도 점차 의미를 상실해가고 있다. 이 융합화 과정에서 신산업이 지속적으로 창출된다.

2. 디지털 경제와 산업조직

1) 산업조직의 변화

디지털 경제의 원동력은 경제활동의 전 과정에서 정보가 디지털화되고 인터넷을 통해 실시간으로 공유할 수 있다는데 있다. 기업은 핵심역량을 중심으로 내부를 재편하는 한편, 기업 간 네트워크를 통해 시너지 효과를 극대화하는 방향으로 재조직된다.

2) 벤처기업의 중요성 증대

디지털 경제에서는 거래비용이 감소되면서 기업의 규모는 축소되는 반면, 전문기업 간 네트워크 형성을 통하여 기업 활동을 효율화 할 수 있다.

중소벤처기업은 다음과 같은 특성으로 디지털 경제에 적합하다고 한다.

- 중소기업은 기술혁신 과정에서 대기업을 보완한다.
- 새로운 시장을 창출한다. 혁신활동은 대기업에 비해 매우 수요지향적이다.
- 고용창출에 기여한다. 기술집약적인 산업은 높은 성장성으로 인하여 다른 산업보다 높은 고용창출 효과를 가져온다.

3) 거대기업과 전문기업으로 재편

경쟁력 있는 글로벌 기업들이 세계시장을 독과점하는 반면, 다른 한편에서는 독자적인 기술력이나 특화된 시장을 보유하고 있는 중소벤처기업들이 핵심역량을 가지고 전문적인 사업을 영위할 것으로 예상된다.

3. 디지털 경제와 고용

1) IT가 고용에 미치는 영향

정보통신 기술은 고용을 창출하는 동시에 고용을 감소시키는 효과를 가지고 있어 경제전체의 고용에 미치는 효과를 요약하기는 어렵다. 일반적으로 기술혁신이 고용에 미치는 영향은 다음 두 가지로 나타난다.

- 새로운 기술혁신으로 새로운 제품이 나타나 기존의 제품을 대체할 경우 기존 제품의 수요 감소로 인해 노동수요는 감소하는 반면, 새로운 제품에 대한 수요창출로 노동수요는 증가하게 된다.

- 생산과정에서 일어나는 변화로 새로운 기술의 도입은 자본이 노동을 대체하게 되는데, 자본과 노동의 대체 정도에 따라 고용이 감소할 수도 혹은 증가할 수도 있다.

2) 고용형태의 변화

기업조직이 수직적인 피라미드 조직에서 유연한 수평조직으로 변화하고, 팀 간의 네트워크가 중요시된다. 정보기술의 발달로 재택근무나 원격근무가 활성화 되고 근무시간이 탄력성을 갖는 등 근무형태도 다양화 된다.

이에 따라 외부 노동시장에 의존하는 경향이 강해지면서 상용직 근로자의 필요성이 상대적으로 감소할 것이다. 임시직, 계약직 등의 고용수요가 증가할 것으로 예상 된다.

3) 숙련구조의 변화

디지털 경제가 성장함에 따라 저학력의 단순인력보다는 고급인력에 대한 수요가 증가하게 된다. 선진국의 경우 대부분의 고용증가는 주로 고숙련 사무직 인력에 의하여 이루어지고 있는데, 특히 서비스업에서의 고용증가는 상당부분이 사무직 고숙련 직종에 의한 것이다.

4) 미국의 고용구조 변화

1990년대에 미국의 총생산은 34.3% 증가한 데 반해, 고용은 15.3% 증가하여(단순기능직이 8.4% 감소하고 전문직이 18.8% 증가) 단순기능직이 전문직으로 대체되고 전반적인 노동생산성이 향상되었다. 또한, IT 산업근로자의 2000년대 평균 임금은 전체 민간부문 평균임금의 두 배로 조사되어 IT 산업부문이 핵심 산업으로 자리 잡고 있음을 보여 주고 있다.

제6절 · 디지털 경제의 향후 전망

향후 수년간 IT부문에서 뿐만 아니라 경제 모든 부문에 있어 성장이 가속화될 것으로 예상된다. 이는 인터넷 이용자들의 수가 급속하게 증가하며 또 인터넷의 상업적 이용이 크게 늘 것으로 전망되기 때문이다.

디지털 경제가 성장하는 과정에서 발생할 주요 변화로서 (1) 인터넷 이용확산 및 효율성 제고, (2) 기업 간 전자상거래의 확대, (3) 재화와 서비스의 디지털 운송, (4) 상품의 전자소매업 확산 등을 들 수 있다.

디지털 경제의 가장 큰 특성은 다양한 목적의 인터넷 거래가 크게 증가한다는 점이다. 그에 따라 기업차원에서의 생산성 향상과 인터넷상에 형성되는 새로운 시장이 전세계적으로 연결되면서 판매기회도 확대될 것이다. 이는 기업에게 시장 확대의 이득도 제공하지만 기업 간 경쟁도 더욱 격화될 것으로 볼 수 있다. 소비자들의 탐색비용이 감소하고 소비자의 협상능력은 크게 증가한다. 또한 인터넷을 통한 각종 정보의 교류가 크게 확대됨에 따라서 정보의 유통이 과거와는 다른 스마트폰을 사용하여 이루어진다.

전통적인 수요와 공급의 원칙이 온라인에서 디지털 모형으로 바뀌며 무한대의 비즈니스 법칙을 만들어낸다. e-비즈니스는 디지털 경제의 대명사다. 인터넷을 주요 기반으로 하는 사업인 전자상거래 · 인터넷쇼핑몰 · 검색서비스 등은 기존 제조업체들의 인터넷 활용과는 다르다. 인터넷을 기반으로 하기 때문에 아이디어를 가진 적은 인력으로도 사업할 수 있으며 기술개발 등 경제활동이 빠르게 이루어진다. e-비즈니스의 가장 큰 특징은 벤처이다. 초기에는 많은 비용이 들지만 일정 시기가 지나면 이익이 폭증하는 수확체증의 법칙이 작용하는 것도 벤처의 특징이다.

디지털 경제를 지배하는 키워드는 외형적 팽창보다 그 속에서 일어나는 거대한 패러다임의 변화이다. 신속 · 정확을 생명으로 하는 디지털의 특성을 집약한 광속경제, 세계를 국경없는 경쟁체제로 묶는 메가컴퍼티션(Mega-Competition), 시너지효과를 위해 여러 기업이 힘을 합친 C-커머스(Collabora-Commerce) 등 새로운 경제용어들이 양산되고 있다.

소비형태 역시 온라인을 통해 상품이 다양화 · 전문화되고 있으며, 인터넷이나 e-마켓플레이스를 통해 제품정보들이 다양하다. 제품의 대상도 의료 · 여행 · 컨설팅 등 유형의 상품에서 벗어나 무형의 서비스로 폭이 넓어졌다. 또한, 인터넷 전자상거래의 중심이 B2C(기업 → 소비자)에서 B2B(기업 → 기업)로 전환되고 있는 가운데 업종별 e-마켓플레이스가 디지털 경제의 새로운 원동력으로 각광받는다.

IT투자는 단순작업을 수행하는 노동을 대체하고 작업능률을 제고하여 노동/자본 생산성을 향상시킨다. 자동화투자, 전산화투자 등 정보기술투자가 확산되면서 노동에 대한 수요가 단순노동에서 전문 인력으로 이동하고 있다.

디지털 경제의 신산업은 컴퓨팅 산업(컴퓨터, 소프트웨어, 컴퓨터관련 서비스), 통신서비스산업(유무선 통신, 케이블, 위성 등)과 콘텐츠 산업(오락, 음악, 뉴스제공 등 IP/CP산업)을 중심으로 발생할 전망이다.

제3장

IT경제가 국가 발전에 미치는 영향

제1절 · IT산업과 국가경제

1. IT산업이 국가경제에 미치는 영향

지난 수십 년 간 진행된 PC와 초고속인터넷의 확산은 e-Business라는 새로운 산업, 경제 패러다임을 우리 앞에 던져놓았고 스마트폰으로 대변되는 모바일 정보통신망과 스마트 기기는 사람의 일상과 업무행위를 항시적으로 연결된 네트워크 기반 위로 올려놓았다.

컴퓨팅 파워와 결합된 데이터 통신망은 단순한 정보처리 및 정보교류를 넘어서 지식의 발견, 축적, 활용, 창출 등 인간의 지식노동의 주요한 부분을 기계화해 나가고 있다. 이러한 ICT 기술확산이 생산현장에서 인간 노동력의 필요성을 급속하게 감소시키고 있다는 것이 기술에 의한 지속적 고용감소를 경고하는 학자들의 기본 입장이다.

ICT를 중심으로 빠르게 진행되고 있는 디지털기술의 스마트화는 과거 인간의 고유한 영역으로 간주해온 정신적 업무 영역도 무너트릴 가능성이 큰 것을 전망된다. 산업 현장에 적극적으로 도입될 스마트기술은 노동에 비해 자본 생산성을 증가시키는 속성을 가질 것으로 보여 기술적 진보가 고용인에게 보다 유리하게 작용할 것으로 예측된다. 한편 미래의 고용은 고등 교육을 받은 고급인력에게 집중되는 경향이 강화되어 일자리 양극화, 소득과 고용의 불평등 심화 등의 사회적 불균형이 나타나게 될 것으로 보인다.

즉 많은 노동자가 기술의 발전 속도에 적응하지 못할 것으로 예측된다. 이러한 경향이 심화될 경우에는 결국 스마트기술의 발전은 경제 전체의 성장률 하락과 양극화라는 정치 · 사회적 문제의 원인이 될 것이다. 한편 스마트기술 발전은 개인에게 더 많은 기회와 권한을 제공함으로써 과거에 비해 개인의 행동, 지식, 창의성이 가진 사회적 영향력을 확대하게 될 것이다. 사회경제적 활동에서 노동, 정보, 지식, 자본이 가진 중요성은 상대적으로 감소하고 다른 사람들의 수요와 공감을 이끌어낼 창조적 아이디어의 중요성이 증가할 것으로 보인다.

20세기 주요 기업이 초대형 다국적 기업이었다면 21세기의 새로운 주요 기업은 아주 낮은 고정비와 적은 수의 직원으로 구성되는 소형 다국적 기업이라는 형태를 가질 가능성이 높다. 즉 혁신적 기술과 창의성을 갖춘 소수의 인물들이 작은 규모의 기업을 통해 큰 영향력을 행사하며 막대한 부를 소유할 수 있는 것이다.

경제성장과 사회적 안정에 있어서 고용문제가 가진 중요성은 지대하다. 스마트기술에 의한 고용과 소득의 양극화, 혁신역량을 갖춘 소수에 의한 글로벌 영향력 확대라는 전망은 미래변화의 단면만을 포착한 것일 수도 있다. 하지만 이러한 변화 전망에 대한 대응방향을 탐색하는 것은 미래 충격에 대한 적응력이라는 측면에서 반드시 이루어져야 하는 작업이다.

변화가 보다 긍정적인 방향에서 이루어지고 사회경제 체제가 유연하게 적응하기 위해서는 기술이 가진 의미와 그 영향력에 대한 지속적인 논의와 미래 비전 수립을 위한 노력이 필요할 것이다. 특히 스마트기술 자체의 R&D 전략, 기업과 산업 혁신 전략, IT인재양성 등 주요 정책부문이 요구된다.

2. IT경제와 인터넷의 중요성

IT 경제와 인터넷의 개념은 이미 수년 전부터 소개되고 논의되어 왔다. 또한 IT 경제로의 전환에 핵심이 되는 IT 기술은 지난 60년대부터 지속적으로 발전하고 있으며, 컴퓨터 역시 더 이상 새로운 발명으로 취급되지 않을 정도로 일반화되었다. 그럼에도 불구하고 IT 경제가 새삼 더욱 중요하게 부각되는 데에는 여러 가지 이유가 있을 것이다.

다양한 목적으로 보다 많은 사람들이 인터넷을 사용하게 됨에 따라 과거에 비해 경제주체 간 상호접속성(connectivity)이 크게 확대되면서 생산 및 거래구조가 바뀌어 갈 것으로 예측해 볼 수 있다. 그 이유는 IT 경제에서는 경제활동에서 독특한 역할을 수행하는 정보가 과거에는 존재하지 않았던 인터넷이라는 새로운 형태의 매개를 통해서 교환되기 때문이다. 정보의 역할은 독립적으로 분리되어 있는 개별활동 단위를 연결시켜 하나의 기업활동을 형성하게 하는 일종의 접착제 역할을 한다는 것이다.

따라서 정보는 하나의 가치사슬 상에 있는 다양한 경제주체들 간의 관계를 정의하고 제약할 뿐만 아니라 경쟁우위의 기초를 제공하기도 한다는 것이다. 이와 같은 정보의 역할은 정보비용이 차지하고 있는 비중이 매우 작아서 그 기업 또는 산업에서 생산되는 제품 또는 재화가 거의 물리적인 재화 및 서비스일 경우에도 성립한다는 것이다. 예를 들어서 기업의 입장에서 고객관계(customer relation)의 가치는 기업이 고객에 대하여 보유하고 있는 독점적 정보, 그리고 고객들이 기업 또는 그 기업의 제품에 대하여 보유하고 있는 정보에 의존한다.

부품기업과 제조기업 간의 서로 긴밀한 관계를 유지한다는 것도 결국 기업 간 의사소통의 채널을 설정 유지한다는 것을 의미한다. 뿐만 아니라 기업들은 그들이 생산하는 제품들을 대상으로 경쟁하는 것뿐만 아니라 정보를 대상으로 경쟁하고 그 경쟁에서 우위를 차지함으로써 그 기업이 생산하는 제품과 서비스에 대한 경쟁에서도 경쟁우위를 차지할 수 있다. 그런데 정보가 전달되기 위해서는 그 매체가 필요하다. 정보가 사람 또는 우편 등 물리적 매체에 의해서 전달되는 경우에는 그 물리적 매체가 이동하는 데 까지만 전달된다.

그러나 인터넷에 접속하는 사람들이 증대되고 이를 이용한 전자통신이 확대되면 앞에서 언급한 정보교환의 제약은 사라져 정보가 자유롭게 독자적으로 이동할 수 있다는 사실이 경제구조의 모습을 크게 변모시킬 것이다. 정보의 전달이 물리적 매체에 의존하던 시대에는 정보를 교환하는 사람들이 많을수록 정보의 속보성, 고객화, 상호작용성 중에서 어느 것을 희생해야 한다. 따라서 정보교환의 대상이 많을수록 정보의 양과 질이 낮아지는 교환관계(trade-off)가 존재한다.

저렴한 비용으로 인터넷을 통한 전자통신이 가능해지면서 경제주체 간 상호접속성이 증가함에 따라 이와 같은 교환관계가 파괴된다. 그 이유는 모든 사람들이 네트워크를 통해서 전자적으로 연결되는 경우에는 물리적인 매체로부터 정보가 분리되어 그 스스로 이동할 수 있으므로 결국 정보의 양과 질을 희생하지 않고도 수없이 많은 사람과 정보를 교환할 수 있기 때문이다.

그러면 인터넷을 통한 정보교환의 확대에 따르는 경제구조변화는 먼저 의사결정방식 또는 구조의 변화를 거치게 될 것이다. 특히 교환관계에 의해서 제약을 받던 정보의 교환이 그 제약에서 벗어남으로써 과거의 의사결정과 권한의 계층적 구조(hierarchy)에서 초 계층적 구조(hyper-archy)로 변화한다. 물리적 매체를 통해서 전달되던 경우에 하나의 전달경로를 통해서는 양적인 측면 그리고 질적인 측면에서 모두 제한된 정보만 획득할 수 있었으므로 개인과 조직의 의사결정은 계층적 구조를 가질 수밖에 없었다.

따라서 정보통신 기술의 발전으로 파생되는 경제주체 간 상호접속성의 확대는 기존의 기업조직 및 경제구조에 근본적인 변화를 초래할 수 있는 기초를 제공한다고 할 수 있다. 한편 계층적 구조(hierarchy)에 대한 대안은 시장메커니즘이라고 할 수 있다. 정보전달에서의 교환관계가 존재하던 경우에는 시장메커니즘을 통한 정보의 전달은 그 양과 질에서 제약을 받았으나 교환관계가 제거되면 더 이상 물리적인 정보전달경로가 필요하지 않으므로 시장메커니즘에서 발생했던 과거의 제한된 정보교환은 시장메커니즘의 단점이라고 할 수 없다.

특히 급변하는 시장상황의 변화에 신속하게 대처하기 위하여 매몰 가능성이 높은 고정비용의 투자를 줄이는 것이 바람직할수록 과거에는 한 기업에 소속되어 있던 경제활동들이 분리되어 독립적인 경제주체로 이전되고 그 활동의 산출을 시장가격기구의 조정을 통해서 거래하는 것이 보다 더 기업의 이윤을 증가시키는 경우가 증대할 것이다.

따라서 수직적으로 통합된 기업의 가치사슬상의 여러 경제활동들이 독립적인 경제주체로 이전되는 과정이 발생하면서 경제활동간 융합과 분화가 상호 작용하여 과

거의 선형적인 가치체인 형태가 계속 유지되지 않고 탈구조(de-construction)화하여 이들 간의 네트워크를 통해 제품과 서비스가 생산 유통되는 경우가 증가할 것이다.

제2절 · IT경제의 특징과 실태

1. IT 경제의 특징

90년대초 미국을 비롯한 선진국들은 정보고속도로(Information High-way) 구축을 통해 정보사회 구현에 앞장서며, 정보기술(IT)의 발달로 정보사회 구현이 가능해졌다. IT산업과 IT 기술의 총아인 인터넷이 90년대 중반 경제 전반에 광범위하게 응용됨으로써 IT 경제(Digital Economy)가 탄생하고 전자상거래는 새로운 IT 기술이 응용된 가장 핵심 분야가 되었다. 모든 거래를 전자적으로 처리하고 인터넷 기술은 경제, 시장구조, 기업경영에 근본적인 변화를 초래하여 새로운 패러다임을 형성한다.

2. IT 경제의 6가지 키워드

1) **한계비용 제로**(no marginality) : IT 경제 하에서 창출되는 재화는 초기 투입 비용은 높지만, 실제 생산 단계에서의 한계 비용은 제로에 가까웠다.
2) **스피드**(velocity-time) : 환경 변화, 기술 발전, 고객 욕구 변화 등이 예전에 비해 수십, 수백 배의 속도로 스피드하게 전개된다.
3) **연결성**(connectivity) : 한 기업만으로는 절대적인 시장 지배력을 행사할 수 없게 되고, 복수 기업의 역량을 하나로 연결해야 할 필요성이 증대되었다.
4) **비선형성**(non-linearity) : IT 경제 하에서의 경제 및 경영 활동은 가시적인 몇몇 변수에 의해 설명될 수 없는 복잡한 모습을 보이고 있다.
5) **불확실성**(uncertainty) : 환경 변화가 끊임없이 순식간에 일어남에 따라 1초 후의

미래도 섣불리 예측할 수 없게 되었다.

6) **특수성**(not normal) : 정규 분포에서의 평균적인 것이 더 이상 의미를 지니지 않게 되고, 특수한 것이 대다수를 대표하게 되었다.

3. IT 경제의 실태

1) IT 경제의 글로벌화

- 인터넷접속인구는 1994년 3백만에서 현재 세계적으로 1억4천7백만 명이고 향후 10억을 넘을 것으로 전망한다.
- 정보고속도로의 통행량은 매 100일마다 두 배로 증가한다.

2) 미국 경제에서의 IT 경제 현황(IT부문과 전자상거래)

- 정보기술 부문의 비중은 매년 4% 이상씩 증가한다.
- 정보기술은 미국 경제성장의 1/3을 차지한다.
- 전자상거래 중 B2B 사업은 1998년 480억 달러에서 향후 1조3천억 달러로 증가할 것으로 전망한다.

3) 우리나라 경제에서의 IT 경제 현황

- 인터넷 접속 인구의 급성장
- IT부문의 비중 증가
- 전자상거래의 확대

4. IT 혁명과 인터넷

증기기관과 전기가 발명되어 생산과 운송에 이르는 전(全)산업활동에 이용되기까지는 오랜 기간이 걸렸으나 IT 혁명은 매우 빠르게 진행되어 기존의 경제를 변화시키고 있다. 인터넷은 라디오나 TV의 보급보다 훨씬 빠른 속도로 확산되고 있다. 투자와 국내총생산(GDP)의 큰 부분을 IT가 차지하고 있는 것이 최근 미국 경제현상의 특징이다.

이러한 수치가 더욱 큰 의미를 갖는 이유는 IT의 품질이나 성능에 비하여 IT 가격이 하락했다는 사실이다. IT부문의 기여가 없었다면 인플레이션율은 2.0%보다 훨씬 높은 3.1%가 되었을 것이다. 최근 몇 년 동안 IT산업은 실질경제성장의 약 30%를 차지하고, 기업설비 투자 중 IT가 차지하던 비율도 1960년대 3%에서 1996년 45%로 급증하였다.

7백4십만 명이 IT산업 혹은 그와 관련된 부문에서 일하고 있다. 그들의 평균 연봉은 4만6천 달러로써 민간부문 평균 연봉 2만8천 달러보다 훨씬 높다. 또한 IT관련 기업의 자산가치도 빠른 속도로 증가하고 있다. 향후 IT산업의 성장이 경제전반에 미치는 영향은 점점 커질 전망이며, 경제성장은 다음 네가지 유형의 경제활동이 주도할 것이다.

1) **인터넷의 확산** : 인터넷 이용자는 1억 명으로 증가할 것이며, 향후 10억 명 정도로 증가할 것이다. 이러한 증가는 컴퓨터, 소프트웨어, 관련 서비스와 통신에 대한 투자의 폭발적인 수요를 창출할 것이다.

2) **기업 간 전자상거래** : 인터넷을 통한 기업 간 거래 규모가 3천억 달러에 이를 것으로 예측된다.

3) **상품과 서비스의 전자적인 수단에 의한 전달** : 인터넷을 이용하여 비행기 표나 증권거래가 이루어지고 있다. 컨설팅, 교육, 보험, 은행업무 등을 포함하여 직거래 현상은 경제전반에 걸쳐 일어날 것이다.

4) **실물 판매방법** : 전자적인 방법을 통한 상품과 서비스 주문은 현재 총 소매거래의 1%에 불과하지만 컴퓨터, 소프트웨어, 자동차, 책 판매 등이 급속하게 증가하고 있다.

가전회사, 미디어회사, 전화회사, 컴퓨터 회사, IT 케이블 산업, 전기회사 등이 인터넷을 확장하기 위해 공격적으로 투자하고 있다. 각종 보안기술 상품개발, 컨설팅 회사가 활발히 창업되고 있고, 벤처 자본가들은 약 120억 달러를 IT관련 회사의 창업에 투자하였다. 미국 정부는 고성능 컴퓨팅 및 통신을 위해 8억5천만 달러를 배정할 계획이다.

차세대 인터넷(NGI)사업에 1억1천만 달러를 투자할 계획이다. 산업혁명의 기초가 된 교통, 운송, 통신, 에너지 기반에 대해서는 정부가 촉진과 규제의 역할을 담당하였으나, 인터넷은 국방성(정부)에서 시작된 것이기는 하나 민간부문 투자가 미래의 인터넷 확장에 중심 역할을 할 것이다.

제3절 · IT 기업의 출현과 시장/경쟁구도 변화

1. 산업 간 융합이 발생하는 영역에서 새로운 시장 창출

IT화가 급속히 진전되는 전자/정보통신, 방송, 미디어, 엔터테인먼트 등의 산업을 중심으로 제품 및 서비스간 융합현상이 가속됨으로써 다양한 형태의 새로운 시장이 창출되었다.

1) 산업 내 경쟁 패러다임이 비즈니스 모델 간 경쟁으로 변화

Online 상에서 새로운 비즈니스 모델이 속출하고 기존 기업들도 e-business로의 전환을 적극 모색하고 있어 비즈니스 모델 간 경쟁이 심화된다. 인터넷 기업과 기존 기업은 상이한 경쟁원천과 비즈니스 모델을 지니고 있기 때문에 양자간의 우열을 속단하기가 어렵다.

2) IT 기업의 경쟁유형

동일한 비즈니스 영역내에서 유사 비전과 전략으로 접전한 사이트 내에서 통합 서비스를 목표로 하고 사업영역을 소비자 라이프스타일중 단일 패턴에 맞추어 『IT

컨버전스』 추진하여 기존의 표준과 독점에 대해 새로운 콘텐츠와 반독점 연합으로 도전하는 양상이다.

2. IT 경제 시대의 과학기술분야 과제

1) e-Business/e-Industry 육성

IT 경제의 주역인 인터넷기반 신산업 육성과 기존 산업의 IT화 촉진으로 e-Business화를 조화있게 추진한다. 정보기술에 기반을 둔 인터넷을 중심으로한 신산업을 적극 육성한다. 현재 기반이 갖춰진 반도체, 정보통신기기, 인터넷장비 등을 기반으로 IT콘텐츠, 소프트웨어산업 등 차세대 유망산업과 IT산업을 적극 육성하고 컴퓨터 · 통신망에 기초한 금융공학산업, 전자상거래, 정보제공산업 등으로 대표되는 인터넷기반 신산업(e-Business), 첨단소프트웨어기법을 응용한 첨단 애니메이션, 게임, 만화, 방송산업 등을 새로운 유망산업으로 육성한다.

현재 우리 경제의 주력산업에 IT기술과 인터넷을 접목시켜 IT화를 촉진함으로써 e-Business화 한다. 부품 · 기기 · 상품 · 시스템의 IT화 촉진, 물류구조 개혁, 전자상거래시스템의 도입 등 추진하고 모든 산업이 IT와 네트워크로 변신하여 생존력과 수익성을 제고한다.

IT 경제의 주역인 벤처기업을 육성하고, 새로운 기술과 노하우를 가진 사람들이 쉽게 창업할 수 있도록 관련제도를 확충한다. 기업가 정신을 함양할 수 있는 교육을 강화하고, 벤처정신을 북돋기 위한 위험분담제도 등 제도적 지원책을 강구한다. 기술개발성과물의 소유를 조직(기관) 중심에서 개인중심으로 전환하는 등 기술개발자에 대한 보상체계를 강화한다.

대학 · 연구기관 등의 벤처창업기지화 촉진, 유망벤처기업의 모험적 기술개발자금지원 확대, 벤처기업의 투자자금공급 원활화, 기술평가시스템 강화, 기술담보제도 활성화 등 지원시책을 확충한다. 벤처창업을 지원할 수 있는 기술경영전문교육과정을 인터넷 및 원격화상교육시스템을 활용하여 전국 주요 대학 · 연구소에 실시한다.

2) e-Infrastructure 선진화

초고속정보통신망, 차세대 인터넷 등 IT 경제의 하부구조를 최단시간에 세계 최선두 수준으로 구축한다. 누구나 언제 어디서나 쉽게 초고속정보통신서비스를 사용할 수 있는 기반 조성한다. 1인 1PC, 1인 1e-mail, 1인 1홈페이지의 1인 1사이버하우스 환경을 구축한다. 인터넷접속료 등 정보통신이용요금의 대폭적인 인하를 검토한다. 초·중·고등학교 정보화를 조속하게 구축한다.

초·중·고등학교 전 학교에 인터넷 접속가능 환경을 만들어주고 인터넷 교육을 강화한다. 정보화 교육을 강화한다. 청소년 정보화교육에 최우선이며, 장애인, 전업주부, 실업자, 노동자, 농어민 등 정보화 취약계층에 대한 정보화교육을 확대한다. 정보자원의 자유로운 교류·이용이 가능한 기반을 조성한다. 인터넷을 기반으로 정보자원의 자유로운 국내외 교류를 촉진하고 데이타베이스 관련 기술의 선진화와 데이터베이스 구축을 확대한다.

3) e-Government 구현

정책결정과정과 환경·제도를 IT 경제에 맞게 민주화·투명화·개방화·전문화·글로벌화함과 아울러 공정경쟁 촉진이 가능토록 개혁하고, 의식·문화수준을 선진화한다. 국민과 정부를 초고속정보통신망으로 연결하여 행정업무의 효율성과 투명성을 제고하고 대국민 서비스의 질을 개선한다. 이를 위해 정부 공통의 단일 정보통신기반과 중앙관리시스템 구축, 각 시·군·구의 행정종합정보시스템 정비, 개인정보보호체계 완비 등을 추진한다.

수평적 분권주의에 부응하는 정책결정체제 실천한다. 의사결정의 중심을

다양한 전문성을 가진 민간전문가 축으로 이동("Bureaucracy에서 Adhocracy로")한다. 정책예고제, 국민모니터링제도, 기술영향평가제, 기술/정책예측(foresight) 등 국민적 합의에 기초한 과학기술정책추진시스템 구축한다. 의사결정 전문가시스템(expert system)의 구축·운용과 정보·인력·자원의 네트워킹 및 共有체제를 확산한다. 전자상거래제도 도입을 준비하는 각종 제도개혁이 시급하다.

전자서명인증제도의 도입, 정보통신산업 전반에 대한 규제의 완화, 전자상거래하에서의 조달·회계·세제시스템 개혁 등이다. 글로벌경제체제에 부응해서 연구

개발시스템의 글로벌네트워킹을 가능케 할 시책의 강구 · 추진한다. WTO, OECD 등 과학기술관련 국제규범 설정에 중심역할을 하고 있는 국제기구에 적극 참여하고 관련제도를 국제규범에 맞춰 개선 · 보완한다. 국제 표준과 규격 제정에 주도적 참여, 지적소유권 보호에 역점을 둔다.

4) e-Policy / e-Action Agenda 설정

IT 경제를 선도 · 대비하는 국가발전모델을 설정하고 강력히 추진한다. IT 경제시대의 국가발전비전과 정책방향을 범부처적으로 수립한다. 비전과 전략설정, 정책설계, 실행, 평가와 피드백이 지속적으로 일어나는 정책 틀을 마련한다. 정부, 기업, 개인이 IT 경제시대에 필요한 역량을 갖출 수 있도록 가이드라인을 제시한다. 이를 기반으로 중장기 국가 산업 · 기술정책전략을 수립하여 강력히 추진하고 산업계에게 산업발전 · 기술개발의 단 · 중 · 장기 방향을 제시한다.

IT 경제에서는 부처 간 경계가 의미가 없으므로 관련부처 간 공동의 작업과 융합이 필요하다. 산 · 학 · 연 협력 강화와 투자 효율성 확보를 위한 특단의 대책을 강구 · 시행한다. 주기적인 기술예측과 정기적인 성과평가를 철저히 하면서 연동계획화(rolling plan)한다. 장기적 계획에 입각한 안정적인 연구개발예산 지원 등 연구개발예산 · 회계제도 개혁으로 뒷받침한다.

5) e-Life 뒷받침

사생활 보호, IT범죄 방지, 정보빈부격차 해소 등 IT혁명의 부작용과 충격을 최소화할 수 있는 안전장치를 마련한다. IT 혁명의 역기능에 효율적으로 대처한다. 개인의 사생활 침해, 컴퓨터해킹, 프로그램 무단복제, 정보의 오 · 남용 등 역기능에 대처하기 위한 암호화 등 정보보호 및 보안기술 개발한다. 개인정보보호제도의 정착, 정보통신윤리의 확립, 불건전한 정보유통의 규제가 필요하다.

사이버테러, 정보전에 대비한 국가정보통신기반시설의 보호장치를 정비한다. Y2K문제에서 볼 수 있듯이 시스템의 불안정성이 주는 불안과 IT재난에 대한 대응체계 구축한다. 새로운 첨단기술이 초래하는 사회 · 문화적 쇼크나 예기치 못한 부정적인 결과에 대응한다. 첨단기술의 응용으로 인한 노동강도의 변화, 빈부격차의 증대, Big Brother의 대두 등으로 만의 하나 사회에 부정적인 결과가 초래될 가능성에도 유의 필요하다.

국가 간, 기업 간 치열한 첨단기술헤게모니 쟁탈을 위한 주도권 경쟁과정에서 협력과 조화보다는 갈등과 분쟁이 심화된다. 특히 정보빈부격차(Digital Divide)로 인해 「20대80사회」(Hans-Peter Martin외, "The Global Trap")가 심화되어 사회적 연대감, 공동체의식이 파괴될 가능성도 존재한다. 생명복제 등 이제까지의 윤리로는 해결할 수 없는 복잡한 문제까지 야기 시킨다.

제4절 · 디지털콘텐츠와 게임산업 발전

디지털콘텐츠는 정보 획득이나 감성적 이용의 목적으로 사용되는 여러 가지 것들의 결합으로 구성되는 표현물로 컴퓨터 응용프로그램은 디지털콘텐츠에서 제외된다. 하지만 게임의 경우 위와 같은 정의에서 예외가 되는 프로그램 형태의 저작물이다. 게임을 디지털콘텐츠에 포함시키는 이유는 게임을 사용하는 것이 다른 표현물을 만들어내는 것이 아닌 사용자들의 감성적 만족을 충족시켜주는 최종적인 대상이 되기 때문이다.

〈표 3-1〉 디지털콘텐츠 산업 분류별 규모

(단위: 억 명)

구 분		2006년	2007년(E)	성장률
제작 / 서비스	게 임	23,882	26,589	11.3%
	디지털방송	11,314	13,698	21.1%
	디지털영상	2,445	2,471	1.1%
	e-learning	7,128	7,930	11.3%
	디지털음악	3,294	3,559	8.0%
	전자책	552	473	-14.3%
	정보콘텐츠	8,890	10,188	14.6%
	콘텐츠 거래 및 중개	16,226	17,945	10.6%
솔루션	디지털콘텐츠솔루션	15,417	17,214	11.7%
합 계		89,148	100,067	12.2%

〈표 3-1〉을 보면 디지털콘텐츠에서 게임이 차지하는 비중이 다른 것에 비해 크다는 것을 볼 수 있으며 지금도 게임 산업은 앞으로의 경제에 킬러 콘텐츠 사업으로 기대될 정도로 현 정부가 말하는 창조경제에 일환으로 크게 지원되어야 할 것으로 보인다.

게임산업은 IT의 핵심적인 일부분으로 국민들의 많은 수가 게임을 즐기며 감성적 충족을 얻고 있으며 게임산업의 확장을 통해 수많은 일자리가 창출되고 이를 통해 많은 디지털콘텐츠와 디지털콘텐츠를 위한 기반 사업들이 부가적으로 새롭게 태어나고 있다. 이처럼 디지털콘텐츠와 게임은 매우 밀접하며 디지털콘텐츠의 발전은 곧 IT산업이 발전하는 것이며 최종적으로 국가산업 발전에 영향을 미치는 것이다.

디지털콘텐츠 산업은 현재 우리 민족 고유의 문화적 상상력과 역량이 세계적인 IT 인프라와 결합되면서 그 성장 가능성을 공식적으로 인정받았을 뿐 아니라, 이에 따라 정부에서는 국가적인 차원에서 디지털콘텐츠 산업 발전을 위한 정책 방안들을 추진하고 있다. 2000년 이후 국내 디지털콘텐츠 산업은 양적, 질적으로 큰 발전을 하였고 2001년 2조원의 시장규모가 2012년에는 15조원을 돌파하였으며 기업의 수도 1300여개에서 4500개 이상으로 증가하였다.

디지털콘텐츠 산업은 기존 산업을 고부가가치 산업으로 전환시키고, 새로운 파생상품을 창출함으로써 전 산업으로의 확산효과가 뛰어난 특성을 갖고 있다. 미국, 일본, 유럽 등 선진국들은 이러한 디지털콘텐츠 산업의 특성과 잠재력을 인지하고 이 산업에서의 주도권을 갖기 위한 노력을 경주하고 있다. 우리 정부에서 정책적으로 이 산업을 육성하고자 하는 것은 이러한 국제적인 흐름에서 뒤쳐지지 않고, 오히려 우리나라가 갖고 있는 장점을 살려 세계 디지털콘텐츠 산업을 선도하는 주체로 서고자 하는 정책적 의지로 보아야 할 것이다.

게임 콘텐츠에 대한 이야기를 더 해보자면 국내 게임시장에서 신작 게임의 성공가능성이 점차 낮아지는 추세이다. 비슷한 장르의 계속되는 출시로 인해 사용자들이 오랫동안 게임을 즐기지 못하고 새로운 변화를 원하면서 기존의 인기 장르로 성공을 맛보던 게임회사들이 줄줄이 실패를 겪고 있는 상황이 현재 국내 시장의 현실이다. 그러다보니 자연스럽게 해외시장에 눈길이 돌아갔고 온라인게임 등 우리나라의 콘텐츠가 해외시장에서 성공적인 사례를 보이며 게임산업에 희망을 불러일으켰다.

그렇기 때문에 국내 게임산업에 대한 투자와 관심은 앞으로 계속되어야 할 것이며 해외게임을 주로 이용하고 있는 국내게임의 현실을 위해서도 우리나라가 해외시장뿐 아니라 국내 사용자들에게도 인정받을 수 있는 콘텐츠를 개발하도록 많은 노력이 필요하겠다. 현재 모바일 게임 등 여러 분야에서 이러한 노력을 위한 시도가 계속되고 있는데 이를 위한 관리가 앞으로의 우리 게임산업에 중요한 요점일 것이다.

〈표 3-2〉 국내 게임산업의 수출 국가별 비중

		중국	일본	동남아	북미	유럽	기타
국가별 비중 (%)	2009	34.9	26.5	15.0	12.3	8.2	3.1
	2010	37.1	27.1	15.1	9.2	8.6	2.9
	2011	38.2	27.4	18.0	7.6	6.5	2.4
	2012	38.6	26.7	18.8	7.7	6.0	2.2

위 〈표 3-2〉는 국내게임의 수출입 액수와 수출국가별 비중을 보여준다. 게임산업은 매년 수출이 늘어나고 있으며 인구가 많은 중국이 비중이 크기 때문에 우리나라 국가 발전에 큰 도움을 주고 있는 것을 확인 할 수 있다.

제5절 · IT 네트워크경제의 효과

인터넷의 급속한 보급과 전자상거래규모의 폭발적 증대, 그와 연관된 벤처기업의 코스닥 주가급등에서 보는 바와 같이, IT 네트워크경제는 이미 우리 눈앞에 성큼 다가와 있다. 매스컴이나 경영컨설턴트들의 호들갑과는 별도로, 이와 같은 IT 네트워크경제의 충격이 경제학의 전통적인 개념체계를 발전적으로 적용함으로써 흡수될 수 있을 것인지, 아니면 개념체계 그 자체의 전면적인 재검토를 강요하게 될 것인지는 아직 판단하기 어렵다.

IT 네트워크경제가 경제학적 연구의 대상이 된 것은 미국의'90년대 장기호황을 설명하려는 이른바 '新경제(new economy)'론과 관련해서인데, 여기에서는 주로 정보기술(IT)이 거시경제전체에 미치는 영향이 분석된다. 그러나, 이러한 논의에서는, 예를 들면 정보기술의 발전이 경제 전체의 노동생산성을 실질적으로 증가시키는가는 기본적인 경험적 사실에 대해서조차 만만찮은 의문이 제기되고 있는 실정이다.

아울러 '新경제'론이 지니는 정치적 함의에 대해서도 주의할 필요가 있다. 그것은 정보화를 기반으로 미국 중심의 신자유주의적 질서와 그에 기초한 정보화경쟁을 경제적인 측면에서 합리화하는 역할을 수행하기 때문이다. '산업화에는 뒤졌지만 정보화는 앞서가자'라는 식의 구호처럼 국가경쟁력 이데올로기와 결합되어 나타나는 기술결정론적 편향이 그 좋은 예다.

그런데, 최종적인 결과가 기존 개념의 발전적 적용이나 전면적 재검토의 어느 쪽으로 귀착될 것인가와 무관하게, 기존의 경제학이 IT 네트워크경제라는 현실을 제대로 파악하고 있지 못하다는 사실만은 확실하다. 이러한 현상은 예컨대 사회학이나 커뮤니케이션이론 등과는 달리 경제학의 개념체계 자체가 강건하고 보수적이라는 의미에서 당연한 것일지도 모른다.

기술은 중립적이라는 주장을 비판하고 그것의 사회적 구성이라는 측면을 강조하는 것이 정치경제학의 기본관점임을 감안할 때, 경제의 IT화를 어떠한 담론체계를 이용하여 설명하는 그 자체가 정치경제학적 분석의 중요한 실마리가 된다.

제4장

창조경제의 개념과 발전방안

제1절 · 창조경제의 의미

1. 창조경제의 개념

박근혜 정부 들어 일자리 중심의 창조경제가 5대 국정 목표 가운데 첫 번째로 제시되고, 정부에서는 관계부처 합동으로 '창조경제 실현계획(안)'으로 '창조경제 생태계 조성방안(2013년 6월)'이 발표되는 등 창조경제 실현을 위한 구체적인 전략에 대한 논의가 본격화되고 있다. 이와 동시에 학계나 관련 단체 등에서도 각종 포럼, 연구회 등을 통해 창조경제 실현 전략들이 봇물 터지듯이 쏟아지고 있다.

창조경제는 국가 경제의 중장기 전략 흐름을 바꿔 놓을 수 있는 큰 변화를 가져올 것으로 기대되기 때문에 국가경제 발전패러다임의 변화라는 측면에서 살펴보고 분명한 개념 정립이 필요하다. 창조경제를 국가경제의 발전패러다임 변화 측면에서 보자면 기존에 논의되어 왔던 문화 산업이나 지적재산권 관련 산업 등과 같은 창조산업 육성이라는 소극적인 개념보다는 경제 전반의 성장능력을 높이는 새로운 성장체제라고 할 수 있다.

소극적인 개념은 존 호킨스가 이미 밝힌 바와 같이 지식재산을 바탕으로 한 창조상품과 창조서비스가 경제성장을 촉진시킨다는 개념과 일치한다고 볼 수 있다. 다만, 이들 논의는 경제성장을 촉진시키는 매개체로서 창조산업을 강조하고 있다는 점에서 국가경제 발전패러다임을 전환시키기에는 다소 미약하다.

〈그림 4-1〉 혁신 창조력과 경제발전 단계

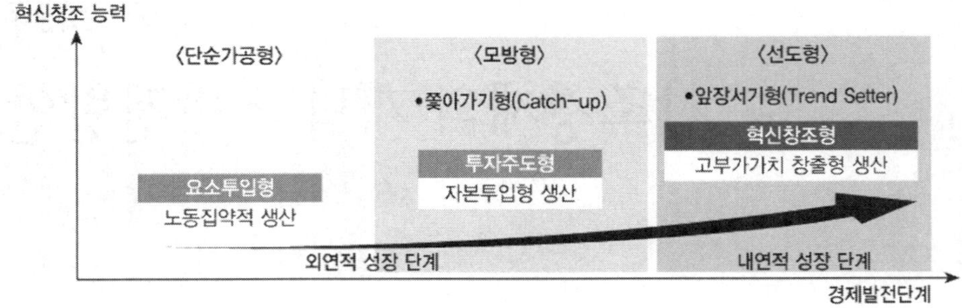

경제발전 단계론에서 볼 때 창조경제는 혁신창조형 경제체계로의 전환을 통해 고부가가치 창출형 생산체제를 구축함으로써 선도형 경제로 전화되는 것을 말한다. 즉, 자본과 노동과 같은 생산요소 투입을 중심으로 한 외연적 성장 단계에서 내연적 성장 단계로 전화되는 것이다. 결국, 창조경제란 선진국 진입을 목표로 하는 국내 경제 측면에서는 과거처럼 노동과 자본과 같은 요소의존형이 아니라 창의성을 지닌 인적자본과 기술현신력 등이 경제의 지속성장을 가능하게 해주는 원동력이 되는 경제라고 정의 할 수 있다.

2. 창조경제의 개요

창조경제의 등장에는 다양한 원인들이 작용하고 있는데 우선 대외적으로는 인간 욕구 증대라는 인간 심리의 변화와 과학기술혁신 가속화라는 점을 들 수 있고, 대내적으로는 국내 경제현실이 새로운 성장패러다임을 요구하고 있다는 점이다.

존 호킨스는 매슬로의 인간욕구 단계론을 예로 들어 창조경제의 필요성을 설명하고 있는데, 매슬로에 따르면 경제성장과 개인소득 증대와 더불어 개인의 욕구도 증대하게 되는데 호킨스는 경제 발전으로 커진 개인욕구의 최고 수준인 자아실현 욕구 충족을 위해 창조 상품과 서비스가 필수적인 요소라고 주장하였다.

〈그림 4-2〉 매슬로의 인간욕구 단계와 창조경제와의 관계

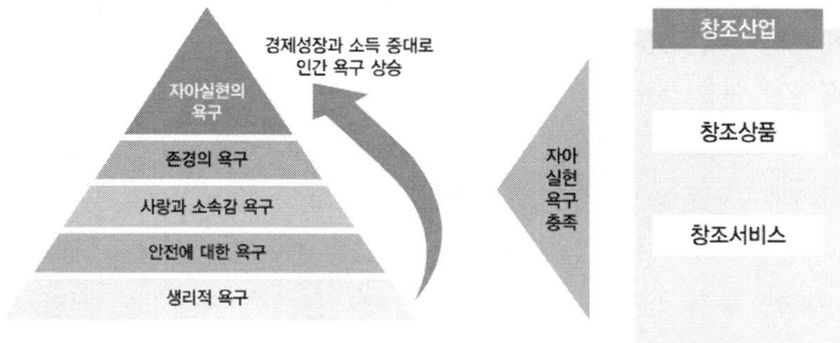

최근 들어 과학기술혁신이 가속되는 현상도 창조경제의 등장에 큰 영향을 주고 있다. ICT혁신이 빨라지고, 기술과 산업 간, 산업과 산업 간 등 각 부문 간 융복합화가 확산되고 있다. 또, 한편으로는 제조업 부문에서도 대량생산체제가 들어서면서 맞이했던 제조업 혁명이 SNS와 인터넷 등 IT기반 온라인 커뮤니티를 활용하여 새로운 아이디어의 창출로부터 상품화와 이익분배가 이루어지는 협력적 생산 체제가 도입되기 시작하면서 새로운 제조업 혁명 단계에 진입하고 있다.

국내 경제 측면에서 볼 때 창조경제가 등장하게 된 가장 중요한 배경은 저성장 기조 속에 고용 없는 성장이 지속되고, 국내 산업경쟁력도 약화되면서 성장잠재력도 약화되는 등 국내 경제가 선진국 경제에 수렴되지 못하고 개도국에게 추격당하는 현상이 지속될 가능성이 높아지고 있기 때문이다.

국내 경제성장률은 2010년 1/4분기에 8.7% 성장한 이후 2013년 1/4분기까지 성장세가 지속적으로 하락하고 있고, 고용 창출력도 산업구조 고도화 과정에서의 국내 투자여건 악화, IT등 고용 절약적 산업발전, 부품소재산업 경쟁력 취약, 신성장동력 확보 부재 등으로 고용 유발력이 1990년대에 비해 1/3 수준 이하로 떨어진 상황이다.

더 큰 문제는 국내 경제가 투자와 노동 등 요소투입 증가세 둔화 뿐 아니라 연구개발 역량과 인적자본 경쟁력 취약으로 전반적인 생산성이 부진함에 따라 잠재성장률이 과거 9~7%대에서 최근 3%대로 급락하고 있다는 것이다. 이처럼 국내 경제 여건이 지속적으로 악화되면서 국내 경제가 선진국에 수렴되지 못하고 있는 것이다. 이렇게 볼 때 창조경제는 단순히 특정산업 육성을 통한 성장속도 제고가 아니라 국내 경제가 지속성장하여 선진국 수준에 수렴하기 위한 필연적인 과제라고 볼 수 있다.

제2절 · 창조경제의 등장 배경

창조경제에 대한 관심이 뜨겁다. 미래창조과학부를 설립하여 창조경제 기획을 위한 기반이 마련되었고, 2013년 각종 창조경제 관련 포럼 및 세미나가 활발히 이루어졌고, 창조경제 연구활동 및 아이디어 수렴을 위한 창조경제연구회(http://www.kcern.org/)의 아이디어 공모전과 정치, 경제, 학회 등 다양한 분야의 많은 일들이 이루어졌다.

창조경제란 "통섭 학문에 기반을 둔 상상력과 창의성, 융합지식, 첨단 과학기술에 기반한 경제 운영으로 신성장동력을 창출하고 새로운 시장, 새로운 일자리를 만들어가는 정책" 즉, 현 정부 및 국민에 필요한 신시장, 일자리 창출을 이룰 수 있는 정책이라고 하였고 창조경제의 개념을 더욱 명확히 알기 위해 다양한 관점에서 창조경제의 개념을 알아보고자 한다.

〈그림 4-3〉 창조경제의 구성요소와 상호관계

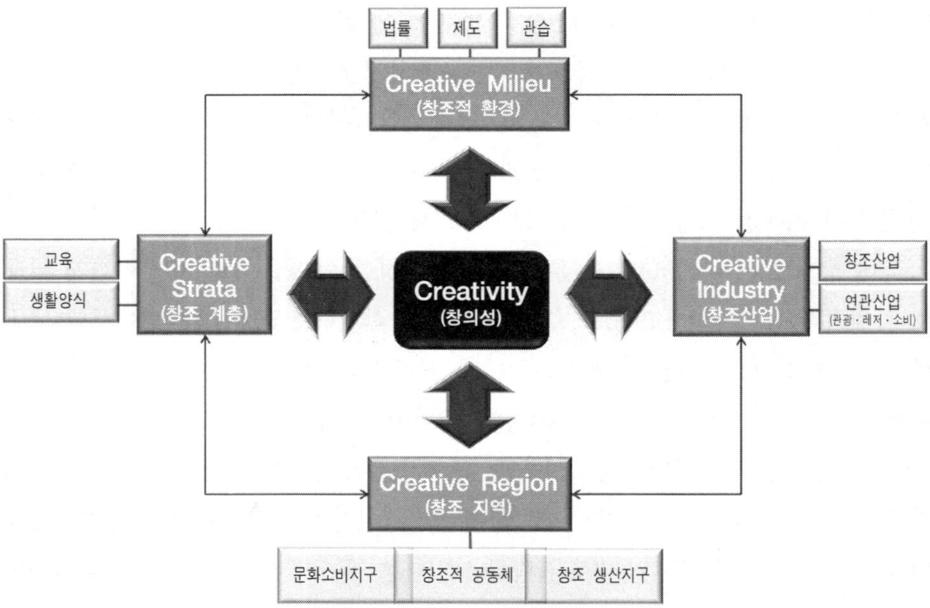

1. 창조경제는 새로운 패러다임이다

〈그림 4-4〉 세계경제 패러다임의 변화

	산업경제	정보경제	창조경제
경제 위기	**오일쇼크** (1970~80년대)	**IMF외환위기** (1990년대)	**글로벌 금융위기** (2008년~)
성장 동력	토지, 노동, 자본	지식, 정보	상상력, 창의력
주력 산업	**중화학공업** (자동차, 조선, 철강)	**IT산업** (가전, 반도체, 정보통신)	**창조산업** (서비스, 예술, 콘텐츠)
성공 신화	한강의 기적	IT강국 코리아	Creative **코리아**

1) 1990년대 이후 전통적인 생산수단(자본, 노동)보다는 지식과 기술이 생산성 증가와 경제 성장에 중요한 역할을 하는 지식기반경제의 등장
2) 단순한 지식과 정보의 생산, 배분, 사용이 아니라 창의적 지식에 기반한 지식창출 및 혁신가치 창출이 새로운 경제발전의 핵심요소로 부각되는 창조경제체제가 등장하였다.
3) 창조경제로 전환하기 위해서는 새로운 가치창출 중심의 창의성 개념 공유, 사람 및 과정 중심의 혁신 환경 조성, 유연성 및 소프트웨어 중심의 경제사회 제도 강화가 필요하다.
4) 최근 주요 선진국들은 창의성과 혁신을 강조하는 경제발전전략을 제시하였다. 그러나 국가 마다 독특한 환경과 역량에 따라 차별적으로 접근하였다.

2. OECD의 창조경제

OECD는 창조경제와 지식기반경제를 전통적인 생산수단 보다는 지식의 창출과 활용이 개인, 조직, 국가의 부의 창출에 중요한 역할을 하는 경제로 정의하였다. 지

식과 정보의 생산, 배분, 사용이 경제적 부의 창출에 중요시되었고 하이테크 산업의 증가, 하이테크 기술의 투자 증가, 고숙련 노동자가 증가하였다.

3. 현 정부의 창조경제

1) 추격 · 모방형 경제로는 저성장을 탈피하기 어렵고, 대기업 위주 및 수출 주도형 성장 전략에서 벗어나야 하며, 고용없는 성장은 안 된다고 역설하였다.
2) 넓은 의미에서 창조경제는 기존의 성장 방식을 타파하고, 선도 · 창의형 경제로 한국 경제의 체질을 변화시킴으로써 지속성장을 도모하는 것이다.
3) 창조경제는 현 정부의 비전인 국민행복 시대를 달성하기 위한 것이다.
4) 국민행복 시대의 핵심 과제는 경제안전망 구축, 경제사회적 양극화 해소, 그리고 성장잠재력 확충 및 좋은 일자리 창출이다.
5) 좁은 의미에서 창조경제는 이중 성장잠재력을 확충하고 좋은 일자리를 창출하기 위한 것이다.

4. 산업 재편 및 일자리 창출의 관점에서 본 창조경제의 구성요소

한국 경제의 질적 · 지속 가능한 성장을 도모하는 창조경제는 크게 4가지 구성요소로 이루어진다.

1) 첨단 과학기술과 ICT 등을 기반
2) 기존 주력산업 및 신성장산업의 경쟁력
3) 새로운 창업을 활성화
4) 새로운 일자리를 창출

이중 창업 부문에서의 키워드는 벤처기업과 청년 실업 해소이며, 주로 이스라엘의 경험을 벤치마크한 것으로, 예를 들면 대학 창업 기지화를 통한 청년창업가 양성, 엔젤부자 활성화를 통한 세제 및 금융 지원 확대 방안 등이다.

5. 주요 선진국의 창조경제 진전 상황

세계경제는 실물중심 산업경제에서 정보(ICT), 지식중심 경제로 변화하였으며, 최근 창조경제로의 패러다임변화에 대한 논의가 가속화되고 있다. 상상력, 아이디어 등 창조성에 기인한 무형 자산은 인류 역사상 어느 때보다도 경제적 가치로서 그 중요성이 높으며, 지식경제사회의 정보와 지식을 넘는 경제성장 동인으로 혁신적 창조성과 아이디어가 등장하였다.

일본노무라 연구소는 21세기 정보화 사회와 함께 창조화라는 제4의 물결이 올 것을 예측하고, 창조활동의 가치와 역할이 중시되는 창조산업에 대한 대비가 필요함을 주장하였다.

2005년 비즈니스위크는 창조경제 시대의 도래를 언급하고, 앞으로 경제 패러다임은 지식에서 창조성으로 중심이 이동하는 창조경제 시대 도래를 언급하였다. UNDP(국제연합개발계획, United Nations Development Programme)는 예술, 과학, 경제 분야에서 창조의 의미와 이들의 상화 관계를 정리했다. 예술분야에서 창조의 의미는 상상력과 독창적 아이디어를 만들어 내는 능력과 텍스트, 소리, 이미지로 표현된 세상을 해석하는 새로운 방법이다. 과학분야에서 창조의 의미는 호기심, 실험의지, 문제해결을 위한 새로운 관련성을 탐구하는 것이다.

경제분야에서 창조의 의미는 기술, 비즈니스, 마케팅, 등에서 혁신을 이끄는 역동적 과정으로 경쟁우위를 획득하기 위한 다양한 활동을 전개하는 것이다. 이를 종합하면 창조는 해당 분야에서 독창적, 유용한 산물을 만들어 내는 능력 혹은 과정으로 정의할 수 있겠다. 일반적으로 창조경제는 산업화시대, 정보화시대, 지식기반 경제를 잇는 새로운 경제 패러다임으로 1990년대 후반 영국 및 UN을 중심으로 문화산업, 도시 및 지역정책 분야에서 활발하게 논의되고 있는 개념이다.

영국은 1997년 노동부 집권 이후 창조경제 관련 정책을 지속적으로 추진하고, 2008년 Creative Britain를 통해 정부와 관련 단체들이 수행해야 할 8개 분야 26개 정채과제를 발표했다. 특히 유럽과 영국 등에서는 문화예술 중심 창조산업이 경제적 성장과 일자리 창출에 기여하는 등 국가 경제성장을 가시화하고 있다. 창조산업이 GDP에서 차지하는 비중은 2003년 2.6%에서 2008년 4.5%로 증가하고, 영국 창조산업 연평균 성장률은 영국 전체 경제상률(3%)의 두배를 상회하는 6.9% 수준, 수출규모는 9.5% 성장했다는 것이 이를 잘 보여주고 있다.

Apple과 Facebook의 성공은 소비자들의 욕구를 품질 중심에서 창의적인 새로운 경험과 환경, 혁신적 생태계 기반의 서비스로 전환하는 등 새로운 가치 중심 경제 체제로의 진입을 보여주는 사례이다. Apple은 창의성 기반 현신적 사용자 경험, 아이튠즈, 소프트웨어 기반 앱스토어 등 애플 생태계를 구축했다. Apple은 창립 이후 약 600,000개 일자리를 창출하였고, Facebook은 사용자 중심 모바일 환경으로의 빠른 대처가 성공요인으로 현재 세계 최고 SNS 기업으로 성장했다. 사용자가 10억 명을 넘었으며, Facebook 앱경제는 2011년 미국 내 최소 정규직 개발자 182,744명의 일자리 창출과 121억 9000달러의 부가가치 유발효과를 만들어냈다.

제3절 · 한국 창조경제의 현황

1. 한국형 창조경제

1) 저성장 경제구조의 지속, 일자리 부족, 고령화 등 우리나라 경제가 당면하고 있는 구조적 문제를 돌파할 새로운 성장 전략이 필요하다.

2) 이에 정부는 새로운 국가발전전략으로 '창조경제'를 제시하였고 그 필요성에 대한 국민적 공감대에도 불구하고 개념의 모호성 등 창조경제를 둘러싼 혼란과 논쟁이 여전히 지속되고 있다.

3) 창조경제의 성공적 구현을 위해서는 개념에 대한 재정리 그리고 이를 토대로 한 국가혁신전략 변화 및 시스템 혁신을 위한 방안 마련이 필요하다.

〈그림 4-5〉 가치 창조 중심의 국가혁신전략

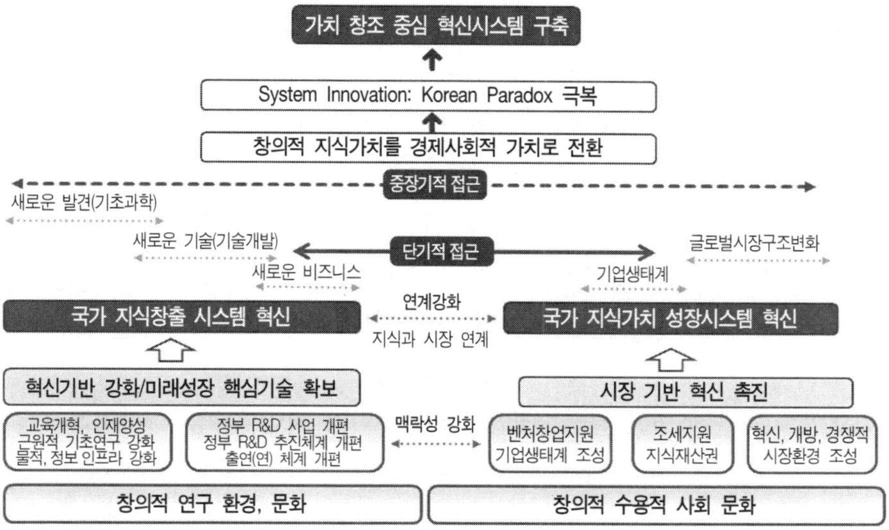

4) 정부의 “일자리 중심의 창조경제” 추진 전략

(1) 창조경제 생태계 조성.

(2) 일자리 창출을 위한 성장 동력 강화.

(3) 중소기업의 창조경제 주역화.

(4) 창의와 혁신을 통한 과학기술 발전.

(5) 원칙이 바로 선 시장경제 질서 확립.

(6) 성장을 뒷받침하는 경제 운영.

5) 한국형 창조경제 모델

2013년 03월 20일(수)에 한국과학기술기획평가원(KISTEP) 주최한 ‘창조경제포럼’은 성황을 이루었다. 주최 측에서는 당초 예상보다 2배가 넘는 사람들이 찾아왔다고 하였으며 최근 ‘창조경제’에 대한 관심을 말해주고 있다.

‘창조경제 시대의 과학기술정책’이란 주제가 말해주듯 이날 포럼은 과학기술 중심의 창조경제 생태계 문제를 거론하는 자리였다. 그런 만큼 다양한 분야 전문가들이 모여 아직 모호한 ‘창조경제’ 개념을 짚어보고, 이 개념을 어떻게 실현할 것인지

구체적인 방안을 모색했다.

한국과학기술원의 이민화 교수는 핵심주제인 '창조경제' 개념에 대해 많은 사람들이 "어떻게 정의를 내려야 할지 아직도 큰 혼란 속에 빠져 있다"고 말했다. 그러나 지금은 이런 혼란을 해소하고, 그 개념의 뿌리를 확실하게 내려야 할 때라며, 벤처기업가 관점의 명쾌한 해석을 내렸다.

'창조경제'는 그동안 볼 수 없었던 새로운 시장, 그리고 신산업을 창출하는 일이다. 그러기 위해서는 남이 갖고 있지 않은 원천기술이 필요하며, 이를 위해 아이디어를 위한 창조적 인재육성과 함께 기업인들의 과감한 기업가 정신이 필요하다고 말했다.

기업인 시각을 대변한 전국경제인연합회 유환익 산업본부장은 '창조경제'를 기존 산업에 새로운 기술·아이디어를 더해 새로운 산업과 새로운 일자리를 만드는 일이라고 정의했다. 유 본부장은 '창조경제'가 요구하고 있는 세 가지 신산업 사례를 제시했다.

하나는 기술융합형 창조산업인데 최근 실내 골프장으로 인기를 끌고 있는 '골프존'을 예로 들었다. 기존에 있었던 골프 연습장에 IT기술을 융합해 매출이 급신장했으며, 일자리 창출에 있어서도 큰 기여를 하고 있다고 말했다.

두번째 산업 패턴은 아이디어형 창조산업이다. 기존 러닝화에 새로운 아이디어를 가미해 만든 걷기운동용 신발 '워킹화'를 예로 들면서, 발상 전환을 통해 새로운 시장을 창출하고 있다는 것이다.

세번째 산업 패턴은 신산업 발굴형 창조산업이다. '항공기 MRO'를 예로 들었다. 이 산업은 항공기 정비 산업을 말한다. 자동차 정비업체처럼 부품을 교체하기도 하고, 엔진·기체 등을 점검해 최적의 항공 상태를 유지시켜주는 일이다. 유 본부장은 '창조경제'를 위해 이 같은 융합형·아이디어형·발굴형 신산업을 창출할 필요가 있다고 말했다.

또한 한국형 창조경제 발전 가능성이 있는데, LG경제연구원의 김형주 연구위원은 '창조경제'에 대한 다양한 해석이 있을 수 있다고 말했다. 영국 모델은 예술·역사·유물 등 개인의 창조성(creativity)이 만들어내는 경제적 가치를 강조하는 반면 이스라엘 모델은 과학기술을 통해 상상력을 현실화하는 모습을 보이고 있다고 보았다.

이처럼 각 나라의 문화적 토양에 따라 '창조경제'에 대한 해석이 다를 수 있다며, 우리나라 역시 한국적 상황을 참조할 필요가 있다고 말했다. 한국의 강점으로 부각되고 있는 ICT, 제조역량, 아시아 시장에 대한 이해도 등 한국의 비교우위성을 잘 활용해 '한국형 창조경제'를 발전시켜나갈 필요가 있다.

영국이 자국의 '창조경제' 모델을 UN을 통해 글로벌 표준으로 정착시키고 발전시켜 나갔듯이 한국도 '한국형 창조경제' 모델을 발전시켜 나가면서 한국의 문화적, 사회적, 경제발전 경험 등을 결합해, 세계에 적용할 수 있는 개도국형 플랫폼으로 발전시켜 나갈 수 있을 것으로 전망했다.

한양대 이상욱 교수(철학)는 인문학적 관점에서 '창조경제'를 한국 국민 다수의 행복과 결부시켰다. '창조경제'가 확실한 성공을 거두기 위해서는 국민 행복과 경제적, 심리적 안정감 등 국민 삶 속의 중요한 부분들을 깊이 성찰해볼 필요가 있다고 밝혔다.

1997년 영국은 토니 블레어(Tony Blare) 총리 내각 출범과 함께 '창조경제'에 대한 연구와 정책을 지속적으로 진행해 왔다. 2008년에는 영국 창조경제 업그레이드를 위해 관련 정부기관들과 단체들이 중장기적으로 수행해야 할 'Creative Britain: New Talents for the New Economy'를 발표하였다.

2001년 영국 경영저술가 존 호킨스(John Howkins)는 '창조경제'라는 책을 써서 베스트셀러 작가가 됐다. 그는 이 책에서 '창조경제'를 '창조적 인간, 창조적 산업, 창조적 도시를 기반으로 한 새로운 경제체제'로 정의하였다.

삼성은 2013년 전반기 서울 서초사옥에서 열린 그룹 사장단 회의에서 '창조경제'에 대해 그룹 차원의 실행 방안을 논의한 후 네 가지 실행과제를 발표했다. 인재육성, ICT(정보통신기술) 융합을 통한 산업인프라 고도화, 이종산업 간 창조적 융합, 중소기업과의 상생 등을 말하는데 첫 번째 과제가 인재육성이다.

삼성 측에서는 인재육성에 대해 "통섭과 융합을 실행해 나갈 전문가를 양성하자는 의미"라고 설명했다. 이에 따라 경영학 전공자를 소프트웨어 엔지니어로 키우고, 소프트웨어 전공자를 경영학 전공자로 키우는 식의 혁신적 인재 육성 프로그램을 더 많이 늘려나갈 계획이라고 밝혔다.

제4절 · 선진국의 창조경제 대응 전략

1. 미국

미국은 A Starteg for American Innovation(2011)을 발표하고, 미국의 경제 성장과 경쟁력을 혁신 역량에 의존하여 국민의 창의성과 상상력에 투자하여 일자리와 산업을 창출, 혁신기반의 경제성장이 높은 소득, 양질의 일자리, 미국 국민의 건강과 삶의 질 개선, 민간부문이 혁신의 엔진이며 정부는 혁신의 촉진자로서 역할을 하기 위한 전략으로 다음의 세 가지 전략을 마련하였다.

1) 미국혁신기반구축(교육, 근원연구, 인프라, IT생태계)
2) 시장기반혁신촉진(조세, 지식 재산, 기업가정신, 시장환경)
3) 우선순위분야 대변혁 촉진(에너지, 바이오, 나노, 우주, 보건 등)

2. 일본

일본은 신성장전략(2010), 두번째 신성장전략(2013)을 통하여 사회구조적 문제 해결과정에서 수요창출, 이러한 수요를 기반으로 경제성장 달성의 기치아래 다음과 같은 전략을 수립하였다.

1) **7대 전략분야, 21개 국가전략 프로젝트 추진** : 국제거점 매력 향상, 새로운 성장 전략 분야(쿨재팬 전략)
2) 지역경제 중소기업 활성화
3) 개방형 국내 경제 정책
4) 기술을 가치로 연결하는 연구개발 및 국제표준전략 추진
5) IT기술의 이용 활용 추진, 정부연구개발 사업의 선택과 집중
6) 종합과학기술회의가 강력한 사령탑 역할, 성역없는 규제개혁, 지방개혁

3. 영국

영국은 Creative Britaion : New Talents for the New Economy(2008)를 기반으로 다음의 전략을 추진하였다.

1) 제조업 부진 및 경제침체해결을 위해 과학, 혁신, 창조산업, 금융산업, 국가성장동력분야로 추진
2) 정부개혁을 강조하고 8개 부문 26개 정책과제를 발표
3) 창의교육실시, 일자리로의 재능 전환, 연구 및 혁신지원, 자금 및 성원 지식재산장려 및 보호, 창조클러스터지원, 글로벌 참조허브 구축

제5절 · 한국형 창조경제를 위한 6C 전략

1. K-DNA

한국형 창조경제전략은 한국인의 창의적 기질인 K-DNA(Korean DNA)를 성장동력으로 하는 새로운 성장 패러다임을 제시하고 있다.

1) K-DNA는 한류를 통해 발현된 한국인 특유의 기질로 '한국적 창조성'의 원천이다.
2) 과거의 압축적 경제성장과 한류를 통해서 부각된 K-DNA 극대화 전략이 한국형 창조경제 전략이다.

한국형 창조경제는 경제성장만을 위한 것이 아니라 우리 민족의 특성과 우리역사의 장점을 긍정적인 눈으로 재해석 · 적용하는 것으로 한국 젊은이들이 보편적으로 가지고 있는 창조적 재능인 F5s를 창조경제 발전의 DNA로 활용하는 것이다.

2. 6C 전략 : 한국형 창조경제 발전전략

6C 전략은 한국적 창의성 K-DNA의 특성에 기반 하여 추진되는 전략이며 창조환경, 계층, 산업, 지역 4C에 국가브랜드, 창조적 공동체가 그 구성요소이다.

〈그림 4-6〉 F5s와 6C 전략 구성도

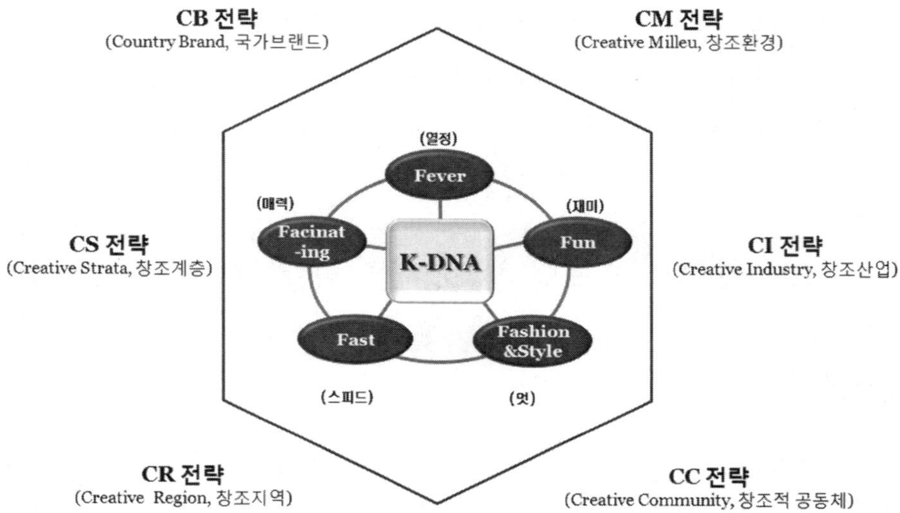

1) **창조환경(CM)** : 사회적 분위기 · 제도 · 관습을 창조 친화적으로 전환.

(1) 산업사회 제조업 중심 사고방식과 제도를 창조사회로 변화한다.

(2) 창조부문 일자리의 불안정성을 완화하기 위한 고용보호제도 및 기초생활 보장 등 사회안전망 구축한다.

(3) 이민자, 미혼모 등 개인의 성적 취향, 삶의 방식, 인종적 차이 등의 다양성이 존중받는 사회를 위한 제도 · 사고로 정착한다.

2) **국가브랜드(CB)** : New Asian Style, Korea 한류 창의성의 본질은 아시아적 전통과 감성을 현대적 세련됨과 조화시켜 아시아 문화의 상징코드로서 강력한 정체성을 보유한다.

(1) 'New Asian Style, Korea'를 대한민국 브랜드의 핵심가치화 하여 다양한 차별적 정체성 형성 전략 추진한다.
(2) 'New Asian Style, Korea"를 대한민국의 일관된 정체성으로 확립한다.

3) **창조계층(CS)** : 창조적 · 실용적 · 전문적 창조인재를 양성하는 교육 시스템 구축한다.
(1) 다양한 창조산업을 위한 유형별 K-창조학교를 설립하여 창조적 직업인으로 활동할 수 있는 전문성 있고 실용적인 인력 양성한다.
(2) 제도교육의 학교 특성화 프로그램 혹은 특기적성활동을 대폭 강화하고, 창조적 사고와 감성적 · 미학적 능력의 대학입시 평가 반영 비율 상향조정한다.

4) **창조산업(CI)** : 창조산업 발전의 기반이 되는 인프라와 제도를 구축한다.
(1) Asian WETA Project: 첨단 ICT 기술을 활용한 방송영상광고 스튜디오 건립한다.
(2) 창조산업 R&D : 기존의 과학기술, 제조업 중심 구조에서 문화예술, 디자인, 관광, 방송 등 감성 창조분야 R&D 이니셔티브 강화한다.
(3) 창조펀드 : 창업, 프로젝트를 보다 원활하게 진행할 수 있도록 공공 및 민간 합작으로 창조펀드 조성 및 기업의 사회적 공헌, 문화예술 지원 기금 적극 활용한다.

5) **창조적 공동체(CC)** : 창조적 생산과 소비 공동체
(1) 문화예술적 자산이 풍부한 지역을 대상으로 창조집단 간의 활발한 교류와 모임, 이벤트를 육성하여 창의성의 저수지로 육성한다.
(2) 지역의 창조집단과 주민이 공동으로 지역의 문화 · 관광 자원을 활용한 커뮤니티 비즈니스 모델을 개발 · 운영함으로써 공동체와 생태계를 다양화한다.

6) **창조지역(CR)** : 한강메가시티리전 창조체인 등 창조클러스터체인 구축한다.
(1) 창조체인은 창조제품의 생산, 소비, 유통, 교육 및 창조계층의 여가생활을

통한 창의성 회복이 융합되는 '창의성의 용광로'이다.

(2) 정부는 창조체인에 대해서 제조업의 특구와 같은 위상으로 기업의 입지 및 창조적 활동에 대한 인센티브, 창의성 강화 지원한다.

제6절 · 창조경제 활성화의 조건

1. 창조경제 활성화 위한 전제조건

1) 아이디어와 지식 및 기술의 보호와 이의 공유, 확산이라는 상충되는 가치간의 조화를 유지시키는 지식 생태계를 만들어내는 것이다. 혁신을 촉진하는 보호장치가 존재하지 않으면 혁신 동기가 유발되지 않지만, 보호장치가 너무 강력하면 혁신, 지식의 외부성이 제한되어 뒤이은 혁신을 봉쇄할 가능성이 있다. 즉, 아이디어와 지식, 기술의 보호와 확산, 공유간의 조화, 또는 혁신을 일으키는 사람과 혁신의 혜택을 향유하는 사람간의 이해 사이에 균형이 이루어지는 '지식생태계'가 창조경제의 중요한 요소이다.

2) 지식의 창출은 물론, 이미 축적된 지식을 창조적으로 활용하는 인적자본을 갖춘 인재를 양성하는 것이다. 아이디어, 지식, 기술은 근본적으로 인적자본을 갖춘 인재에서 창출되며, 이미 존재한 지식의 활용, 발전도 인적자본으로 만들 수 있는 것이다. 인적자본 구축 없이는 축적된 지식이 실질적인 창조, 혁신으로 이어지기 어려우며 지식, 기술의 발전도 인적자본에 의존하게 된다. 인적자본과 지식생태계가 상호 보완적으로 영향을 주고받는 선순환 관계가 중요하다 하겠다.

 특히 창조경제에서 요구되는 인적자본을 갖춘 융합형 인재가 중요하다. 학문, 지식분야는 물론 여러 산업, 비즈니스간의 경계가 불문명해지고 기업, 산업생태계의 중요성이 증대하고 있는 환경에서는 특정분야에만 얽매이지 않고 인재, 즉 융합형인재가 중요하다.

3) 생태계의 혁신이 필요하다. 기술집약적 산업의 경우 하드웨어, 소프트웨어. 첨단소재, 서비스, 유통채널 등 다양한 구성요소가 결합된 생태계를 이루고 있으

며 연관 산업과의 융합도 심화되고 있는 것이다. 더구나 이러한 생태계는 글로벌한 차원의 분업체제에서 작동하게 된다. 이러한 환경에서, 혁신의 성패는 혁신이 제시하고자 하는 시장 가치의 달성에 기여할 수 있는 모든 파트너들이 동의하고 모두가 이익을 볼 수 있는 시스템의 구축에 좌우될 수 있을 것이다.

4) 기업가 정신의 고양 및 창업이 용이한 환경을 조성해야 한다. 생태계 혁신이 가능하려면 생태계의 주요 참여자인 중소기업, 벤처의 활성화, 이들을 포괄하여 생태계를 주도하고 공동혁신위험을 분담하는 중소기업과 대기업이 모두 중요하게 된다.

따라서 기업가 정신의 고양 및 창업이 용이한 환경의 구축이 창조경제 의 구축을 위한 필수 요소이다. 기업가 정신은 불확실성을 수용하고 혁신 활동을 수행하며 기회를 포착하는 활동을 포함한다. 혁신가에 대한 보상, 특히 혁신가를 존경하고 보상하는 문화가 필수적이다.

이외에도 신성장론의 개척자인 폴 로머(Paul Romer)는 시장기구와 과학기구를 미국의 성공을 가능하게 한 양대 축으로 평가하였는데, 이는 창조경제의 핵심이기도 하다는 점을 지적한 것이다.

ICT의 발전, 확산은 이러한 전과정을 촉진하는 역할을 수행하게 된다는 것이다. 즉 창조경제의 전개과정은 곧 창조경제의 주요 요소 및 이들 간의 선순환 관계의 강화 과정이기도 하다는 것이다. 창조경제의 각 요소가 상호작용하면서 사방에 흩어져 있는 아이디어, 지식이 낭비 없이 조직화되고 모든 사람을 위한 가치를 창출하는 것이 창조경제의 미래상이라는 것이다.

정부 · 공공기관은 창조경제의 주요 참여자이며 공정경쟁 등 시장기구의 원활한 작동을 주관하고, 교육 서비스 확충 · 고율화 및 대학 등 연구기관의 활동을 지원하며, 인적자본, 특히 과학 및 통섭형 인재 육성에 힘쓰고, 벤처캐피탈에의 투자, 관련 제도 개선 등 벤처창업 환경을 조성하며, R&D 투자 · 유인체계 디자인을 통하여 개방형 혁신을 공공 R&D에 적용하는 역할을 제대로 수행하여야 창조경제가 뿌리를 내릴 수 있다는 것이다.

2. 창조경제의 기대효과

창조경제의 건설과정은 기존 산업의 고도화, 신산업의 창출, 대 · 중소기업 동반 성장의 과정이기도 하며 그 결과로 양질의 고용증대, 복지 및 민생 안정을 가져오게 된다. 과학 및 시장기구가 선진화되고, 양 기구 간의 협력 시너지가 증대하면 아래와 같이 3가지 현상이 나타나게 된다.

첫째, 전통적인 산업도 아이디어와 지식 · 기술, 이를 활용하는 융합형 인재의 활동 및 다양한 경제 주체 간의 소통과 협력, 창업으로 생태계 간, 기업 간 경쟁과 혁신이 활발히 이루어지게 될 것이다.

둘째, 콘텐츠 산업과 같이 개인 · 집단의 창의성이 상대적으로 더욱 중요한 산업이 새로운 성장 동력으로 부상하면서 경제를 구성하는 여러 산업 간의 구조조정, 자원배분의 재조정도 전망된다.

셋째, 개인당 인적자본의 수준도 높아지고 지식에 기반하는 새로운 직업이 등장하면서 양질의 고용이 창출될 것이다.

창조경제가 향후 우리나라 경제성장, 고용, 수출 여건 개선에 어느 정도 기여할 수 있을 지를 계량화하기는 쉽지 않아 보인다. 다만 창조경제의 부분집합이라 할 수 있는 산업 간 및 업종 간 융합효과를 파악해 봄으로써 간접적으로 분석해 볼 수 있을 것이다.

산업발전 및 산업 간 융합 합성에 영향력이 큰 5대 주력산업에 대해 산업 간 융합 핵심기술의 국산화율 제고, 융합기술의 조기 상용화를 위한 실증사업 추진, 융합 신시장 창출을 촉진하는 방향으로 법, 제도 정비 등으로 5대 주력 산업의 부가가치 창출능력과 경쟁력을 제고 시킨다는 것이다.

한편 국민생활과 밀접하게 연관되어 있는 먹거리, 교육, 헬스케어, 재난 및 안정, 교통 등 생활밀착형 융합서비스를 창출한다는 것이다. 즉 농식품생산, 유통, 소비단계의 IT융합을 통해 안전, 안심 먹거리 환경을 구축하고 농식품 산업의 경쟁력을 제고 시킨다는 것이다.

또한 클라우드, e트레이닝 등 IT기술 적용 맞춤형 교육의 질적 재고를 통해 중소, 중견기업의 교육 훈련을 내실화 할 계획이다. 이외에도 소비자 맞춤형 의료 및 건강관리 서비스 제공으로 국민의 삶의 질을 높이고, 헬스케어 신시장 진출의 교두보를 확보한다는 것이다. CCTV 등 지능형 영상인식기술 개발의 첨단화를 통해 국가적 재난과 치안의 안전예방 효과를 획기적으로 제고시킨다는 것이다.

마지막으로 차량 간, 인프라 통신 등 도로의 스마트화를 통해 교통사고율 절감 및 안전하고 편리한 교통서비스를 제공한다는 것이다. IT융합을 통해 주력 산업의 고도화와 IT융합 서비스 확대로 2017년까지 약 46조원의 신규 생산유발효과와 23만 명의 신규 고용창출 효과가 예상된다. 자동차, 조선 등 전통 주력산업은 IT융합을 통해 차별화에 의한 경쟁우위를 바탕으로 글로벌 경쟁력을 강화시켜 나갈 수 있을 것으로 보인다.

또한 스마트 교육 확산, 개인별 맞춤형 의료서비스 제공 등으로 국민 편익이 증가하고 자동차 스마트화, 안전 먹거리 보장 등 안전한 사회구현을 통해 국민의 삶의 질이 크게 개선될 것으로 기대된다.

자동차 및 석유화학 단지가 밀집해 있는 울산은 창조경제 시대를 맞이하여 소프트웨어 산업이 가미된 한 단계 업그레이드된 도시로 탈바꿈할 것으로 보인다. IT와 비 IT간의 경계가 허물어지고 IT중심의 융복합 역량이 미래 경쟁력의 핵심으로 부상하고 있는 것이다. 창조경제시대와 더불어 울산시는 하드웨어 중심도시에서 소프트웨어 중심도시로 점차 전환될 것으로 보인다.

3. 창조경제의 발전방안

1) 창조계층 범위 확대와 창의적 인력양성 기반 강화

일반 국민을 포함하는 등 정부 연구개발 사업 지원 계층의 확대와 국민 우수 아이디어 실현 생태계를 구축하고 창조계층의 역할 확대를 위해 국민, 대학생, 연구자 등이 제안한 국민 우수 아이디어 실현 사업을 추진하며 그간 정부연구개발사업의 결과로 누적된 특허, 논문, 보고서 등 국가 지식자산을 공개하여 창조적 아이디어 원천으로 공개하고, 사업 전(全) 단계에서 생성, 가공되는 모든 지식을 국가 지식자산시스템을 통해 활성화 한다.

아이디어의 상시 수집과 선별을 위한 홈페이지 구축, 아이디어 구체화에서 대학, 출연 등의 지원과 기업연계 등 정부 지원시스템 마련이 필요하다.

2) 발전 방향 및 결론

(1) 새로운 국가 혁신시스템의 목표 설정과 재설계

- 국가지식창출시스템 혁신은 교육, 인프라 등의 혁신 기반 강화, 창의적 지식가치 기반의 국가 연구개발시스템 구축이 중요하다.
- 국가 지식가치성장시스템 혁신은 정부의 시장기반 혁신 촉진이 중요하며 기업가정신 고취, 혁신 인센티브 강화, 혁신적 개방적 경쟁적 시장 환경 조성이 필요하다.
- 가치 창조 중심 혁신시스템 구축을 위한 종합적 접근이 필요하다.
  - 시스템 혁신을 위한 장기적 접근과 단기적 접근의 개발 및 균형적 추진을 한다.
  - 연계영역 중심의 단기적 혁신 과제 개발, 지식영역에서의 지식가치 제고와 시장영역에서의 지식가치 성장을 위한 요소 및 환경의 질적 변화를 위한 장기적 과제 개발을 한다.
  - 국가혁신시스템에서 정부가 직접적으로 개입하여 역할을 수행하는 부문에서의 시스템 혁신과 시장 환경 조성 등 간접적 역할을 수행하는 부문에서의 지원 혁신을 균형적이고 적정하게 설계, 추진한다.
  - 새로운 시장 창출, 시장 구조를 바꾸는 큰 혁신성과는 과학기술적 혁신이 주도, 기존 시장 중심의 작은 혁신적 성과는 아이디어 혁신을 통해 추진한다.
- 창의적 혁신 촉진을 위한 정부의 역할 및 제도가 변화 하여야 한다.
  - 국가 지식창출시스템, 지식의 활용 및 시장과의 연계, 혁신적 활동 및 도전을 수용하는 시장 환경 등 지식가치체인(Knowledge value chain) 전 과정에 대한 종합 진단 및 종합적인 정책 수립 및 추진
  - 지식 가치 창출 및 혁신 전 과정의 창의성 요소 및 환경 평가와 진단 필요, 이를 토대로 한 정부 정책 및 제도의 적합성 분석과 개선방안을

마련한다.

- 새로운 혁신가치 창출 중심의 정부 R&D 전략 및 시스템 구축을 통해 선도적 과학지식의 창출, 지식자산과 시장의 연계 강화 및 혁신시스템의 지속가능성을 강화한다.
- 새로운 지식가치 제고 개념과 접근에 의한 정부 R&D 사업 구조, 정부 R&D 추진체계, 정부출연(연) 시스템 등의 혁신적 변화를 추진한다.

(2) 결 론

얼마전 우리나라의 환경에서는 스티븐잡스, 빌게이츠, 마크 주커버그와 같은 인재가 나오기 어려운 환경이라는 기사를 보았다. 빌게이츠가 처음 사업을 시작할 때 지역 은행에서 투자 자본을 유치한 것과 같은 몇몇 개인의 기술 및 아이디어를 가지고 투자를 해줄 환경 구조가 없다는 것이 그 주된 이야기였다. 창조 및 융합의 시대를 살아가고 있는 현대에는 창조적 인재 육성과 이를 뒷받침해 주는 환경, 제도, 사회적 관심이 필수라고 생각한다.

제5장

한국의 창조경제 활성화에 ICT산업이 미치는 영향

제1절 · 창조경제의 유래와 배경

1. 창조경제의 유래

1) 창조경제는 영국의 경영전략전문가인 존 호킨스가 2001년 7월 펴낸 〈창조경제〉에 처음 소개됐다. 그는 창조경제에 대해 "원재료는 사람의 재능이다. 새롭고 독창적인 아이디어로 경제적 자본과 상품을 창조하는 끼"를 말한다고 강조하였다. 또한 "가장 가치 있는 통화는 돈이 아니라 만질 수도 없고 이동성이 강한 아이디어와 지적재산"이라고 설명했다.

2) 영국은 1997년부터 창조산업정책을 추진해 왔으며, 2008년 창조교육 실시, 일자리 재능 전환, 연구 및 혁신지원, 자금 및 성장지원, 지식재산 장려 및 보호, 창조 클러스터 지원, 글로벌 창조허브 구축, 전력 업데이트 등 8개 분야 26개 정책과제를 발표했다(차두원 · 유지연, 2013). 특히, 과학, 혁신, 창조산업, 금융 산업 등을 주요 성장동력 분야로 적극적으로 추진했다.

3) 미국의 경우 2011년 2월, 미국혁신전력보고서에 국민의 창조성과 상상력에 대한

투자를 통해 국민들에게 내재된 재능과 독창성을 결집함으로써, 새로운 일자리와 산업을 창출해야 한다고 발표하였다. EU는 2010년 3월, 'Europe 2020'을 발표하고, 스마트 성장, 지속가능한 성장, 포괄적 성장이라는 비전을 제시했으며, 특히, 문화와 창조산업의 잠재성에 주목하였다.

4) 우리나라는 요소투입 중심으로 생산성 증가에 실패하고 고비용-저효율 구조가 유지되고 있다. 이는 규모의 경제, 범위의 경제, 대량 생산체제를 전제하는 재벌 중심의 산업경제 구조로서는 창의성 발현이 곤란하다는 것을 의미한다. 특히 ICT 강국에서 ICT경쟁력의 하락, 과학기술에 대한 관심부족 등의 문제와 결부되어 창조경제가 논의되고 있는 시점에서 현 정부는 세계시장 선도를 위한 경제구조 및 성장모형 발굴을 위해 창조경제 모형을 채택하게 되었다(김국진, 2013).

2. 창조경제 논의 배경

창조경제 논의의 핵심배경은 기술발전, 소득증가, 전통적 경제성장 모형의 한계 극복으로 요약된다. 과학기술과 ICT의 발전 및 확산에 따라 창조성 발현의 수단 및 도구가 개선되었고, 소득증가에 따라 무형가치의 인식과 참여, 활동이 확대되었다. 그런데 대부분의 선진국가들은 이미 저성장 체제 고착, 실업률 상승, 성장잠재력 하락, 환경/에너지문제, 저 출산 문제 등 전통적 경제성장 모형의 한계를 극복할 필요성이 높아졌다는 것이다(김국진, 2013).

중국은 1485개, 한국은 64개. 전 세계 시장에서 두 나라가 보유한 '1위 수출 품목'의 수다. 한국인들이 중국 공산품에 대해 부실하다며 고개를 젓는 동안 글로벌 마켓에서 'Made in China' 위상은 이처럼 상전벽해를 이뤘다. 중국은 이 통계에서 수년째 압도적인 1위다. 제조업 강국인 독일의 1위 수출 품목은 700여 개로 중국산 절반에 못 미치고 미국조차 600개 수준으로 '만년 3위'에 정체돼 있다.

반도체와 자동차 수출강국이라는 국민의 자부심 이면에서 한국은 10위권 진입조차 감히 꿈꾸지 못하고 있는 게 냉정한 현실이다. 1위 수출 품목 수가 곧 수출강국이란 등식을 의미하지는 않는다. 한국도 지난달 무역사상 두 번째 수출 실적을 냈고, 27개월째 무역흑자 행진을 거듭하며 순항 중이다. 하지만 수출 품목의 경쟁력이 떨어진다는 건 한 국가 성장이 정체될 위기에 직면할 수 있다는 위기감을 의미한다(http://news.mk.co.kr/newsRead.php.2014&no=2014/5/20 검색).

우리의 세계시장 점유율 1위 품목 수가 2009년 73개에서 2011년 61개로 감소하고 있고, 철강, 석유화학, 조선산업 등에서 중국이 턱밑까지 추격한 것이 이를 반증한다. 반면, 우리의 주력산업은 선진국을 완전히 추월하지 못한 상황이다. 모방과 학습을 통해 단기간 추격이 가능한 제조·시공분야는 크게 성장하였으나, 탄탄한 공학지식과 오랜 경험, 기술력이 필요한 기획·설계 역량은 아직 취약하다.

국내 조선사가 전 세계 해양 플랜트의 31%(2012년 219억 달러)를 수주하고 있으나, 설계능력 부재로 부가가치의 절반 이상이 해외 엔지니어링사로 유출되는 것이 현실이다. 자동차, 기계산업 등에서도 IT 융합의 핵심요소인 시스템반도체(SoC), 임베디드 SW는 거의 대부분 해외 수입에 의존하고 있다. 오늘날 새로운 성장 패러다임인 '창조경제'가 우리시대 화두로 대두된 것도 이러한 절박감에서 나온 것이다(http://www.dt.co.kr/contents.ht=2014/5/20 검색).

3. 창조경제와 창조산업

창조경제가 주는 파급효과를 실증적으로 파악하기 위해서는 창조경제를 대표할 수 있는 창조산업이 무엇인가에 대한 논의가 먼저 이루어져야 한다. 본 연구에서는 외국문헌에서 제시되고 있는 창조산업의 정의와 현 정부가 제창하고 있는 창조산업의 정의를 모두 포함하여 넓은 의미의 한국형 창조산업을 정의하여 보았다.

〈표 5-1〉 창조산업 분류[1)]

산업구분	전체산업	UNDP & NCTAD(A)	ICT산업(B)	창조산업(A+B)
농림어업	29	0	0	0
광 업	15	0	0	0
제 조 업	253	29	17	41
전력 · 가스 · 수도 및 건설업	23	16	0	16
서비스	80	15	8	22
기타	3	0	0	0
합계	403	60	25	79

출처 : 강성진, 2013, 창조경제와 일자리 창출방안, P33에서 인용

4. 창조경제 비전

산업엔진 프로젝트는 13대 과제가 4개의 각 분야로 분류된다. 우선 시스템산업은 웨어러블 스마트기기, 자율주행 자동차, 고속 · 수직이착륙 무인항공기, 첨단소재 가공시스템, 국민 안전 · 건강 로봇, 극한 환경용 해양플랜트 등 6개 과제로 나뉜다. 다음으로 에너지산업은 고효율 초소형화 발전시스템과 직류 송배전 시스템으로, 또 소재 · 부품산업은 탄소소재와 첨단산업용 비철금속 소재로 구분된다.

끝으로 창의 산업은 개인 맞춤형 건강관리 시스템과 나노기반 생체모사 디바이스, 미래형 가상 훈련 시스템으로 삼분된다. 현 단계에서 13대 사업의 수출규모는 작년 기준으로 118억 달러였지만 10년 뒤인 2023년에는 최소 763억 달러로 크게 늘 것으로 정부는 보고 있다.

또 같은 기간 해당 과제의 총 부가가치는 15조원에서 최소 61조원으로 증가하고, 일자리는 3만7000개에서 최소 8만8000개, 많게는 46만4000개로 수직 상승한다는 분석도 있다. 국내 생산액은 같은 기간 54조7000억 원에서 2018년 130조3000억 원,

1) 먼저 UNDP & UNCTAD(2010) 기준에 의한 산업분류를 보면 전체 403개 산업중에서 60개 산업을 창조산업으로 분류할 수 있고, 국내에서 주요 창조산업으로 분류되고 있는 ICT는 25개 산업으로 분류할 수 있다.

이들을 모두 합한 한국형 창조산업을 다시 정의하면 중복산업을 고려하여 최종적으로 보면 전체 403개 산업 중에서 79개 산업이 포함될 수 있다.

2023년 385조6000억 원으로 껑충 뛰어오를 것으로도 봤다. 13대 신성장 동력 과제가 한국의 미래 먹거리와 일자리를 만든다는 의미다.

치열한 경쟁시장에서 대한민국의 다음 세대 먹거리를 확보하기 위한 이 같은 목표와 전망치가 현실화되기 위한 길은 결코 쉽지 않다. 사실 산업부가 추정해본 산업엔진 13대 프로젝트의 사업화 성공률은 28.7%에 불과하다. 13대 과제 가운데 100개 세부 과제가 있다면 이 가운데 30개 과제도 사업화하기가 쉽지 않다는 의미다. 13대 과제의 연구개발(R&D) 성공률을 70%로 잡고 사업화율을 40.1%(2012년 기준 실제 사업화율)로 본다면 13대 과제 가운데 시장에서 통용돼 부가가치를 생산하게 될 사업은 많지 않다. 이는 일반 R&D 사업화 성공률 35.7%보다도 낮다(http://news.mk.co.kr/newsRead.php?year=2014/5/20 검색).

제2절 · 창조경제 실현을 위한 정책

1. 우리나라 창조경제 역량

현대경제연구원의 보고서에 따르면 우리나라의 창조경제역량은 OECD국가 중 20위라고 밝혔다. 창조경제 역량지수란 창조경제를 구성하는 요소들의 역량 즉 창조경제역량의 변화에 영향을 미치는 요인들의 상대적 경쟁력을 지수화한 것이다. 창조경제역량을 구성하는 요소로는 인적자본, 연구개발혁신 자본, ICT 자본, 문화자본은 사회적 자본과 같이 경제전반의 창조역량을 제고시키는 5가지 요소로 구분되어 있다(민경식 · 유혜연, 2013).

산출결과 우리나라의 창조경제역량지수는 ICT자본과 혁신자본이 OECD 31개국 평균에 비해 뛰어난 것으로 나타났으나 다른 자본 요인들은 중하위권 수준에 머물러 20위로 평가되었다. 또한 G7과의 비교에서는 ICT자본을 제외한 모든 지표들이 열세로 나타났다(〈표5-3〉 참조).

〈표 5-2〉 창조경제역량지수 지표별 속성

구 분	지표의 속성
인적자본	노동의 질적수준 향상을 위한 투입 및 축적 활용정도, 인적자본의 일시적 이동 및 유동성 정도
혁신자본	기술혁신을 위한 투입 중간 산출 최종 산출
ICT자본	ICT자본 축적 및 활용도 제고를 위한 투입 활용도 영향
문화자본	문화육성을 위한 투입비용, 사회전방의 문화 참여도
사회적자본	사회전반의 규범과 가치척도, 자유 사회적 참여 사회통합 등 구조적이고 제도적인 기반 정도

출처 : 민경식 외, 2013, 창조경제 패러다임과 ICT정책방향, p51에서 인용

〈표 5-3〉 창조경제역량지수 추정결과(2011년)

구 분	인적자본	혁신자본	ICT자본	문화자본	사회적자본	창조경제역량지수
한국	6.5(22)	5.4(11)	8.6(1)	3.7(29)	6.7(21)	6.2(20)
OECD평균(31개국)	7.3	4.9	6.9	4.7	7.5	6.3
G7국가 평균	7.4	5.5	7.0	5.3	7.6	6.6

출처 : 민경식 외, 2013, 창조경제 패러다임과 ICT정책방향, p52에서 인용

추정결과만을 본다면 우리나라는 창조경제역량 가운데 강점인 ICT자본과 혁신자본의 활용도 제고를 통해 다른 자본의 역량을 끌어올리는 정책적 노력이 필요할 것으로 보인다. 특히 인적자본과 문화자본, 사회적 자본이 창조경제에 기여하기 위해서는 단기간의 노력으로 성과를 나타내기 어려운 측면이 강하기 때문에 ICT자본과 혁신자본을 중심으로 타 자본과의 융합 촉진으로 창조경제역량을 강화해 나가야 할 것인데 그중에서도 가장 경쟁력을 가지고 있는 ICT자본의 역할이 중요할 것으로 보인다. ICT는 새정부의 경제정책 패러다임인 창조경제를 실현함에 있어 중요한 역할을 할 수 있는 것으로 평가되고 있다.

2. 디지털 경제의 특징

디지털 경제로의 전환은 경제성장은 물론 산업구조 및 기업조직, 고용구조 등에 커다란 변화를 초래한다. 노동시장에서는 정보통신사업 및 정보통신기술을 이용하는 산업부문의 고용이 증가하고 정보통신산업 관련 인력의 고임금화 현상이 심화되며, 여성의 경제활동이 활발해진다. 이외의 특징은 다음과 같다(박경진, 2011).

1) **(네트워크경제)** 디지털 경제는 지식이나 정보가 네트워크로 연결되어 쉽게 활용되는 경제시스템으로 네트워크를 통해 공유된 지식은 과거보다 효율적으로 활용되어 생산성과 연결된다.

2) **(지식기반경제)** 지식은 네트워크를 근간으로 노동, 자본 등 전통적인 생산요소들보다 국가의 경제성장과 산업발전에 상대적으로 더 많이 기여하게 된다.

3) **(글로벌경제)** 인터넷을 통해 정보의 흐름이 시간과 공간의 제약 없이 이루어지면 세계를 대상으로 한 기업 활동은 최소 비용으로 이루어질 수 있다.

4) **(가상경제)** 디지털 경제는 정보 네트워크를 통해 디지털화된 정보를 기반으로 한 경제활동이 가능하게 되어 순수 온라인 산업은 물론 전통적인 제조업 · 서비스업도 정보기술과 융합하여 다양한 형태의 사업영역으로 부상한다(박경진, 2011).

3. 창조경제 추진체계

정부는 2014.4.22일 제8차 창조경제위원회를 개최하고 글로벌 액셀러레이터 육성과 13대 미래성장동력 발굴 등 7대 과제를 창조경제 협업과제로 선정하였다. 7대 과제는 ▲ 창업 · 벤처 활성화를 지원할 글로벌 액셀러레이터 육성 ▲ 9대 전략산업 · 4대 기반산업의 13대 미래성장동력 발굴 · 육성 ▲ 전기자동차 보급 활성화 기반 마련 ▲ 스펙 초월 채용 시스템 도입 · 확산 기반 마련 ▲ 글로벌 일자리 개척 지원 ▲ 창조허브로 무한상상실 운영 ▲ 아이디어 · 창업 공모전 효과성 제고 등이다(http://www.etnews.com/20140422000151, 2014/5/20 검색).

글로벌 액셀러레이터 육성을 위해 미래부는 액셀러레이터의 스타트업 글로벌 진출 지원과 엑셀러레이터의 성장 단계별 · 산업별 · 지역별 특화를 유도하고, 중기청은 대기업 등 창업기획사 운영을 지원하고, 관련 법 · 제도 개선을 미래부와 공동 추진한다. 13대 미래성장동력 발굴을 위한 5세대 이동통신과 실감형 콘텐츠, 지능형 사물인터넷, 빅데이터는 미래부가 책임부처로 선정됐다.

착용형 스마트기기와 맞춤형 웰니스 케어, 지능형 반도체, 융 · 복합 소재 등은 미래부와 산업부가 공동으로 추진한다. 스펙 초월 채용 시스템은 고용부와 교육부, 글로벌 일자리 개척 지원은 고용부를 비롯해 교육부 · 산업부 · 외교부가 협력한다. 무한상상실 운영은 미래부를 중심으로 교육부 · 문화부 · 산업부 · 특허청이 지원한다. 아이디어 · 창업 공모전 효과성 제고는 특허청과 미래부 · 중기청이 협업한다.

미래부 등은 아이디어 공모전이나 창업 공모전에서 발굴된 우수 아이디어와 아이템이 특허 등 지재권화를 지원하고 창업도 지원한다. 수상자와 수상작 데이터베이스(DB)도 구축, 중복 수상을 방지하고 현황 정보도 제공할 계획이다.

4. 창조경제 추진 목표

정부가 정보통신 최상위 의결기구 '정보통신 전략위원회'를 출범시키면서 '초연결 창조한국'을 비전으로 2016년까지 수출 2000억 달러, 무역수지 흑자 1000억 달러 시대를 열겠다고 밝혔다.

군부대 장병을 대상으로 원격 진료를 실시하거나 초 · 중 · 고교, 무한상상실 등에 3D 프린터 3000대를 보급하는 등 '초연결 사회' 기반 조성을 위해 향후 3년간 1조 4000억원을 투입해 4대 전략, 16대 과제를 추진한다.

미래창조과학부는 2014.5.8일 제1차 정보통신 전략위원회에서 이같은 내용을 담은 '정보통신 진흥 및 융합 활성화 기본계획(이하 ICT 기본계획)'을 확정했다고 8일 발표했다.

ICT 기본계획은 인터넷을 통해 모든 사람, 사물, 기기 등이 연결되는 초연결 혁명 시대를 준비하기 위해 마련됐으며 경제 · 사회 전반으로 융합을 활성화하기 위한 범정부 추진전략을 담고 있다.

주요 내용은 ▲ 소프트웨어(SW) 중심으로 ICT 산업 생태계 강화 ▲ 융합 확산으로 창조경제 가속화 ▲ ICT 활용으로 국민행복 실현 ▲ 창의역량 확충으로 글로벌 리더로 도약 등이다.

우선 SW 중심으로 ICT산업 생태계를 강화하기 위해 2017년까지 매출 100억원 이상 글로벌 SW 스타기업 50개를 육성한다는 전략이다. 또 방송 · 콘텐츠 산업을 창조산업으로 육성하기 위해 민관 합동으로 초고화질TV(UHD) 활성화 전략을 추진하고 유료방송 요금제를 개선하는 등 방송산업 규제개선을 추진한다.

초연결 시대의 대동맥인 유무선 인프라를 확충하기 위해 기가인터넷, 5세대 이동통신(5G) 등 차세대 통신망 투자를 확대하고 트래픽 폭증에 대비한 미래 주파수도 확보해 나갈 예정이다. 제조업에 혁신을 가져올 3D프린팅 산업 육성을 위해 전국 초 · 중 · 고등학교와 무한 상상실 등에 3D프린터 보급으로 학생과 일반인 스스로 상품을 제조할 수 있는 기회를 제공한다.

융합신산업 육성으로 신규시장과 일자리를 창출에도 앞장선다. 사물인터넷, 클라우드, 빅 데이터 등 신산업을 육성하고, 민관 공동으로 신사업 프로젝트 추진한다.

예컨대 스마트 자동차, 사물인터넷, 이동통신을 융합해 자율 주행 자동차 도로 구축하거나 웰니스 케어, 착용형 스마트 기기, 이동통신, 빅데이터 등을 융합해 원격종합 건강관리 서비스를 만든다.

ICT를 국민 생활에 접목시키는 시도도 이뤄진다. 국민의 건강복지를 위해 1인 1 사이버 주치의 시대 기반을 마련하기 위해 군부대 장병을 대상으로 국방부와 미래부가 손을 잡고 맞춤형 건강관리 서비스 시범 적용한다.

적극적인 재난재해와 정보보호 대응체계를 강화를 위해 현장정보를 실시간으로 모니터링 · 분석 · 정보를 공유하는 스마트 빅보드 사업도 확대하는 등

정부는 R&D 성과가 사업화와 일자리 창출로 연계되는 이른바 '창조경제형 연구개발 시스템 혁신'을 진행할 것이다.

먼저, 창의적 · 도전적 연구 중심으로 R&D 중 기초연구 비중을 2013년 35.4%에서 2017년 40%까지 확대하고 연구 성과가 원천기술개발, 응용연구 등으로 이어지도록 성과활용 목적의 전략적 기초연구를 활성화할 것이다.

국가과학기술심의회는 4월 23일 출연연의 중소 · 중견기업 연구개발(R&D) 전진기지화 방안과 3D 프린팅 산업 발전전략을 포함해 총 12개 안건을 심의 · 확정했다. 향후 10년간 국가가 중점적으로 추진할 기술개발 로드맵, 과학관 육성계획, 여성 과학기술인 육성 · 지원계획 등 국가 과학기술 분야 중요 정책들이 정해진 것이다.

국가중점과학기술 전략로드맵은 미래 신성장동력 창출과 삶의 질 향상 등에 필요한 5대 분야 30개 기술을 선정하고, 향후 10년간 기초 · 원천기술 개발에서 사업화까지 기술성장 전주기를 포괄하는 범부처 차원의 종합계획이다. 전략로드맵 수립 대상 분야는 ▲ IT융합 신산업 창출 ▲ 미래 신산업기반 확충 ▲ 깨끗하고 편리한 환경조성 ▲ 건강 장수시대 구현 ▲ 걱정 없는 안전사회 구축이다.

기술적 접근만 강조했던 과거 로드맵과 달리 단계별 기술 확보, 사업화, 법 · 제도적 지원 등 전방위적 대응전략을 갖춘 것이 특징이다. 또 전략로드맵을 정부 R&D 예산 배분과 조정에 연계 활용할 계획이다.

미래부 관계자는 "전략로드맵은 R&D관련 부처와 국내 최고 산 · 학 · 연 전문가들이 협력해 향후 10년간 우리 과학기술이 나아가야할 방향을 제시한 것"이라며 "전략로드맵을 바탕으로 한 범부처 협력적 기술개발을 통해 우리 국민이 꿈꾸는 풍요롭고 안전하며 편리한 삶이 가능해지리라 기대한다"고 말했다. 이 같은 정책들은 모두 과학기술 혁신을 통해 창조경제를 실현하기 위한 미래창조과학부의 의지이자 도전의 표명이다(http://www.etnews.com, 2014/5/22 검색).

5. 민간부문(삼성, KT) 추진사례

1) 삼성

삼성은 이미 2013년부터 창조경제 활성화를 위한 구체적인 작업에 돌입했다(http://www.ebn.co.kr/ news/view, 2014/5/20 검색).

삼성은 2014.4.10일 삼성미래기술육성사업의 2014년도 1차 지원 과제로 기초과학, 소재기술, 정보통신기술(ICT) 창의과제 분야에서 총 40건을 선정했다. 분야별로는 ▲ 생체분자 네트워크 연구 등 기초과학 분야 ▲ 신개념 흡차음 물질 연구 등 소재기술 분야 ▲ Private Audio Communication System 등 ICT 창의과제 분야 등이다.

- 기초과학 분야에서는 단백질에 기인한 불치병(치매, 알츠하이머 등)의 원인과 해결 방안을 제시하는 생체분자 네트워크 연구 등 17건이 선정됐다.
- 소재기술 분야에서는 신개념 다공성 메타물질을 이용해 아파트 층간 소음을 제거하는 흡차음(吸遮音) 물질 연구 과제 등 10건이 뽑혔다.
- ICT 창의과제 분야에서는 초음파가 가청(可聽) 음파로 변조되는 현상을 이용하여 이어폰 없이도 특정인에게 원하는 소리를 전달하는 연구 과제 등 13건이 선정됐다.

삼성미래기술육성사업은 3대 분야에 10년간 총 1조5천억원을 출연해 국가 미래기술 육성을 지원하는 프로그램이다. 삼성은 지난해 말 처음으로 26개 과제를 선정해 연구비를 지원해 오고 있다. 2011년 11월에 도입된 '창의개발연구소' 제도는 임직원들이 다양한 아이디어를 제안해 과제로 선정되면 기존 업무에서 벗어나 자신의 아이디어를 구체화하는 태스크포스(TF)팀 활동을 할 수 있도록 지원해주는 것이다.

2) KT

황창규 KT 회장은 2014.5.20일 서울 광화문 사옥에서 취임 이후 첫 기자간담회를 열어 이러한 사업 구상을 밝혔다. 이 구상에 의하면, KT가 향후 3년간 4조5천억 원을 투자해 지금보다 인터넷 속도가 3~10배 빠른 기가(Giga · 1천Mb) 인터넷을 추진하고, 스마트 에너지, 통합 보안, 차세대 미디어, 헬스케어, 지능형 교통관제 등 5대 미래 융합서비스 사업도 육성할 계획이다.

또한 기가인터넷 상용화를 위해 우선 유선 인터넷 속도를 현재보다 10배 빠른 기가급으로 높인다. 무선 분야도 롱텀에볼루션(LTE)과 기가 와이파이(WiFi) 망을 함께 이용하는 융합기술인 '기가 패스(GiGA Path)' 등을 활용해 기존보다 3배 빠른 무선 인터넷 속도를 구현한다는 것이다.

이처럼 기가 인프라가 구축되면 이를 기반으로 인간과 모든 사물이 연결되고, 융합 서비스를 구현하는 '기가토피아(GiGAtopia)'를 현실화한다는 계획이다.

KT는 기가 인프라를 기반으로 주력 사업분야에서 새로운 장을 열겠다는 계획이다. 기가토피아가 실현되면 국가적으로 정보통신기술(ICT) 관련 영역에서 3만7천개의 일자리와 9조3천억원의 생산 유발 효과가 발생할 것으로 보고 있다.

KT가 미래 먹거리로 선정한 5대 사업 분야는 ▲ 스마트 에너지 ▲ 통합 보안 ▲ 차세대 미디어 ▲ 헬스케어 ▲ 지능형 교통관제 등이다. 3년 내 시장 규모가 119조원까지 성장이 예상되는 분야라는 게 KT측 설명이다.

제3절 · 다른 나라의 창조경제 추진 동향

1. 영국의 Creative Britain

혁신적이고 창조적인 경제를 계속해서 유지 · 발전시키기 위해서는 창의적 역량을 보유한 인재육성, 혁신적 기업들의 창업 및 성장지원이 필요함을 인식한 영국정부는 2008년 4월 창조경제 업그레이드를 위해 다양한 정부기관과 관련단체들이 중장기적으로 수행해야 하는 8개 부문 26개 정책과제를 제시하였다. 창조산업의 주요 현안에 대해 특별위원회(Working Group)를 설치하고 토론과 의견 수렴과정을 걸쳐 정책제안을 제시하였다(http://www.dt.co.kr, 2014/5/20 검색).

또한 특별위원회 운영을 통해 창조산업의 중요성을 홍보하고, 전국 · 지역 · 지방의 관련 단체들의 네트워크 구성과 협력강화를 도모하였다.

영국 문화미디어스포츠부에서 2011년 12월에 발표한 창조산업 관련 자료에 따르면 2009년 창조산업의 총 부가가치는 362억 9천만 파운드로 국가 전체 부가가치의 2.89%를 차지하고 있다. 창조산업이 영국 전체 수출에서 차지하는 비율은 10.6%로 출판과 텔레비전 · 라디오 부문이 각각 전체 수출의 3.1%, 2.6%를 차지하는 등 크게 성장하여 2011년 기준 21만5천5백20개의 창조산업 관련 비즈니스가 등록되어 있으며 고용자 수는 2010년 기준 약 150만 명에 달하는 것으로 조사되었다.

2. EU

EU는 2009년을 유럽창조와 혁신의 해(Europen Year df Creativity and Innovation)로 지정하고, 혁신의 원동력으로 개인 · 직업 · 기업 · 사회 경쟁력과 행복의 핵심요소인 창의성 증진을 위해 회원국들을 지원한 바 있으며, 2010년 문화 · 창조산업 성장을 위하여 디지털 단일시장의 완성, 창조산업 클러스터 조성 및 일자리 창출, 창조적 성과물의 보호 및 관리 등 세 가지 실행계획을 제시하였다.

3. 일본의 'Cool Japan Strategy'

일본은 2010년부터 문화산업 수출전략인 쿨 재팬 전략의 효율적 추진을 위해 국가별 · 분야별 전략수립, 민간 중심 컨소시엄 구축, 현지 기업과의 협력을 통한 새로운 유통시스템 구축, 크리에이터의 일본 체류자격 요건 완화 등을 추진하여 왔다.

이를 위해 창조산업부 신설, 콘텐츠 해외 수출지원펀드 조성, 일본 콘텐츠의 아시아지역 전개, 문화 브랜드 가치 향상으로 해외시장 수출 콘텐츠 인재의 육성과 보급 기반정비, 세계적 창조산업 기업 창출 · 육성 등 9개 액션플랜을 제시하였으며, 매년 해외진출지원을 위한 신규 방법 공모를 통해 지속적으로 추진하고 있다.

4. 중국의 '중국문화산업진흥계획'

중국은 2009년 7월 22일 국무원 총리 원자바오가 국무원상무회를 주최해 '중국문화산업진흥계획'을 통과시켜 이전까지 추진해왔던 10대 산업(강철, 자동차, 방직설비 제조, 선박, 전자정보 등)에 11번째로 문화산업을 국가 전략산업으로 승격시켰으며, 이후 수출, 금융지원 등 일련의 정책을 발표하였다. 특히 2012년에는 '국가 12.5기시 문화개혁 발전계획 강령', '문화부 12.5 문화산업배증계획' 등 일련의 정책 발표를 통해 2015년 문화산업규모를 2010년 대비 두 배 이상으로 성장시키는 것을 목표로 제시하며 문화산업의 발전으로 촉진하고 있다(http://www.mcst.go.kr/web/s, 2014/5/20 검색).

제4절 · 창조경제의 나아갈 방향

1. 창조계층 범위의 확대와 창의적 인력양성 기반 강화

창조계층의 역할 확대를 위해 국민, 대학생, 연구자 등이 제안한 가칭 국민 우수 아이디어 실현사업 추진하고, 그간 정부연구개발사업의 결과로 누적된 특허, 논문, 보고서 등 국가 지식자산을 공개하여 창조적 아이디어 원천으로 공개하고, 사업 전 단계에서 생성, 가공되는 모든 지식을 가칭 국가 지식자산시스템을 통해 플랫폼화하여 국민 우수 아이디어실현 생태계를 구축한다.

아이디어의 상시 수집과 선별을 위한 홈페이지 구축, 아이디어 구체화에서 시장 출시 과정의 대학, 출연연구소 등의 지원과 기업연계 등 정부 지원시스템 마련하고, 우수 아이디어, 창의성, 상상력 아이디어 제공, 혹은 상용화까지 성공된 보상체계를 마련하고, 상용화, 창업과의 연계를 위한 퇴직 과학자와 기업연구 등을 활용한 코디네이터제도를 도입한다.

아울러 창조계층의 지속적 양성을 위한 인문학, 예술, 공학, 자연과학, 사회과학 등의 융합기반 강화와 청년 창업 활성화를 위한 기업가 정신 함양을 위해 다양한 주제 탐구와 토론기반 창의적 문제 해결 중심의 초중등교육 개선을 통해 창의 인재를 양성하고 튀는 인재를 사회가 수용할 수 있는 분위기 조성하고, ICT 기반 우수 신·융합기술 개발을 위해 ICT 적용 도메인 지식이 풍부한 중·고급 핵심인력 양성 등 인력양성 선순환체계 구축을 통한 융합기반을 강화해 나가야 할 것이다.

2. 기술창업 활성화와 창조형 중소·중견기업 육성

창조계층별 창의적 아이디어와 기술기반창업 활성화를 위해 창조계층별 맞춤형 창업지원전략 마련을 통한 창업 촉진방안을 마련하고, 정부 R&D 투자 가운데 우수 신생기업 지원 비중 확대와 세제지원 확대하며, 손쉬운 창업 인프라, 창업·중소기업 퇴로 확보와 M&A 활성화 전략과 우수 아이디어와 기술대상 세계기장 대상 창업 및 성장지원 정책을 강화하여야 한다.

또한 성장단계 및 경로별 중소·중견기업 육성체계 정비 및 강화로서 기술 분야별, 산업별 특성을 고려하여 기업 R&D 역량에 따른 맞춤형 지원제도 지원강화하고, 기업성장단계를 고려하여 중기청 사업과 타 부처 사업 간 연계를 지원 하여 중소·중견기업 전체를 상위 규모 기업으로 성장시키는 정책과 현 단계 내에서 R&D 지원 강화를 통한 특화기업 육성정책 병행하여 추진하여야 한다.

창조기업을 포괄하는 기업인증제도 추진으로서 기술혁신을 수행하는 기업뿐만 아니라 창조적 아이디어를 지속 발굴하고 연구개발 하는 기업대상 인증 및 지원방안 모색하여 현재 인증제도의 중복성 제거 및 연계성 확보를 위한 인증제도 통합 검토 등을 투진하고 기업 성장단계와 유형에 따른 맞춤형 인증·지원을 통한 정책 효과성 및 효율성 향상 방안을 추진하여야 한다.

3. 신융합 기술과 미래성장동력 동반 육성

향후 5년간 창조경제기반 조성 및 성과창출을 위해 단기적으로 일자리 창출과 경제성장을 위한 융합중심 신산업을 창출하고, 장기적으로 신산업을 뒷받침하고 미래성장동력 창출 등을 위한 투 트랙 전략 추진할 필요가 있다.

이를 위하여 신산업 관련 사용자 혹은 개발자 생태계가 높은 창조적 생태계 개발사업, 기타 부품과 완제품 등 밸류 체인 구축이 가능한 사업을 집중 양성하고 해당 분야에 대한 과대한 규제완화와 집중 투자와 공공구매 확대 등을 실시하고, 미래성장동력 관련 미래예측에서 도출된 단기간 내 신 시장 창출 가능성은 낮지만 중·장기적 지원을 통해 국가 주력산업으로 성장가능성이 높은 기술을 발굴하고 지원을 강화하여야 한다.

무엇보다 창의적 아이디어와 과학기술 접목을 위해서는 장기적 안정적으로 연구할 수 있는 환경구축과 아이디어에서 시장출시까지 관련 부처 간 개방과 협력기반의 융합을 통해 끊임없는 지원체계 구축이 필요하다 할 것이다.

4. 창의적 도전연구 및 연구자 자율성 강화

창의적 기초연구는 지속가능한 국가의 발전과 성장동력 창출의 원천으로 국가 간 기술경쟁시대의 주도권 확보 및 세계 최고 수준 경쟁력 확보를 위한 전략으로 정부 R&D예산 대비 기초연구 투자 비중을 2017년에 40%까지 확대 시 창의성 높은 혁신적 · 도전적 연구중심으로 개편하고, 연구단계와 상관없이 실패위험이 높지만 성공 시 기술 및 경제적 파급효과가 큰 고위험 · 혁신적 연구대상 포트폴리오를 강화하여야 한다.

또한 창의적 기초연구의 다양성, 창의성, 융합연구 특성 등이 반영될 수 있는 기획, 선정, 관리, 평가시스템으로 전환하고 다양한 질적 평가지표 개발과 적용으로 연구의 질적 수준을 제고하여야 한다.

다음으로 연구자의 안정적 연구환경 조성과 존중받는 사회실현을 위해 연구현장의 불필요한 규제와 간섭을 최소화하고, 연구자의 책임성을 강조하는 등 창의적 연구 몰입 환경 조성을 통한 연구성과의 질적 향상을 도모하여야 한다. 출연연구소 연구 자율성 확대를 통한 중장기 · 안정적 고유 연구추진을 위해 묶음예산제도의 지속적 확대로 고유 임무에 대한 몰입환경 구축이 필요하다.

제5절 · 박근혜 정부와 창조경제

1. 박근혜 정부의 창조경제 개요

박근혜 정부는 '일자리 중심의 창조경제'를 국정비전인 '국민행복, 희망의 새 시대'달성을 위한 첫 번째 국정목표로 제시하고 2012년 8월 창조경제론, 2012년 12월 공약집, 2013년 2월 국정과제 등을 통해 미래 우리나라 경제를 이끌어갈 새로운 경제발전패러다임으로 '창조경제' 개념을 구체화하였다.

내용을 살펴보면 핵심가치를 과학기술과 인적자원으로 제시하고 우리나라 미래 경제를 이끌고 세계 시장을 선도하기 위한 추격형 경제에서 선도형 경제로의 패러다임을 전환하고, 과학기술 등 모든 분야에서 상상력과 창의성을 접목하여 산업융합 촉진을 통해 새로운 성장동력과 시장, 특히 일자리를 창출하기 위한 정책이다

또한 과학기술정책 패러다임을 생태계 창조형 R&D로 전환하고, 과학기술과 아이디어·상상력을 융합한 신산업 창출 등 과학기술을 통한 창조산업 육성을 위한 국정과제를 다음과 같이 제시하였다.

1) **(신성장동력)** 과학기술에 기반한 미래예측으로 유망 성장동력을 발굴하고, 문화콘텐츠·SW·인문·예술과 융합하고,

2) **(사회이슈 해결)** 고령화·에너지 등의 국가 당면 이슈를 해결하고, 사회복지·안전 등 공공시스템과 연계한 신시장 창출을 지원하며,

3) **(실용기술 활용)** 사업화·창업 아이디어와 기술 보유자, 투자자를 매칭하고, 제품화를 위한 후속 R&D와 공공구매 연계 등을 지원한다.

4) **(과학기술 서비스)** 빅데이터·초고성능 컴퓨팅 등을 활용한 공공·민간서비스 확대와 이를 통한 서비스산업이 육성 된다.

5) **(거대·전략기술 기반 산업)** 우주발사체·인공위성, 대형 가속기, 원자력 등 대형 국가프로젝트 민간 개방으로 산업생태계를 구축한다.

박근혜 대통령은 일자리 중심 창조경제 구현을 위해 창조경제론(2012.12)에서 7대 실천전략과 국정과제(2013.2)를 통해 아래 〈표 5-4〉에서 6개 전략 41개 국정과제를 제시하였는데, 7대 실천전략은 다음과 같다.

1) **(전 산업에 국민행복기술을 적용하여 새로운 시장과 일자리를 창출)** 국민행복기술 중에 과학기술, 특히 ICT기술을 산업전반에 적용하고 융합해서 새로운 성장동력과 일자리를 창출하는 스마트 뉴딜정책을 우선 시행한다.

2) **(소프트웨어 산업을 새로운 성장동력으로 육성)** 소프트웨어 경쟁력도 높여 하드웨어-소프트웨어-디자인-콘텐츠 등을 융합 강화와 경쟁력 있는 기업생태계 구축한다.

3) **(개방과 공유릉 통한 창조정부 실현)** 창조경제 구현을 위한 선결과제로 창조형정부로의 전환을 위한 국가 클라우드 컴퓨팅센터의 방대한 지식정보를 체계적으로 분류하고 빅데이타 등을 활용 미래전략 시스템을 구축한다.

4) **(창업국가 코리아)** 창의적 아이디어가 기술과 결합되고, 지적재산권으로 발전하면서 일자리가 창출되고, 창조형 중소기업이 꽃을 피우는 나라를 구현한다.

5) **(창조경제에 부합하는 스펙초월 채용시스템 구축)** 창조경제는 막대한 자본을 가진 대기업이 아니라도 젊은 인재들이 작은 단위에서도 본인들의 꿈과 끼를 마음껏 발휘할 수 있는 체계로 사람이 열정과 창의성으로 평가 받는 사회를 만든다.

6) **(대한민국 청년이 세계를 움직이는 K-move 시작)** 벤처, 중소기업들과 우리 청년들이 글러벌 시장을 개척하고, 글로벌 시장에서 일자리를 찾아가는 K-move를 시작하는 등 이스라엘 요즈마 펀드를 벤치마킹하여 해외 벤처캐피탈을 적극유치하고 우리 벤처기업들의 해외 진출을 적극 지원한다.

7) **(미래창조과학부 신설)** 창조경제 기반인 과학기술분야를 책임질 부처로 창의적 융합인재 육성과 미래 선도연구 지원, 지식생태계 구축과 보호를 위한 법제도 지원 등을 담당한다.

〈표 5-4〉 6개 전략 41개 국정과제

1 창조경제 생태계 구축

1. 과학기술을 통한 창조산업 육성
2. IT・SW 융합을 통한 주력산업 구조
3. 산・학・연・지역 연계를 통한 창조산업 생태계 조성 고도화
4. 서비스산업 전략적 육성 구축
5. 자본시장제도 선진화
6. 협력적 기업생태계 조성
7. 세계 최고의 인터넷 생태계 조성
8. 청년 친화적 일자리 확충기반 조성
9. 고용친화적 정부정책을 위한 고용영향평가제 강화
10. 협동조합 및 사회적기업 활성화로 따뜻한 성장 도모

2 일자리 창출을 위한 성장동력 강화

11. 정보통신 최강국 건설
12. 농임축산업의 신성장 동력화
13. 해양 신성장 동력 창출 및 체계적 해양관리
14. 수산의 미래 산업화
15. 보건산업을 미래 성장산업으로 육성
16. 고령 친화산업 육성
17. 물류・해양・교통체계 선진화
18. 해외건설・플랜트 및 원전산업 진출 지원

3 중소기업의 창조경제 주역화

19. 중소기업 성장 희망 사다리 구축
20. 중소・중견기업의 수출경쟁력 강화
21. 창업・벤처 활성화를 통한 일자리 창출
22. 소상공인・자영업자 및 전통시장의 활력 회복
23. 영세 운송업 등 선진화

4 창의와 혁신을 통한 과학기술 발전

24. 국가 과학기술 혁신역량 강화
25. 우주기술 자립으로 우주강국 실현
26. 국제과학비즈니스벨트를 국가신정상 거점으로 육성
27. 지식재산의 창출・보호・활용체계 선진화

5 원칙이 바로선 시장경제질서 확립

28. 경제적 약자의 권익보호
29. 소비자 권익보호
30. 실질적 피해구제를 위한 공정거래법 집행체계 개선
31. 대기업 집단 지배주주의 사익편취행위 근절
32. 기업 지배구조 개선
33. 금융서비스의 공정경쟁 기반 구축

6 성장을 뒷받침하는 경제운영

34. 대외 위험요인에 대한 경제의 안전판 강화
35. 금융시장 불안에 선제적 대응
36. 부동산 시장 안정화
37. 물가의 구조적 안정화
38. 안정적 식량수급체계 구축
39. 안정적 세입기반 확충
40. 건전 재정기조 정착
41. 공공부문 부채 및 국유재산 관리 효율화

출처 : 차두원 외, 2013, 박근혜정부 창조경제의 특징 및 시사점, p.38에서 인용

2. 기존 창조경제와의 비교

박근혜정부와 해외 주요국 창조경제 정책 추진 목적은 경제성장과 일자리 창출로 동일하나, 창조개념, 창조계층, 창조산업 등의 범위는 기존의 개념 및 범위에서 확장되고 생태계가 강조된 개념으로써 분야별로 살펴보면 다음과 같다.

1) **(창조개념)** 기존의 문화예술분야를 중심으로 기존에 없는 독창적이고 새로운 것

을 만드는 것에서 박근혜정부에서는 문화예술분야를 포함하며, 과학기술, 경제 등 다양한 분야에서 존재하지 않는 시스템, 제품, 서비스, 제도 등을 만들거나 기존에 존재하는 것들을 융합하여 새로운 가치를 만들고,

2) **(창조계층)** 문화예술, 특정분야 전문가 및 관련분야 지식집약형 산업종사자에서 기존 범위를 포괄하며 아이디어, 기술보유자 등 일반 국민을 포함하는 등 범위를 확대하고,

3) **(창조산업)** 순수창작물, 문화유산, 예술, 미디어, 콘텐츠, 기능적 창조물(디자인, 서비스, 새로운 미디어 등) 중심에서 기본범위에다가 창조성이 높은 과학기술과 아이디어 · 상상력을 융합한 신산업 창출과 새로운 일자리 창출을 추진하며,

4) **(창조생태계)** 박근혜정부의 창조생태계는 연구개발 주체, 기반 등 7개 하위생태계로 구성되어 있으며, 새로운 생태계와 가치사슬 창출을 통한 R&D지원을 강조하는 등 국가차원의 과학시술과 사업중심의 생태계 모델을 제시하였고,

5) **(창조경제)** 박근혜정부의 창조경제는 기존 창조경제와 유사한 경제활성화와 일자리 창출이라는 공통적 추진목적을 가지고 있으나, 기존 개념은 문화와 경제발전의 관계를 강조한 기존 개념과는 달리 인적자본, 과학기술 등을 강조한 생태계 기반 중장기 국가발전 정책으로 확대되었으며 문화산업 등과 기존 도시 · 지역발전과 경쟁력 강화를 위한 창조경제의 공간적 범위도 국가차원으로 확대하였다.

제6절 · 창조경제와 ICT

1. 창조경제에 있어서의 ICT의 역할

정부의 창조경제론은 유럽의 문화산업 중심형이 아니라 ICT산업 중심형이라는 특징이 있다. 과학기술과 정보통신기술(ICT)분야를 창조경제의 두 축으로 삼고 있

다는 것이다.

ICT가 단순히 개인, 산업과 사회를 연결하는 것만으로 창조경제에 기여하게 되는 것은 아니다. 창조경제가 투입요소의 추가나 변화를 의미하는 신경제를 뛰어넘기 위해서는 경제시스템 자체가 변화하여야 하고 이를 위해서는 경제의 3주체인 가계, 기업, 정부(재정)가 창의적인 존재로서 변화하여야 한다. 따라서 ICT는 이들의 변화가 가능하게 enable로서 제 역할을 하여야 한다. 아울러 경제시스템은 사회 제반시스템과 상호작용을 하므로 사회 제반시스템의 혁신이 가능하게도 역할을 하여야 한다.

ICT 적용범위는 산업적 영역을 넘어 전 사회로 확대되고 있으며 생산의 효율성뿐만 아니라 사용자 편이성, 안전성, 건강 증진과 같은 가치 증대에도 큰 몫을 담당한다.

나이키가 스포츠용품 개발에 ICT를 활용해 개발한 웨어러블 디바이스 '퓨얼밴드'는 착용자에게 운동량과 칼로리 소비를 알려줘 세계적 인기 아이템이 됐다. 이처럼 제조업, 서비스업뿐만 아니라 일상에서도 ICT 융합은 급속도로 확산되고 있다. 제조원가를 낮추고 공정 효율성을 높이는 동시에 서비스 혁신을 촉진하는 매개로서 ICT 융합은 새로운 미래 가치를 끊임없이 만들어내는 창조경제의 열쇠로 부상하고 있다(http://www.etnews.com, 2014/5/20 검색).

정부는 국가사회 전반에 융합을 촉진하고 ICT를 창조경제의 핵심분야로 육성하고자 '정보통신진흥 및 융합 활성화 등에 관한 특별법'을 제정하여 금년 2월부터 시행중에 있다. 특히 정보통신전략위원회 운영으로 융합을 가로막는 각종 규제를 제거하는 등의 노력을 지속적으로 전개할 것이다.

2013년 10월에는 ICT의 핵심도구이자 21세기 언어라 불리는 SW 경쟁력을 강화하려 인력 · 시장 · 생태계를 아우르는 'SW혁신전략'을 발표한 바 있다.

과학기술, ICT를 기존 산업 분야에 접목해 새로운 부가가치를 창출하고 사회적 이슈를 해결해 나가는 범부처 협업사업인 '창조 비타민 프로젝트'도 추진한다. 농업 · 문화 · 의료 · 교육 · 안전 등 주요 분야와 과학기술, ICT 융합으로 기존 사업을 고도화하거나 새로운 성장동력을 발굴하고 궁극적으로는 국민 삶의 질을 높이는 데 기여하고자 한다.

선진국들은 콘텐츠, 빅데이터, 클라우드, 유무선 네트워크 고도화 등을 내세우며 새로운 방향의 ICT 발전에 온 힘을 기울이고 있다. ICT는 음성, 영상, 인터넷 등 기존 서비스에만 한정되지 않는다. 무역의존도가 80%가 넘는 우리나라가 세계 시장에서 경쟁력을 가지려면 탄탄한 ICT가 필수다.

ICT의 4대 축인 'C(콘텐츠) - P(플랫폼) - N(네트워크) - D(디바이스) - S(보안)'는 정보 그 자체와 함께 정보의 생성, 처리, 관리, 활용, 보호를 담당하는 개별 요소를 포함한다. 어느 요소가 지나치게 취약해지면 다른 요소에 부정적인 영향을 미쳐 ICT 생태계의 선순환적인 발전을 도모하기 어렵게 된다. 핵심 기술과 산업 경쟁력을 확보하기 위해 집중적인 노력을 쏟아야 한다. 지금은 개인이 직접 정보를 생성하고 활용하는 시대인 만큼 정보관리 전담 부처와 기구로 한정해서는 부족하다. 전 부처와 민간이 협력해 ICT 관리 및 발전방안을 마련해야 한다.

보여주기 위한 전시성 ICT 정책과 사업 관행으로는 어렵다. 껍데기(활용적 측면)만을 보는 일부 해외 평가지수도 참고자료일 뿐이다. 보여주기 위해 채우는 행위는 결국 금전적 낭비는 물론이고 전체 산업이 골병드는 결과로 이어진다.

부정확한 사실을 인용하거나 시대에 뒤진 소식으로 사회적 논란을 불러일으키는 행위도 지양해야 한다. 해외 국가 또는 기구에서 전하는 소식은 결코 우리 국가와 국민을 위하여 만들어지지 않기 때문이다. 이는 전문가의 정확한 분석과 판단으로 재 가공될 때 가치를 갖는 지식이 된다.

당장은 빈약하게 보이더라도 우리 미래의 속살을 키울 수 있는 ICT산업 생태계가 만들어져야 한다. 그래야만 미래의 꿈을 구현할 수 있는 기름진 ICT 토양과 창조경제의 바탕이 만들어질 수 있다.

2. ICT와 성장 및 고용과의 관계

대통령직인수위원회 자료에 따르면 창조경제 성장 패러다임 변화는 생산성 중심의 질적 성장을 추구하고 있으나, 생산성 중심의 질적 성장은 고용확대와는 별개의 문제이다. 창조경제는 요소투입이 아니라 효율성을 중시하게 되므로, 동일한 요소

투입하에서 생산을 증대시키는 것이다. 따라서 고용의 경우 창조경제/창의성을 타 산업에 확산시켜 고용유발 효과를 높이는 것이 목표가 되어야 한다.

세계은행에 따르면, 디지털 경제에서 ICT가 1인의 고용을 줄이는 대신 2.6명의 타 부문 고용을 증가시킴으로써 1.6명의 순고용을 창출한다. 즉, 성장과 고용은 상충관계가 아니라 병행되는 것이다. 단, 기존의 ICT나 미디어가 고용 없는 성장을 하고 있었기 때문에 창조산업을 육성하여 자체 고용을 확대하는 것과 함께 타 산업고용을 유발시키는 것에 초점을 맞춰야 한다. 예를 들어, 자동차 생산인력 뿐만 아니라 디자인 및 감성인력과 문화인력 등의 증가를 의미하는 것이다.

창조경제의 핵심은 과거 '노동'에 대비되는 '인간'에 있다. 창조산업, 창의성의 발현은 '인간 개개인'이 하는 것으로서 '창의의 프로슈머'를 의미한다. 이에 따라 창조경제에서는 인적자본의 우수성과 요소생산성이 핵심이다.

인적자본의 우수성과 창의성은 결국 교육과 직결된다. 창조경제 패러다임 구축을 위해서는 창의적 역량을 강화할 수 있는 양질의 교육정책이 수반되어야 한다. 즉, 저출산 하에서의 투입요소인 노동의 확보가 어렵다면, 인적자본의 확보와 확대가 반드시 필요하다. 인적자본의 경우 투자의 회수기간이 매우 길어 단기적인 성과에 집착하게 되면 과거 벤처와 같은 부작용이 발생할 수 있다. 벤처와 같이 물적자본 중심의 투입/지원은 창조경제에서도 필요하긴 하지만 그 성과에는 한계가 있으므로, 생산성 역설의 재현이 가능하다.

창의성의 핵심은 개개인의 창의적 역량과 사회적 풍토, 문화/예술 등을 핵심 인프라/투입요소로 한다. 그러나 국내의 경우 ICT와 과학기술을 중심으로 창조경제에 접근함에 따라 문화/예술, 창의적 역량부분이 결여돼 있다. 이러한 접근은 기존의 신경제 논의에서 크게 개선되지 않을 우려가 존재한다. 즉, 창의성과 유사 창의성(예, ICT인프라 vs 서비스)을 혼동하고 있다는 것이다.

이 같은 접근은 결국 과거 벤처 정책과 유사하게 흘러갈 수 있다. 여전히 '투입→진흥→경제성장'이라는 구조가 유지될 가능성이 높다. 기존에는 이러한 접근이 가능했으나, 원래 의미의 창조경제는 창의성을 기반으로 하는 요소 생산성의 증가이므로 투입 중심이 아니다. 따라서 이 경우 정책과제는 창의적 인력양성(인적자본 확충), 사회적 풍토와 문화/예술과 같은 아날로그의 디지털화(디지로그)를 고민해야 한다. ICT는 그 자체가 창조산업이거나 창조경제가 아니라 enable로서 제대로 역할을 할 수 있어야 한다.

3. ICT 창조경제 추진방향

우리나라 ICT 기업과 정부의 위험을 감수한 기술개발 투자와 기업 활동은 우리 국민들에게 세계 최고 수준의 인터넷활용 환경과 무선 통신서비스를 선사했다. 나아가 한국을 세계적 모바일 통신기기 개발 및 생산기지, 인터넷서비스 테스트베드로 만들었다.

또 한류문화의 세계시장 진출기반을 제공했다. 덕택에 우리는 일자리, 소득, 나아가 미래에 대한 자신감을 갖게 됐다. 물론 그림자도 있다. 사이버 범죄, 음성적 도박 및 포르노 산업의 번창, 개인 프라이버시 침해, 왜곡된 사이버 광장문화가 그렇다. 우리는 새로운 기술의 창출자로서의 혜택을 누리지만, 아직도 모바일 인터넷, 스마트폰, SNS 등의 ICT 혁신에 걸맞은 생각의 틀과 시스템의 변화를 이끌어 내지 못하고 있다.

경쟁력은 스스로 구축해야지 정부의 인위적 보호막이나 과거의 성공방식에 집착하면 사라진 시장에 홀로 남게 된다. 그래서 많은 창조적 기업들이 정부의 선발보다 글로벌 시장에서 엄정한 선택을 받고자 경쟁에 뛰어든다.

만에 하나 지원이 꼭 필요하다면, 지원으로 얻는 미래이익을 지원을 제공한 자가 같이 나눌 수 있는 방법이 있어야 한다. 필요한 규제는 다른 사람 또는 다음 세대나 사회적 피해부담과 희생을 담보로 부당한 이득추구를 막는 것이어야 한다. 안전 관련 규제는 안전을 무시한 자가 미래에 희생되는 사람의 피해와 부담으로 이득을 얻지 못하도록 하기 위해 필요성이 인정된다.

또 이는 누구에게나 공정하게 적용되는 규칙이지 차별적으로 적용되는 것이 아니다. ICT에서의 지원과 규제가 꼭 필요하다고 하면 그 정책 의사결정자와 이에 따른 경제적 및 비경제적 비용을 누가, 얼마동안, 얼마나 부담하는지 등의 정보를 공개하고 뒷날 그 효과에 대한 엄정한 검증이 반드시 뒤따라야 한다.

굳이 정부가 ICT 발전을 위해 직접 지원에 나서겠다면, ICT를 활용하는 수요자·구매자로서 새로운 ICT시장 수요를 만들거나 확대 노력을 하는 편이 효과적이다. 예를 들어 안전과 관련된 행정분야에 사람이 실수를 해도 안전은 실패하지 않는 페일세이프(Fail-Safe) 시스템을 정부가 제대로 돈 주고 구축하겠다고 해보라. 많은 창조적 대안들이 나올 것이다.

4. 창조경제의 ICT 적용 사례

현재 전 세계 기업과 국가는 이 같은 빅데이터 산업에 역량을 집중하고 있다. 빅데이터 자체가 돈이 되는 산업일 뿐만 아니라 파생되는 시장 규모가 급속도로 커지고 있기 때문이다.

1) 사물인터넷(IoT)

IDC에 따르면 전 세계 빅데이터 시장은 2010년 32억 달러에서 오는 2015년에는 169억 달러 규모에 달할 전망이다. 이는 연평균 40%의 성장률(CAGR)에 해당되는 것으로 전체 정보통신기술(ICT) 시장 성장률의 약 7배에 달하는 수치다. 창조경제에서의 ICT가 적용된 사례는 다음과 같다.

국내 IT전문가들은 이 같은 빅데이터 시장을 활용해 창조경제를 실현할 수 있다고 분석한다.

사물인터넷(IoT)의 장점 중 하나는 기존 제품의 부가가치를 높이는 것이다. 예를 들어 평범한 아날로그 체중계는 1개당 3~5만 원 수준이다. 이것이 디지털로 바뀌면 10만 원으로 뛴다. 여기에 센서 하나만 달면 3배가량 더 오른다. 최근 출시된 위딩스 체중계의 소비자 가격도 일반 디지털 제품의 3배인 27만5000원이다. 의류·신발·책상에 이르기까지 모든 사물이 센서, 스마트폰과 결합하면 고부가가치 제품으로 변신이 가능하다. 중소기업(직원 10인 이상) 중 20%가 IoT 혁명을 잘 활용하면 1만 개의 강한 중소기업이 생겨날 수 있다.

사물인터넷 시대의 특징은 인터넷에 연결되는 사물 수가 폭증한다는 점이다. 통신회사 시스코는 현재 1인당 2개씩 연결된 사물 수가 2020년에는 10개로 증가할 것으로 예상했다. 시장조사 업체 가트너도 지난해 26억 개인 인터넷 연결 사물 수가 2020년에는 260억 개로 10배 이상 늘어날 것으로 내다봤다. 지금은 스마트폰과 PC만이 인터넷과 소통한다면 앞으론 안경 · 시계 · 옷 · TV · 냉장고 · 침대 등 주변 대부분이 연결된다는 뜻이다. 업계는 사물인터넷이 10년간 19조 달러의 경제 가치를 만들 것으로 전망한다. 우리 돈으로 2경원이 넘는 거대 시장을 차지하기 위해 IT 기업을 비롯한 다양한 사업자들이 속속 뛰어들고 있다.

2) K-POP

K-POP 콘텐츠는 이미 전 세계적으로 한국의 국가적 위상을 높이는 대표적인 상품으로 자리매김했다. 지난 해 코트라가 발표한 '유럽한류와 국가브랜드 조사'에 따르면 유럽에서 싸이를 비롯한 K-POP과 기타 대중문화의 유럽 진출로 인해 한국의 국가브랜드 가치는 4.4% 상승했으며 이로 인해 파생된 국가 브랜드 자산 창출액은 6656억 원에 달한다고 하니 실로 어마어마한 수치다.

한 K-POP 아티스트는 자신의 신곡을 특정 모바일 메신저를 통해서만 공개하며 일반적 음원 발매 방식과는 다른 시도로 팬들과 만나기도 했다. 이는 K-POP과 모바일 메신저의 융합으로 인해 새로운 부가가치를 창출한 모범 사례라 불릴만하다.

K-POP이 단순한 콘텐츠로만 존재할 때, 일부의 우려처럼 일시적 유행에 머무를지도 모른다. 그러나 온라인 및 모바일 플랫폼과 같이 IT산업과의 융합을 통해 새로운 가치를 더하고, 확산의 속도를 높여 더 많은 이들의 공감을 얻는다면 진정한 트렌드로 자리잡아 K-POP으로 인해 일자리와 부가가치가 창조되고 성장이 선순환되는 창조경제의 한 축으로 자리 잡을 수 있을 것이다.

3) 웨어러블

현대인들이 자신의 휴대전화와 의류를 연결하는 애플리케이션을 통해 건강을 확인하기도 하고 업무를 보다 효율적으로 진행할 수 있는 기술 융합의 대표적인 상품이다. 업계에 따르면 정보기술(IT)과 패션의 '만남'이 활기를 띠고 있다. 언뜻 들으면 낯선 조합처럼 느껴지지만 이미 IT를 비롯해 패션업계에서는 이미 수많은 협업이 진행 중이다(http://www.ajunews.com/view, 2014/5/20 검색).

삼성은 '삼성 기어' 2종과 함께 새로운 웨어러블 기기인 '기어핏'을 공개하는가 하면 구글 글래스를 겨냥한 '갤럭시 글래스'도 올 하반기 공개할 예정이며 삼성전자는 기어핏을 패션 브랜드와의 활발한 협업을 통해 다양한 컬러와 소재의 스트랩을 지속 출시하는 등 패션과의 접목에 적극 활용할 계획이다.

평소에는 넥타이 핀 등의 패션 아이템이지만 이어폰 단자에 꽂으면 레이저 포인터로 이용 가능한 스마트폰용 프레젠터도 있다. 넥타이 핀 외형의 초이스테크놀로지의 '엑스포인터(X-Pointer) 클립'은 전용 앱을 활용하면 무선 프레젠터와 마우스로 사용할 수 있다.

IDC가 최근 발간한 보고서에 따르면 지난해 세계 웨어러블 컴퓨팅 디바이스 출하량 규모는 620만대에 이르며 2012년도 150만대 대비 317.1%의 성장세를 기록했다. 향후 5년간 연평균 78.4%씩 증가해 오는 2018년 출하량 규모가 1억대를 넘어선다는 전망이다.

4) 디지털 사이니지

디지털 사이니지는 내국인은 물론 외국인들도 강남역을 방문하면 꼭 체험하는 명소로 만들었다. 디지털 사이니지는 다양한 정보를 제공하는 디지털 영상 디스플레이 장치를 말한다. 정보통신용어 사전에서는 기존 상업용 디지털 정보 디스플레이(DID)에 주요 기능을 제어할 수 있는 소프트웨어나 관리 플랫폼까지 종합적으로 공급하는 것을 특징으로 한다고 설명하고 있다.

삼성SDS는 디지털 사이니지를 활용한 전통시장 현대화에 박차를 가하고 있다. 삼성SDS는 전통시장에 60대 디지털 사이니지 설치하는 것은 물론 전통시장 중소상인 대상 ICT리더 양성 교육, 삼성그룹 임직원 대상 전통시장 웹사이트 오픈 등 자사 ICT 역량을 적극 활용할 계획이다.

디지털 사이니지는 전통시장에만 있는 것이 아니다, 곳곳에서 우리 거리를 변화시키고 있다. 지난해 막을 내린 여수 엑스포에서는 SK C&C가 구축한 키오스크(무인정보단말기)가 선보였다. 관람객들은 엑스포 공간 곳곳에 설치된 터치스크린 방식 키오스크로 주제관 · 한국관 · 아쿠아리움 등 인기 있는 8개 전시장 중 2개관 입장 예약을 할 수 있었다. 디지털 사이니지가 한단계 발전한 키오스크는 여수 엑스포에만 85개 설치됐다.

IT서비스 업체들만 디지털 사이니지 구축에 나선 것은 아니다. 포털사이트 다음을 운영하는 다음커뮤니케이션도 주요 전철역에 '다음 디지털뷰'를 구축해 서비스하고 있다. 터치스크린 패널 방식의 다음 디지털뷰는 맛집, 영화관, 버스정류장, 지하철 출구 정보 및 막차 시간은 물론 뉴스 증권 정보 등을 안내한다. 디지털 사이니지가 대중교통 공간을 다양한 정보의 장으로 바꾸고 있는 것이다.

한 IT 전문가는 "디지털 사이니지가 거리는 물론 도시 전체를 바꾸고 있다"며 "거리의 가로수처럼 디지털 사이니지도 빼놓을 수 없는 필수 요소로 자리 잡을 것"이라고 말했다.

제7절 · 창조경제 활성화를 위한 ICT 과제

1. ICT벤처 생태계 구축

기술과 아이디어로 무장한 디지털 네이티브 세대에 투자확충, 제도개선, 창업지원 정책을 통하여 기회를 제공하여야 한다

2. 소프트웨어 육성

소프트웨어는 콘텐츠, 플랫폼, 네트워크, 디바이스 모든 단계에서 핵심적인 위치를 차지하고 있으며, 클라우드 방식으로 제공되고 있다. 이에 서비스로서의 소프트웨어라는 패러다임의 변화에 대응하여 고급 아키텍처 SW인력양성 등 진흥정책을 추진하여야 한다.

3. 콘텐츠(디지털) 진흥

모든 분야와 형태의 콘텐츠가 디지털화되고 있어 인터넷을 통해 제공되는 환경을 반영한 창조경제 시대의 콘텐츠 진흥정책이 필요하다

4. ICT-융합 가속화

ICT, 특히 SW는 하드웨어를 시뮬레이션하는 존재이므로 다양한 산업에서 하드웨어의 경쟁력도 강화시킬 수 있으며 컴퓨터의 용도도 거의 전 사업으로 확장되고 있다. 따라서 ICT 접목, 이용확산을 통하여 전 산업의 창조산업화를 촉진할 수 있는 정책을 추진하는 것이 중요하다.

5. R&D확충 및 ICT분야 지적재산권 관리체계 구축

과학기술의 발전 및 이의 효율적 관리가 창조경제의 근간으로 특히 ICT부문 기술 로드맵에 기초한 연구개발 확충 및 지적재산권관리가 중요하다.

6. 세계 최고 수준의 ICT 인프라 구축

개인 간 또는 집단 간 소통의 창조, ICT의 활용 극대화를 위하여 ICT 인프라 측면에서의 선도적 위상을 유지하기 위한 정책 추진이 필요하다.

7. 선진 인터넷 거버넌스와 창조정부 구현

개인정보 보호, 표현의 자유 등 인터넷상의 규범을 정착시켜 소통과 창조의 극대

화 기반을 마련해야 하고, 창조경제의 '공고의 적'인 사이버보안 강화 정책도 동시에 병행하여야 한다. 또한 국민과 소통하고 국정 운영을 스마트화하는 창조정부와 찾아가는 지능적 서비스를 제공하는 정부 3.0을 구현하여야 한다.

C-P-N-D 생태계를 모두 포괄하는 진흥정책을 추진하여 각 분야의 발전이 다른 분야의 발전을 견인하는 선순환관계를 정착시키고, 기존에 분산되어 있던 ICT 정책 기능의 통합의 의미를 잘 살리고 연관 정책영역에도 콘트롤 타워 역할을 수행할 필요가 있다.

8. 통신 · 방송규제의 선진화

All-IP 네크워크 환경에서 통신 · 방송 · 미디어는 모두 인터넷이라는 공간에서 같은 시장과 소비자를 대상으로 경쟁하게 된다. 이에 수평규제 체제를 확립하고 유관법과 제도의 통합 보안을 추진할 필요가 있다.

결론적으로 대한민국 경제는 지난 반세기 동안 세계의 변방에서 중심으로 성장하였다 세계 9번째의 무역 1조 달러 국가에 진입하여 원조수혜국에서 원조 공여국으로 성장하였다. 경제규모 또한 지속적으로 성장하여 1970년 국내총생산이 2.8조원에서 2013년 13,172.5조원으로 성장하였고, 조선, 반도체, 디스플레이 등 주력산업의 세계시장 점유율도 확대되었다.

그러나 지금 우리나라 경제는 글로벌 위기와 내수 부진이 심화되면서 경제성장률과 잠재성장율이 동반 하락하는 저성장 기조 고착화 위기에 직면하고 있으며, 특히나 세월호 참사로 인한 소비심리 위축과 기존 주력산업의 글로벌 경쟁이 가속화되는 가운데 수출 · 제조업 중심의 성장, 대기업 낙수효과 미흡 등으로 고용 없는 성장의 장기화가 우려되고 있다.[2] 또한 복지요구의 증대, 저 출산 · 고령화에 따른 사회활력 둔화, 청년실업, 계층 · 세대 간 갈등 심화 등 다양한 문제가 산적해 있다. 이러한 과제들을 해결하고 선도국 그룹에 진입하기 위해 기존의 자본과 노동 등 요소투입에 의존한 성장전략이 아닌 지식을 기반으로 한 창조국가 성장 모델의 제시가

2) '13년 청년층(15~29세) 고용률은 39.7%로 사상 처음 30%대로 하락(통계청)

필요하게 되었다.

2013년 출범한 박근혜 정부는 이러한 문제점을 해결하기 위해 '일자리 중심의 창조경제'를 국정비전인 '국민행복, 희망의 새 시대' 달성을 위한 첫 번째 국정목표로 제시하였다. 신정부는 창조산업 육성만이 아니고, 국내 경제 전반의 창의력 제고를 통한 경제성장 패러다임의 전환이라는 광의의 창조경제 개념을 제시한 바 있다. ICT와 과학기술기반 창조경제는 대한민국 핵심 역량이자 비전이며 주춤한 경제를 성장할 수 있게 이끌어갈 견인차다. 미래 먹거리라고 하는 13개 스타산업 역시 ICT와 과학기술 없이는 불가능하다. 창조경제는 하루아침에 실현되지 않는다. 현실적인 액션플랜을 하나하나 끈기 있게 해결해 나갈 때 비로소 성과가 나타날 것이다.

창조경제 논의의 핵심배경은 기술발전, 소득증가, 전통적 경제성장 모형의 한계 극복으로 요약된다. 과학기술과 ICT의 발전 및 확산에 따라 창조성 발현의 수단 및 도구가 개선되었고, 소득증가에 따라 무형가치의 인식과 참여, 활동이 확대되었다. 창조경제에서의 ICT는 각 산업에서 경쟁력을 좌우하는 핵심 요소이다. 농수산업, 제조업, 서비스업을 망라한 거의 대부분의 산업이 ICT가 핵심 경쟁력 요소로 전환되고 있으며, 이에 ICT산업은 물론 타산업도 ICT를 접목하여 성장과 고용창출을 도모해야 할 시점이다. 특히 중국 등 후발국의 추격에 대응할 수 있는 국가전략차원에서 ICT가 핵심 경쟁력 요소로 활용되어야 한다.

제6장

수확체감과 수확체증의 원리

제1절 · 정보사회에서 경제원리 변화

과거 1800년대에서 1900년대에 이르기까지 경제 활동은 자연 자원을 처리하여 제품을 생산하는 "Bulk processing" 산업이 주요 산업이었다. 금속자원, 염료, 석탄, 곡물 재배, 커피 수확 등과 같이 자원 의존성은 높지만, 노하우 의존성은 낮은 것들을 생산하던 시대이다.

이러한 자원 및 노동력에 의존적인 산업에서는 시장에서 선두를 달리고 있는 제품이나 회사는 결국엔 한계에 봉착하게 될 것이고, 그 결과 예측 가능한 가격 균형/시장 점유율 균형에 도달하게 될 것이라는 수확체감의 가정이 잘 적용되는 시기이다. 오늘날에도 이러한 가정은 일부 산업에서 여전히 유효하다.

하지만, 20세기에 들어선 이후 현대 경제는,

- 재료를 가공하는 것으로부터 기술을 디자인하고 이용하는 쪽으로 변화
- 자원을 처리(processing)하는 것으로부터 정보를 프로세싱하도록 변화
- 천연 에너지를 응용하는 것으로부터 아이디어를 응용하는 쪽으로 변화

변화가 일어나면서, '경제적 행동' 결정의 바탕에 깔려있는 기반 역시 '수확체감'에 바탕을 둔 기반으로부터 '수확체증(increasing returns)'에 기반을 두는 쪽으로 변경되어 왔던 것이다

수확체증은 성공한 자는 더욱 성공하게 만들고 손실을 입은 자는 더욱 더 악화

되게 하는 양의 되먹임(positive feedback)으로부터 비롯된다. 수확체증은 균형(equilibrium)으로 귀착되는 것이 아니라 불안정성을 만들어 낸다. 시장내에서 경쟁하는 어떤 회사/제품/기술 중 하나가 우연한 기회나 잘 만들어진 전략에 의해 일단 앞서나가기 시작하면 수확체증은 이들이 누리게 되는 장점을 더욱 더 증폭시키면서 경쟁사가 끼어들지 못하도록 하는 잠금효과(lock-in)를 만들어 낸다.

이것은 단지 어떤 제품을 표준으로 만들어 준다는 정도의 의미가 아니다. 수확체증은 비즈니스가 돌아가는 방식 자체를 전혀 다르게 만들고 있을 뿐만 아니라 우리가 기존에 익히 알고 있던 많은 비즈니스 운용 방식들을 가볍게 비웃어 주고 있다.

21세기 정보화 시대인 오늘날 수확체감 현상으로부터 자유로운 현상(수확체증 법칙)이 나타났다. 이유는 다음과 같이 정리해 볼 수 있다.

"수확체감 법칙으로부터 자유로운 업종"은 지식기반 정보사회 속에서 주력산업이라 할 수 있는 정보산업, 소프트웨어산업, 문화산업, 서비스산업에서는 생산량이 증가하여도 비용이 거의 들지 않는 전형적인 수확체감으로부터 자유로운 특성을 살펴볼 수 있다.

특히 통신 연결망의 성장과 발전으로 정보의 확산을 다루는 분야인 휴대폰의 사용자수를 들 수 있다. 휴대폰을 사용하는 숫자가 많지 않을 때는 그 기기를 사용해서 얻을 수 있는 효과는 극히 제한적이라고 할 수 있다. 제한적인 효용은 소비자들에게 휴대폰을 사용하는 데 있어서 필요성의 유무에 대한 판단의 척도를 주게 된다.

이후 휴대폰의 다량 보급으로 사용자의 숫자가 늘어나면 자신이 연락할 수 있는 상대방의 숫자도 많아져 그 효용성도 비례해서 추가적인 비용 없이 증가한다. 위 상황 속에서 거래비용이 추가적으로 들지 않기에, 짧은 시간 내에 휴대폰의 파급력이 확산되고, 이용하는 자의 수가 집중되는 현상을 볼 수 있게 된다. 수확체감 법칙으로부터 자유로운 사례로는 SNS(트위터, 페이스북 등)에 따른 서비스 네트워크 산업과 게임문화산업을 들 수 있다.

제2절 · 수확체감의 법칙

수확체감의 법칙은 1800년대 후반에 영구의 경제학자 "알프레드 마샬"과 동시대의 학자들이 주장하는 경제학의 관점으로 생산요소의 투입을 늘리면 생산은 증가하지만 그 증가폭은 점차 줄어들게 된다는 논리이다. 같은 크기의 땅에서 농사일을 거들 사람만 자꾸 늘리는 경우를 생각해 보면

두 사람이 하다가 세 사람, 네 사람, 스무 사람이 같은 땅에서 농사를 짓는다면 분명 생산은 늘어나겠지만 늘어나는 크기는 달라질 것이다.

즉 두 번째 사람이 들어와서 추가로 생산하게 된 것과 스무 번째 사람이 들어와서 추가로 생산하게 된 것의 크기는 후자가 분명 작을 것이다.

다시 말해 일하는 사람의 수가 늘어나면 수확물의 크기는 늘어나겠지만 늘어나는 폭은 점차 작아진다는 말이다.

이것이 수확체감의 법칙이다. 체감(遞減)이란 등수에 따라서 차례로 덜어낸다는 뜻이다. 수확체감이라고 해서 생산 그 자체가 줄어드는 것은 아니라는 점이다. 늘긴 늘되 늘어나는 폭이 줄어든다는 말이다.

약간의 변화는 있었지만 이는 약 100여년 동안 유효한 논리로 적용되었다. 현대적 경제 중 "bulk processing"이 필요한 곡물 산업, 목축, 중화학, 금속, 식료품, 소매상품처럼, 매일매일 또는 매주 간격으로 반복적인 오퍼레이션에 의해 운용되는 산업에서는 여전히 그의 세계관이 유효했다. 어떤 회사도 시장을 완전히 좌지우지하지는 못한다.

〈그림 6-1〉 수확체감의 법칙 그래프

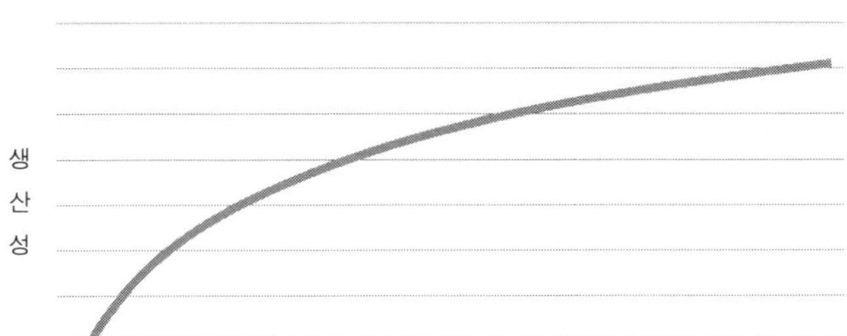

그리고 제품 대부분이 서로서로 대체 관계에 놓여 있기 때문에 일종의 표준가격이 등장한다. 마진은 쥐꼬리만 해질 수밖에 없었고 어느 누구도 대박을 터뜨릴 수가 없게 된다. 이것은 마샬이 예측했던 완전 경쟁과 다른 점이 있기는 하지만 거의 유사한 경제 환경이다.

1. "수확체감 법칙으로부터 자유로운 이론적 근거"

1) **규모의 경제** : 거대한 초기 개발 비용으로 인해 그 제품을 많이 팔수록 제품의 단위 비용이 줄어들게 되는 것을 의미한다.

2) **범위의 경제** : 기업이 사업 범위를 확장함으로써 단위 생산량에 대한 비용이 줄어들게 되는 것을 의미한다.

3) **네트워크 효과** : 상품 간 호환성이 중요성이 높아짐에 따라 어떤 특정 제품에 대한 소비자의 선택이 그 제품의 품질뿐만 아니라 그 제품을 이미 사용하고 있는 고객의 수에 영향을 받게 되는 것을 의미한다.

4) **생산자 학습효과** : 생산자가 한 제품의 생산을 오랫동안 지속함에 따라 지식 생산성이 높아지는 것을 의미한다.

5) **소비자 학습효과** : 소비자가 제품을 사용함에 따라 그 제품에 익숙해져 추가적인 전환비용이 발생하는 것을 의미한다.

2. 수확체감현상의 사례

1킬로그램의 씨앗을 일정 면적의 토지에서 경작하여 1톤의 작물을 수확할 수 있다고 가정해보자. 같은 면적에 추가로 1킬로그램의 씨앗을 더 심으면, 수확도 2배가 되어 2톤의 작물을 수확하게 될 것이라고 예상할 수도 있다. 그러나, 여기에 수확체감이 발생한다고 하면, 씨앗을 1킬로그램 늘려도(다른 조건을 동일하며 심는 씨앗의 양만을 늘릴 경우), 수확의 증가량은 1톤보다 적게 된다.

예를 들어, 씨앗을 1킬로그램 늘려도 수확량은 0.5톤 밖에 증가하지 않는다고 하는 경우를 생각해보라. 수확체감의 법칙에 따르면, 씨앗을 한번 더 1킬로그램 늘려 총 3킬로그램을 심을 경우, 그에 따라 증가하는 수확량은 0.5톤보다 적게 된다.(예를 들어, 0.25톤) 경제학에 있어서의 한계 주의란, 생산 시스템의 생산성의 한계를 추정하는 것을 의미한다. 위에서 다룬 3가지 시나리오로, 수확량은 씨앗 1킬로그램의 경우는 1톤, 처음 1킬로그램 추가했을 때 수확의 증가량은 0.5톤, 한번 더 1킬로그램 추가했을 때 수확의 증가량은 0.25톤이 된다. 따라서, 씨앗의 한계생산물(MPP)은, 심는 씨앗의 총량이 증가함에 따라 감소한다.

이 예에서 한계생산물은 추가된 씨앗의 양으로 증가한 수확량을 나눈 것과 동일하다. 수확체감의 결과로서, 총투자량을 늘렸을 때, 총투자에 대한 총투자 회수율(제품 또는 수확의 평균)이 점점 감소한다. 최초의 1킬로그램의 투자에 대해서 투자회수율은 1 t/kg이며, 2킬로그램의 투자에 대해서는 1.5/2 = 0.75 t/kg, 3킬로그램의 투자에 대해서는 1.75/3 = 0.58 t/kg이 된다.

3. 수확체감현상의 보편성

수확체감은, 한 가지 자원의 투입량이 증가할 때(다른 자원의 투입량은 일정한 경우) 자원 투입량 당 한계생산물이 줄어드는 것을 나타낸다. 일반적으로 수확체감은, 초기의 한계수익이 증가한 이후의 현상을 설명하는 것이다. 따라서, 그것이 보편적인 법칙이라고 할 수는 없다. 특수한 상황에서는 한계수익이 증가하는 예가 있다. 팩시밀리는 단 1대만 홀로 있다면 아무 쓸모가 없지만, 2대가 있으면 메시지를 교환할 수 있고, 수량이 증가함에 따라 메시지 교환 경로는 많아진다.

그러나, 어느 정도 수준까지 팩시밀리가 널리 보급되고 나면, 교환 경로가 증가하여도 편의성은 별로 향상되지 않게 된다. 예를 들어 가까운 장소에 여러 대의 팩시밀리가 있어도 그다지 편리하지 않는 경우와 같다. 그리고 문서의 송수신이 완료될 때까지 걸리는 시간도 고려해야 한다. 현재 송수신을 하고 있는 팩시밀리에, 다른 팩시밀리가 송신하려고 하면 접속이 되지 않아서 송신해야 할 문서가 쌓이게 될 것이다.

제3절 · 수확체증의 법칙

수확체증의 법칙은 생산요소의 투입을 늘려 생산이 증가할수록 평균적으로 들어가는 비용이 감소하는 것을 말한다. 즉, 초기 생산 투자 요소의 차이는 있겠지만, 이 후 생산에 필요한 투입 요소가 증가할수록 기하급수적으로 생산성이 향상되는 것을 말한다.

또한 수확체증의 법칙은 투입된 생산요소가 많아지면 많아질수록 산출량이 기하급수적으로 일어나는 현상을 의미한다. 이는 전통산업에서 적용되던 '수확체감의 법칙'과 상반된 현상이라고 할 수 있다. 적은 자원과 집약된 첨단 지식을 활용하는 지식기반경제에서는 일반적으로 수확체증의 법칙을 찾아 볼 수 있다.

〈그림 6-2〉 수확체증의 법칙 그래프

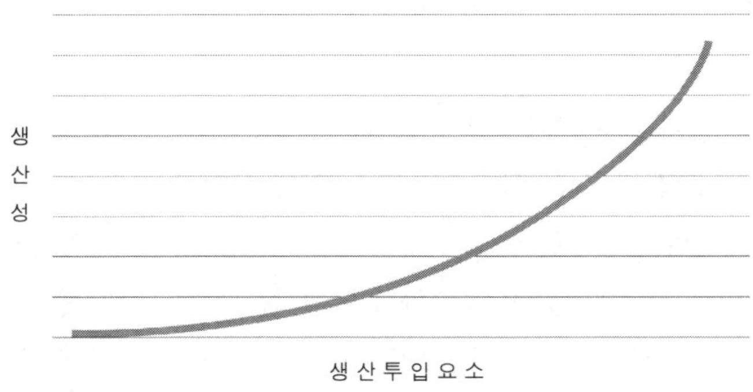

IT환경에서 대표적인 사례로 CP/M, MS사의 DOS, 애플의 매킨토시가 치열하게 경쟁하던 시대를 생각해 볼 수 있다.

초반에는 어떤 운영체계가 승자가 될 지 전혀 알 길이 없었다. 새로 나온 IBM PC의 운영체제 플랫폼은 조악했었지만 MS사의 DOS가 점점 성장해 가면서 DOS/IBM 사용자층은 소프트웨어 개발자들이 더 많은 DOS용 프로그램을 만들어 내게 되었고, 이는 더욱 두터운 DOS/IBM의 사용자층을 만드는 순환이 발생하면서 DOS는 시장에서 점차 주도적인 위치를 누리게 되고 시장의 대부분을 지배하게 된다. 이 얘기는 별로 새로울 것이 없다. 하지만 여기에는 여러 가지 주목할 만한 점들이 있다.

우선 최초에는 (IBM과의 계약이 있기 전까지) 어떤 운영체계가 시장 지배자가 될 지 전혀 예측할 수 없었다는 점이다. 그런데 일단 DOS/IBM이 앞서나가기 시작하자 점점 더 부동의 입지를 구축하며 다른 경쟁사로부터 시장을 잠그는 효과를 (locked-in) 나타내게 된다. 사용자가 쓰고 있던 것을 바꾸려면 새로운 비용 부담을 해야 했기 때문이다. 분명 도스는 최상의 운영체계는 아니었다.

컴퓨터 전문가들은 도스를 아이들 장난감으로 생각했다. 그러나 일단 도스가 시장내에서의 입지를 굳히자 마이크로소프트는 DOS 제작 비용을 많은 사용자에게 분산함으로써 엄청나게 커다란 마진을 거둬들이게 된다. 위와 같은 사례를 연구하여 다음과 같은 수확체증의 특성을 정리할 수 있다.

1) 초기의 시장 불안정성
2) 예측 불가능성
3) 특정 업체가 선두에 설 경우 시장을 잠글 수 있는 능력(lock-in)
4) 열등한 제품도 시장 지배자가 될 수 있는 가능성
5) 승자에게는 거대한 이익이 돌아가는 것

수확체증을 연구하던 초기 그것은 하나의 변종일 뿐이라는 얘기를 주변에서 많이 했었다. 이론적으로는 존재하지만 실제로는 관찰하기 힘든 것이라고 얘기들 했었다. 설령 존재하기는 하더라도 얼마 안가서 다른 이론으로 대체될 운명을 가진 것이라고 했다.

하지만 1980년대 중반에 이르러 나는 수확체증이 보기 드문 현상이거나 일시적인 것이 아니라는 사실을 인식하게 되었다. 사실, 실제 경제의 많은 부분이 수확체증에 따라 운용되고 있다. 이는 BT, IT와 같은 기술집약도가 높은 산업일수록 더욱 도드라지는 현상이다

1. IT산업에서의 수확체증

IT산업과 같은 기술집약도가 높은 산업에서 수확체증의 법칙이 부각되는 이유는 다음과 같다.

1) 선행 투자비용(Up-front Costs)

기술 집약 산업은 노하우에 강하게 의존하는 반면 자원 의존성은 매우 낮다. 이들은 단위 생산 원가에 비해 엄청나게 큰 연구개발비가 소요된다. 윈도우즈 완성품이 담긴 첫 번째 디스크가 출시되기까지 마이크로소프트는 5000만 달러를 쏟아 부었지만 두 번째 디스크부터는 제품을 생산하는 데 겨우 3 달러면 충분했다. 단위당 생산원가는 판매가 늘어나면서 더욱 떨어져 간다.

2) 네트워크 효과(Network effect)

대부분의 기술 집약 산업은 사용자들의 네트워크와 호환되어야 하는 경우가 대부분이다. 시장 주도권을 획득하면 점점 사용자 네트워크 환경에서 표준으로 사용되어지고 사용자는 이러한 환경을 벗어나기 힘들어지게 된다.

3) 고객 학습효과(Customer groove-in)

기술 집약 산업은 대체로 사용하기가 어렵다는 특징을 갖고 있다. "배워야" 쓸 수 있는 것이다. 이는 다시 생각해보면 일단 사용자가 한번 "학습"에 투자하고 나면 해당 기술에 대해서는 그 뒤로 그 기술을 업데이트만 하면 되지만, 경쟁 기술로 넘어가려면 그 기술을 새로 "학습"해야 한다는 어려움이 있다.

이로써 시장의 많은 부분을 차지하면 차지할수록 앞으로의 시장까지도 더욱 쉽게 가져갈 수 있게 된다. 그로 인해 시장에서 우세를 보이는 제품은 더욱 유리해지며 독점적이 되며 시장은 불안해지고 사용자는 그 제품에 갇히게(lock-in) 된다. 물론, 그 잠금효과가 영원한 것은 아니다.

2. 수확체증 법칙의 영향도

과거 MS의 독점에 대한 재판에서부터 현재의 애플의 특허 전쟁에 이르기까지 이러한 수확체증의 법칙에 의한 영향으로 인해 발생되는 일련의 사건들이다.

이처럼 강력하기는 하지만 조절이 되지 않는 수확체증의 법칙의 영향으로 다양한 장단점이 발생하게 된다. 일반적으로 시장에서는 이렇게 나타나는 특징에 대해 다음과 같은 의견을 보이고 있다.

1) 편의성

- 단일화된 표준을 통해 사용자 편의성을 극대화 한다.
- 기술의 파편화를 막아 사용자의 시간을 효율적으로 소비하게 한다.

2) 공정성

- 제품의 우수성으로 인한 독점은 공정하다.
- 다만 인접 분야에 그 영향력을 발휘하며 연장된다면 이는 불공정하다.

3) 기술 발전

- 독점으로 인해 타 업체에서의 대체품 개발의 필요성이 저하된다.
- 이로 인해 기술 개발 속도가 저하된다.

4) 가격 책정

- 초기에 시장을 잠그기 위해서는 대개 제품을 할인된 가격으로 제공 한다.

- 할인된 가격을 올리기는 쉽지 않으므로 수확체증 시장에서 독점적 가격책정 은 나타나지 않는다.

3. 수확체증현상의 사례

수확체증 현상이 일어나는 이유로는

1) 거대한 초기 개발 비용으로 인해 그 제품을 많이 팔수록 제품의 단위 비용이 줄어들게 되는 규모의 경제이다,
2) 기업이 사업 범위(예를 들어 상품의 종류)를 확장함으로써 단위 생산량에 대한 비용이 줄어들게 되는 것을 의미하는 범위의 경제이다,
3) 상품 간 호환성이 중요성이 높아짐에 따라 어떤 특정 제품에 대한 소비자의 선택이 그 제품의 품질뿐만 아니라 그 제품을 이미 사용하고 있는 고객의 수에 영향을 받게 되는 이른바 네트워크 효과이다,
4) 생산자가 한 제품의 생산을 오랫동안 지속함에 따라 지식 생산성이 높아지는 생산자 학습 효과이다,
5) 소비자가 한 제품을 사용함에 따라 그 제품의 사용에 익숙해져서, 좀처럼 다른 제품으로 교체하기 힘들어지는 소비자 학습 효과 등을 들 수 있다.

인터넷 비즈니스에서 활발히 이루어지고 있는 인수, 합병, 제휴 현상은 인터넷 비즈니스에서도 규모를 늘리고 범위를 확장하는 것이 '경제적'이라는 사실을 증명하고 있으며, 삼성물산의 이금룡이사도 삼성인터넷 쇼핑몰의 운영에 있어 매출액 증가에 필요한 비용의 증가분이 훨씬 작은 '승수효과'를 확인하고 있다고 최근의 세미나에서 발표하였다. 네트워크 효과 역시 인터넷 비즈니스에서도 똑같이 나타난다.

인터넷 사용자가, 성격이 비슷한 인터넷 가상사회 중에 하나를 선택할 때, 이왕이면 회원가입자가 많은 가상 사회에 가입하려고 할 것이다. 회원들이 많으면 회원들이 제공하는 콘텐츠도 많을 것이라는 일반적인 믿음은 이러한 네트워크 효과를 뒷받침한다. 대표적인 지식 기반 산업이라 할 수 있는 인터넷 비즈니스에서 사업자

의 지식 생산성이 점점 높아지는 생산자 학습 효과는 매우 명확하다고 할 수 있다.

예를 들어 사이버 컨설팅 업체가 있다고 하자. 이 회사가 현재 시장점유율 1위의 회사라고 한다면, 이 회사는 가장 많은 컨설팅 사례를 지식 관리 시스템에 저장하고 있을 것이며, 이에 따라 새로운 고객의 요구에도 가장 신속히 그리고 저비용을 가지고 반응할 가능성이 높아진다. 소비자 학습 효과 역시 나타난다. 예를 들어 초기의 인터넷 검색 서비스의 하나인 알타비스타의 고급 검색 기능에 익숙해진 사용자는 웬만하면 알타비스타를 제일 먼저 사용하게 될 것이다.

제4절 · 수확체증 경영전략

수확체증이 일어나는 비즈니스의 세계에서 사용할 수 있는 전략으로는

1) 새로운 시장의 첫 번째 성공자가 되는 것,
2) 연결 효과의 극대화를 위한 제휴,
3) 일정량 이상의 고객 확보를 위한 침투 가격 정책,
4) 고객과 경쟁자의 기대수준을 관리하는 전략 등을 들 수 있다.

최근에 급부상하고 있는 제이앤제이미디어의 보물찾기(bomul.co.kr)는 전세계적으로 유례가 없는 '서핑 광고(Surfing Advertising)'라는 독창적인 비즈니스 모델로 새로운 시장을 창출하고 스스로 첫 번째 성공자가 되었다. 또한 이회사는 최근 쉐어웨어 전문사이트 보물섬(bomul.com)과 종합연예정보를 제공해온 클럽넷(clubnet.co.kr)을 전격 인수 합병하고, 곧 intz(intz.com)라는 포틀사이트를 오픈할 예정이라고 한다.

이는 새로운 시장의 첫번째 성공자가 인터넷에서의 연결 효과의 극대화를 위해 활발히 제휴해나가는 수확체증 산업에서의 전형적인 기업 경영 형태이다. 반면 국내 은행들을 위해 인터넷뱅킹 게이트웨이를 개발하고 이를 banktown.com으로 묶어내려는 한국통신의 가상은행 프로젝트는 은행에 수수료를 요구하는 한국통신과 이에 반대하는 은행의 의견차이로 어려움을 겪고 있다.

이 경우 한국통신이 일정량의 고객확보를 위한 침투가격 정책의 일환으로 은행

에게 수수료를 면제하는 파격적 가격 정책을 사용한다면, 쉽게 은행을 끌어모을 수도 있을 것으로 예상된다. 이렇게 국내 대부분의 은행을 끌어모아 banktown이 힘을 받게 된다면, 이를 계기로 banktown이 금융 포탈, 메타 뱅킹서비스 등 여러 비즈니스를 꾸릴 수도 있다. 이런 점을 생각한다면, 한국통신은 파격적인 초기 가격정책을 구사할 필요가 있어 보인다. 이러한 침투 가격 정책은 인터넷 사업자에겐 매우 고통스러운 일이다.

사업 초기에는 회원이 많지 않고 거래가 많이 일어나지 않기 때문에 수익이 매우 적은데, 회원을 모으기 위해 침투 가격 정책을 지속한다는 것은 매우 고통스러운 일이 된다. 그러나, 이러한 시기를 잘 견뎌나가서, 비용과 수익의 분기점을 넘어서는 순간에는 폭발적인 수익을 발생시킬 수도 있는 것이 인터넷 비즈니스이고, 이것이 인터넷 비즈니스의 매력이기도 하다. '고객이 1등할 것으로 예상하는 기업이 1등이 된다', '고객이 표준이 될 것이다 라고 예상하는 것이 표준이 된다'는 말들은 기대 수준 관리(expectation management)의 중요성을 말해주고 있다.

최근에 이화여대에서 강연한 라이코스 회장은 라이코스가 시장점유율에 있어 야후를 앞질렀다고 주장하였는데, 야후쪽에서는 최근 라이코스가 인수한 사이트들을 합계 반영한 것일 뿐 큰 의미는 없는 것으로 일축하고 있다. 이러한 공방은 고객으로 하여금 내가 1등이며, 향후 1등이 될 것이다 라고 기대를 계속 심어주려는 경쟁전략으로 해석할 수 있다.

제7장

전자상거래의 현황과 소셜커머스

제1절 · 전자상거래와 소셜커머스 동향

전자상거래의 수와 영향이 날이 갈수록 더 늘어가고 중요해져 가고 있다. 특히 요즘 우리나라에서 유행하고 있는 일정 수 이상의 구매자가 모일 경우 파격적인 할인가로 상품을 제공하는 판매 방식인 '소셜커머스(Social commerce)'라는 소셜네트워크 서비스(SNS) 또한 이러한 전자상거래의 일종이다. 전자상거래는 그 비중이 점점 더 커지고 전자상거래시장이 세계화되고 있으며, 또 그로인한 전자상거래의 중요성과 전망이 높아지고 있다. 이러한 상황을 바탕으로 우리나라 전자상거래의 현황과 추이를 살펴보고자 한다.

또한 불과 몇 년 전까지만 하더라도 우리에게 생소한 개념이던 소셜커머스(Social commerce) 시장의 규모가 점점 확대되고 있다. 소셜커머스란 페이스북, 트위터 등의 소셜네트워크 서비스(SNS; Social Network Service)를 활용하는 새로운 형태의 전자상거래 일종으로, 최소 구매물량 판매를 위해 소비자들이 자발적으로 소셜네트워크서비스(SNS)를 이용해 정보를 확산시키고, 이를 통해 구매자는 할인혜택, 판매자는 대량판매와 홍보효과를 동시에 누릴 수 있는 것이 특징이다. 소셜쇼핑(Social shopping)이라고도 불리는데 상품의 구매를 원하는 사람들이 할인을 성사시키기 위하여 공동구매자를 모으는 과정에서 주로 소셜네트워크 서비스를 이용하기 때문에 이런 이름이 붙여졌다.

하지만 최근에는 일부 업체들이 막대한 자금을 바탕으로 홍보에 나서면서 본래의 의미가 많이 퇴색되었고, 커져가는 시장규모에도 불구하고 더욱 심화되는 업체 간의 경쟁으로 인해 레드오션으로 전락할 조짐마저 보이고 있다. 지금부터 소셜커머스(Social commerce)의 기본 개념과 현황, 시장동향, 유형, 종류, 효과, 장단점, 한계와 의의에 대해 알아본 후, 전자상거래와 소셜커머스 시장의 발전방향에 대해 논의해보도록 하겠다.

제2절 · 전자상거래

1. 전자상거래(Electronic Commerce)란

'인터넷이나 PC통신을 이용해 상품을 사고 파는 행위'이다. 이 전자상거래는 인터넷이 보편화되기 이전에도 기업 간 문서를 전자적 방식으로 교환하거나, PC통신의 홈쇼핑 · 홈뱅킹 등 다양한 형태로 존재해 왔으나, 인터넷이 대중화되면서 전자상거래는 인터넷상에서의 거래와 관련지어 생각하게 되었다.

협의의 전자상거래란 인터넷상에 홈페이지로 개설된 상점을 통해 실시간으로 상품을 거래하는 것을 의미한다. 거래되는 상품에는 전자부품과 같은 실물뿐 아니라, 원거리 교육이나 의학적 진단과 같은 서비스도 포함된다. 또한 뉴스 · 오디오 · 소프트웨어와 같은 디지털 상품도 포함되며, 이들의 비중이 점차 높아지고 있다.

광의의 전자상거래는 소비자와의 거래뿐만 아니라 거래와 관련된 공급자, 금융기관, 정부기관, 운송기관 등과 같이 거래에 관련되는 모든 기관과의 관련행위를 포함한다. 전자상거래 시장이란 생산자(producers) · 중개인(intermediaries) · 소비자(consumers)가 디지털 통신망을 이용하여 상호 거래하는 시장으로 실물시장(physical market)과 대비되는 가상시장(virtual market)을 의미한다.

전자상거래는 기존의 조세 및 관세의 변화로 정부수입에 영향을 주고 통화 및 지불 제도에 대해 새로운 제도를 도입해야 하고, 거래인증 · 거래보안 · 대금결재 · 소비자보호 · 지적소유권보호 등에 관하여 새로운 정책을 수립해야 한다. 기업은 내부적으로 고객서비스를 향상시키고, 비용을 절감하며, 외부적으로는 시장이 전세계로 확대되어 나갈 것이다.

전자상거래로 이루어지는 경제활동을 디지털 경제(digital economy)라 하며, 미래는 실물경제와 디지털 경제가 경제활동의 양대 축을 이룰 것으로 전망된다. 전자상거래는 정보통신기술과 정보시스템 개발기술의 발전으로 나타나는 새로운 사회제도이며 새로운 문화라 할 수 있다. 이는 인간의 경제생활은 물론 의식구조와 사회구조에 획기적인 변화를 초래하는 계기가 될 것이다.

2. 전자상거래 유형

전자상거래는 거래 주체에 따라 다음과 같은 4가지 유형으로 구분할 수 있다.

1) 기업과 소비자간의 전자상거래(B2C : Business to Customer)

(1) 사이버 쇼핑몰을 통해 상품을 주문, 판매하며 대금의 결제 및 광고, 배달 등과 관련된 기업과 소비자간의 전자상거래.

(2) B2C 전자상거래의 파급효과로는 원격구매의 정착 및 편리한 구매 환경 제공과 충분한 상품정보와 다양한 전자결제 방식에 의한 One-Stop 홈쇼핑, 효율적인 비교 구매에 의한 상품의 경제적인 구매, 홈뱅킹의 활용 및 인터넷 활용을 위한 저가 플랫폼의 대중화 등이 있다.

2) 기업 간 전자상거래(B2B : Business to Business)

(1) 오픈 네트워크상에서 인터넷은 물론 EDI(Electronic Data Interchange)[3]와 특정 기업 간의 GALS[4] 및 EDI를 통한 수주, 구매, 조달, 납품 등과 관련된

---

3) 기업 간의 거래 데이터를 교환하기 위한 표준 포맷으로 미국의 데이터교환표준협회에 의해 처음 개발됐다. 기존의 서류를 통한 업무 처리와는 달리 컴퓨터를 이용하여 사무실에서 빠르고 간편하게 업무를 처리할 수 있다.

4) CALS는 Commerce At Light Speed(광속거래)약자로 기업의 생산 관련 활동(제품 설계, 생산, 공급, 조달 등)에서 사용되는 종이문서를 표준화, 디지털화하여 종이를 사용하지 않고 컴퓨터를 이용한 네트워크 환경에서 기업 업무 통합을 수행하는 것을 뜻한다.

기업 간 전자상거래

(2) B2B 전자상거래의 파급효과로는 각종 문서, 양식, 트랜젝션들의 생성, 교환, 처리 비용의 절감과 내부 업무처리 방법과 업무내용에 대한 표준화 와 운영비용 절감, 원활한 정보 교환 체계를 통한 효율적인 경영의사 결정, 적시의 정확한 정부 처리에 의한 거래처와의 효율 증대, 마케팅 및 영업 채널의 확대에 따른 이윤의 증대 등이 있다.

3) 기업과 정부간의 전자상거래(B2G : Business to Government)

(1) 조달, 행정, 인증 등과 관련된 기업과 정부 간 전자상거래

(2) B2G 전자상거래의 파급효과는 작은 전자정부(e-Government) 구현을 위한 인프라 구축과 주요 공공정보자료에 대한 문서공증에 따른 정보보호 효과와 EDI 기반에 의한 기업과 정부 간의 거래 정착, 웹 EDI 기반에 의한 기업과 정부 간의 거래 정착, 전자공개 입찰을 통한 투명행정 구현 및 소요 시간의 단축, 네트워크 기반의 전자 계약, 청구, 결재, 출하를 통한 사무 처리의 정착성, 효율성 향상 및 비용의 최소화와 재고 삭감, 그리고 수출입 금융, 관세환급 등 관련기관과의 업무자동화에 따른 인력절감, 시간절약, 교통유발방지효과 등이 있다.

4) 기업 내 전자상거래(BIF : Business In Enterprise)

(1) 생산관리, 기술관리, 인원관리, 판매관리, 자금관리 등 기업 내부업무의 정보화와 관련된 전자상거래

(2) ERP[5], PDM[6]등의 종합적인 기술개발을 기반으로 고품질, 저비용 생산 체제를 통해 시장대응력 강화와 고객변화에 유연하게 대처할 수 있다.

---

5) Enterprise Resource Planning의 약자로 흔히 '전사적 자원관리'라고 한다. 기업 전체를 경영자원의 효과적 이용이라는 관점에서 통합적으로 관리하고 경영의 효율화를 기하기 위한 수단이다.

6) Product Data Management의 약자로 제품개변의 정의에서부터 설계, 개발, 제조, 출하 및 고객서비스에 이르기까지 전반에 걸친 제품정보를 통합 관리하는 시스템을 말한다.

3. 우리나라 전자상거래 현황

통계청에서는 기업 간 거래유형별, 거래주도 형태별, 거래주체별, 산업별, 조달유형별 등 여러 가지 유형별로 전자상거래 규모를 수록해 놓았다.

〈표 7-1〉 거래주체별 전자상거래 규모(10년간)

단위 : 10억원

시 점	합 계	기업 간 (B2B)	기업 · 정부간 (B2G)	기업 · 소비자간 (B2C)	기 타
2001	118,976	108,941	7,037	2,580	418
2002	177,810	155,707	16,632	5,043	427
2003	235,025	206,854	21,634	6,095	442
2004	314,079	279,399	27,349	6,443	888
2005	358,450	319,202	29,036	7,921	2,292
2006	413,584	366,191	34,435	9,132	3,826
2007	516,514	464,456	36,801	10,226	5,032
2008	630,087	560,255	52,266	11,359	6,207
2009	672,478	592,965	59,455	12,045	8,012
2010	824,391	747,090	52,772	16,005	8,523

〈그림 7-1〉 거래주체별 전자상거래 규모(거래액)

조회기간 : 2001~2010년, 단위 : 십억원

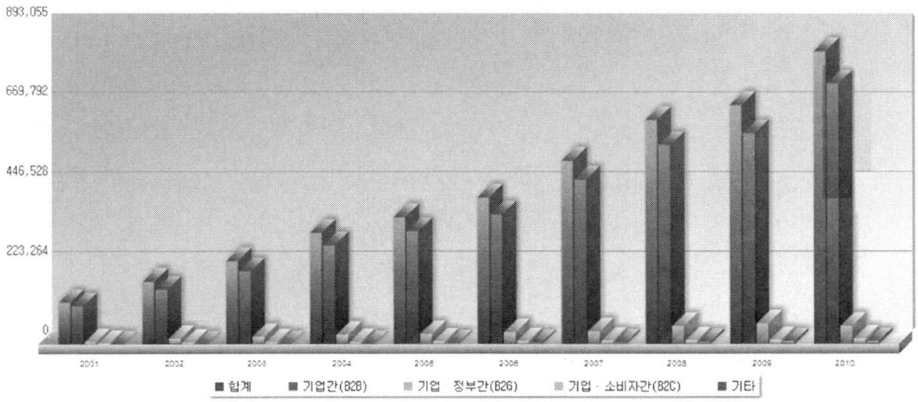

앞의 표와 그래프에 따르면, 우리나라의 전자상거래 규모는 2001~2010년인 10년 동안 꾸준히 증가하고 있다. 특히 전체 전자상거래에서 다른 주체 간 거래에 비해 기업 간 전자상거래가 현저하게 높은 비중을 차지하고 있으며, 기업 간 전자상거래 또한 10년간 꾸준히 증가하였고 그 외 기업 · 정부간, 기업 · 소비자 간 거래도 계속 증가하였다.

〈표 7-2〉 산업별 기업 간 전자상거래 규모(10년간)

단위 : 10억원

시 점	합 계 (B2B)	제조업	전기 · 가스 · 수도업	건설업	도소매업	운수업	출판,영상, 방송통신 및 정보서비스업	기 타
2001	108,941	86,984	815	4,437	14,195	933	1,240	336
2002	155,707	117,935	1,070	5,774	25,730	1,223	3,293	682
2003	206,854	146,132	2,289	9,664	41,117	1,447	4,778	1,426
2004	279,399	197,067	3,657	16,097	51,421	1,463	7,478	2,217
2005	319,202	212,086	5,186	24,046	62,413	2,879	7,329	5,262
2006	366,191	239,323	8,552	29,334	68,035	4,667	10,136	6,143
2007	464,456	298,399	9,518	46,160	82,478	7,850	11,029	9,022
2008	560,255	359,732	10,807	63,288	96,185	8,456	11,514	10,273
2009	592,965	375,246	15,066	56,978	105,073	19,305	13,713	7,582
2010	747,090	508,520	14,090	61,711	126,543	11,297	17,274	7,656

〈그림 7-2〉 산업별 기업 간 전자상거래규모(거래액)

조회기간 : 2001~2010년, 단위 : 십억원

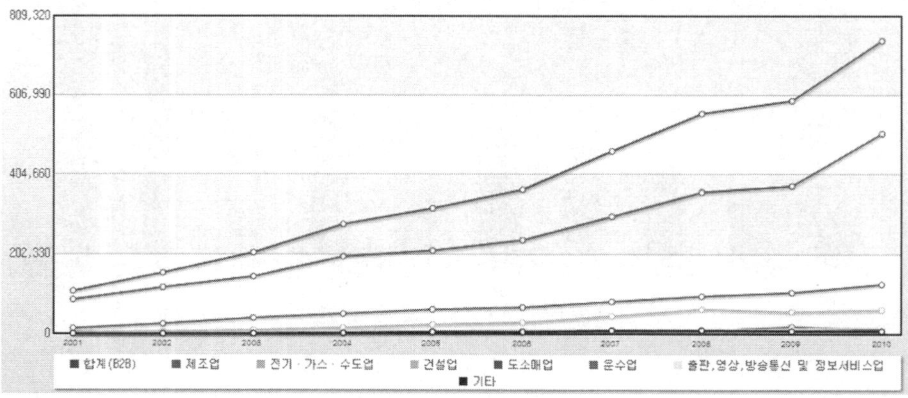

산업별 전자상거래를 보면, 기업의 전체 전자상거래 중 제조업의 비중이 가장 크게 나타나고 도소매업이 두 번째로 큰 비중을 차지하고 있다. 또한 2010년을 기준으로 건설업, 출판 · 영상 · 방송통신 및 정보서비스업, 전기 · 가스 · 수도업, 운수업의 순서대로의 비중이 나타난다. 대부분의 산업분야가 10년동안 꾸준히 증가추세를 보이고 있지만, 전기 · 가스 · 수도업과 운수업은 2009년과 2010년 사이에 하락하였다.

이 밖에 거래유형별 기업 간 전자상거래규모, 거래주도 형태별 기업 간 전자상거래규모, 조달유형별 기업 · 정부간 전자상거래규모 등은 통계청 홈페이지에서 자료를 찾을 수 있다.

4. 우리나라 전자상거래의 추세

1) 우리나라의 경우, 인터넷의 보급률은 매우 빠르게 늘어나고 있으나 전자상거래를 위한 기반구조는 아직도 매우 취약한 형편이다.
2) 최근 소위 "인터넷 라운드"에 대한 대응의 일환으로 전자상거래의 범위, 적용대상, 규제사항, 전자문서 및 전자서명에 대한 법적효력 부여, 전자문서에 대한 법률관계 확립, 전자거래의 안정성 확보, 공인인증기관의 운용, 전자거래 촉진 시책 추진, 전자거래 촉진 기반 조성 등을 주요 골자로 하는 '전자거래기본법'과 '전자서명법'이 1998년 하반기에 국회에서 통과되어 1999년 7월부터 시행 중이다.
3) 인터넷을 통한 전자상거래의 규모는 전 세계적으로 볼 때 1996년 일반소비재의 경우 5억 달러에 불과했으나, 현재 미국을 중심으로 전자상거래가 급속히 확산되고 있으며 2000년에는 1500억 달러에 달할 것으로 전망된다.
4) 데이터 보안 측면에서는 국내 보안시스템 개발 업체들의 기술력이 크게 향상되어 가격대비 성능에 있어 외국산을 능가함에 따라 보안 시스템 도입을 주저하던 많은 기업들이 적극적으로 도입하기 시작(1998년 100억 시장, 1999년 400억 예상)하였으며, 한국정보보호센터는 128비트 대칭키 암호 알고리즘(SEED)에 대한 최종 개선안을 공고하고 국가 표준으로 제정을 추진 중이다.

5) 국내 전자상거래 시장은 아직 태동기 시점으로 서비스 환경이나 사회적 제반구조가 미흡한 상태이고 미국을 비롯한 외국의 대형 업체들이 국내 시장의 진출을 위해 전력하고 있는 상황이다.
6) 전자상거래에 대한 중요성들이 사회전반으로 인식되어 이를 위한 각종 지원들도 강구되어지는 시점에서 전자상거래 활성화를 위해서는 무엇보다도 국내 시장의 확대를 통해서 경쟁력을 확보해야 한다.

5. 국내외 전자상거래 전망

거래유형에 따른 전자상거래 거래 시장을 살펴보면, B2B 전자상거래가 시장을 주도하고 있다. B2B 전자상거래는 2001년, 4,958억 달러의 매출을 기록하여 전체시장의 81.6%를 차지하였으며, 지속적으로 시장에서의 비중을 높일 것으로 보인다. 2006년 B2B 전자상거래는 87.6%의 시장점유율 기록하였고 반면, B2C 전자상거래는 12.4%의 시장점유율을 기록하였다. 특히 B2B 전자상거래는 기술과 시장이 발전되어 있는 북미지역에서 빠른 성장을 나타낼 것으로 보인다. B2B 전자상거래는 아직까지 시장초기 단계에 머무르고 있는 남미 지역 등에서 강세를 나타낼 것으로 예측된다.

지역별 시장을 살펴보면 2001년, 2,591억 달러의 매출을 기록한 북미지역이 43%의 시장점유율로 시장을 선도하고 있으며, 2006년까지 57.2%의 CAGR을 나타내어 2006년 2조 4,875억 달러의 매출을 기록하였다. 서유럽, 아시아 · 태평양 지역은 각각 세계 시장의 24% 정도를 차지하고 있다. 성장률 측면에서는 서유럽 지역이 가장 높은 성장률을 나타낼 것으로 보인다.

우리나라를 비롯한 세계의 대부분의 나라에서 전자상거래의 규모는 증가하고 있으며, 그 중요성과 활용도 또한 커지고 있는 것은 분명하다. 이에 따라 우리는 전자상거래시장을 어떻게 더 효율적으로 활용할 것인지, 또 보안문제, 부당거래문제, 프라이버시의 침해문제 등 전자상거래를 방해하는 여러 문제점들을 어떻게 해결하고 개선해 나갈 것인지 등을 검토할 필요가 있다.

국가나 국제적으로는 이에 적절한 법적·제도적 장치를 마련하고 보완하며, 인적자원에 대한 투자를 확대하여 전자상거래에서의 전문 인력을 확보하고, 또 전자상거래를 통한 판매자나 소비자의 피해가 없도록 정보의 제공이나 교육을 확대하는 것이 중요하다고 생각한다. 국가뿐만 아니라 기업이나 소비자들도 올바르고 정당한 전자상거래를 위해 여러 측면에서 다함께 노력해야 할 것이다.

전자상거래의 이용의 빈도가 점점 더 늘어나고 있고 이러한 전자상거래의 이용은 시간이 갈수록 더 증가할 것이라고 생각한다. 전자상거래는 이제 일상생활에서 없어서는 안 될 중요한 요소가 될 것이라고 생각하며, 또 전자상거래시장의 범위가 얼마나 더 확장되고 전문화될지 기대되는 바이다.

제3절 · 전자상거래의 경제적 효과와 판매유형

전자상거래가 원활하게 추진될 경우 시장의 경쟁체제 정착, 경제 전체의 비용절감, 전반적인 제품의 가격인하, 생산성 향상의 효과를 기대할 수 있다.

전자상거래의 정착은 시장에 대한 진입장벽을 제거하는 결과를 가져옴으로써 완전 경쟁 시장과 유사한 경쟁환경을 창출할 수 있을 뿐만 아니라 기존의 중간상인을 배제하고 정보가 신속히 유통되도록 함으로써 경제 전체의 거래비용 절감에 공헌한다.

경쟁이 가속되고 거래비용이 절감되면 전반적인 가격인하가 가능해지고, 이러한 효과가 시너지를 발휘하면 결국 경제의 생산성 향상으로 연결된다.

전자상거래의 미시적 효과로는 기업의 새로운 비즈니스 기회 창출, 새로운 제품과 서비스의 개발, 산업구조의 변화, 전통적 비즈니스 모델의 쇠퇴 등을 들 수 있다.

그 중 기업의 변화는 매우 두드러질 것으로 보이며 전자상거래가 활성화 되면 전자상거래에 적합한 새로운 상품이 다양하게 개발될 것이고 기존의 상품은 전자상거래에 적합한 형태로 변모할 것이다. 특히 디지털상품의 개발이 급증할 것으로 보이며 이러한 측면에서 미루어볼 때 콘텐츠 산업의 중요성도 다시 부각될 것으로 보인다.

1. 전자상거래의 장점

1) 전자상거래는 영업 상대방과의 자유로운 정보교환을 통하여 전통적인 상 거래 과정을 개선함으로써 비용절감, 경쟁력 향상, 고객 만족도 향상, 고효율 등을 달성할 수 있다.
2) 의사 전달의 속도와 명확성이 크게 개선된다. 전자메시지를 이용하면 전화나 팩스를 이용하는 것보다, 전자메세지가 전자서명과 결합할 경우 진정성과 완전성이 부여된다는 점에서 전화나 팩스보다 명확한 의사표시 수단 이라고 할 수 있다.
3) 능률이 향상된다. 데이터를 따로 정리할 필요 없이 컴퓨터가 자동적으로 데이터베이스화함으로써 인력을 절약할 수 있다. 또한 자료정리 과정의 실수를 방지할 수 있고, 구매와 생산 기간이 매우 줄어든다.
4) 잠재적 비용의 절감 효과가 있다. E-mail은 거래요금을 절감해주고, 전자 문서교환(EDI)은 재고와 구매 기간에 관련된 비용 절감을 가져올 수 있다.
5) 고객과 생산자의 관계가 긴밀하게 개선된다. 인터넷 웹사이트는 고객과 생산자를 즉각 연결해주고 더 긴밀한 관계를 유지시켜 주며 업무를 수행할 수 있게 해준다. 기업은 웹사이트, 인트라넷, 엑스트라넷 등을 통하여 제품에 관한 정보를 보다 쉽고 빠르게 전달할 수 있다.

2. 전자상거래의 판매유형

1) 방송매체를 이용한 카탈로그 쇼핑

케이블TV 홈쇼핑과 위성TV 홈쇼핑 및 인포머셜 쇼핑 등이 있으며 최근에는 디지털TV를 통해 이루어지는 쇼핑이 있다. 케이블TV를 이용한 홈쇼핑은 방송 가입자가 TV 화면을 통하여 제공되는 상품을 선택하여 전화, 팩스 등의 수단으로 가정에서 원하는 상품을 구매하는 방식이다. 기존 인쇄매체에 의한 홈쇼핑과는 달리 실시간으로 상품에 대한 정보의 획득이 이루어지고 상품에 대한 문의가 가능한 양 방향성이라는 장점을 지니고 있다.

2) 인터넷을 이용한 온라인 쇼핑

최근 급성장하고 있는 온라인 쇼핑은 인터넷을 이용한 전자상거래 형식의 인터넷쇼핑이 주를 이룬다. 스마트폰 등 무선단말기를 이용한 M-Commerce와 초고속 인터넷망을 통한 IPTV 쇼핑이 있다. 기존의 인쇄매체와 방송매체를 이용한 쇼핑 방식과는 상이하게 초고속망을 이용하여 시간과 장소의 제약없이 양방향으로 다양한 멀티미디어 콘텐츠를 제공하고 있으며 공급자 위주가 아니라 수요자가 프로슈머 역할을 한다는 특징이 있다.

인터넷을 활용하는 온라인 쇼핑업체의 비즈니스 모델은 쇼핑업체들이 방대한 상품 데이터베이스를 구축하여 비선형적으로 고객들에게 상품을 판매한다는 점에서 기존의 방송매체를 이용한 쇼핑업체와 구별이 된다. 고객들은 자신이 원하는 제품에 시간의 제약없이 접근하여 제각기 다른 방식으로 동시다발적인 구매를 하는 것이다.

최근 들어 거래를 원하는 구매자와 판매자가 온라인의 거대한 시장으로 들어와 경매, 역경매, 공동구매 등의 수단을 이용하여 일대일 가격협상을 통하여 가격을 절충하고 거래를 성사시키는 오픈마켓이 온라인 유통시장을 선도하고 있다. 오픈마켓은 기존의 온라인 쇼핑업체들이 자사의 브랜드 또는 경쟁력이 있는 상품들을 구매하여 판매하는 머천다이징 체제의 운영으로 수익을 올리는 반면 주 수익원이 판매자와 구매자를 연결함으로써 발생하는 중개 수수료이다. 또한 중개 몰(Mall)상에서 판매자와 구매자의 구분이 기존의 쇼핑몰과는 상이하게 소비자의 욕구를 상품에 반영하는 것이 용이하기 때문에 상품이 다양해지고 소비자가 판매자로 될 수 있는 프로슈머의 개념이 강하게 작용한다.

IPTV(Internet Protocol Television)은 초고속 인터넷을 이용하여 정보 서비스, 동영상 콘텐츠 및 방송 등을 TV로 제공하는 서비스를 말하며, 인터넷에 익숙하지 않는 소비자도 리모컨을 이용하여 홈쇼핑, 게임, 영화 등 인터넷이 제공하는 다양한 콘텐츠와 부가서비스를 제공받을 수 있는 비즈니스 모델이다.

IPTV는 일반 케이블방송이나 위성방송이 일방향의 서비스를 제공하는데 비해 양방향 서비스를 제공하고 있어 디지털 경제 시대에 진입하면서 TV방송의 주도권이 방송사나 중계업자로부터 시청자에게로 넘어가는 실태를 보여주고 있다.

제4절 · 소셜커머스

1. 소셜커머스의 정의

소셜커머스는 소셜미디어와 커머스와 결합한 용어로 야후에 의해 2005년에 처음 소개되었다. 이는 소셜미디어와 온라인 미디어를 활용하는 전자상거래의 일종으로 2008년 미국에서 그루폰이 설립된 이후 전 세계적인 공동구매형 소셜커머스 붐이 일어났다.

소셜커머스는 소셜네트워크를 이용한 홍보 방식을 기반으로 한다. 이러한 형태의 쇼핑몰은 단 한가지의 상품을 1~3일 동안 판매하며 판매기간이 지나면 다른 상품을 똑같은 방식으로 판매한다. 상품의 종류는 음식, 여행, 뷰티, 레저, 학원, 주점, 의류 기타 등등 매우 다양하다. 소셜커머스는 공동구매 형식이기 때문에 정상가격에서 보통 30~50%를 할인하여 판매한다. 또한 최소 구매인원이 정해져 있으며 최소 구매인원을 충족시키지 못 할 경우에는 구매가 성사되지 않는다. 상품은 판매종료 후 구매자에게 모바일 쿠폰과 출력 가능한 쿠폰 두 가지 형태로 발송된다.

소셜커머스의 가장 큰 인기 요인은 소비자들이 평소에 잘 알지 못하던 곳이나 비싸서 선뜻 갈 수 없었던 곳들을 50%할인 된 가격에 판매한다는 것이다. 판매되는 상품의 질 또한 우수한 곳들이 대부분이라 소비자들의 구매욕을 불러일으키기에는 충분하다. 상품의 짧은 판매기간도 인기 요인에 한 몫을 한다. 오늘이 아니면 할인된 가격에 상품을 구매할 수 없다는 생각에 많은 사람들이 충동구매를 하기 때문이다.

2. 국내 소셜커머스의 현황

국내 소셜커머스의 형태는 그루폰을 차용한 형태(Group-By)가 가장 많으며, 메이저 3개 업체인 티켓몬스터, 위메이크프라이스, 쿠팡 모두 Group-By 형태이다.

〈그림 7-3〉 소셜커머스의 증가추세

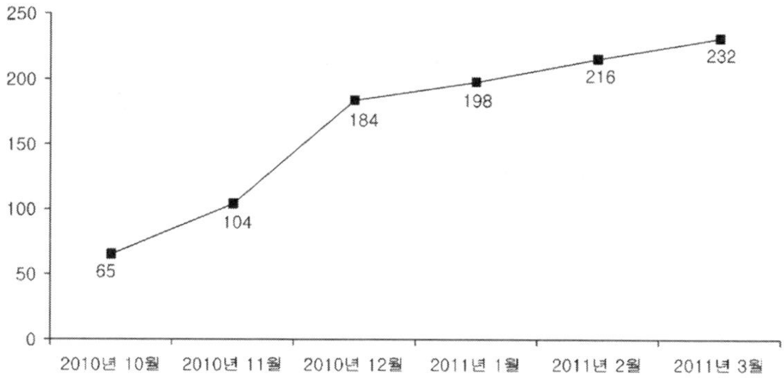

국내에는 2010년부터 소셜커머스 시대가 열렸다. 티켓몬스터, 쿠팡, 위메이크프라이스, 그루폰코리아가 대표적이며, 2011년을 기준으로 중소업체까지 포함하면 약 500개의 소셜커머스 업체가 있는 것으로 추정된다. 이들은 그루폰과 마찬가지로 하루에 하나의 딜을 올리되 일정 수에 미치지 않으면 거래가 취소되는 방식을 취하고 있다.

일정 수가 모여야 거래가 성사되는 소셜커머스의 판매방식은 과거 공동구매 사이트들이 사용하던 방식과 매우 비슷하다. 하루에 하나의 상품에 집중하는 쇼핑몰도 2004년 우트닷컴(Woot.com)이 먼저 사용했다. 원어데이몰(one-a-day mall), 원딜어데이(one-deal-a-day), 반짝세일(flash sale) 등으로 불리는 이 방식은 국내에서도 일찍이 인기를 끈 바 있다. 사실 현재 상당수의 소셜커머스 사이트들은 기존의 원어데이몰 업체들이 소셜커머스로 이름을 바꾼 것에 지나지 않다.

하지만 기존의 공동구매 사이트와 원어데이몰이 공산품을 주로 판매한 반면, 소셜커머스 사이트들은 소비자가 직접 찾아가야 하는 음식점, 공연 등의 서비스 상품을 주력으로 한다는 점이 다르다. 서비스 상품은 공산품과 달리 직접 경험하기 전까지는 품질을 가늠할 수 없고, 매장 분위기나 친절도와 같은 부수적인 요소가 크게 작용한다는 특징이 있다. 따라서 소셜커머스를 통해 발생하는 입소문이 큰 영향을 미치게 된다. 이것이 소셜커머스를 '소셜'하게 만들어주는 이유다.

한국의 소셜커머스가 진정한 소셜커머스인지에 대해서는 논란이 많다. 소셜커머스 사용자 비율을 보면, 직접 방문자는 압도적으로 많은 반면 SNS로 유입되는 방문자는 극소수에 불과하다. SNS 사용자 자체가 많지 않기 때문이다. 구글을 제치고 미국 웹사이트 방문자 수 1위로 올라선 페이스북은 한국에서 기를 펴지 못하고 있으며, 트위터 역시 단순 회원 수로 따지면 국내의 일개 소셜커머스 사이트 회원 수에 밀린다. 이 때문에 국내 소셜커머스 사이트들은 개별적인 딜의 입소문에 의존하기보다 브랜드 자체를 강화하는 마케팅에 초점을 맞추고 있다.

3. 소셜커머스의 유형

소셜커머스는 4가지 유형으로 구분되는데 소셜 링크형, 소셜웹형, 공동구매형, 오프라인 연동형이다. 소셜커머스의 4가지 유형을 간단히 살펴보면 다음과 같다.

1) **소셜 링크형** : 판매사이트(Commerce site)에 트위터나 페이스북과 같은 SNS로 이동 가능한 버튼형식의 링크를 제공하는 형태. 판매사이트의 웹링크(주소)를 SNS의 글쓰기에 자동으로 들어가서 다른 사용자들의 '링크'를 이끌어내는 형태이다.

2) **소셜웹형** : 판매사이트 안에서 방문자들의 행동을 SNS에 자동으로 반영 하여 많은 사용자들과 공유할 수 있게 하는 형태. 웹링크(주소)는 기본이고, 판매사이트 방문자들의 구매, 제품평가, 리뷰 등의 활동까지 확인가능 하다.

3) **공동구매형** : 판매사이트에서 제공하는 특정 제품에 대해서 최소 구매수량 목표에 달성시 높은 할인 혜택을 제공하는 공동구매형태. 소셜커머스가 이슈화할 수 있었던 '그룹폰(Groupon)'이나 국내의 티켓몬, 바이러스 등의 운영 형태이다.

4) **오프라인 연동형** : 오프라인 공간을 SNS에 연결시키는 형태로 포스퀘어나 아임IN과 같이 위치기반 서비스를 활용하여 특정 위치(오프라인 점포)에 대한 경험치를 이용하는 형태. 많이 방문하는 경우 그 위치에 대한 높은 레벨(등급)을 제공한다.

이런 '소셜커머스'는 국내 사용자들에게 공동구매 형으로 유명하기 때문 에 '반값할인' 또는 '하루세일'이라는 말로 대체되기도 한다. 특히, 50%이 상의 높은 할인율로 사용자들의 구매욕을 일으킨다는 것이 이슈를 넘어서 서 '인기'가 되는 것이다.

〈표 7-3〉 소셜커머스의 유형과 사례 및 특징

소셜커머스 유형	사 례	특 징
플래쉬 세일 (Flash Sale)	Vente-Privěe	• 온라인상에서 제한된 시간 동안 상품 판매 • 회원 간 입소문을 통해 회원의 혜택 증가 (drive member-get-member referrals)
그룹 바이 (Group-Buy)	그루폰 티켓몬스터 쿠팡 위메이크프라이스 리빙소셜	• 제한된 시간 동안 정해진 인원이 모이면 특정 상품을 할인된 쿠폰으로 판매 • 지역기반 사업자를 오프라인에서 온라인으로 확대 • 상품 소개자에 혜택 제공 • 회원 간 입소문을 통해 회원의 혜택 증가 (drive member-get-member referrals)
쇼셜 쇼핑 (Social Shopping)	Polyvore Kaboodle Lokerz	• 온라인 상의 좋은 판매 사이트, 상품을 이용자들끼리 공유 • 사이트 광고주는 직접 아이템을 올려 광고함 • 소셜 디스커버리(Social Discovery)
쇼셜 쇼핑 앱스 (Social Shopping Apps)	Shopkick	• LBS 기반 쇼핑앱 • 오프라인 매장 방문 및 구입 시 포인트 누적 및 혜택 제공 • 누적된 포인트로 다른 쿠폰 발급 가능 • 기업은 사용자 이용패턴, 구매정보 등의 정보 수집 가능
퍼체이스 쉐어링 (Purchase-Sharing)	Swipely	• 소비자의 상품구매 정보를 공유하여 사업자에 마케팅 수단을 제공하고 소비자에 금전적 보상을 함 • 포인트를 얻은 소비자가 다른 이용자에 입소문을 내는 마케팅을 지향함 • 소비자 구매 정보 취급에 따른 보안 등의 문제점
퍼스널 쇼퍼 (Personal Shopper)	GoTryItOn	• 소셜네트워크를 통해 상품에 대한 다른 사람의 객관적 조언을 얻음 • 조언자에 포인트 제공, 사업자는 구전효과를 얻음 • 사이트 운영자는 광고 수익을 얻음 • 사업 초기 단계로 커뮤니티 형태를 띰

4. 소셜커머스의 시장동향

1) 소셜커머스 시장의 성장

그루폰이 시카고에서 서비스를 한 2008년 11월 이래 가파른 성장세를 보이고 있다. 2010년 3월 기준으로 사업자는 66개로 늘어났으며, 하루 거래도 176건에 달한다. 이러한 성장세는 계속 지속되어 2010년 6월 기준으로는 120여 개의 사업자들이 활동하고 있으며, 매일 300건 이상의 거래가 제시되어 3개월 만에 2배에 가까운 성장세를 보이고 있다. 2010년 12월 기준으로는 200개 이상의 사업자가 활동하고 있고 하루 거래도 1000건이 넘으며 미국만 해도 연간 시장규모가 5조원이 넘어가고 있다.

2) 글로벌기업들의 시장 진출과 소셜커머스의 과점화

현재 페이스북은 자체적으로 LBS를 기반으로 하는 places나 deals를 런칭하였으며 2010년 그루폰 인수에 실패한 구글 또한 구글 오퍼라는 자체적인 소셜커머스를 런칭하였다. 그루폰 또한 일본의 Qpod와 러시아의 Darberry, 독일의 Citydeal, 한국에서도 중소 소셜커머스 기업을 인수함으로 덩치를 키우고 글로벌 마켓을 공략하려 하고 있다. 리빙소셜 또한 아마존은 리빙소셜에 2천억을 투자하면서 리빙소셜과 협력관계를 유지하여 소셜커머스 업계에 진출을 꾀하고 있으며 리빙소셜은 유럽, 캐나다 등지에 까지 확대함으로써 거대 소셜커머스 업체로 거듭나고 있다.

이로 인해 소셜커머스에 자신들의 점포를 알리려는 상인들은 중소 소셜커머스보다는 회원 수가 많은 거대 소셜커머스 기업이나 SNS를 기반으로 하는 글로벌 기업이 운영하는 소셜커머스 기업에게 딜을 유치하려고 할 것이고 소비자들은 딜의 종류가 많고 다양하여 선택의 폭이 넓은 소셜커머스 사이트를 방문하고 이용하기 때문에 점점 더 중소 소셜커머스 기업들은 퇴출하고 거대 소셜커머스, 글로벌 기업들만 큰 수익을 내게 되는 구조로 변화할 가능성이 다분해지고 있다.

3) 소셜커머스로 인한 소상공인 마케팅 활성화

소셜커머스 딜의 대상은 대부분 지역별 해당 중소 점포 특히 스파나 음식점 등 서비스업이다. 예전에는 이런 지역별 중소 점포들은 지역 내에서 전단지를 돌리는 등의 제한된 마케팅 밖에 사용할 수 없었으나, 소셜커머스의 딜을 통하여 자신들의 점포를 많은 사람들에게 알릴 수 있는 광고효과를 누릴 수가 있다. 즉, 온라인을 통해서도 자신들의 점포를 광고할 수 있는 수단이 생긴 것이다.

5. 소셜커머스의 장단점

1) 소셜커머스의 장점

소셜커머스의 장점은 다음과 같은 것들이 있다.

첫째, 소셜네트워크서비스(SNS), 즉 SNS와의 연동성으로 인해서 소비자들이 직접 스스로 마케팅을 하는 지금까지와는 전혀 다른 시스템이 구축되어 있다.

둘째, 지역의 식당과 같은 영세업체들에게 저렴한 홍보채널로 이용이 가능하고, 지역 상권의 발전을 도모할 수 있다.

셋째, 공동구매의 형식으로, 소비자들은 상품과 서비스를 평소 오프라인 매장에서 접할 수 없는 원래 가격의 50%이상의 할인율을 받고 이용할 수 있다.

넷째, 본인이 평소에 알고 있는 상품이라면 더욱 만족스런 가격에 구매가 가능하다.

다섯째, 판매하는 상품이 외식상품부터 IT기기, 학원 수강료와 피부 관리와 같은 서비스상품까지 생활전반에 걸쳐 방대한 영역이라 실제 생활에 도움이 된다. 기업의 입장에서 소셜커머스의 장점은 강력한 홍보효과와 마케팅비용 절감, 높은 구매 가능성 등이 있다.

(1) 강력한 홍보효과

커머스가 소셜네트워크와 결합하면, 최대 수억 명에 이르는 소셜네트워크의 회원들을 잠재고객으로 확보를 할 수 있게 되는데, 소비자가 친구를 초대하고 그 친구가 또 다른 친구를 초대하는 과정을 통해 방문자가 늘어나게 된다. 뿐만 아니라, 소비자들이 소셜네트워크에 남긴 커머스 사이트의 링크는 반영구적으로 보존이 되는데, 검색이나 새로 추가된 친구가 이 링크를 통해 지속적으로 방문하게 된다.

(2) 마케팅비용의 절감

커머스는 온라인 광고 시장에서 가장 많은 돈을 쓰는 업종으로 광고 의존도가 매우 높다. 하지만, 소셜네트워크를 활용하면, 시간이나 인력을 제외하고는 사실상 거의 비용을 들이지 않고 판매촉진이 가능. 사람이 본성으로 가지고 있는 '사회성'은 특별한 인센티브 없이도, 자신의 구매 경험에 대해 소셜네트워크를 통해 친구들이나 다른 사람들과 공유하게 하는데, 그로 인해 구매자나 방문객이 '입소문 마케터'의 역할을 수행한다. 현재 이슈가 되는 사업으로서, 많은 언론의 주목을 받고 있어 홍보효과를 볼 수 있다. 대기업들의 시장 진출은 소셜커머스 시장 자체를 키우는 기폭제가 될 수 있다.

(3) 높은 구매가능성

구매 결정에 있어, 친구들의 추천은 전문가들보다도 큰 영향력을 발휘한다. 소셜네트워크는 친구들의 추천 방식으로 제품을 홍보해 주기 때문에 제품을 판매할 가능성을 높여준다. 또한 친구들은 대게 같은 관심사를 갖는데, 친구들의 추천과 구매 정보가 제공된다면, 그만큼 본인이 원하는 제품을 빠르게 찾아낼 수 있어, 구매결정이 쉬워질 수 있다.

2) 소셜커머스의 단점

(1) 소비자 측면

소비자 입장에서 소셜커머스의 단점은 다음과 같은 것들이 있다.

첫째, 구매할 당시의 조건과 서비스를 이용할 시의 조건, 서비스의 질과 양이 다르기 때문에 소비자들은 쉽게 불만을 가지게 되는 경우이다. 광고와는 다른 서비스 제공으로 소셜커머스 사이트에서 구매하면 대부분 문자쿠폰이나 티켓을 출력해서 가는데 처음에는 광고에 구성사진과 메뉴가 너무 좋아서 구매했는데 예상과 다르게 가서 제공받는 서비스와 너무 다르거나, 광고와 달리 음식 양이 아주 적게 나오거나, 약간 무시하는 듯한 서비스를 받게 되는 경우가 있다.

둘째, 너무 많은 물량의 확보로 인한 서비스를 못받는 경우이다. 소셜커머스 티켓의 기한은 대개 한달 혹은 2달인데 가끔 몇 천개씩 티켓이 올라오는 경우, 아주 좁은 가게이고 기한은 너무 짧은데 몇 천개의 티켓은 이미 매진하는 경우, 미리 예약을 하고 티켓을 들고 찾아가도 서비스를 받지 못하거나 사람이 너무 많아 발만 구르다 결국 돌아오거나 또한 주말에는 사용제약으로 사용이 불가능한 경우가 있는 등의 문제로 이어지는 경우가 있다.

셋째, 쿠폰의 이용기간 불명으로 어떤 사이트들은 쿠폰의 이용기간을 정확히 명시하지 않아 환불을 요구하는 경우도 생기는데 환불정책 또한 불분명해서 샀다가도 환불조차 받을 수 없는 사이트들도 있다.

(2) 판매자 측면

소상공인의 경우 홍보나 마케팅 비용이 부담되는 것이 사실이고 상대적으로 적은 비용으로 효과적인 마케팅을 펼칠 수 있다면 1회성의 50%할인은 감수할만한 지출임에는 틀림없다. 그러나 우리는 여기에서 소셜커머스를 바라보는 시각에 대해서 생각해봐야 되고, 사실 소셜커머스는 소비자에게 상품을 반값에 판매한다는 소비자 중심의 비지니스 모델이 아니다.

좋은 상품이나 서비스를 가지고 있지만 높은 광고비를 부담할 능력이 없는 소상공인들을 발굴하고 상대적으로 낮은 가격에 효과적인 마케팅을 제공하여 상품과 서비스의 구매를 활성화 시키고 재구매를 유발한다는 판매자 중심의 비지니스 모델이며, 처음 이러한 홍보효과를 바라고 소셜커머스 업체와 접촉했던 판매자들 중에서는 홍보 이후에 더 나쁜 환경에 처하게 된 경우도 있고, 더 나쁜 환경이라는 것은 서비스의 질 저하로 인한 위의 소비자가 느낀 불쾌감과도 관련이 있고, 광고를 하더라도 하루 당일만 단발성으로 판매가 되고, 계속 판매가 이어지는 경우는 드물다.

10,000원짜리 음식을 파는 판매자가 있고, 소셜커머스 업체와 계약을 할 경우 대략 50%인 5,000원에 상품을 판매하여 소비자로 부터 5,000원의 구매가 이루어지면 그 중 10%정도를 소셜커머스 업체에 지급하는 것으로 한다. 그렇게 되면 10,000원짜리 상품을 판매하여 판매자가 거둔 수익은 음식을 만드는 재료비, 인건비를 제외한 4,500원 수입이 된다.

이러한 것들을 생각해보면 일부 판매자들은 소비자들에게 100%의 상품을 제공하는 것이 꺼려지게 된다. 앞으로의 효과를 기대하기도 하지만 지금 당장 손해 보기 때문이다. 그러므로 손해를 입지 않기 위해 단가가 저렴하지만 가공 후에 비싸지는 샐러드 같은 것들을 끼워서 반값용 상품을 만들어 내거나 또는 쿠폰 구매 고객용 메뉴판을 따로 제작하는 등의 방법을 사용한다.

바로 이러한 일부 판매자의 행동이 소비자를 불쾌하게 하는 것이다. 소셜커머스에서 가장 중요한 것은 높은 할인율도, 좋은 제품도 아닌 바로 '신뢰'이다. 소셜커머스에서 마케팅은 제품이 아닌 인식의 싸움이다. 소비자에게 나쁘게 인식되면 어떠한 좋은 제품으로도 소비가 이루어지지 않기 때문이다.

(3) 소셜커머스 업체 측면

판매자들 역시 피해를 보는데, 업체에게 있어서 동일한 가치를 가지는 상품이라면 타 업체보다 낮은 가격으로 계약을 따내어 소비자에게 제공하는 것이 중요 하다. 이러한 경쟁적인 상황에서 피해를 보는 것은 바로 판매자들이다. 기껏해야 30명 들어오면 꽉 차는 가게와 계약을 할 경우 해당 가게에서 동원될 수 있는 인력과 수용할 수 있는 공간 등을 고려해서 판매할 쿠폰 개수를 정하고 계약을 진행해야 한다. 하지만 업체의 입장에서는 많은 양의 쿠폰을 판매하는 것이 이익이 되므로 가끔 이러한 점을 간과하는 경우도 발생한다.

그렇게 계약이 진행되어 쿠폰의 판매가 이루어지면 30명밖에 수용할 수 없는 이 가게에 몇 배의 소비자가 몰려오게 된다. 판매자는 이 모든 소비자를 만족 시킬 수 없고, 결국 그냥 돌아가는 소비자도 발생하고 위에서처럼 100%의 상품을 제공하지 못한 판매자일 경우 소비자들에게 부정적으로 인식되어 향후 재방문을 기대할 수 없게 된다.

판매자의 손해는 결국 업체에게도 손해라고 볼 수 있다. 이러한 부정적인 경험을 한 소비자는 다시는 해당 업체를 이용한 구매를 시도하지 않게 되기 때문이다. 초기에 진입한 업체들의 괄목할만한 성장으로 대기업들 역시 이 소셜커머스에 관심을 가지고 진출하고 있고, 더 치열해진 경쟁시장 속에서 이러한 사례가 반복되는 경우 지속적인 성장을 기대하기는 어려울 것으로 생각된다.

제5절 · 소셜커머스 시장현황 및 발전 방안

1. 소셜커머스 시장 규모 및 점유율

1) 2010년 국내 소셜커머스가 처음 도입되면서 시장규모는 500억 원에서 2011년 1

조 원으로 20배 성장하였고, 2012년 2조 원에 이를 것으로 예상했던 시장규모가 하반기 들 어 성장률이 주춤하면서 2012년에는 1조5천억 원에 그쳤다.

2) 딜테이블에서 발표(2012. 6)한 시장점유율을 보면 티켓몬스터(41.0%)가 1위로 쿠팡(37.0%)에 비해 높은것으로 나타났으나, 또 다른 시장조사업체인 다원데이(2012. 2)는 쿠팡이 2012년 상반기 2천 6백억 원의 매출을 올리며 전체시장의 40%를 차지하였고, 지난 5월 소셜커머스 최초 흑자전환에 성공하였다고 밝힘. 이 같은 기사들은 올 한해 이 두 업체의 1위 다툼은 매우 치열했음을 짐작케 한다.

〈그림 7-4〉 소셜커머스 시장 규모 및 점유율

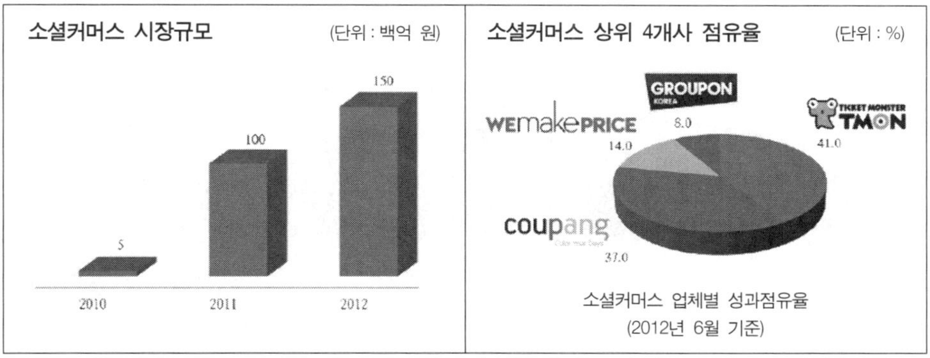

자료 : 딜테이블(2012. 6), 아이뉴스24(2012. 7) 기사 재인용

2. 소셜커머스 시장의 현황

1) 국내 온라인 쇼핑몰은 과거 '종합쇼핑몰'에서 '오픈마켓'으로 이동 이후 '소셜커머스' 형태로 다양하게 발달해 왔으나, 최근 지나치게 많은 소셜커머스 업체가 단기간에 급속히 생겨나면서 경쟁이 과열되고, 그 가운데 시장에서 퇴출되는 업체도 속속히 증가하고 있다.

2) 소셜커머스 사업자들이 특정 시간 내에 일정 구매자 모집에 성공한 경우 해당 품목을 할인된 가격으로 판매하는 '데일리 딜' 위주의 서비스 제공에만 몰두하면서 소비자 관심이 저하되었고, 판매자들은 상품 판매뿐만 아니라 홍보를 통한

신규 고객 확보를 위해 소셜커머스에 서비스를 제공하고 있지만, 소비자들은 동일 사업자를 지속적으로 이용하기보다는 여러 사업자를 순회하며 할인 쿠폰만을 노리는 양상이 전개되면서 판매자의 이탈도 심화되었다.

3) 이러한 가운데 서서히 상위권 업체들을 중심으로 움직이기 시작하며, 시장은 자본 규모면에서 절대적으로 우위에 있던 티켓몬스터, 쿠팡, 그루폰코리아, 위메프의 4개 업체로 재편되었고, 최근에는 티켓몬스터와 쿠팡의 1위 쟁탈전으로 불붙으면서 이 두 업체 간의 경쟁으로 심화되었다.

〈그림 7-5〉 국내 e-커머스 시장의 트랜드

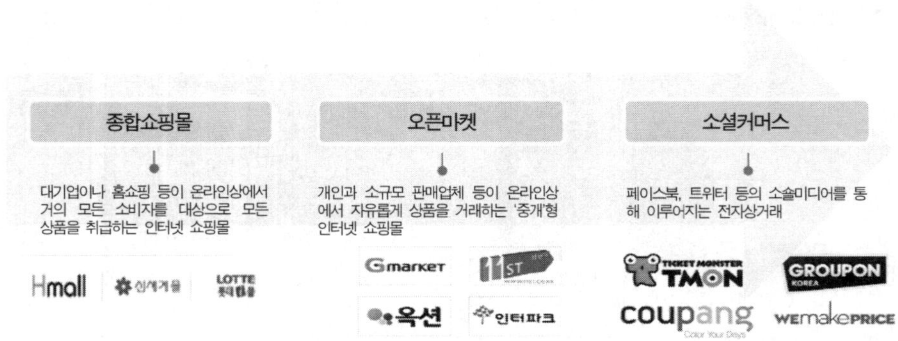

자료 : KB금융지주 경영연구소(2012. 3), 소셜커머스에 대한 이해

3. 소셜커머스의 발전을 위한 제언

소셜커머스의 의의를 발전시키고, 한계점을 개선시키는 방향으로서 다음과 같은 방식으로의 발전 방향을 제안한다.

첫 번째 패키지 상품의 판매이다. 단편적인 상품의 판매에서 벗어나고, 또 일회성의 패키지 상품이 아닌, 지역을 기반으로 한 자료와 구매자들의 소비 분석을 파악하여 실용성을 추구하는 패키지 상품을 만들어서 판매하는 방향으로 발전해 나가야 한다.

둘째로, 구매 타켓의 명확한 설정과 맞춤별 마케팅이 필요하다. 이러한 관점에서 최근 소셜커머스에서 판매되어지는 많은 상품들이 세분화되어 가는데, 헬스장, 음식점, 학원, 다이어트 용품 등에 구매 타겟을 보다 명확하게 설정하고 그에 따른 맞춤별 마케팅을 제공해 나가야 할 것 이다.

셋째, 늘어나는 고객들을 단순고객이 아닌 중요한 하나의 협력 파트너로써 관리하기 위해서는 고객DB를 구축하고 이를 통한 고객분석이 필요하다. 소셜커머스의 상품구매는 일회성의 상품구매로 이어지는 경우가 많은데 이러한 고객분석을 통해서 보다 나은 질의 상품과 서비스를 제공해야 한다.

마지막으로 위와 같은 관리 차원에서 확장시켜 소비자들의 불만을 줄이기 위해 올바른 상품을 선정하고 그에 따른 사전조사가 이루어져야 하며, 상품 판매 후 철저한 사후조사를 통하여 소비자들에 의견을 반영시키는 방향으로 발전해 나가야 한다.

급속한 시장 확대로 인해 발생한 소비자 피해, 신뢰성 상실 등의 다양한 문제를 근본적으로 해결하고 개선해야 향후 시장의 질적인 성장과 발전이 이루어질 것으로 판단된다. 올해로 3년 째 접어들고 있는 소셜커머스 시장이 1조 5천억 원에 가까운 규모로 급성장한 가운데, 치열한 업체들의 간의 경쟁으로 인한 불건전한 상거래 현상과 소비자들의 피해 사례로 인한 신뢰성 상실 등으로 인해 올해 말 시장 성장세가 다소 주춤해진 경향을 보이고 있다.

소셜쇼핑(Social Shopping)이라고도 일컬어지는 소셜커머스(Social Commerce)는 본래 소셜네트워크(Social Network)와 어떠한 형식으로든 연계된 상품 매매 형태를 뜻한다. 기본적으로 상품 홈페이지에 소셜네트워크로 이동할 수 있는 링크를 달아 페이지 내용 공유(쉐어 디스)하는 형태가 있고, 해당 상품의 웹 페이지에 소셜네트워크 기능을 적용(플러그 인)해 상품 구매 및 제품에 대한 평가를 소셜네트워크 사이트를 통해 공유할 수 있는 형태의 소셜커머스도 존재한다.

이러한 서비스들은 소셜네트워크가 주가 된 소셜커머스의 방식이다. 이와 달리 우리가 현실에서 빈번하게 접할 수 있는 소셜커머스의 형태는 커머스 사이트가 주가 되어 소셜네트워크의 장점을 차용하는 형태의 서비스다. '소셜네트워크의 무제한적인 범위를 이용한 광고 효과의 극대화'라는 전략은 많은 사업자들을 소셜커머스 시장에 뛰어들게 만들었다.

그러나 모든 소통이 동시간대에 이뤄지는 소셜네트워크의 특징처럼 소셜커머스의 단점도 그 장점이 부각됨과 동시에 큰 논란거리가 되고 있다. 불과 한 달 전만 하더라도, 소셜커머스는 이용자 - 소셜커머스-사업자의 3자간 윈 - 윈 - 윈 전략을 가능하게 할 것이라 여겨졌다. 이용자는 가격, 소셜커머스는 수익창출, 사업자는 광고라는 측면에서 이득을 볼 것으로 예견되었고, 자본의 영역에서도 소셜네트워크가 가진 평등성이 구현될 것이라는 장밋빛 전망이 나오기 시작했다.

그렇지만 현실은 이용자와 사업자를 소셜커머스라는 거대한 손이 짓누르고 있는 형국이다. 소비자들은 낮은 가격의 상품과 동시에 더 낮은 서비스를 몸소 체험 중이며, 사업자들은 예측 불가능한 수의 고객과 예측 불가능한 광고 효과를 위해 자신의 상품을 '떨이'식으로 퍼 주고 있다. 이와 같은 문제들은 대체 어디서부터 기인한 것일까?

가장 먼저 제도의 부재를 꼽을 수 있다. 작년 5월에 개정된 전자상거래 등에서의 소비자 보호에 관한 법률(소비자보호법)에서는 소셜커머스에 대한 언급이 없어 소셜커머스에 적용할 때 그 정도가 한정적이다. 때문에 공동구매를 한 이용자들이 소셜커머스에 청약 취소를 요구한다 해도 법적 근거가 미비하여 해결하지 못하는 경우가 빈번하다.

또한 소셜커머스와 사업자 간의 관계에 대한 법적 장치도 현재까지는 충분히 고려되지 않아 둘 사이의 종속관계가 형성되는 문제가 발생하기도 한다. 이용자, 소셜커머스, 사업자가 가진 이기적인 태도도 문제의 중요한 이유라고 생각한다. 상품을 가격으로만 판단하려는 이용자, 절대적 이윤에만 집중하는 소셜커머스, 쿠폰고객을 차별대우하는 사업자는 결국 각자의 이익만을 추구하다 공멸할 것이다.

제8장

소셜네트워크(SNS)가 기업경영에 미치는 영향

제1절 · SNS의 개념

1. SNS(Social Network Service)

2009년 11월 아이폰의 도입과 함께 우리나라는 스마트폰 열풍에 휩싸였다. 너도 나도 앞 다투어 아이폰을 구입하기 시작했고 이에 이동통신사들 역시 하루가 다르게 스마트폰을 출시하기에 바빴다. 사람들은 왜 이렇게 스마트폰에 열광하는 것일까? 그 이유는 스마트폰은 디지털 컨버전스 시대를 대변하는 하나의 표상이 되고 있기 때문이다. 즉, "스마트폰 하나만 있으면 무엇이든 가능하다"라는 인식이 사람들로 하여금 이토록 열광하게 만들었다. 여러 가지 다양한 기능 가운데서도 가장 손꼽을 수 있는 건 바로 "휴대폰 + 인터넷"의 융합이다.

현대인의 필수품으로 자리매김한 스마트폰이 인터넷을 품게 되면서 사람들은 이제 더 이상 공간과 시간의 제약을 받지 않고 인터넷을 즐길 수 있는 환경이 되었다. 당연히 인터넷 서비스 또한 사업이 확장되기 시작했는데 그 가운데 있는 것이 바로 SNS서비스라고 할 수 있다. SNS서비스는 "웹상에서 이용자들이 인적 네트워크를 형성할 수 있는 서비스"를 말하는 것으로 최근 스마트폰 열풍과 함께 더불어 화제가 되고 있는 분야이다. 심지어 SNS를 하기 위해서 스마트폰을 구입하는 사람들이 생겨날 정도로 SNS의 파급력은 대단하다고 할 수 있다.

기업들은 이러한 SNS를 하나의 기회요인으로 여기고 벌써부터 기업경영에 활용하기 시작하였으며 더 나아가 새로운 시장진입의 발판으로 삼고 있다. 그러나 현재 우리나라는 SNS의 도입이 얼마 안되었기 때문에 SNS의 활용이 아주 기초적인 수준에 머물러 있다. 따라서 SNS가 기업경영에 어떠한 도움을 줄 수 있는지 충분한 정리를 통해 기업들은 체계적인 SNS활용법이 필요한 시점이다. 이 자료에서는 SNS가 기업경영에 활용되어 얻을 수 있는 이점과 단점 그리고 국/내외 기업들의 SNS활용 성공사례를 통해 앞으로 우리나라 기업들이 나아가야할 방향을 제시 하고자 한다.

2. SNS 종류 및 특징

소셜네트워크 서비스란 온라인상에서 서비스 이용자들이 서로 새로운 인맥을 쌓거나 각종 정보들을 공유하며 기존의 인맥과의 관계를 더 밀접하게 할 수 있게 해주는 서비스를 의미한다. 국내에서 사람들에게 익숙한 서비스라면 아이러브스쿨이나, 다모임, 싸이월드 등이 있다. 1999년에 소개된 "아이러브스쿨"의 경우 우리나라 최초의 SNS서비스라고 할 수 있는데 당시 아이러브스쿨은 연락이 두절된 친구를 다시 만날 수 있다는 소문이 퍼지면서 2000년 9월 한 달 동안 98만 명이 넘는 신규 가입자가 생겨날 정도로 엄청난 파급효과를 가져왔다.

그러나 "두절된 친구 만나기" 이외에 새로운 비즈니스 모델을 제시 할 수 없어 장기적으로 사업을 확장 시키지 못하고 유행처럼 잠시 동안 흥행했다가 곧 사그라지고 말았다. 그 뒤 3년 만에 새로운 서비스가 등장했는데 바로 아직까지도 큰 인기를 끌고 있는 SK커뮤니케이션즈의 "싸이월드"다. 싸이월드는 친구 찾기는 물론 E-머니(도토리)를 활용한 비즈니스모델을 꾀함으로써 사용자들에게 다양한 콘텐츠들을 제공하고 흥미를 유발시킴으로써 지금은 국내 인터넷 사용자라면 누구나 하나씩 미니홈피 주소를 가지고 있을 정도로 대중화 되었다.

SNS는 우리나라뿐만 아니라 전 세계적으로 각광받고 있는 서비스다. 세계 최대 규모로 알려진 마이스페이스(Myspace)와 페이스북(FaceBook) 그리고 최근 스마트폰의 확산과 함께 다수의 국내사용자를 유입한 트위터(Twitter)등이 있다.

SNS는 넓은 범위에서 보면 인간관계를 중심으로 한 모든 서비스들을 의미한다. 그러나 서비스 마다 그 성격이 조금씩 다르기 때문에 최근에는 이들을 좀 더 세부적으로 나누어서 해석하는 경우가 많아졌다. 이를테면 블로그, 미니홈피등은 SNS 유사 서비스, 커뮤니티서비스나 인스턴트 메신저 등은 광의의 SNS, 트위터 및 미투데이의 경우 협의의 SNS로 분류하여 볼 수 있다.

〈표 8-1〉 SNS 서비스 분류 및 예시

카페/클럽/동호회	카페/클럽 : 다음카페, 네이버 클럽, 프리챌 커뮤니티 동호회 : 사진동호회 '포토아지트', 쇼핑몰동호회 '내가게' 등
블로그/미니홈피	블로그 : 다음/네이버 블로그, 이글루스 등 미니홈피 : 싸이월드/세이클럽 미니홈피 등
인스턴트 메신저	네이트온, MSN, 버디버디, 드림위즈, 지니 등
인맥관리 서비스	페이스북, 마이스페이스, 링크나우, 토씨 등
가상현식 서비스	세컨드라이프, 싸이월드, 미니라이프 등

출처 : IT정책연구시리즈, '한.미.일 SNS 서비스 비교 분석' 제11호(2010)

위의 표 〈SNS 서비스 분류 및 예시〉에서 보이듯 다양한 SNS 서비스들이 존재한다. 하지만 여기서 우리가 주의 깊게 살펴봐야 할 부분은 컨버전스 디바이스가 대중화되면서 급격히 확산된 인맥관리 서비스다. 이러한 SNS가 급격히 확산될 수 있었던 이유에는 SNS가 가진 정보교환의 즉시성과 실시간성, 무계층성, 공개성이라는 특징이 있었기 때문이다.

1) 즉시성은 어떠한 사건에 대해 정보가 생성되는 시간을 말하는데 SNS의 경우 모바일 단말기가 인터넷과 접목되면서 사건 발생 즉시 정보를 생산하고 실시간으로 다른 사람들과 정보 교환 및 피드백을 할 수 있고 단문으로 정보를 생성하기 때문에 블로그나, 이메일 보다 즉시성과 실시간성이 높다고 할 수 있다. 이러한 실시간 정보 확산과 피드백은 사회적 부존재감이나 사회와 격리되어 있다는 불안감을 해소할 수 있다.
2) 무계층성은 누구와도 의사소통이 가능하다는 것이다. 예를 들어 대통령이나 정

치인 또는 연예인등은 쉽게 대화를 할 수 없으며 공식 카페나 블로그 등에서 일방적인 메시지를 듣는 것이 일반적이었다. 그러나 SNS는 이러한 장벽이 없으며 누구와도 소통할 수 있기 때문에 참여의 효능감과 자신감이 증대 된다.

3) 공개성은 정보의 투명성과 진실성이 높음을 말한다. SNS는 사회적 네트워크로 공개된 공간이므로 투명성이 높다. 때문에 정보의 전달 속도가 빠르며 혼자만의 공간이 아니기 때문에 정보의 내용 또한 진실성이 높다.

웹 2.0의 SNS의 특징은 '네트워크화된 개인주의(Networked Individualism)'라고 정의할 수 있다. 사회학자 카스텔은 네트워크 화된 개인주의는 일면 네트워크 연계성의 효과도 가지고 있지만 그것이 고립적으로 나타나고 관심사에 따라 언제든지 개인화될 수 있는 것으로 설명한다. 이러한 네트워크 화된 개인주의의 특징을 담고 있는 것이 바로 SNS이다.

SNS사용자가 급증하면서 정치, 경제, 사회적 이용이 확산되고 있다. 최근에는 정치적 활용 역시 고민되고 있다. 오바마의 SNS 기반 웹 캠페인은 다수의 젊은 세대를 정치에 관심을 가지게 했다. 이런 효과는 향후 많은 국가들로 확산될 것으로 보인다. 한국도 트위터를 개설 운영하는 정치인들이 계속 증가하고 있음은 SNS가 정치적 활용도가 높음을 증명한다. 이러한 맥락에서 본다면 가까운 미래에 SNS를 활용한 새로운 기업문화와 정치현상이 나타날 것으로 생각한다.

제2절 · SNS 현황

1. SNS 이용자 현황

SNS는 전 세계적으로 수많은 사람들이 이용하고 있다. 그렇다면 SNS가 전 세계적으로 얼마나 확산되고 있는 것일까? 시장조사기관인 컴스코어(comScore)에 따르면 61.6%가 SNS를 이용 한다고 보도했다.

세부 국가별로 살펴보면 각 국가별 SNS사용자의 추이를 파악할 수 있다. 먼저, 미국은 SNS가 상당히 발전한 국가라고 할 수 있다. 대부분의 국가가 2009년에는 30%

미만의 SNS사용자였지만 미국은 거의 40%에 육박하는 39.2%의 SNS사용자를 보유하고 있다. 그러던 것이 2010년에는 59%로 성장했다. 영국은 SNS사용자가 가파르게 증가하고 있는 국가 중의 하나이다. 2009년 SNS사용자 비중은 26.9%에 불과했지만 2010년에는 2배를 넘어 64%의 사용자를 보유하고 있다. 2011년 영국의 총선에서 트위터를 활용한 선거운동이 맹위를 떨친 것이 우연은 아니었다고 할 수 있다.

유럽권 국가들 역시 높은 성장세를 보이고 있다. 독일은 2009년 22%에서 2010년 46.8%로 급증했고, 프랑스도 16%에서 50.1%로 증가했다. 이태리의 상승세는 놀랍다. 이태리는 2006년 전체 SNS사용자가 11.3%에 불과했지만 2009년에는 45.9%까지 늘었다. 4배 가까운 성장세를 보이고 있는 것이다(출처 : 세계일보, 지금은 소셜네트워크 전성시대).

2. 국내 SNS 이용 현황

우리나라의 SNS이용 현황에 대해서 좀 더 자세히 살펴보도록 하자. 온라인광고 업체인 DMC MEDIA의 설문조사 결과를 바탕으로 우리나라 SNS이용 현황에 대해서 설명하도록 하겠다.

전체 응답자의 83.6%에 이르는 응답자가 현재 SNS를 이용하고 있으며 남녀 성비로는 비슷하지만 여성 이용자가 조금 더 높은 것으로 나타났다. 연령별로는 20대가 가장 높게 나타났으며 다음으로 30대 10대 순으로 이어졌다. 10대보다 20~30대 이용자가 많은 이유는 SNS가 단순히 놀이 문화가 아니라 인맥관리 및 정보의 원천지로써의 역할을 수행하고 있기 때문이 아닌가 하고 생각한다.

현재 SNS를 사용하지 않고 있다는 응답자의 경우 무려 29.6%가 향후 트위터 사용을 희망하고 있으며 싸이월드나 카페/블로그 또한 이용하고 싶다는 응답을 보였다. 트위터의 경우 '사회적 트렌드'이기 때문에 높은 희망률을 나타내고 있고 싸이월드의 경우 우리나라에서는 친목이나 인맥관리를 위해 특화된 SNS라는 인식이 강한 것으로 보인다. 대부분 인맥관리 또는 정보교류를 위해 SNS를 이용하기를 희망하고 있으며 최근에는 스마트폰 구입과 더불어 새롭게 이용해 보고자 하는 사람들 또한 많은 것으로 예상된다.

〈그림 8-1〉 일평균 SNS 사용시간과 접속수단

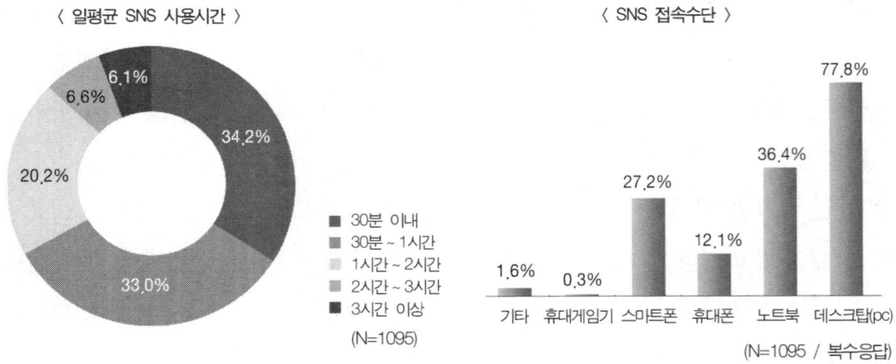

SNS이용자들의 평균 사용시간과 접속수단을 살펴보자. 30분 이내 접속자가 34.2% 30분에서 1시간 미만사용자가 33.0%로 67.2%의 이용자들의 대부분 1시간 미만으로 사용하는 이용자가 대부분임을 알 수 있다. 또한 이들의 접속수단은 데스크탑이 77.8%로 가장 높게 나타나고 있으며 다음으로 노트북, 스마트폰 순으로 이어지고 있다. 여기서 스마트폰 및 휴대폰 등 모바일 디바이스로 접속한다는 이용자가 39.3%로 높은 수치를 보여 주고 있어 최근 스마트폰 열풍에 대해서 이야기 해 주고 있다 모바일 디바이스로 접속하는 이용자들의 수치는 앞으로도 계속해서 증가해 나갈 것으로 예상된다.

SNS의 주 사용목적은 친목/인맥관리 > 정보교류 > 재미 > 개인사 정리 > 업무 > 개인홍보 순으로 나타났으며 각 SNS별 사용목적을 살펴보면 정보 교류의 목적으로 사용하고 있는 서비스는 트위터(81.6%), 재미의 목적으로는 '미투데이'(60.8%), 업무적 목적으로 가장 많이 사용한다고 나타난 것은 '페이스북'(26.7%), 친목과 인맥관리의 목적으로 '싸이월드'(90.0%)를 사용하고 있는 것으로 나타났다. 미투데이와 트위터의 경우 "마이크로 블로그"라는 성격으로 같은 부류지만 그 사용 목적이 확연히 다르다는 것을 알 수 있다.

〈그림 8-2〉 SNS를 통해 획득하는 정보 종류 및 신뢰도

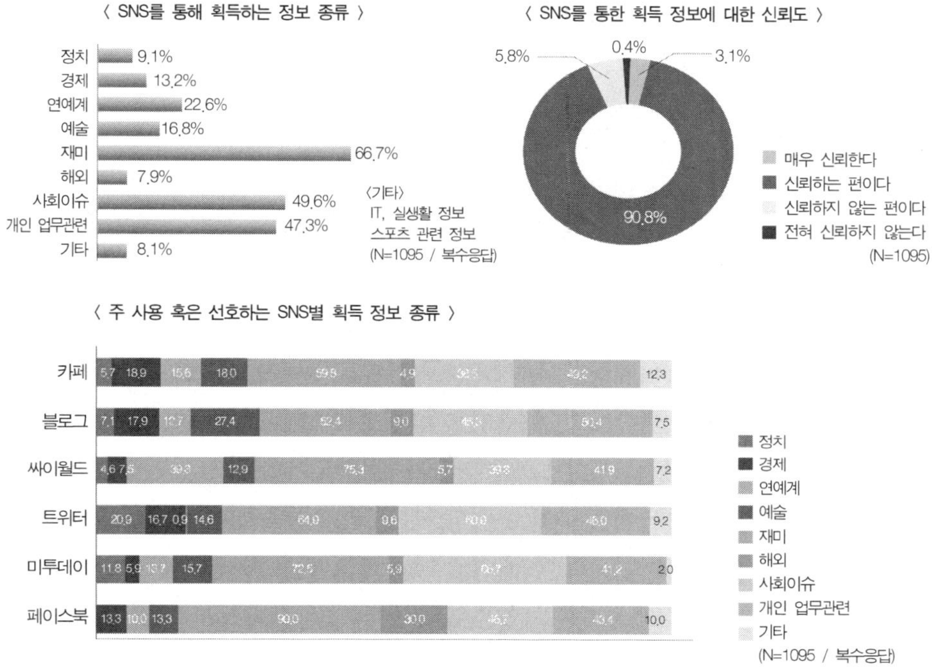

SNS를 통해서 가장 많이 얻는 정보로는 재미관련(66.7%) 정보가 가장 높았으며 뒤이어 사회이슈(49.6%)와 개인 업무 관련(47.3%) 정보를 주로 얻고 있다. 트위터를 통해서는 정치 관련 정보(20.9%)를 얻는 비율이 타 서비스 대비 높았고, 싸이월드를 통해서는 '연예계'(39.3%), '재미'(75.3%)와 같은 엔터테인먼트 정보를 주로 얻고 있었으며, '예술'(27.4%)과 '개인 업무 관련'(60.4)정보를 얻는 비율이 가장 높은 서비스는 블로그다. 정보들에 대한 신뢰도 또한 90%가 넘을 정도로 매우 높은 것으로 나타났다.

SNS사용자들 중 단문형 메시지(트위터, 미투데이 등)서비스 이용자들은 서비스의 인기 원인으로 '실시간 소통'(58.6%)과 '스마트폰의 증가'(57.3%)를 꼽았다. '실시간 소통' 역시 스마트폰의 사용으로 가능하게 된 측면이 높아 스마트폰의 보급의 늘어남에 따라 서비스가 급격히 확대 된 것으로 보인다. 단문형 메시지 사용자들이 서비스를 사용하면서 가장 많이 하는 활동은 '일상적인 내용의 사적인 글'(76.7%) 작성이었고, 서비스를 통해 '타인과의 대화'(51.5%)도 적극적으로 하며 소통의 도구

로 이용하고 있다. 뒤이어 뉴스 및 시사의 목적으로 사용하는 비율도 28.8%로 높은 것으로 나타나 한가지 목적이 아닌 다양한 목적으로 사용할 수 있는 점이 인기의 원인인 것으로 예상된다.

제3절 · 기업경영과 SNS

SNS를 기업에서 활용하는 사례는 최근에서 나타나는 현상은 아니다. 블로그나 카페를 이용한 바이럴 마케팅에서 SNS는 이미 활발하게 진행되고 있었다. 그러나 최근 부각된 트위터나 페이스북 등의 경우 마이크로 블로그의 성격을 가지고 있으며 그 성격 또한 기존 블로그와는 조금 다르기 때문에 기업에서는 바이럴 마케팅의 연장선으로 신생 SNS활용에 주목하고 있다. 지난 2010년 매사추세츠 다트머스 대학 마케팅 리서치 센터의 '포춘 500대 기업과 소셜미디어' 보고서에 따르면 트위터를 적극적으로 활용하는 포춘 500대 기업은 올해 기준 전체의 60%로 집계됐다고 한다.

〈그림 8-3〉 표준 500개 기업 SNS 활용률

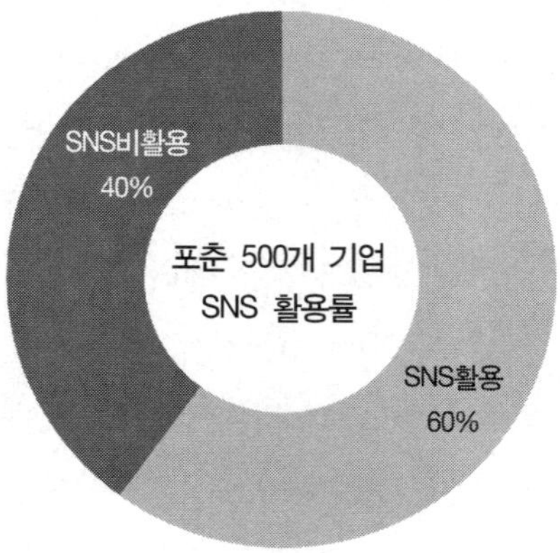

출처 : 매사추세츠 다트머스 대학 마케팅 리서치 센터 '포춘 500대 기업과 소셜미디어 보고서'

이는 지난해(35%)에 비해 2배가량 늘어난 수치이며 페이스북을 이용한다는 기업 또한 500대 기업 중에 56%나 되는 것으로 나타났다고 한다. 앞서 말했듯이 트위터나 페이스북이 기존 블로그나 카페와는 다르다. 그 활용법을 살펴보면 다음과 같다.

1. 기업 외부적 측면에서의 SNS 활용

1) 고객과의 소통의 창구로 활용된다.

대부분의 기업들이 SNS를 고객과의 소통을 위해 사용하고 있으며 가장 대표적인 SNS의 장점이라고도 할 수 있다. 기존 블로그와 카페의 경우 고객과의 쌍방향 커뮤니케이션이 어느 정도 이루어지고 있다. 그렇다고 해도 대부분의 경우 정보의 방향이 일방향적인 경우가 대다수이며 고객들은 그 일부분에 참여 하는 정도에 머물렀다. 그러나 트위터 및 페이스북의 경우 실시간적인 커뮤니케이션을 실현할 수 있기 때문에 블로그 등과는 다르게 보다 큰 효과를 볼 수가 있다. 기업의 입장에서는 고객의 목소리를 들을 수 있으며 실시간으로 고객과의 소통을 이루어 냄으로 인해서 CRM의 실현과 기업이미지 재고에도 영향을 미칠 수 있다.

2) 고객들에 대한 정보제공의 용이

기존 기업에서는 고개들에게 어떠한 정보를 제공하려고 하면 모바일을 통한 SMS 서비스나 E-MAIL을 통한 방법이 일반적이었으며 이러한 방법은 시간과 비용이 많이 들고 또한 고객들 역시 광고성 문자나 스팸으로 인식하는 경우가 많아 별로 효과적이지 못했다. 대표 SNS 서비스인 트위터의 경우를 보면 우선적으로 정보에 대한 신뢰도가 높다. 고객들 스스로가 주체가 되어 정보를 얻고자 하기 때문에 스팸오인이나 광고성 문자로 오해받을 염려가 없다. 더불어 기업은 물론 누구라도 무료로 사용할 수 있는 플랫폼이기 때문에 다수의 고개들에게 일일이 메시지를 전송하지 않고 정보를 작성함으로써 기업과 연관되어 있는 수많은 이용자들에게 정보를 무료로 전송할 수 있는 장점이 있다. 또한 기존 고객들만 한정된 것이 아니라 누구라도 그 정보를 볼 수 있기 때문에 신규 고객 유치에도 많은 도움이 된다.

3) 직접적인 마케팅에 활용

스마트폰과 SNS서비스가 최고의 궁합을 자랑한다는 것은 앞서 충분히 설명했기 때문에 더 이상 설명하지 않도록 하겠다. 최근 스마트폰 이용자가 급증한 것을 알 수 있는데 이를 이용한 마케팅 활동을 벌이기도 한다. 청바지 제조회사인 리바이스에서는 SNS와 스마트폰을 이용하여 고객의 참여를 유도하였고 약간의 게임적인 요소를 가미하여 폭발적인 마케팅 효과를 얻은 사례가 있다. 이렇듯 SNS는 활용하기에 따라 높은 활용 가능성을 내포하고 있다. SMM이라고도 불리는 "소셜미디어 마케팅" 시장은 앞으로 기업들이 풀어야할 과제이며 기발한 아이디어를 가지고 잘 활용한다면 기업발전에 큰 도움이 될 것이다.

4) 소셜커머스

기존 상거래 형태와의 주요 차이점은 판매자와 소비자 사이에 지속적인 대화가 이루어지면서 소비자가 SNS를 통해 상품 정보를 다른 사람에게 퍼뜨리는 역할을 하여 판매자가 해야 할 일부 역할을 대신하고 홍보에 대한 소비자의 기여도가 더욱 높아졌다. 또한 상품을 사기 전에 SNS를 통해 상품의 가치나 가격 등의 정보를 미리 알 수 있다. 이는 기존 상거래의 판매자와 소비자 간 커뮤니케이션과 달리 개방적인 대화가 이루어지는 SNS를 주요 매체로 이용하기 때문에 가능하다.

현재 한국에서는 소셜커머스 서비스는 온라인 공동구매의 형태로 한정하는 것이 일반적으로 기존의 온라인 공동구매는 특정 상품을 일정한 구매자가 모이면 할인된 가격에 판매하는데 비하여 소셜커머스는 여기에 SNS가 더해져 소비자들은 해당 물건의 구매자를 모으기 위해 상품 정보를 다른 소비자에게 전달하게 되는데, 특히 SNS는 유사한 성향을 가진 사람들이 모여 집단을 이루는 특성이 있어 비슷한 수요를 가진 다른 구매자를 모으는 것이 더욱 빠르게 진행될 수 있다.

이는 정보의 바다에서 중간상은 생산자와 소비자 사이에 상품 유통을, 소비자는 다른 소비자와의 정보 유통을 하는 관계 기반 온라인 교역이라 할 수 있다.

2. 기업내 SNS 활용

기업내에서 지식의 공유가 중요하다는 건 어느 누구라도 잘 알고 있는 사실이다. 이러한 문제점을 보안하기 위해 그룹웨어나, KMS가 등장하였고 많은 기업에서 이 시스템을 도입하였지만 업무의 편리성은 높아졌다고는 하나 딱딱한 분위기에서의 지식공유는 사실상 원활하게 이루어 지지 못했다. 이러한 단점을 보완하기 위해서 등장한 것이 기업형 SNS다. SNS가 정보공유의 흐름이 그 어떤 미디어 보다 띄어난 점이 장점이라고 한다면 기업형 SNS의 등장은 당연한 결과라고 할 수 있다.

기업형 SNS는 기본적으로 일반적인 SNS서비스(트위터, 미투데이, 페이스북) 등과 기능적인 면은 같다. 하지만 기업 외부의 사람들은 접근이 불가능 하다는 점과 친목/교류의 목적보다 지식공유 및 아이디어 창출의 목적이 더 크다는 점이 다르다고 할 수 있다. 대표적인 기업형 SNS로는 "Yammer"가 존재하며 우리나라에는 이미 소수의 선진기업이 도입하여 큰 효과를 보고 있는 서비스다. 그 밖에 최근에는 SK의 "틱톡"이나 LG의 "비즈트윗" 등 모바일 및 IT기업을 중심으로 자사 서비스가 많이 생겨나고 있는 추세이다. 기업형 SNS 서비스가 이처럼 각광받는 것은 기존의 협업 솔루션보다 더 쉽게 이용할 수 있으면서도 빠른 업무처리, 정보교환 등의 장점이 많기 때문이다. 신속하게 정보를 확인하고 바로 피드백을 줄 수 있다는 점에서 지금까지 나온 어떤 지식경영 도구보다 빠른 업무처리가 가능하며, 다음과 같은 장점[7]이 있다.

1) 보다 생산적으로 동료들과 협업이 가능하다.

(1) 과거의 조직적 혹은 주제별의 정보를 언제든지 열람이 가능해진다.

(2) 조직적, 지역적인 구분이 없어지면서, 서로 도움 및 협업이 가능하다.

(3) 동료들이 무슨 일을 하는지, 어떤 이야기를 하는지 최신 상황을 공유할 수 있다.

(4) 전화나, 복잡한 메일의 교환 없이 즉시적인 의사결정이 가능해진다.

2) 원하는 정보에 대해 다각적인 시각으로 접근이 가능하다.

(1) 사내 전문가에게 바로 질문하여 답변을 받을 수 있다.

(2) 쌓여진 대화 이력이 지식DB가 되어, 언제라도 재활용이 가능해 진다.

(3) 개인의 목표를 달성하기 위해, 영향력 있는 적임자를 찾아 도움을 받을 수

---

7) 김계수 김태영, 「기업 및 프로젝트 커뮤니케이션 활성화 툴, Social Network」, (주)한솔인티큐브 논문, 2010.11

있다.

(4) 새로운 직원이 회사에 적응하는 속도가 적어도 10배는 빨라진다.

3) 회사를 보다 더 개선시킨다.

(1) 회사를 보다 더 친근하게 느낄 수 있으며, 아이디어를 실현할 수 있는 창구가 된다.

(2) 토론의 참여 기회를 높인다.

(3) 개인의 아이디어가 강화되며, 신뢰/명성이 쌓이게 된다.

(4) 대화와 정보가 보다 더 자유롭게 공유되면서 협업적 문화 창출이 가능해진다.

4) Email을 감소시킨다.

(1) Email 보다 대화/소통이 빠르고 간편하게 이뤄진다.

(2) 수많은 동료들과의 의사소통/정보에 대한 토론이 빠르게 진행된다.

(3) 대화가 구체화 되어가면서, 상호간 대화적 오해를 줄일 수 있다.

(4) 누구에게 물어볼지 모르는 문제에 대해 쉽게 답을 구할 수 있다.

5) 시간을 절약한다.

(1) Email로 주고받고 하는 의사소통 시간이 60% 이상 감소된다.

(2) 불필요한 메일링리스트로부터 해방된다.

제4절 · SNS 활용 사례

기업에서 SNS에 주목하게 된 지 여러 해가 지났다. 그동안 국/내외의 많은 기업들은 SNS를 도입하여 경영에 반영하기 시작하였는데 이를 통해 큰 성과를 거둔 기업들이 속속 등장하고 있다. 고객과의 소통을 통해 기업이미지 향상에 힘쓰고 더 나아가 직접적인 마케팅 활동도 벌이는 등 시간이 지날수록 보다 다양한 아이디어들이 등장하고 있다. 기업의 SNS 활용 사례는 다음과 같다.

1. 실시간 고객케어 및 기업 정보 제공을 위한 SNS 활용 사례

1) Starbucks (http://twitter.com/Starbucks/)

스타벅스는 현재 6명으로 구성된 소셜미디어팀을 통해 홈페이지, 블로그, 트위터 등을 운영하고 있다. 조직원 모두가 소셜미디어 담당자가 되는 것을 추진하면서 소셜미디어마다 타겟 오디언스에게 다르게 받아들여지도록 차이를 두어 운영을 하고 있다. 2008년 10월 페이스북 스타벅스를 시작, 총 380만 명의 팬을 보유했고, 트위터는 약 100만 명의 팔로워를 달성하였다. 스타벅스의 경우 페이스북은 고객들에게 응답하는 방식으로 운영하고, 트위터에서는 매장 커피 분쇄기의 날을 새로 갈았다거나, 메뉴의 변경사항 같은 것을 바리스타가 직접 올린 트윗으로 운영하고 있다.

2) Olleh KT (http://Twitter.com/ollehkt)

국내 출시된 애플 아이폰과 더불어 큰 인기를 끌었던 KT 트위터는 국내 소비자 관심이 아이폰 도입 시기와 가격에 몰려 있는 가운데 아이폰을 직접 출시하는 국내 이동통신사와 직접 커뮤니케이션 할 수 있는 장을 마련하였다. 아이폰 출시 이전 각종 루머가 난무하던 시절 트위터를 통해 소비자와 소통하며 신뢰감을 형성할 수 있었고 더불어 기존 미디어를 활용해 하루에도 몇 개씩 벌어지는 해프닝에 대한 발빠른 대처를 하고 있다.

3) 대한항공 (http://Twitter.com/Koreanair_Seoul)

대한항공은 작년 1월 트위터와 미투데이 계정을 개설하여 자연재해로 인한 비행기 결항, 지연 정보를 실시간으로 제공해 전세계 어디서나 승객과 소통할 수 있는 통로를 마련했다. 아침과 저녁에 트위터에 사용자가 보내온 여행 사진을 첨부해 실제 비행 느낌이 나도록 마케팅을 펼치기기도 한다. 대한한공 측은 트위터 계정 운영을 통해 기존 중후한 이미지를 탈피하는데 큰 도움이 되고 있다고 한다.

2. 패션업계의 혁명 'Diesel CAM' 활용 사례

최근 데님 패션 브랜드 디젤(DIESEL)은 페이스북을 이용한 인상적인 소셜미디어 마케팅을 선보였다. 스페인의 마드리드와 바르셀로나의 디젤 매장에서는 이른바 디젤 캠(Diesel Cam)이라는 색다른 기기가 설치가 되었는데, 이 기기에는 카메라와 터치 스크린이 세팅이 되어 있다. 피팅룸에서 마음에 드는 옷을 입어 본 고객이 피팅룸 바로 옆에 설치된 이 기기를 이용해 페이스북 계정에 로그인 한 뒤 자신의 착장 사진을 카메라로 촬영한 후 자신의 페이스북 계정에 업로드 할 수 있다.

〈그림 8-4〉 패션업계의 혁명 'Diesel CAM' 활용 사례

고객의 페이스북 친구들은 Diesel Cam을 이용해 사진을 올린 고객의 착장 사진을 보고 제품에 대한 자신들의 의견을 실시간으로 공유를 하여 고객은 자신의 스타일링을 자랑하거나 디젤의 제품들을 페이스북 친구들에게 소개하고 페이스북 친구들은 페이스북을 통해 공유된 고객의 착장과 스타일링을 보면서 자신들의 의견을 실시간으로 전송하여 제품의 구매 여부를 결정하는데 도움을 줄 수 도 있다. 이렇게 페이스북에 공유된 사진들은 전 세계 페이스북 유저들을 통해 더 크게 확산/전

파가 되고 디젤 브랜드를 이용하는 페이스북 유저들은 자발적으로 제작한 온라인 카달로그가 된다.

디젤의 이 기발한 페이스북을 이용한 마케팅 전략은 소비자들의 자발적인 참여를 이끌어 냈으며 오프라인에서만 가능했던(쇼핑시 친구가 옆에서 조언을 해 주는 등)일을 온라인에서도 실현시켰다는 점과 디젤캠으로 인하여 만들어 지는 온라인 카탈로그는 앞으로 패션산업이 나아가야 할 방향을 제시하고 있다.

3. 고객참여형 마케팅 '한국민속촌' SNS 활용 사례

'한국민속촌' 공식 트위터는 최근 개설 두 달 만에 1만 명의 팔로어를 모으며 인기몰이를 하고 있다. 한국민속촌 트위터의 매력은 '사극 말투'이며, 한국민속촌 계정에는 "기체후일향만강 하셨나이까", "점심 맛있게 드시옵소서"라는 글이 실시간으로 올라오고 있다.

한국민속촌에서는 사극어투를 사용하여 고객에게 친근감을 주고 있다. 트위터상에서도 고객들과 대화를 나눌때도 사극어투를 사용하여 인기가 많으며 고객과 친근감을 나누고 있으며 민속아씨라는 별명도 얻었고 20~30대의 젊음층의 관람객의 증가를 보인사례이다. 무엇보다 소비자들의 트렌드를 읽고 이를 잘 활용한 점이 성공요인인 것으로 판단된다.

4. 이벤트에 SNS를 활용한 사례

국내 기업들의 SNS활용을 살펴보면 '고객과의 소통을 위한 활용'이 가장 활발하게 진행 중이며 다음으로 각종 이벤트에 SNS를 활용하는 사례가 늘고 있다.

1) '삼성 스마트TV' 트위터 이벤트

삼성전자에서 트위터를 활용한 트위터 이벤트를 10월 31일까지 진행했다. 삼성

파브 스마트TV 트위터를 통해 진행되는 트위터 이벤트는 에디터의 선택, 주간 미션 이벤트, 실시간 번개 이벤트 등 3가지로 진행이 된다. 주간미션 이벤트는 10월 한달간 매주 트위터를 통해 공지되는 미션을 수행한 고객을 10명을 추첨해 기프티콘을 증정했다.

실시간 번개 트위터 이벤트는 연상퀴즈, 스마트TV로 5행시 짓기 등 누구나 참여할 수 있는 간단한 퀴즈로 각 이벤트 마다 5명을 선정하여 주유권을 제공. 또한 트위터 이벤트 기간 동안 스마트 TV에 바라는 아이디어를 응모한 모든 트위터를 대상으로 무작위 추첨을 통해 넷북(3명)과 외장하드(5명) 등 경품을 추가적으로 주기도 했다.

제5절 · 소셜네트워크 서비스 시대의 도래

소셜네트워크에 대해서는 현재 경제, 공학, 인문 등 다양한 분야에서 많은 연구가 진행되고 있다. Twitter와 Google, IPhone과 Facebook 등으로 대표되는 소셜네트워크가 경제에도 큰 영향을 끼치고 있다.

소셜네트워크는 트위터 같은 완전 개방형 방식과 Facebook 같은 부분 개방형 그리고 기타 위치기반형과 비즈니스형, 소셜 게임형 등 다양한 형태로 나뉜다.

페이스북 열풍과 함께 소셜네트워크게임(SNG)이 인기를 끌면서 시장 장악을 위한 관련업계의 경쟁이 치열하다. 소셜게임이란 인맥을 기반으로 즐기는 게임이다. 미국 시장조사기관인 NPD의 조사에 따르면 미국인의 20%인 5,680만 명이 소셜게임을 이용하고 있다고 한다.

Google 또한 소셜게임 시장에 본격적으로 진출하고 있다. Google은 최근 다양한 플랫폼에 있는 사용자들이 같은 게임을 즐길 수 있게 해주는 기술(스파크)을 보유한 캐나다 모바일 게임업체인 소셜 덱을 인수했다.

내 smart phone에 저장되어 있는 사람들과 대화형 무료문자와 사진으로 이야기를 주고 받을 수 있는 서비스이다. 오랫동안 연락이 끊어졌던 친구의 근황을 알 수도 있을 뿐만 아니라 나의 일상을 지인들에게 사진으로 알리기에도 좋은 툴이다.

특히 이번에 새로 나온 카카오스토리는 미니홈페이지의 방식과 유사한데, 사진으로 나의 일상, 가족, 관심사에 대해 보여줄 수 있기에 보다 쉽고 편하고 가깝게 느껴지는 소통의 공간이 되고 있다.

제6절 · SNS 마케팅

1. SNS 마케팅 잠재력

시장의 크기와 서비스의 기능적 특성을 볼 때, 소셜네트워크의 마케팅 수단으로서의 잠재력은 매우 크다고 말할 수 있다. 양적인 측면에서 볼 때, SNS 시장의 규모도 대단하지만, 그 성장의 폭도 커서 정확한 파악이 어려울 정도다. 예를 들어, Facebook 회원이 올 2월만 해도 4억이었는데 7월에 5억에 육박했고, Twitter의 경우는 1억 2천만 회원을 가지고 있다. 기능적 특면에서 보면, 상호 작용성을 핵심으로 하는 소셜미디어는 인간중심의 웹/집단적 지성/개방형/참여형 등의 특성을 가진다. 이러한 매체적 특징과 시장 크기를 동시에 감안하면, 소셜미디어를 마케팅 수단으로서 활용하기에 적합한 조건을 다섯 가지 정도 찾아볼 수 있다.

첫째, 소셜미디어는 확장성이 크다는 점이다. 메시지를 쉽고 빠르게 전달할 수 있는데, 이는 확산의 형태가 Top-down이 아니라, 수평적이고 또 지인 네트워크를 통한 피라미드식이기 때문이다.

둘째, 투자비가 저렴한 편이다. 잘 만든 기업 블로그 라든지 실시간 소통이 가능한 트위터는 그 매체적 효과가 큰 것에 비해, 그에 대한 투자비용은 상대적으로 저렴하다.

셋째 특징은 언제 어디서나 전달이 가능하다는 점이다, laptop, netbook,특히 최근 아이폰을 위한 smartphone의 휴대성 덕분이다.

넷째, 소셜미디어는 높은 신뢰도를 가진다. 지인과의 상호작용이나 유사한 관심을 가진 회원들 사이에서 엮어지기 때문인데, 높은 신뢰도는 마케팅에서 아주 중요한 요소이다.

마지막으로, 소셜미디어의 특징은 새로운 고객팬의 확보가 가능하다는 것이다.

개인이나 회사는 소셜미디어에 참여함으로써 홍보효과도 높일 수 있다.

2. SNS 마케팅의 성공사례

소셜네트워크 서비스는 초기에는 주로 미니 홈피를 뜻했지만 현재는 다양한 서비스가 SNS로 분류된다. 블로그, 트위터같은 마이크로 블로그, Facebook 같은 프로파일 페이지, 4Square같은 위치기반서비스 등 제공되는 서비스가 다양하기 때문에 관련 사례도 분야나 부문에 따라 다양하다.

1) 펩시(Peppsi)사는 2009년 7월 세계적인 가수 Michael Jackson이 돌연 사망했을 때 "Thank You, Michael" campaign을 벌였다. 마이클 잭슨이 1980년대 펩시사 광고 모델이었던 점을 소비자들과 적극적으로 소통해 공감대를 형성하려는 홍보전략이었다. 결과는 매우 성공적이었다.
2) kogiBBQ라는 업체는 LA 한인이 트럭으로 Taco 장사를 하면서 이동장소를 트위터로 알려 큰 성공을 거둔 예가 있다.
3) 아마존 사가 2009년 7월 인터넷몰 Zappos.com을 인수할 때, 자포스 연관 기업블로그, 홈페이지, 트위터, 유튜브 등을 통해 일반대중에게 알렸다. 기존언론 매체로는 소비자의 올바른 이해를 구하기가 힘들 것으로 생각했기 때문이다.

〈그림 8-5〉 웨스턴 디지털 코리아 공식 트위터

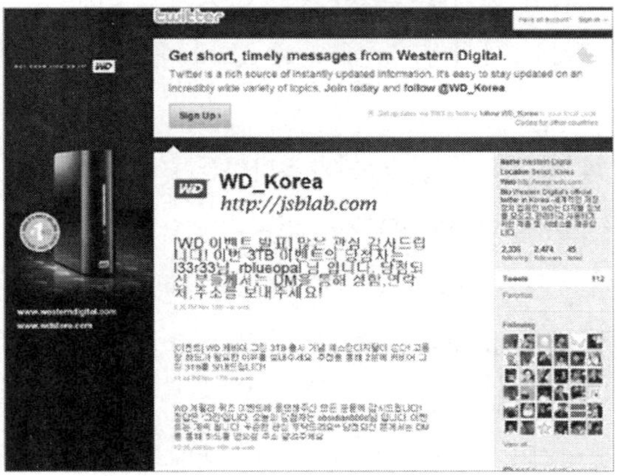

4) Southwest Airline 사는 그 많은 미 항공사들 중에 고객불만 접수율이 최저수준을 달성한 회사로도 유명하다. Nuts about Southwest라는 블로그와 트위터로 고객불만에 즉시 대응해, 비판적/부정적 의견을 상쇄할 수 있는 체제를 갖춘 결과다. 경쟁사인 JetBlue사의 경우를 보면, 한 고객이 휴가 때 가족예약을 했는데 공항에 나와서 보니 좌석이 나뉘어 있어서 항의했다. 별 소용없자 트위터에 올렸고 불과 19분 뒤 JetBlue에서 문제해결을 약속 받았다.
5) Dell 사는 2007년부터 트위터를 통해 컴퓨터 세일을 홍보하기 시작했는데, 현재 1백만 이상의 follower가 있다.
6) 우리나라에서도 피겨 김연아 선수, MBC 김주하 아나운서, 영화배우 박중훈, 소설가 이외수, 진보신당 노회찬 등 twitter를 활용하는 유명인사들이 적지 않다.
7) 세계적인 저장장치 업체인 웨스턴 디지털은 국내 고객들과의 친밀감을 높이기 위해 공식 트위터(@wd_korea)를 운영한다. 현재 2,500여명의 팔로워(Follower)를 지닌 웨스턴 디지털은 트위터를 통해 신제품 출시를 알리는 한편 하드 디스크 사용 팁에 대한 정보를 제공한다〈그림 8-5 참조〉.
8) 소셜미디어를 정치적 홍보에 활용한 예도 가장 흔하게 알려진 사례다. 미국 오바마 대통령은 트위터를 비롯한 소셜미디어의 활용하여 막대한 홍보효과를 얻었고, 선거자금의 모금에도 전례 없는 성공을 거두었다. 최근에 다른 매체에 앞서 트위터를 통해 TV에서의 프라임 타임 기자회견이 있음을 알리기도 했다. 그런데 오바마 대통령이 노무현 대통령에게 한 수 배운 게 아닌가 싶기도 하다. 6월 2일 지방선거에서 트위터의 위력을 볼 수 있었다. 5월 말 한국인 사용자는 55만이었는데, 불과 이틀 뒤인 선거일 당시 63만으로 늘어났다.

3. 소셜미디어의 미래(경제적 관점)

그러나 소셜미디어는 기존의 매스미디어가 할 수 없는 새로운 서비스를 제공한다. 지난번의 '루머 월드컵'에서 차범근 해설위원은, 미투데이를 통해 TV해설에서 힘들었던 새롭고 신선한 이야기를 들려주었는데 이것은 새로운 뉴스거리었다. 차두리 로봇설, 북한전 해설 뒷얘기 등은 네티즌들의 높은 관심사였는데, 온라인/소셜미디어를 통해 먼저 알려지고 난 후 전통언론들이 이러한 SNS 이슈를 가시화하기도 했다.

US Air 항공사의 비행기가 Hudson 강 비상 착륙해 135명의 승객구조에 관한 뉴스를 가장 먼저 알린 것은 기존의 전통매체가 아닌 트위터를 통해서였다. 이것도 트위터에서 기존 미디어로 뉴스의 소비지형이 바뀐 예라 할 수 있다. 그러나 다시 이에 대한 배경이나 자세한 뉴스는 전통적인 매체에 의해 보완된다. 마치 라디오가 급보를 알리면 신문이 좀 더 자세히 취급하고, 잡지에서 보다 상세히 다루는 경우와 비교할 수 있을 것이다. 소셜미디어의 발전은, 인터넷 이용자의 정보수집과 소비행태의 변화, API등 관련기술의 뒷받침, 그리고 광대역 무선망을 이용하는 스마트폰의 삼박자가 맞은 결과라고 할 수 있다. 결과, 소셜미디어의 특징도 정보탐색/소비의 수단에서 이용자들 간의 소통수단으로 변하게 되었다.

1990년대 중반의 개인홈피, 2000년대 초반에 등장한 Blog, 2000년대 중반에 소개된 Facebook, 그리고 Twitter 등으로 전개되었다. 차세대 혹은 미래의 소셜미디어는 적어도 몇 년 간은 이러한 진화방향을 따를 것으로 본다. 인터넷이용에 쓸 수 있는 시간의 제약과 보다 자극적인 서비스를 찾아 이동하는 디지털 세대의 특성을 감안할 때, 서로 차별화가 가능한 세가지 형태로 진화를 계속할 것으로 본다.

첫째는 블로그로서 글의 내용과 분량에 대한 제한이 없으므로 트위터의 영향을 받는다 해도 기본은 남을 것이다.

둘째, Facebook은 사람들과 친구관계를 맺고 자신의 개인 프로파일이나 활동을 공유하는 가장 잘 만들어진 인맥DB의 역할을 담당할 것으로 보인다.

마지막으로 트위터는 구글도 할 수 없는 실시간 커뮤니케이션 역할을 담당할 것이다.

Facebook, Twitter 모두 약 3년이 지나야 큰 폭으로 성장했는데, 트위터는 초기에 휘발성-소비성 커뮤니케이션으로 심하게 비하되었다. 소셜미디어 역시 Paul Saffo가 얘기한 '거시적 근시(macromyopia)'라고 하는 패턴을 벗어나지 못한다는 예가 되겠다. 미국의 미래연구소(Institute for the Future)라는 컨설팅그룹의 컨설턴트였던 Paul Saffo는 미디어의 보급유형을 역사적 측면에서 연구한 결과 한 매체가 일상생활의

한 부분으로 자리잡기까지는 약 30년이 걸린다는 결론을 내린 바 있다.

결론적으로 "인터넷은 신문과 방송보다 더 많이 접하는 매체로", "소셜미디어는 이메일보다 더 많이 이용하는 매체로"라는 기사를 보았다. 아래에서 보듯이 SNS와 이메일 모두 메시지를 주고받는 점은 비슷하지만, 이용시간은 SNS가 2배 가까이 길다라는 결과였다.

제2부 소프트웨어산업과 디지털 경제의 기업경영

제9장

IT경제에서 정보보안의 중요성과 경제적 효과

제1절 · 정보보안의 수요 증가

국내 뿐 아니라 세계적으로 사이버 공격은 늘어나고 있고, 이에 따라 보안에 대한 경각심이 점차 커지고 있다. 2011년 세계 사이버 공격은 전년대비 81% 증가했고, 국내에서도 2013년에 3월에 금융 및 방송 전산망 마비, 6월에는 정부주요기관 사이버 공격 등 큰 보안 사고들이 이어졌다. 보안사고가 계속되는 이유는 해킹 및 사이버 공격의 방법이 지능화되고 고도화되고 있기 때문이다. 따라서 보안 장비 및 감시시스템이 고도화될 수밖에 없으며, 이에 따라 보안 수요가 지속적으로 증가할 것으로 전망되고 있다.

트래픽 증가는 보안사업 성장의 또 다른 트리거이다. 글로벌 IP 트래픽은 2017년까지 연평균 23% 증가할 것으로 예측되고 있으며, 무선트래픽은 향후 5년간 연평균 88%의 높은 성장이 전망되고 있다. 트래픽 증가는 보안 측면에서 살펴보면 처리해야할 용량이 많아졌음을 의미한다. 보안업체들은 고사양 장비를 계속 내놓고 있고 이에 대한 수요도 증가하고 있다. 보안 장비가 시스템 투자 사이클 외에 트래픽 증가에 따른 추가 성장이 예상되는 이유이다.

최근 들어 IT생태계라는 말을 많이 듣곤 한다. 경제사회 발전을 이끄는 데는 이제 물리적인 하드웨어가 아닌 논리적인 소프트웨어산업을 발전시켜 IT 전문인력 양성에 주력해야 한다고 최근 언론보도에서 자주 보고, 듣고 있다. 우리나라는 일본, 미국, 이탈리아, 프랑스, 독일, 영국에 이어 세계 7번째로 2050클럽(가입조건: 국민소득 2만 달러, 인구 5천만 명 이상)에 가입했으며, 세계 9번째로 무역 1조 달러를 달성하였다. 또한 주요 국가 신용도 평가에서는 일본을 앞서고 있으며 녹색기후기금(GCF : Green Climate Fund), 핵안보 정상회의 등 각종 유명 국제행사를 유치할 정도로 국격(國格)은 높아졌다.

그러나, 최근 글로벌 경제위기의 먹구름이 걷히지 않으면서, 많은 전문가들은 지금의 상황을 1930년대 경제대공황과 견줄 정도라고 분석한다. 당시 대공황이 세계 주력산업을 농업에서 제조업으로 전환시켰다면 현재 위기가 가져올 새로운 국면은 무엇일까? 빌클린턴 행정부의 경제자문위원회 위원장이자 2001년 노벨경제학상 수상자인 조지프 스티글리츠 미국 컬럼비아 대학 교수는 세계가 전형적인 제조업으로 가치를 창출했던 '굴뚝 경제'에서 '창조경제'로 근본적인 전환이 일어나고 있다고 분석한다. 이러한 인식은 우리 정부도 예외는 아니어서 '창조경제를 통한 경제발전'을 가장 중요한 국정과제의 하나로 삼고 있다.

창조경제란 창의적인 아이디어를 과학 기술과 결합하여 새로운 성장 동력을 창출하고 이를 바탕으로 새로운 시장, 새로운 일자리를 만들어 가는 것을 의미한다. 이러한 창조경제를 실현하기 위해 우리 정부는 정보기술, 바이오기술, 나노기술, 문화기술, 환경기술 등 첨단기술을 산업에 접목시키고 정보통신(IT) 기술의 융합을 추진하는 역할을 담당하는 기관으로 미래창조과학부를 신설하기도 하였다. 그러나 여전히 창조란 개념 자체가 모호하다는 논쟁은 계속되고 있으며, 당분간 '창조경제' 개념 찾기는 계속될 전망이다.

창조경제의 개념정립을 둘러싸고 아직도 많은 논란이 일고 있긴 하지만 박근혜 대통령이 설명한대로 창조경제를 과학과 정보통신 기술의 융합 등을 통해 새로운 부가가치와 일자리를 창출하는 것으로 본다면, 이 개념에 딱 들어맞는 분야 중 하나가 '보안' 분야라고 생각한다.

실제로 미래창조과학부의 윤종록 차관은 최근'제19회 정보통신망 정보보호워크숍(NETSEC-KR 2013)'에 참석해 "지금까지 IT분야에서 상대적으로 관심이 적었던 보안산업을 미래 먹거리 산업으로 육성할 것"이라며, "이같은 발상이 창조경제 실현을 앞당길 수 있다"고 강조한 바 있다. 또한 이를 위해 '해킹을 막는 해커'로 불리는 '화이트해커(White-Hat Hacker)'를 양성하고 이를 통해 보안 산업을 새로운 성장 동력으로 육성해 나갈 계획이라고도 하였다. 보안 분야에 있어 우리의 경쟁력을 짚어보고 이제 곧 우리 눈앞에 펼쳐질 창조경제 시대를 온전히 맞이하기 위하여 개선해 나아가야 할 점은 무엇이 있는지 알아보고자 한다.

지난 2008년 옥션의 1,800만여 명 정보유출사건, 2011년 현대캐피탈과 농협 해킹 사태를 거쳐 최근 SK컴즈의 네이트와 싸이월드의 3,500만 회원의 개인정보 유출사건까지 해킹기술의 발전 속도와 피해 규모는 점점 커지는 반면, 그 피해 보상은 미비한 실정이다.

근본적인 이유는 외국과 국내의 보안대책에 대한 접근방법의 차이이다. 우리나라에서 채택하고 있는 접근방법은 특정 보안 위험에 대한 최소한의 보안대책을 정부가 직접 규율하고 있는 방식으로서, 예를 들면 "비밀번호 및 바이오정보를 일방향 암호기술로 암호화해 저장할 것", "주민등록번호 및 계좌정보 등 금융정보를 암호화해서 저장할 것"(이상 정보통신망법 시행령), "이용자 PC에서의 정보유출을 방지하기 위해 이용자의 접속시 우선적으로 이용자PC에 개인용 침입차단시스템, 키보드해킹방지 프로그램 등의 보안프로그램을 설치할 것"(이상 전자금융감독규정시행세칙), "개인정보처리자가 고유식별정보를 처리하는 경우에는 그 고유식별정보가 분실 · 도난 · 유출 · 변조 또는 훼손되지 아니하도록 대통령령으로 정하는 바에 따라 암호화 등 안전성 확보에 필요한 조치를 할 것"(이상 개인정보보호법) 등과 같이 관련 법, 시행령, 또는 지침에 업체가 취해야 할 조치들을 일일이 명시해 주는 방식이다.

이는 인터넷뱅킹과 같은 인터넷서비스의 빠른 확산에 기여한 측면이 큰 반면 플랫폼 종속성, 업체의 창의적이고 능동적 보안대책 시도 부족, 보안기술간 경쟁 저하 등의 단점이 있는 것도 사실이다. 더욱이 해킹사고가 발생할 경우 해당 업체에게 "우리는 법에서 하라는 것은 다했다. 이건 불가항력이었다"고 인식되기도 한다.

우리나라와 달리 미국과 영국, 일본 등 주요 선진국의 경우에는 업체가 관련된 보안위험을 직접 평가하고 적절한 보안대책을 창의적으로 스스로 채택하도록 하고 있다. 또한 각 업체로 하여금 책임규명설비 구축을 의무화해 사고 발생시 업체의 과실유무를 명확히 규명하고, 소비자에게 그 피해보상을 확실히 할 수 있게 하고 있다(일명, 포렌식 준비제도〈Forensic Readiness〉). 이러한 접근방법은 업체가 보안 문제에 대해 좀 더 적극적으로 개입하도록 유도할 수 있다는 장점이 있는 반면 관련 산업의 확산이 상대적으로 더디다는 단점도 존재한다.

2013년 현재 스마트폰을 이용한 국내 모바일 인터넷 이용자는 2,300만 명을 돌파하였고, TGIF(Twitter, Google, Apple, Facebook)를 통한 일인 방송국, 일인 미디어, 일인 창조기업들은 하루가 멀다하고 계속 등장하고 있다. 각 회사나 조직들이 제공하는 제품이나 서비스, 만나는 사용자의 유형은 다양해져 가고 있으며, 이들이 수집하고 유지하는 정보의 유형 및 관련 정보 시스템 기술의 종류도 천차만별이기에 각각은 매우 다른 보안 문제들에 직면하고 있다. 보안 정책은 이러한 수많은 차이점들을 고려해야만 하나, 십수 년 전에 만들어진 직접규제에 기반한 현행 법규들은 이러한 인터넷 문화의 급격한 변화를 제대로 따라가지 못하고 있는 실정이다.

이러한 수많은 차이가 존재하는 상황에서 현재와 같은 정부 주도의 획일적인(One size fits all) 보안정책은 더 이상 현명한 선택이 아니다. 창조경제 시대를 맞아 이제는 우리 정부도 산업 활성화에만 너무 얽매인 나머지 정부가 나서서 보안대책을 직접 규제하려고만 하지 말고, 각 업체가 자신이 소유한 유·무형 자산 의 가치에 따라 창의적으로 최대한의 보안대책을 수립하도록 유도하는 자율규제 정책을 펴야 할 때이다.

지난 10여 년간 우리나라의 정보통신기술의 발달, 특히, 정보화와 인터넷 관련 기술의 발달은 업무 생산성과 효율성의 향상과 언제 어디서나 필요한 정보를 쉽게 취득, 가공, 재생산해서 지식정보화사회를 가져왔다는 점에서 우리사회의 발전에 공여하는 바가 크나 그와 더불어 모든 사회가 인터넷으로 상호 연결되어 인터넷 상에서 침해사고가 발생 시 그 피해는 기하급수적으로 늘어나며, 그 파장은 모든 영역에 미친다는 점에서 정보사회의 발달은 양날의 칼이라 하지 않을 수 없다. 따라서, 이러한 정보통신기술의 순기능을 최대한 활용하고 역기능을 최소화하기 위해서는 사회 모든 영역과 구성원들이 인터넷 침해사고에 대한 관심과 방지를 위한 노력에 신경을 기울여야 한다.

제2절 · 최근 사이버 공격

연합뉴스에 따르면, 2013년 3.20 사이버 공격으로 실제 피해를 입은 PC는 3만 2천여 대로 추정되며, 사실상 손상된 데이터의 원 상태로 복구하는 것이 불가능하다고 전망이다. 이는 3.20 공격의 경우 PC의 부팅 영역만 공격한 것이 아니라 하드디스크 자체를 손상시켰기 때문에 손상된 데이터의 완전 복구는 어려울 것이다. 3.20 전산대란의 주요 진행과정을 살펴보면 아래와 같다.

〈그림 9-1〉 3.20 사이버대란 사건 개요

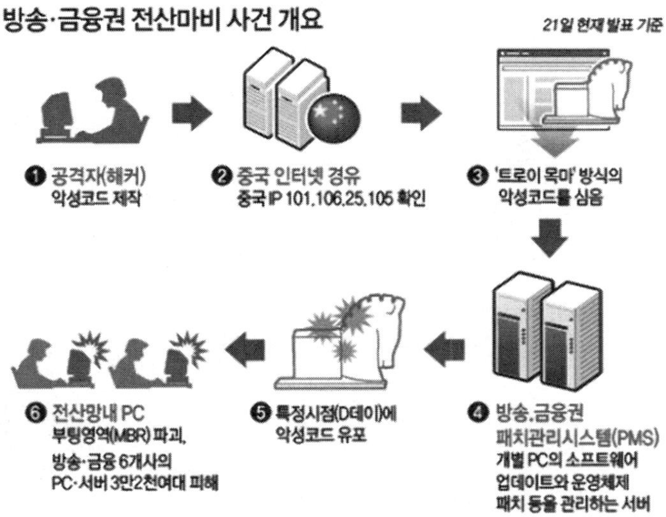

2013년 3월 20일 오후 2시 50분경 국내 주요 언론사와 금융권의 전산망이 악성코드에 감염되어 다운되는 사태가 발생하였다. 방송 및 금융부문 6개사 전산망이 동시에 마비되어 최장 10일간의 복구 기간이 소요되었다. 3.20 사이버 공격으로 악성코드에 감염된 PC는 마스터 부트 레코드(MBR)와 볼륨 부트 레코드(VBR)가 파괴되어 부팅되지 않았으며, 기존 데이터들이 소실되는 피해를 입었다.

주요 피해 사례를 살펴보면 KBS, MBC, YTN 등 주요 방송사와 언론사가 피해를 입었으며, 신한금융 계열의 신한은행과 제주은행 전산망이 장애를 일으켰으며, 농협은행도 일부 PC에 장애가 발생하여 인터넷을 차단하는 등 피해가 발생하였다.

2013년 3월 20일 사이버 공격의 여운이 채 가시기도 전인 2013년 6월 25일 오전 9시 10분경 청와대 홈페이지 및 주요 정부기관 등에 대한 사이버 공격이 감행되었다. 정부 발표에 따르면, 6.25 사이버 공격의 대상기관은 69개 기관으로 홈페이지 해킹 47개 사이트, 디도스 공격 8개 사이트, 악성코드 공격으로 인하여 하드디스크가 파괴된 경우가 14곳으로 나타났다. 6.25 사이버 공격의 전체적인 흐름을 살펴보면 아래와 같다.

〈그림 9-2〉 6.25 사이버 공격 사건 개요

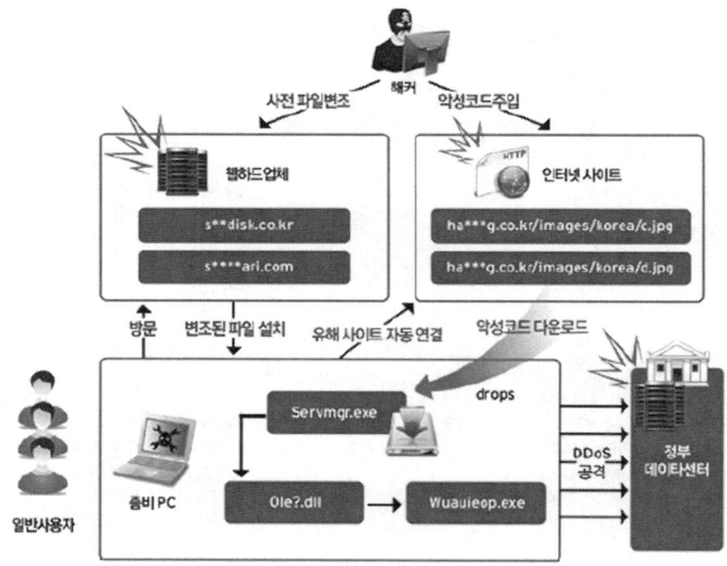

이번 공격 또한 지난 3.20 사이버 공격의 북한의 해킹 수법과 일치하는 것으로 정부에서는 북한의 소행이라고 공식 발표했다. 정부에서는 6.25 사이버 공격의 국내 경유지에서 발견된 IP와 북한이 사용하는 IP가 동일한 점, 또한 악성코드 공격에 따른 시스템 부트영역 파괴, 시스템의 주요파일 삭제, 해킹 결과를 전달하기 위한 공격상황의 모니터링 방법, 악성코드 문자열의 특징이 3.20 사이버 공격과 동일한 점을 들어 6.25 사이버 공격 역시 북한의 소행으로 추정하였다.

앞서 살펴본바와 같이, 정보통신기술의 발달로 인한 사회 시스템의 네트워크화는 생산성 및 효율성 향상, 정보격차의 해소, 언제 어디서나 필요한 정보를 쉽게 얻고 가공하여 새로운 부가가치를 창출하는 등 우리 사회의 발달에 기여한 바가 매우 크다고 하겠으나, 또 한편으로는 네트워크로 연결된 사회에서의 해킹, 디도스 공격, 개인정보유출, 피싱 등의 역기능은 자칫 사회 전체를 위기로 몰아넣을 수 있는 극단적인 무기로 사용될 수 있다.

따라서, 정보통신기술이 고도화되면 될수록 그 기반이 되는 정보보호의 중요성은 아무리 강조해도 지나치지 않을 것이다. 지난 인터넷 침해사고의 흐름을 살펴보면, 디도스 및 해킹 공격은 보다 지능화되고 진화된 공격 형태를 나타내고 있으며, 단순히 금전적인 이득을 목적으로 하거나 개인의 과시욕에서 실행하는 단순한 행태에서 벗어나 점차 의도적으로 사회적 혼란을 야기하거나 정치적인 목적 달성을 위한 사이버테러의 형태로 진화하고 있다.

이러한 진화하고 발전하는 인터넷 침해사고에 적절히 대응하고, 보다 안정적이고 신뢰할 수 있는 우리 사회의 발전을 위해서는 정부차원의 장기적이고 종합적인 정보보호 대책의 수립과 더불어 사회 구성원들이 자발적으로 실천할 수 있는 방향 제시가 필요하다고 생각된다.

이는 적정한 예산의 투입뿐만 아니라, 사회 모든 부문의 구성원들이 개인의 안전한 생활과 사회 전체의 발전을 위해서는 구성원 각자의 정보보호의 중요성에 대한 인식제고와 이를 실생활의 작은 것에서부터 실천하는 생활화가 중요할 것이다.

또한, 진화하는 인터넷 침해사고에 대비하기 위해서는 정부의 노력뿐만 아니라 민간 부문에서도 자율적으로 대응 체계를 구축할 수 있도록 보안산업의 활성화가 필요하다. 이를 위해서는 우선적으로 적정 수준의 전문 보안 인력의 꾸준한 양성이 반드시 요구된다. 기업들이 정보보호에 대한 투자를 비용으로 생각하지 않고 과감하게 투자 할 수 있도록 여러 정책적 지원 방안을 마련하는 것도 좋은 방법일 것이다.

끝으로, 정보보호 분야는 단기간 내에 직접적이고 가시적인 효과를 볼 수 없는 특성을 가지고 있기 때문에 너무 조급하게 단기적인 성과에 급급하여 사고 시 마다 단편적인 대책을 강구하는 것에서 벗어나 정부가 주도하여 사회 모든 구성원들이 참여하여 정보보호 대응능력을 강화할 수 있는 시스템 체계를 구축함으로써 사회

안전망이 강화될 수 있도록 중장기적으로 접근하는 노력이 필요하다.

이제 주사위는 이미 던져졌고 우리의 최우선 국정목표는'일자리 중심의 창조경제' 이다. 시장조사기업인 IDC(International Data Group)에 따르면 IT보안 · 물리보안을 아우르는 융합보안 시장의 규모는 2012년 3,300억 달러에 달했다고 한다. 이는 반도체 시장규모인 3,400억 달러와 맞먹는 수준이다. 이스라엘이 그랬듯이 우리도 북한과의 지정학적 위치가 오히려 '보안 산업을 근간으로 국부를 창출하는 나라'가 되는데 일조할 수 있다. 반도체 산업이나 휴대폰 산업처럼, 우리 보안 산업도 세계 선진국과 패권을 다툴 그날이 어서 오기를 희망해 본다.

제3절 · IT경제에서 정보보안의 중요성

1. IT경제에서 정보보안

우리나라는 급속도로 현대화되어 현재 세계적인 IT강국이 되었다. 컴퓨터와 네트워크의 보급 및 발전으로 정보의 영향이 미치지 않는 곳이 없으며, 사회는 IT경제라는 개념에 이르렀다. 그러한 현대 속에 정보의 중요성에 따라 정보보안의 개념이 부각되었고, 지금은 화이트 해커 양성에 국가가 나설 정도로 정보의 보안성이 주목되고 있다.

〈그림 9-3〉 국내 주요 개인정보 유출사고

국내 주요 개인정보 유출사고		
시 기	유출 기업	유출 규모
2006~2008년	하나로텔레콤	650만 명
2008년 2월	옥션	1863만 명
2008년 9월	GS칼텍스	1119만 명
2010년 3월	신세계몰	330만 명
2011년 4월	현대캐피탈	175만 명
2011년 7월	SK커뮤니케이션즈	3500만 명
2011년 11월	넥슨	1320만 명
2012년 4월	EBS	400만 명
2012년 7월	KT	870만 명

대표적인 예로 개인정보 유출을 들 수 있다. 네이트, KT, EBS, 옥션, 은행사 등 다양한 업종에서 개인정보 유출이 발생하고 있다. 개인정보 유출의 원인으로 내부 직원의 고의적인 유출 또는 관리소홀, 해킹 등 다양하다.

금융권뿐만 아니라 온라인 쇼핑몰, 방송사, 통신사 등 네트워크를 활용하지 않는 사업이 없고, 인터넷을 통해 수많은 커뮤니케이션을 형성한다. 이러한 IT경제 속에 개인정보는 최근 이슈화된 소재이며, 이는 정보보안과 직결된다.

2. 정보보안의 중요성

실제 개인정보 유출뿐만 아니라 정보보안의 가장 핵심적인 부분 중 하나는 불법 해킹이다. 각종 취약점을 공략한 다양한 공격 방법을 통해 수많은 기업 · 기관들이 피해를 보고 있으며, IT경제 속에 정보보안의 중요성이 떠오르게 된다. 악성코드를 통한 공격, 네트워크 공격, 시스템 해킹 등 최근에는 웹해킹과 같은 공격 기법이 주목되고 있다. 그 중 최근 악성코드는 아래와 같이 주로 트로이목마가 주를 이룬다.

2011년 9월 전까지는 「정보통신망 이용촉진 및 정보보호 등에 관한 법률」에 의해 법의 영향이 있었으나, 좀더 넓은 범위에 적용하기 위해 2011년 9월 30일에 시행된 「개인정보 보호법」이 시행되었다. 「개인정보 보호법」 제29조에 따라 개인정보처리자(사업을 목적으로 개인정보를 처리하는 기업체, 기관 또는 개인)는 기술적 · 관리적 보호조치를 해야 한다.

〈표 9-1〉 최근 악성코드의 유형과 건수

유 형	건 수
Trojan	9,282
Spyware	6,937
Adware	965
Downloader	161
Dropper	160
Win32/Virut	113
Appcare	21
Joke	4
etc	4,306
Total	21,949

출처 : AhnLab 보안정보(2013년 3분기)

〈그림 9-4〉 해킹사고 처리 건수

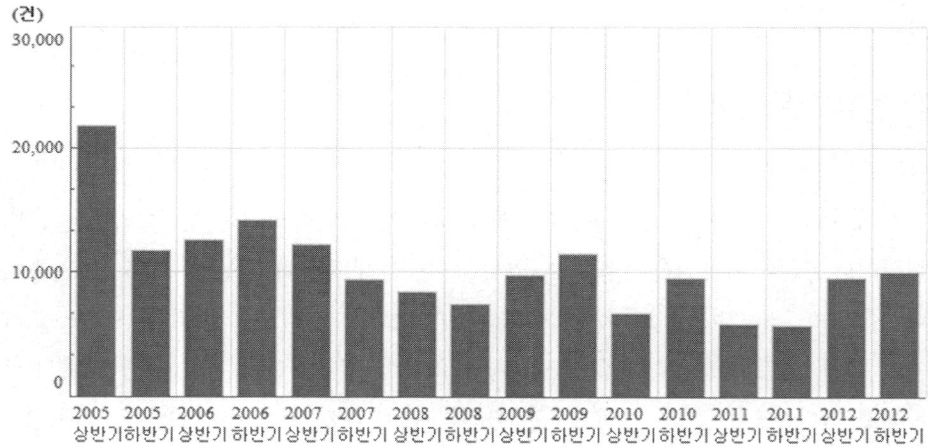

악성코드를 활용한 공격 기법뿐만 아니라 웹해킹 기법으로 수많은 해킹 사례가 있다.

제4절 · 정보보안 공격의 방어방안

1. 공격의 방어방안

보안은 업체의 업무와 시스템에 따라 다양하게 적용된다. 운영하는 서비스에 따라 웹서버, DB서버, 네트워크 장비 등 다양한 장비에 따라 사용하는 보안 장비 및 적용되는 정책이 다르다. 정보보안은 법에서 요구하는 최소한의 기준부터 수많은 공격으로부터 방어하기 위한 높은 수준까지 여러 가지로 분류된다. 「개인정보 보호법」 시행령에 의하면, 개인정보처리자는 개인정보처리시스템에 대하여 IPS, 방화벽과 같은 접근통제를 실시해야하며 전송 · 저장에 대한 암호화, 접속기록 보관, 보안 프로그램 설치, 물리적 잠금장치 등 다양한 범위에 적용하였다.

〈개인정보 보호법 시행령〉

제30조(개인정보의 안전성 확보 조치) ① 개인정보처리자는 법29조에 따라 다음 각 호의 안전성 확보 조치를 하여야 한다.

1. 개인정보의 안전한 처리를 위한 내부 관리 계획을 수립 · 시행
2. 개인정보에 대한 접근 통제 및 접근 권한의 제한 조치
3. 개인정보를 안전하게 저장 · 전송할 수 있는 암호화 기술의 적용 또는 이에 상응하는 조치
4. 개인정보 침해사고 발생에 대응하기 위한 접속기록의 보관 및 위조 · 변조 방지를 위한 조치
5. 개인정보에 대한 보안프로그램의 설치 및 갱신
6. 개인정보의 안전한 보관을 위한 보관시설의 마련 또는 잠금장치의 설치 등 물리적 조치

홈페이지를 통한 광고나 고객 확보 등 다양한 방법으로 전자, 건축, 자동차, 식품, 출판, 화장품, 부동산, 광고, 호텔, 레저 등 모든 분야에서 IT를 활용한 경제력을 갖추고 있다. 이러한 기업체들은 정보보안의 중요성이 증가하면서 「정보통신망 이용촉진 및 정보보호 등에 관한 법률」, 「개인정보 보호법」 등 다양한 법을 통해 피해를 최소화하고 정보보안전문가 육성을 통해 국내의 정보보안의 인력을 증가시킴으로서 정보보안의 인지도를 높이고 있다.

사내 네트워크를 위한 보안 장비뿐만 아니라 개인의 업무 PC에서의 악성코드를 방지하기 위한 백신프로그램 활용 등 다양한 방법으로 보안을 유지하고 있다. 보안 담당자와 일반 사원의 보안 정책은 조금 다르게 적용된다. 서버측에서의 보안은 시큐어 코딩부터 시작해서 방화벽, IPS, IDS 운영을 통한 보안 정책 설정까지 기업의 서비스에 맞게 설정해야 한다. 홈페이지에 스크립트 작성을 방지하거나 인증 및 세션 관리를 통해 취약점을 미리 방지하도록 한다. 보안 담당자가 아닌 일반 사원의 경우에도 검증되지 않은 사이트는 접속하지 않고 백신 및 OS의 보안을 최신으로 유지하도록 한다. 주기적인 보안점검을 통해 악성코드를 방지하도록 한다.

스마트폰의 발전으로 모바일 어플로 기업의 사업성을 넓혀가고 있다. 이에 따라 최근에는 모바일 해킹이 이슈화되고 있으며, 아직까지 많은 취약점이 발견되고 있다. 일반 사용자 측면에서 모바일 해킹 피해를 방지하는 방법은 다음과 같다.

1) 비밀번호 설정

- 단말기 분실을 대비하여 비밀번호를 설정해 두어야 한다.

2) 백신 등 필수 앱 설치

- 정보보안을 위해 백신 프로그램을 설치·운영하도록 하며, 스팸이나 스미싱을 방지할 수 있는 프로그램을 같이 운영하도록 한다.

3) 기본 운영체제 변조 금지

- 스마트폰 플랫폼 구조를 변경하여 아이폰의 탈옥이나 안드로이드의 루팅을 하지 않도록 한다.

4) 앱 설치 시 과도한 개인정보 수집 여부 확인

- 앱 설치 시 대부분 개인정보를 수집하는데, 이때 수집 항목을 확인하여 과도한 수집을 요구하는 앱은 설치하지 않도록 한다.

5) 금융정보 등 중요한 정보 저장 금지

- 계좌번호, 보안카드와 같은 금융정보 및 중요 정보는 스마트폰에 저장하지 않도록 한다.

6) 스미싱 · 파밍 문자 회피

- 문자메시지를 통해 URL을 전송함으로서 악성코드를 유포시키는 경우가 매우 빈번하므로, 출처가 확인되지 않는 문자의 링크는 사용하지 않도록 한다.

7) 백신 주기적 업데이트

- 새로운 취약점을 막기 위해 백신 앱을 항상 최신화 업데이트를 유지하도록 한다.

8) 블루투스 · 와이파이는 사용시에만 기능 활성화

- 블루투스나 와이파이를 사용하지 않을 때는 그 기능을 비활성화하여 비인가된 접근을 방지하도록 한다.

9) 보안 설정이 되지 않은 와이파이는 사용 금지

- 검증되지 않거나 보안 설정이 되지 않은 와이파이의 경우, 파밍이 가능하므로 사용하지 않도록 한다.

10) 휴대전화 교체 시(폐기 시) 개인정보 삭제

- 개인정보의 유출 방지를 위해 휴대전화를 교체할 경우 저장된 데이터를 모두 삭제하고 디가우징을 실시하는 것이 좋다.

정보보안의 가장 중요한 요소 중 하나는 기술적인 보호조치도 중요하나, 관리적인 요소도 중요하다. 따라서, 정보보안의 중요성을 인지하고 관리적인 부분부터 지켜나가야 비로소 정보보안을 이룰 수 있을 것이다.

2. 정부의 정보보안 육성정책

우리나라가 IT 강국임에도 불구하고 정보보호 산업에 있어서는 상대적으로 협소하고 낙후된 시장 여건과 기술경쟁력 및 우수인력 확보가 지연되면서 글로벌 경쟁에서 뒤처지고 영세한 산업구조의 악순환이 발생하고 있다는 판단에 따라 정보보호산업 발전 종합대책을 세우고 있다.

금년도 7월 미래창조과학부에서 발표한 정보보호산업 발전 종합대책을 살펴보면 ICT강국에 걸맞는 정보보호산업 강국 도약 비전을 마련하고 2017년까지 정보보호시장 2배 확대, 최정예 정보보호 전문가 5,000명 양성, 10대 세계 일류 정보보호제품 개발을 목표하고 있다.

국가 중요시설에 대한 보호조치 강화를 위해 주요정보통신 기반시설을 기존 209개에서 2017년까지 400개로 확대할 계획이며, 금년도에는 방송설비 및 IDC, 2017년까지는 의료, 에너지, 방송 및 통신으로 확대할 계획이다. 민간기업들도 정보보호 강화를 위해 정보보호관리체계(ISMS)의무인증 대상을 현재 150개에서 2017년까지 500개로 확대할 계획이며, 교육 및 의료 등 정보통신망을 활용하는 모든 사업분야로 확대를 추진하고 있다.

민간 사업자의 정보보안 투자 촉진책으로 통신사업자, 포털, 온라인뱅킹 등에 대한 사이버 위협 취약성 등 정보통신서비스 안정성 평가를 정례적으로 실시하고 정보보호조치 및 사전점검 제도를 통해 민간기업의 자발적 보안투자를 유도한다는 계획이다.

또한 현재 롯데정보통신, SK인포섹, 시큐아이닷컴, 사이버원, 안랩, STG시큐리티, A3시큐리티 7개사인 지식정보보안컨설팅 전문업체를 추가지정하기로 하고 입법예고 하고 있다. 이는 올해 중순 발표 이후 지연되다가 지난 10월부터 다시 추진되고 있어 긍정적이다. 정부는 또한 소프트웨어 요율 강화로 관련 업체 수익성 제고를 마련하고 있다. 정보보호 소프트웨어 유지관리 대가 예산을 2014년 평균 10% 수준으로 하고, 2017년까지15%로 단계적 상향을 검토하고 있으며, 이를 통해 BMT 강화 및 정보보호 제품, 서비스 비용을 발주단계에서부터 분리 반영되도록 한다는 계획이다.

보안 문제의 중요성이 점차 부각되고 있는 가운데 정부가 정책적으로 보안산업 강화책을 마련하고 있는 점은 보안업체들에게 우호적으로 작용할 것임에 따라 향후 성장에 대한 긍정적 전망이 예상된다.

〈그림 9-5〉 세계 보안장비 기능별 시장규모(IDC)

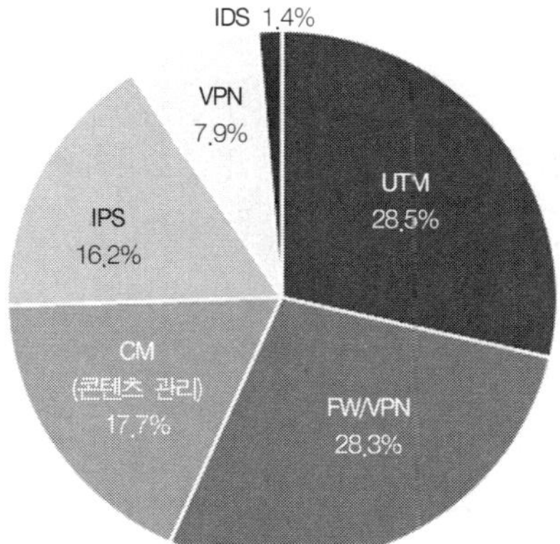

제5절 · IT경제에서 정보보안의 경제적 효과

1. 개인정보보호의 현황

한국은 30여 년 전 행정전산화를 추진한 이래 새로운 국가발전 동력으로 정보화를 선택하고 세계의 IT혁명에 능동적으로 대처하기 위해 꾸준히 노력해 왔다. 그 결과, 2007년 현재초고속 정보통신 인프라 4년 연속 1위, 2010년과 2012년에 UN 평가 전자정부 1위, 디지털 기회지수 3년 연속 1위 등 최상위 정보화 국가로 평가되고 있다. 또한 이러한 정보화의 진전은 IT를 기반으로 하는 다양한 신규사업을 등장시키며, 새로운 문화를 만들어내는 근원이 되고 있다.

기업과 개인 역시 고도로 정비된 IT인프라 환경을 이용하는 방향으로 행동양식을 변화시키고 있다. 기업의 경우 전체의 84.6%가 인터넷에 접속하고 있으며, 40.8%가 홈페이지를 보유하고 있다. 한편 개인은 전체의 74.8%가 인터넷을 이용하고 있으며 이용시간은 1주 평균 13.7시간이다. 이러한 행동양식의 변화는 개인이 인터넷의 이용을 통해 효용을 극대화시키려 한다는 것과 기업이 인터넷을 이용하여 이윤을 극대화 시키려 한다는 것을 의미한다. 즉 인터넷을 상호간에 이익을 증진시키는 수단의 하나로 사용하고 있다는 것이다.

한편 인터넷을 이용하려는 이러한 행동양식의 변화는 개인정보를 매개로 하여 이루어지고 있다. 실제로 기업의 경우 홈페이지 보유업체의 약 79%가 개인정보를 수집하고 있으며, 개인 인터넷 이용자의 경우 약 86%가 개인정보를 제공하고 있다. 기업이 개인정보를 수집하는 이유는 제품개발 · 마케팅 · 서비스 제공의 고도화 등에 활용하기 위해서이며, 개인이 개인정보를 제공하는 이유는 탐색 및 거래비용 저감 · 서비스 및 콘텐츠 이용 등이다. 그러나 개인정보의 이용이 증가함에 따라 동시에 개인정보 침해사고도 증가하고 있다.

이러한 결과 개인정보 침해사고에 대한 법적 분쟁도 증가하고 있으며, 엔씨소프트는 지난 6월 1인당 50만원의 배상판결을 받았고 국민은행은 1인당 300만원의 손해배상청구소송이 진행되고 있다. 이와 같은 개인정보 침해사고 증가 문제는 이미 중요한 사회 · 경제적 이슈로 등장하여 이 개인정보보호의 경제적 효과 피해를 예방하기 위한 개인정보보호 관련 법제 정비 등이 이루어지고 있으며, 개인정보보호 관련법은 개인정보보호를 위한 관리 · 기술 · 물리적 조치들과 이를 준수해야 하는 대상을 규정하고 있다.

그러나 개인정보 보호수준 향상이 개인정보 이용 활성화로 귀착됨에도 불구하고 개인정보보호 관련 의무조치들은 규제로서 이해되어 그 이행수준이 낮은 형편이다. 이러한 현상을 유발하는 주요인 중 하나는 개인정보보호 효과에 대한 이론적 고찰, 특히 개인정보보호의 경제적 효과에 관한 분석이 부재하기 때문이다.

이에 개인정보의 수집 및 제공 메커니즘을 개인정보보호수준과 연결하여 분석하고 개인정보보호 수준 향상이 유발하는 경제적 효과에 대하여 고찰하고자 한다. 각 경제주체의 개인정보시장에서의 행동양식을 경제적 측면에서 분석하고자 하며, 마지막으로 개인정보보호수준의 향상이 개인정보 시장에서 유발하는 경제적 효과를 분석한다.

2. 개인정보보호 체계

한국에서는 개인정보를 식별가능성에 결합가능성을 부가한 개념으로 사용하고 있으며, 공공기관과 정보통신서비스 제공자를 적용대상으로 하기 때문에 일반적으로 공공분야와 민간분야를 대표하는 개인정보 개념으로 사용되고 있다.

한편, 보호대상이 되는 개인정보의 구체적인 저장형태는 공공부문에 있어서는 '컴퓨터 등에 의하여 처리할 수 있도록 체계적으로 구성된 개인정보의 집합물로서 자기테이프·자기디스크 등 전자적인 매체에 기록된 것'이며, 민간부문에 있어서는 '정보통신서비스제공자가 이용하려고 수집하는 이용자의 개인정보'로서 저장매체를 불문한다. 즉, '신용정보, 의료정보, 위치정보'와 같은 속성별 개인정보이거나, '학생정보'와 같은 정보주체별 개인정보로서 개인정보의 세분류(細分類)에 속하는 것이다.

따라서 한국의 법률에서는 개인정보와 세분류에 속하는 개인정보 등이 보호 대상이 되며, 개인정보 수집주체가 속하는 분야에 따라 보호해야 하는 개인정보의 저장형태와 이의 보호를 위한 관리·기술·물리적 인프라 수준이 결정된다.

법률이나 규정 등에 해당되지 않는 모든 분야와 오프라인으로 개인정보를 수집·이용하는 분야는 개인정보보호 사각지대에 해당한다. 즉, 예식장, 장례식장 등에서 오프라인으로 개인정보를 수집·이용한다고 하여도 이들에게 개인정보보호를 강제할 수 없는 것이다. 이상과 같은 개인정보보호 수준격차 및 사각지대의 존재는 개인정보 수요자에 대한 개인정보보호 법률체계의 구조적 문제로 발생하는 것이다.

한편, 이와 관련하여 개인정보 공급자는 동일한 자신의 개인정보를 제공함에도 불구하고 개인정보 수요자가 속해 있는 분야에 따라 개인정보가 보호되는 정도가 상이한 개인정보보호 비대칭성이 발생하게 된다. 이러한 개인정보보호 수준격차, 사각지대, 비대칭성이 발생하는 가장 큰 원인은 개인정보보호 기본법이 존재하지 않기 때문으로 볼 수 있다. 개인정보보호 기본법이란 적용대상을 개인정보를 수집, 이용하는 자로 포괄하므로 모든 개인정보 수요자는 의무적으로 개인정보보호를 위한 인프라를 구비하여야 하기 때문이다.

3. 개인정보의 경제적 효과

정보화 시대를 넘어 유비쿼터스 시대에 진입하면 할수록 개인정보 수요자와 개인정보 공급자가 개인정보를 이용하는데 따르는 양(+)의 효과와 음(-)의 효과는 더 커진다. 양(+)의 효과를 보다 구체적으로 기술하면 개인정보 공급자 측면에서는 구매재화 선택에 따르는 탐색비용 저감, 재화구매에 따르는 거래비용 저감, 행정서류 발급비용 절감 등의 비용감소와 인터넷 커뮤니티의 이용에 의한 정보교환 · 행정참여 등의 효용증대를 들 수 있다.

한편 개인정보 수요자 측면에서는 제품개발비용 저감, 본인확인 비용 저감 등의 비용감소와 마케팅 효과 제고 등을 통한 매출증대, 업무분산 등을 통한 효율성 증대 등을 들 수 있다. 개인정보 공급자 측면에서는 휴대폰 및 이메일의 스팸 및 체감스팸 증가, 개인정보 도용에 따른 정정비용 발생, 금융계좌에서의 불법인출 등을 들 수 있다. 한편 개인정보 수요자 측면에서는 개인정보 이용에 따르는 관리 · 기술 · 물리적 인프라 구비비용 증가, 개인정보 유출에 따른 주가하락 · 피해보상 등의 2차적 피해 발생 등을 들 수 있다.

개인정보 수요 · 공급자가 개인정보를 이용하는데 있어서 각각 상이한 양의 효과와 음의 효과가 공존하게 된다. 그럼에도 불구하고 개인정보의 수요 · 공급이 발생하는 이유는 개인정보 이용에 따른 양(+)의 효과가 음(-)의 효과보다 크기 때문이며, 이러한 개인정보 수요 · 공급자만이 개인정보 시장에 참여하게 될 것이다.

따라서 개인정보 수요자 입장에서는 추가적인 인프라를 구비하고 시장에 존속하는 것이 유리하기 때문이다. 또한 개인정보보호 투자와 개인정보 침해사고 처리비용과의 관계에 있어서 개인정보보호 투자가 초기에 이루어지면 질수록 개인정보 침해사고 처리비용이 감소하기 때문에 개인정보보호 수준 향상에 따른 투자비용의 증가로 인해 시장에서 탈퇴한다고 생각하기는 어렵다.

더구나 개인정보보호 투자는 파레토법칙이 중요하게 적용되어, 80%의 보안문제는 초기투자로서 제거되어지나 나머지 20%의 문제는 수많은 시간과 투자가 필요하다. 결국, 개인정보보호투자 효과는 초기에 크게 발생하며 일정수준에 다다른 이후에는 투자효과가 미약하다는 것이다. 즉 80% 정도의 문제가 해결된 수준이라면 개인정보보호수준 향상으로 인한 추가적 투자로 인한 개인정보보호효과는 미미하므로 투자가 발생하지 않을 수도 있다.

그러나 추가적 투자를 포기하고 시장에서 퇴출한다면 기존의 투자는 모두 매몰비용이 되므로, 기업이 추가적 투자를 포기하고 시장에서 퇴출한다는 것은 비합리적 행동인 것이다. 반면에 개인정보 공급자는 개인정보보호수준의 향상으로 인해 개인정보 제공을 증가시키고자 하는 경우에도 추가비용이 전혀 소요되지 않는다.

이상에서 논의한 바와 같이 개인정보 수요·공급곡선은 개인정보 이용에 따른 음(-)의 효과의 크기를 결정하는 개인정보보호수준에 따라 결정되고 개인정보 수요·공급곡선의 이동역시 개인정보보호수준의 변화에 의해 결정된다고 볼 수 있다. 따라서 개인정보의 경제적 가치인 개인정보시장의 균형가격도 개인정보보호수준에 의하여 결정된다고 볼 수 있다.

한국의 개인정보보호체계는 크게 민간부문과 공공부문으로 나누어 볼수 있다. 민간부문에서의 개인정보보호 사각지대의 발생에 따른 개인정보 가치의 차이는 전술한 바와 같다. 그러나 이외에도 현행 개인정보보호체계에서는 민간과 공공 양 부문에서 개인정보보호수준의 격차가 발생하고 있다.

이것은 민간부문에서의 개인정보보호수준 격차발생의 주요 원인이 되고 있다. 예를 들면 동법은 일부 오프라인 사업자도 대상으로 하고 있어 동일 분야에 속하는 사업자라고 하여도 강제되어지는 개인정보보호수준이 상이하여 개인정보보호수준 격차가 발생하고 있다. 또한 공공부문에서도 법 적용대상을 1,000명 이상의 개인을 식별 가능한 공공기관으로 규정하고 있어 그 미만의 개인정보를 보유하고 있는 공공기관과는 개인정보보호수준의 격차가 발생하고 있다.

4. 개인정보보호의 경제적 가치 분석

결론적으로 정보화의 진전에 따라 개인정보의 이용이 증가하면서 개인정보보호를 위한 노력이 범국가적 차원에서 지속되고 있다. 그러나 개인정보보호를 프라이버시라는 법적인 측면 이외에 개인정보의 가치나 개인정보 침해사고의 경제적 피해규모 등의 경제적 관점에서 살펴보았다. 이러한 개인정보보호에 관한 경제학적 분석의 부재는 개인정보 침해사고 발생 시 경제적 피해규모 산출 등을 곤란하게 한다. 이에 개인정보의 경제적 가치를 분석하고 이를 이용하여 개인정보보호의 경제적 필요성을 강조하였다.

개인정보의 경제적 가치 분석내용은 다음과 같이 정리할 수 있다.

1) 개인정보의 경제적 가치는 개인정보를 이용하는 각 이용주체의 수요・공급에 의하여 결정되어진다는 것이다. 각 개인정보 이용주체는 개인정보 이용에 따르는 양(+)의 효과와 음(-)의 효과의 크기에 따라 시장참여 여부를 결정하는데 음(-)의 효과의 크기는 개인정보보호수준에 의존한다. 따라서 개인정보 시장에서의 수요・공급은 개인정보보호수준에 영향을 받는다는 것이다.

2) 개인정보보호수준의 강화는 개인정보 시장을 활성화시킨다는 것이다. 일반적으로 개인정보보호수준의 강화는 개인정보 시장을 침체시킬 것으로 예상하고 있으나 개인정보보호 수준의 강화는 정보주체인 개인의 음(-)의 효과를 감소시키는 효과가 기업의 음(-)의 효과를 증대시키는 효과보다 상대적으로 크기에 개인정보를 보다 낮은 가격에 보다 많이 이용가능하게 함으로서 개인정보 시장을 활성화시키게 된다는 것이다.

3) 개인정보보호체계의 정비로 인해 개인정보보호수준이 향상된다고 하여도 개인정보보호 사각지대가 존재하게 되면 비사각지대와 비교하여 개인정보의 이용에 더 많은 비용이 수반되며 개인정보 유출사고가 발생하였을 경우에 경제적 피해규모가 더 커지게 된다. 또한 개인정보보호 사각지대의 개인정보 수요자는 전반적으로 향상된 개인정보보호수준에 무임승차할 수 있게 된다.

4) 개인정보보호수준에 격차가 존재하게 되면 개인정보보호 사각지대의 분석에서와 동일한 효과가 발생하지만 그 비용규모나 피해규모는 사각지대와 비교하여 상대적으로 작다. 이상의 분석내용은 한국의 개인정보보호체계와 관련지어 다음과 같은 시사점을 제공한다.

먼저, 개인정보보호 전반을 아우르는 기본법의 제정이 시급함을 알 수 있다. 현재는 분야별로 관련 개별법에 의하여 개인정보보호가 이루어지고 있기 때문에 개인정보보호 사각지대를 발생시키고 있고 개인정보보호 사각지대의 존재는 개인정보의 이용비용을 증가시키고 개인정보 침해사고에 의한 경제적 피해규모를 확대시키는 폐해가 있다.

둘째, 개인정보보호수준 격차를 축소시키는 방안을 강구하여야 한다. 현실적으로 개인정보 보호수준의 격차는 소규모 업체 등을 배려하는 과정에서 생길 수 있으므로 이를 최소화하기 위하여 개인정보보호 지원센터 등의 설립을 통해 개인정보 보호수준의 격차를 줄여 그 피해를 최소화하여야 한다.

셋째, 개인정보보호수준의 질적 향상을 위해서는 개인정보 수요자 이외에도 개인정보 제공자에 대한 인식을 제고시킬 필요가 있다. 개인정보보호지수 등의 개발과 발표를 통하여 정보주체인 개인이 합리적 기대 하에 개인정보를 제공할 수 있도록 해야 한다.

이 밖에도 구체적으로 개인정보의 경제적 가치 등을 산출할 수 있도록 통계 인프라를 구비·확충하는 등의 노력도 필요하다.

제10장

표준과 특허 및 개방형 혁신(Open Innovation)

제1절 · 표준과 특허

1. 표준화

1) 표준화의 중요성과 국제 표준화기구 활동

산업에서 차지하는 표준화는 중요하다. 정보통신 및 방송과 같은 네트워크 산업에 대한 표준화의 연구도 현대 디지털 경제 시대의 경제분석에서 매우 중요한 위치를 차지한다. 특히 네트워크 산업에 속하는 장비 부분에는 어떤 정보통신기기는 30여 종류의 표준이 내장되어 있을 정도로 현재의 생활에 표준화는 깊숙이 침투해 있다.

전기통신분야의 국제 표준화에서는 국제전기통신연합(ITU : International Telecommunication Union)이 중요한 역할을 수행하고 있다. ITU에서는 전기통신 표준화 부문 및 무선통신 부문에서 범세계적인 표준화 활동을 전계하고 있다. 초고속 정보통신 네트워크의 사양은 국제 전기통신 연합(ITU)의 CCITT(국제전신전화자문위원회)에서 표준화를 추진하고 있으며 1992년 회의에서 대략적인 사항이 합의된 바 있다.

정보통신서비스의 글로벌화와 함께 세계 각국은 범세계적인 표준화에 적극적으로 참여하고 있을 뿐만 아니라 지역적인 차원에서도 표준화 노력을 경주하고 있다. 아시아 지역에서는 아시아, 태평양 전기통신 공동체(APT : Asia Pacific Telecommunity)

산하에 설치된 아시아, 태평양 전기통신 표준화기관에서 지역적인 차원에서 표준화 분야에 관한 활동을 추진하고 있다.

2) 표준화 결정의 주요 형태

국제기구 또는 지역(유럽)이나 각국의 정부 등 공적기관에서 어떤 특정기술만을 사용하도록 정해진 표준을 공적표준이라고 한다. 그러나 기술발전속도가 빠른 현대에는 상당수의 표준화는 소비자들에 의해서 자연스럽게 어느 특정 시스템이 선택됨에 의해 결정된다. 즉 시장기능을 통해 산업 표준이 결정되는 사실상의 표준이 나타나고 있다.

특히 최근에는 정보통신분야에서는 다양한 기기들 간의 호환성을 확보하는 일이 필수불가결 하고 이러한 기술들이 갈수록 복잡하고 세밀한 기술적 지식을 요구함에 따라 공적표준과 사실상 표준 이외에 전문가들의 포럼(forum)이나 컨소시엄(consortium)에 의해 포럼 표준과 컨소시엄 표준의 책정이 활발히 진행되고 있다.

3) 유무선 장비의 기준 인증제도

정보통신기기의 경우 각국마다 상이한 표준 및 인증 제도에서 비롯되는 기술 장벽은 무역을 제한하거나 기업의 생산비용을 증가시키는 요인으로 작용하는 비관세 장벽의 하나이다. 세계화를 배경으로 정보통신분야의 유선뿐만

아니라 무선장비에 관계되는 기준 인증제도의 국제적인 동의가 요청되고 있으며, 이와 관련하여 각국 간에는 상호인정협정(MRA : Mutual Recognition Agreement)을 통하여 MRA 적용 품목은 더 이상의 시험, 인증이나 승인 없이도 상대국 시장을 자유롭게 접근하는 것을 인정하고자 하는 추세이다.

이와 관련하여 각국정부는 유무선 정보통신 장비의 기술기준 적합 인증 제도를 간소화, 합리화하여 국가 간에 상호인정협정(MRA)을 체결하고자 하고 있다. 이러한 상호인정협정의 체결은 수출기업은 자국 내에서 수입국에 대한 인증 취득이 가능하게 되고 수입 국가의 승인이 불필요하게 되기 때문에, 통신기기의 국제적 유통량의 확대를 촉진하는 효과가 있다.

2. 특 허

1) 특허의 중요성

발명자가 연구개발 과정을 통해 기술혁신을 이룩하면 해당기술에 대한 배타적 권리의 취득을 위해 특허를 출원하고 등록하게 된다. 이 과정에서 기술의 공개가 이루어지고, 기술의 공개는 기술확산을 초래한다. 발명자는 기술공개의 대가로 특허권을 획득하게 되는데, 특허권의 실시 또는 허용 및 양도를 통해서 기술확산이 이루어진다.

이 과정에서 발명자가 취하는 경제적 이익은 또 다른 기술혁신을 위한 자원이 된다. 이와 같이 특허는 기술혁신 전체를 놓고 볼 때 기술혁신과 기술확산 모두를 견인하는 원동력으로서 공헌한다. 그러나 발명자의 권익보호라는 특허의 기본 성격에 비추어 볼 때, 기술확산의 의미가 더 강한 것으로 이해할 수 있다. 기술혁신은 사회의 발달에 중추적 기능을 담당해 왔고 제품의 부가가치를 높이는 요소로서 생산비를 절감시키며 새로운 품질의 제화를 개발하는 과정이다. 기술혁신은 산업의 정보화와 개방화가 이루어지면서 중요성이 더욱 강조되고 있다. 대외경쟁력을 장기적으로 확보할 수 있는 원천이 바로 기술혁신에 있기 때문이다.

2) 특허취득의 요건

특허를 받을 수 있는 자격은 학자에 따라 혹은 각국의 법규에 따라 약간씩 다르다. 그러나 학자들은 보통 특허의 요건으로 신규성, 진보성, 산업상 이용 가능성 등을 들고 있다. 신규성(novelty)이란 특허 대상이 되는 것은 과거에 알려지지 않았거나, 사용된 사실이 없는 기술이어야 한다는 것이다. 특허의 요건으로는 신규성을 요하는 것은 이미 공개되어 산업에서 활용되고 있는 기술에 대해 정부가 특정인에게 특허권을 부여해서는 안 되기 때문이다.

또한 진보성(inventive step)은 특허가 기존 기술로부터 자명한 결과의 연장이 되어서는 안 된다는 것으로, 과거의 과학기술에 비해 향상된 기술이어야 함을 의미한다. 이는 기존 발명을 단순히 모방하거나 개량한 기술이 특허 받는 것을 방지하기 위해 요구되는 조건이다. 다음으로 산업상 이용 가능성(industrial applicability)이란 발명이 산업발전에 긍정적인 결과를 가져올 수 있는 것이어야 함을 의미한다.

우리나라 특허법 제29조에서는 특허 요건으로 '산업상 이용할 수 있는 발명'으로 제한하고 있다. 또한 동법 제29조 제1항과 제2항에서는 발명이라 하더라도 특허출원 전에 국내에서 공지되었거나 대중들이 알 수 있는 방법으로 실시된 발명, 특허출원 전에 국내외 간행물에 기재된 발명 등 이미 알려진 발명은 특허대상에서 제외하고 있다. 그러나 이런 경우라도 학술단체가 개최하는 연구집회에서 발표하거나, 자기 의사에 반하여 발표한 경우, 박람회 출품의 경우 등은 이런 행위를 한 후 6개월 이내에 특허출원하는 경우 신규성 상실의 예외로 인정된다(제30조). 이를 특허출원 유예기간(grace period)이라 한다.

특허에 의해 보호받을 자격이 있는 발명은 새롭고, 다른 사람에 의해 전에 취득되지 않은 것이어야 하며 특허는 유용하고 중요하며, 공중도덕과 건강에 유해하지 않는 것이어야 한다. 우리나라 특허법 제32조에 "공공의 질서 또는 선량한 풍속을 문란하게 하거나 공중의 위생을 해할 염려가 있으면 --특허를 받을 수 없다."고 규정하고 있다.

3) 기술혁신의 단계

(1) 1단계는 기초연구에서부터 시작된다. 이것은 곧 지식의 탐구를 위한 순수한 학문적 연구과정에 해당된다.

(2) 2단계는 발명으로 특정한 지식이나 공정 및 도구의 새로운 창안에 해당된다. 발명은 기초연구나 응용연구의 결과로서 이루어지며, 특허제도를 통해 보호받게 된다.

(3) 3단계는 개발 과정으로서 개발은 발명의 결과를 상품화하는 과정에 해당되며 기술혁신 과정에서 가장 중요한 단계이다. 일반적으로 말하는 'R&D'의 가장 핵심적인 과정에 속하는 것이다. 이 개발 과정을 거쳐 새로운 상품과 공정이 탄생하게 된다.

(4) 4단계는 혁신과정으로 개발 과정이 성공적으로 달성되면 새로운 생산함수가 등장하고 흔히 말하는 기술혁신이 시작된다. 혁신의 과정은 제품의 혁신, 공정의 혁신으로 구분된다. 기초연구의 결과는 혁신과정을 거치면

서 상업화 과정이 완료된다.

(5) 5단계는 모방 과정이다. 일반적으로 기술혁신을 달성한 기업은 새로운 공정이나 제품을 시장에 선보인다. 신상품이 성공하면 다른 기업의 추종 현상이 나타난다. 추종기업은 선도기업의 제품을 정확하게 모방할 수도 있고 오히려 더 좋은 제품을 개발할 수도 있다. 모방은 국민 경제적 관점에서 사회후생을 증가시킬 수도 있지만 모방이 용이하다면 선도기업의 기술혁신 인센티브가 적어지게 되므로 이런 현상을 방지하기 위해서 특허제도가 운용되고 있다.

(6) 6단계는 개발된 기술의 확산 과정이다. 새로운 기술이 전 산업부분에 확대, 보급되는 과정을 확산과정이라고 한다. 기술혁신의 효과가 경제적으로 극대화되기 위해서는 개발과 확산과정이 신속하게 이루어져야 한다. 이 확산과정에서 표준이 매우 중요한 역할을 한다. 국민 경제적 확산효과와 기술혁신의 인센티브를 조화시키기 위해 특허제도의 운용이 필요하다.

특허가 특정기술에 대한 독점적 권리보호를 인정함으로써 발명자에게 기술혁신을 위한 구심체역할을 담당한다면 표준은 기술을 공유하고 공동의 목표 달성을 위해 해당기술을 활용하는 것이 그 목적으로 기술혁신체제상에서 기술확산을 위한 원심력으로 작용하게 된다.

3. 표준과 특허의 관계

기본적으로 특허는 기술혁신에, 표준은 기술확산에 관계한다. 기술경쟁이 치열해지고 표준화가 중요해지면서 양자 간의 관계도 상호 융합하는 방향으로 변화되고 있다. 특히 스마트폰, 컴퓨터 등의 정보통신산업은 다른 산업보다 표준을 통하여 신기술이 더욱 빨리 확산되는 경향을 보이므로 많은 기업들이 기술표준의 선점을 통하여 시장을 확대하고자 하는 전략을 채택하고 있다.

이는 기술확산의 견인차로서 표준의 중요성을 말해주는 것이다. 최근에는 표준을 특허의 새로운 활용 전략으로서 이용하는 경우가 많은데, 표준을 잘 활용하면 개별적 접촉에 의한 라이선스가 아니라 표준을 사용하는 집단에 대한 집단적 라이선스가 가능해지기 때문이다. 이는 기술파급 효과를 극대화 시키고 기술료 수입을 증진시키며 더 나아가 시장을 석권할 수 있는 기반을 제공해준다.

4. 비즈니스 모델과 특허등록

인터넷 비즈니스 모델 특허는 전자상거래와 영업발명에 관련된 특허로서 사업의 아이디어를 컴퓨터라는 자연법칙을 이용한 신기술로 보호하기 위하여 정립된 개념이다. 비즈니스 모델 특허는 영업방법 관련 발명특허로서 특허법에 의해 보호를 받을 수 있다.

특허법 제1조에서는 발명의 보호 및 이용을 도모하고 발명을 장려함으로써 산업발달에 기여하는 것을 목적으로 하고 있다. 즉 비즈니스 모델 특허는 비즈니스 모델도 기존의 산업에 없던 새로운 콘텐트와 방식의 개발 또는 발견에 해당하므로 그것을 만들기 위한 노력과 비용을 보상받을 수 있는 권리를 보장하는 것이다.

우리나라 특허법에서는 발명의 정의를 자연법칙을 이용한 기술적 사상의 창작으로서 고도한 것이라고 명시하고 있다. 그러나 기술적 아이디어만으로는 특허를 받을 수 없고 이러한 기술을 하드웨어 기술과 접목하여 특허를 신청하면 특허취득이 가능해진다. 즉 비즈니스 모델 특허를 취득하기 위해서는 고도의 영업방법, 디지털 기술과 하드웨어가 접목되어야 한다.

예를 들면 프라이스라인 사의 역경매 방식 특허의 경우 컴퓨터의 디지털 정보처리 기술을 이용하여 구매자와 판매자간의 거래를 연결시키는 영업방법을 권리화한 것이며 지불수단으로는 소비자와 온라인상에서 여러 가지 상품을 선택한 후 이에 대한 비용을 한 번에 지불할 수 있는 오픈마켓사의 디지털 쇼핑카드가 특허등록이 되어 있다.

제2절 · 개방형 혁신

1. 서 론

1) 창조경제 – "창의적 아이디어가 성장엔진이 되는 경제"

(1) 창조경제는 창의성을 경제의 핵심 가치로 두고 새로운 부가가치, 일자리, 성장 동력을 만들어내는 경제이다.

(2) 또한 국민의 창의성과 과학기술, 정보통신기술(ICT)의 융합을 통해 산업과 산업이 융합하고 산업과 문화가 융합해 새로운 부가가치를 창출함으로써 새로운 성장 동력과 일자리를 만들어내는 경제이다.

〈그림 10-1〉 모두가 함께하는 창조경제

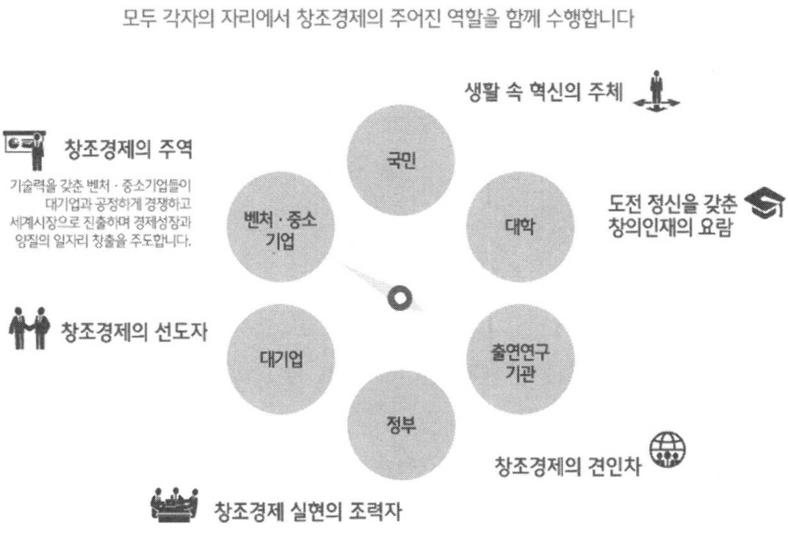

출처 : 창조경제타운(www.creativekorea.or.kr)

창조경제의 핵심은 창조적인 혁신과 융합을 통해 새로운 부가가치를 창출함으로써 경제성장을 이룩하는 것이다.

"창조적인 혁신과 융합" 이것을 완성하기 위한 방법 중 대표적인 것이 바로 "개방형 혁신(Open Innovation)"이다.

> "닫힌 경제에서는 창조경제가 발전할 수 없다. 세계경제와 끊임없이 기술·금융·인력을 교류하며 '개방형 혁신(Open Innovation)'을 추구해야 창조경제가 가능하다"며 "한국 정부는 세계 각국과 FTA를 지속적으로 추진하면서 강력한 개방형 혁신을 지향하고 있다"고 설명했다.
> - 머니투데이("혁신의 답은 창조경제" 朴대통령, APEC서 역설)
> - http://m.mt.co.kr/new/view.html?no=2013100609212376676

2. 개방형혁신 정의

개방형 혁신(Open Innovation) 이란 연구, 개발, 상업화에 이르는 기술혁신의 모든 과정에서 대학이나 타 기업, 연구소등 외부의 기술이나 지식, 아이디어를 활용함으로써 혁신의 비용은 줄이고 성공 가능성은 높이며 효율성과 부가가치 창출을 극대화하는 기업 혁신의 방법론이다.

2003년 하버드 대학의 헨리 윌리엄 체스브로(Henry William Chesbrough)교수가 'Open Innovation'이라는 책을 통해 그 개념을 처음 소개한 것이다. 그는 연구개발의 전 과정을 한 기업이 모두소유하고 운영하는 기존의 폐쇄형 혁신과는 달리 가치가 있는 아이디어 혹은 기술은 그것이 내부, 외부 및 경쟁사 등 어디에 있든지 상관없이 획득해야 하고 이를 제품개발과 연결할 때도 필요할 경우 외부의 아이디어와 인력을 활용해야 하며 또한 내부의 기술 자원을 외부에 판매함으로써 성과를 높이는 새로운 기술 혁신 방법이라고 정의하였다.

'내부 혁신(Innovation)을 가속하고, 기술을 발전시키기 위하여 내 외부 아이디어를 모두 활용하고, 가치를 창출하기 위해 내외부의 시장 경로를 모두 활용하는 것'이다.

3. 개방형 혁신 등장배경

〈그림 10-2〉 개방형 혁신 배경

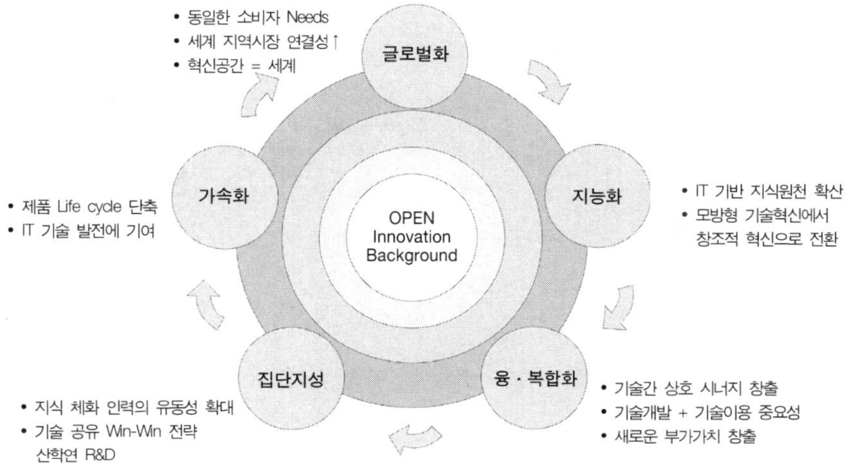

출처 : 융합기술 R&D를 위한 개방형 혁신시스템 도입방향(ETRI 2010)

- 대기업의 지식 독점 종언과 지식 원천의 다양화
- 인력 유동성 증가 및 기술사업화 경로의 다양화
- 기술개발 비용의 증가 및 제품 사이클 축소
- 한 기업이 포괄할 수 없을 정도로 확대된 지식 기반
- 다 분야 공동연구를 요구하는 기술의 융복합화
- 인터넷 및 정보통신의 발달로 인한 소비자 참여 경로의 확대와 협력 주체 간 소통 비용의 절감
- 글로벌화와 신흥 개도국의 혁신 능력 향상으로 인한 혁신의 국제 분업 확산

4. 패쇄형 혁신(Closed Innovation)과 개방형 혁신(Open Innovation)의 비교

1) 폐쇄형 혁신(Closed Innovation) : 기업 내부의 독보적인 기술을 통해 시장을 형성

- 자사의 core기술 → 개발 → 새로운 제품 or 서비스 생성 → 시장 진입

〈그림 10-3〉 폐쇄형 혁신

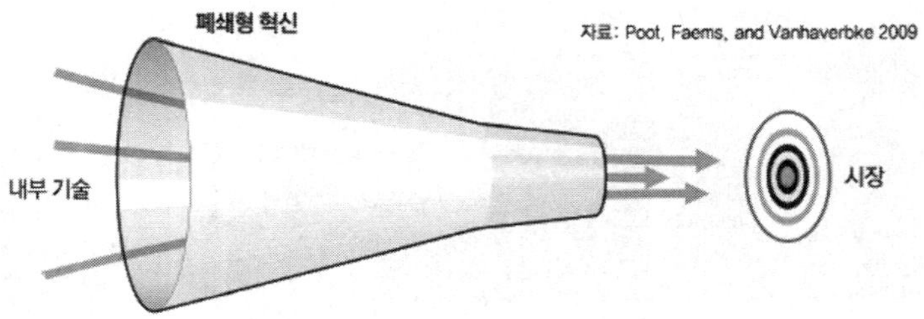

출처 : 기업 경계 허무는 4세대 R&D, 개방형 혁신(2010)

2) **개방형 혁신**(Open Innovation) : 안으로 열린 기술혁신과 밖으로 열린 기술혁신을 통해 기업의 다양한 활동 및 시장 제품 등을 혁신하는 것
- 안으로 열린 기술혁신 : 제품 아이디어와 기술을 외부에서 도입하는 것
- 밖으로 열린 기술혁신 : 자체 기술을 스스로 사업화하지 않고, 팔거나 분사하는 것

〈그림 10-4〉 개방형 혁신

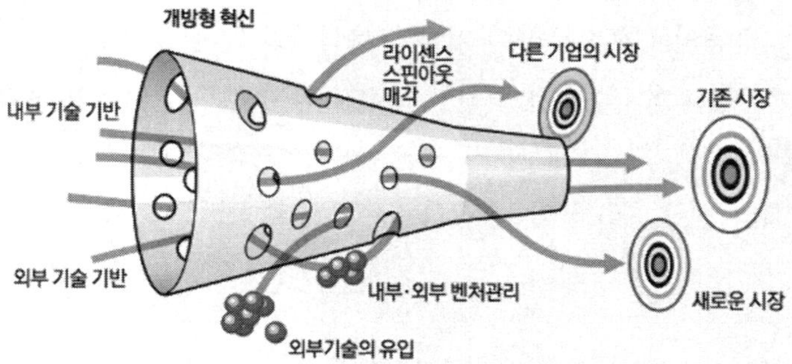

출처 : 기업 경계 허무는 4세대 R&D, 개방형 혁신(2010)

3) 폐쇄형 및 개방형 혁신의 기본 가정

〈표 10-1〉 폐쇄형 혁신과 개방형 혁신의 비교

	폐쇄형 혁신(Close Inovation)	개방형 혁신(Open Inovation)
인력관리	우리 분야의 머리 좋은 사람들은 우리를 위해 일한다	모든 머리 좋은 사람들이 모두 우리를 위해 일하는 것은 아니다. 그렇기 때문에 우리는 회사 외부에 있는 지식과 전문가들을 찾아 활용해야 한다.
R&D	R&D에서 수익을 거두려면 우리가 독자적으로 발견하고, 제품화하며, 공급해야 한다.	외부의 R&D도 엄청난 가치를 창출할 수 있다. 내부 R&D는 그 가치의 일부에 대한 소유권을 확보하기 위해 필요하다.
신제품 개발	우리가 스스로 발견했다면, 우리가 최초로 제품을 출시할 것이다.	우리가 연구를 최초로 시작하지 않았더라도 우리는 그것을 통해 수익을 올릴 수 있다.
비즈니스 모델	혁신과 성과를 최초로 제품화하는 기업이 된다면 우리는 성공할 것이다.	더 나은 사업모델을 만드는 것이 시장에 먼저 진입하는 것보다 중요하다.
아이디어 창출	업계에서 가장 많은, 그리고 가장 뛰어난 아이디어를 낸다면 우리는 성공한다.	내부와 외부의 아이디어를 가장 잘 이용하면 우리는 성공한다.
지적 자산 관리	우리의 지식자산 활용을 통제해서 경쟁자들이 우리의 아이디어로 수익을 창출하지 못하게 해야 한다.	남들이 우리의 지적 자산을 활용하는 것으로부터 수익을 얻고, 우리 자신의 사업모델을 발전시키는데 필요하다면 타인의 지적 자산도 구입한다.

출처 : MIT SLON MANAGEMENT REVIEW, Spring 2003 (The Era of Open Innovation)

5. 개방형 혁신(Open Innovation)의 3가지 유형

1) 통합형 플랫폼 모델(Integrated Platform Model)

- 애플 형 = 플랫폼 소유자가 개발자의 제품 판매한다.

플랫폼 소유자가 외부 개발자(혁신자)와 고객 사이에 위치해 개발자가 개발한 제품을 직접 판매하는 방식이다. 애플(Apple)의 앱 스토어(아이폰용 응용 프로그램을 사고파는 인터넷 장터)가 좋은 예로, 애플이 개발자와 고객 사이에 위치해 양자 사이의 거래를 통제한다. 판매수익은 개발자가 70%, 애플이 30%를 나눠 갖는다.

이 모델은 플랫폼 소유자가 높은 수준의 통제권을 행사하는 것이 특징이다. 누군가 아이폰 용 앱(응용 프로그램)을 앱 스토어에 등록하고자 한다 하더라도 반드시 애플이 심사를 한 뒤에야 올려 준다.

2) 제품 플랫폼 모델(Product Platform Model)

- 고어텍스 형 = 외부 개발자에 유료로 기술 제공

외부의 개발자가 플랫폼 소유자의 기술을 활용해 제품을 개발한 뒤 직접 고객에게 판매하는 모델이다.

방수가 되면서도 환풍성도 뛰어난 섬유를 개발한 고어텍스(Goretex)가 좋은 예이다. 고어텍스는 핵심 기술(사용 규칙과 더불어)을 제공하고, 외부 기업들이 이를 활용해 옷과 신발, 의료기기를 만든다. 고어텍스 같은 플랫폼 소유자는 핵심 기술을 제공하며, 주로 계약이라는 형식으로 외부 개발자를 통제한다. 그리고 기술 제공에 대한 특허료를 받는다.

위에 설명한 '통합형 플랫폼 모델'에 비해 플랫폼 소유자의 통제권은 약하다. 개발자에게 더 많은 재량권이 주어져 가격도 직접 정할 수 있고, 플랫폼 소유자의 핵심 기술에 기반 해 개발된 응용 기술에 대한 권한도 가지게 된다.

3) 양면형 플랫폼 모델(Two-sided Platform Model)

- 페이스북 형 = 외부 개발자와 소비자가 자유 거래

외부의 개발자와 소비자들이 특정 플랫폼 환경 하에서 활동한다는 조건에 언제든지 자유롭게 직접 거래를 하는 모델이다. 이 경우 플랫폼은 개발자와 고객 간에 상호작용과 거래를 촉진하는 역할을 하게 된다. 외부 개발자는 플랫폼 소유자와 상의하지 않고도 새로운 제품의 디자인, 개발, 제조를 할 수 있는 강한 권한을 가지게 된다. 그러나 플랫폼 소유자는 규칙이나 규제라는 형식으로 개발자에 대한 일정 수준의 통제권을 유지할 수가 있다.

예를 들어 페이스북(Facebook)과 같은 소셜 네트워킹 사이트의 사용자들은 외부의 제3자가 개발한 앱을 직접 선택해 사용할 수 있다. 이 경우 외부의 개발자들은 투자를 회수할 수 있는 수익 모델을 자유롭게 결정할 수 있다. 하지만 개발자들은 동시에 페이스북이 정한 규칙들을 따라야 한다. '회원 정보에 대한 제한된 접근 권' 같은 것이 그 예이다.

제3절 · 사례를 통해 바라본 폐쇄형 혁신과 개방형 혁신

1. 제록스(Xerox) - 폐쇄형 혁신 모델의 한계

제록스는 1970년 PARC(Palo Alto Research Center)를 설립했다. PARC는 IT산업의 물줄기를 바꾼 역사적 기술을 줄줄이 개발했다. 레이저 프린팅, 분산 컴퓨팅, 네트워크의 표준인 이더넷(Ethernet), 맥킨토시와 윈도의 모태가 된 그래픽 유저 인터페이스(Graphic User Interface ; GUI), 워드프로세서, 유비쿼터스 컴퓨팅 등이다.

제록스가 부가가치를 창출한 것은 프린팅 관련 기술이 전부였다. 나머지 획기적 기술의 대부분은 다른 기업에 이전돼 "애플, MS, 3COM, 어도비시스템즈" 등에서 꽃을 피웠다.

제록스가 왜 엄청난 사업 기회를 놓쳤을까?

헨리 체스브로 교수가 이런 의문에 해답을 찾기 위해 100명에 달하는 제록스 임직원들을 찾아다니며 인터뷰했다. 연구결과, 제록스는 경영을 잘 못해서 사업 기회를 놓친 게 아니었다. 제록스의 발목을 잡은 것은 오히려 당시 최고의 관행, 즉 Best Practice였다.

제록스는 최고의 인재를 모아 내부적으로 기술 역량을 축적하고 이를 활용해 생산과 판매 서비스를 제공하는 수직적 통합 구조로 성장을 했다. 이는 독점적 내부 역량을 토대로 성장하는 폐쇄형 혁신(Closed Innovation)모델이다. 당시 우량 기업 대부분들은 이를 Best Practice로 여겼다.

이런 체제하여서 주력 사업과 관련성이 높은 프린팅 기술은 즉각 상업화됐으며 큰 성공을 거뒀다. 하지만 주력 사업과 관련성이 떨어지는 혁신적 기술은 회사 내에서 사업화 기회를 찾지 못했다. 따라서 이런 기술에 대한 무한정 자금 지원이 불가능했다. 이런 관행 때문에 제록스는 좋은 상품화 기회를 놓치게 된 것이다.

2. P&G-C&D를 통한 '프링글스 프린트' 사례

개방형 혁신의 가장 대표적인 사례는 P&G다. P&G는 "혁신적 상품의 50%를 외부에서 나온 아이디어로 만들겠다"는 과감한 목표를 세우고, R&D 대신 C&D(Connect & Development)란 용어 사용하며, 개방형 혁신에 앞장섰다. 그 중 대표적인 성공 사례가 P&G의 '프링글스 프린트'다.

P&G는 2004년 자체조사를 통해서 유머나 시사상식, 그림이 적힌 감자칩이 유행할 것이라는 결론을 얻고 글자가 새겨진 감자 칩을 만들기 위해 노력을 시작 했다. 하지만, 수많은 시간을 투자했음에도 불구하고 실패를 거듭하자 프링글스는 고민에 빠졌다. 기술을 만들기 위해서는 적어도 2~3년이 필요한데, 그 정도를 투자할 시간도 돈도 마땅치 않았기 때문이었다. 이런 어려운 문제를 프링글스는 세계 최대 온라인 기술거래소인 옛투닷컴을 통해 해결했다.

옛투닷컴을 통해 확인한 결과 이탈리아 볼로냐의 대학교수가 이미 이 기술을 만들었고 조그만 빵집에서 실제로 이 기술을 활용하여 빵을 만들고 있었던 것이다. P&G는 바로 계약을 맺고 일 년 안에 글씨가 새겨진 플링글스(프링글스 프린츠)를 출시할 수 있었다. 결과는 대성공!! 이 제품은 출시 6개월 만에 매출 1천만 달러를 기록하며 대 히트를 쳤다.

"시간, 노력, 돈" 이 세 가지를 모두 절약하면서 이렇게 혁신적인 제품을 만들 수 있었던 가장 큰 이유는 바로 Open Innovation(기업 내부에 기술이 없으면 밖에서 아이디어를 찾는다는 접근 방법)이다.

3. 콜드콥(Goldcorp) – 금광 사례

캐나다 금광업체 골드콥은 1990년대 후반 회사의 최대 위기에 직면했다.

내부 원가의 증가로 1년에 약 5만3,000온스의 금을 채굴해서 파는 회사였지만, 온스당 360달러의 원가를 들여 320달러에 판매하는 적자상태를 면치 못했다. 위기 상황에서 골드콥을 인수한 롭 맥어윈은 1999년 우연히 리눅스(소스코드가 공개돼 누구라도 수정 보완할 수 있는 컴퓨터 운영체제)를 개발한 루이스 토발드의 강의를 듣고 대중의 지혜가 놀라운 힘을 발휘한다는 사실을 깨달았다.

맥어윈은 회사로 돌아와 지금까지 지질학자들이 탐사한 모든 정보와 50년 금광

채굴 기록까지 통째로 인터넷에 올리고 새 금맥의 위치를 정확히 찾아내는 사람에게 57만5000달러의 상금을 주겠다고 발표했다.

거액의 보상금을 준다는 소문이 퍼지면서 지질학자, 컨설턴트, 수학자, 군인 등 수많은 전문가들이 정보를 내려 받고 금맥 탐사 지점을 제안했다. 총 110개의 새 탐사 지점이 제안됐는데 이 가운데 80%에서 상당량의 금이 채굴됐다. 결국 3년 후에 이 회사는 채굴량이 50만 톤으로 10배가 늘었고, 생산원가는 50달러로 낮아졌다. 내부를 통한 문제해결(Closed Innovation)에 그치지 않고 Open Innovation을 통해 외부의 기술을 수용하여 성공한 대표적인 사례라 할 수 있다.

제11장

소프트웨어산업의 경제적 중요성과 활성화 방안

제1절 · 소프트웨어 산업의 개념과 현황

1. 소프트웨어의 개념

하드웨어(hardware)라고 불리는 컴퓨터 기계장치부에 대응한다. 프로그램 중에는 롬(ROM:read only memory)에 기록되어 변경하기가 어려운 것도 있는데 이러한 것은 중간적인 성격을 갖는다고 하여 펌웨어(firmware)라고 한다. 소프트웨어는 크게 시스템 소프트웨어와 응용 소프트웨어로 나눈다.

시스템 소프트웨어는 어느 문제에나 공통적으로 필요한 프로그램들로서 운영체제(UNIX · DOS 등), 컴파일러(C · FORTRAN 컴파일러 등), 입출력 제어 프로그램 등이 여기에 속하며, 통상 컴퓨터를 제작하는 회사들이 만들어 공급한다.

응용 소프트웨어는 이러한 시스템 소프트웨어를 사용하여 실제 사회에서 일어나는 문제들을 풀어주는 프로그램들이며 사무자동화 · 수치연산 · 게임 등 다양하다. 1960년대는 하드웨어만을 중요시하고 소프트웨어는 무료로 공급했으나 이제는 소프트웨어의 중요성과 독립성이 널리 인식되어 소프트웨어의 가격이 하드웨어와 별도로 책정되는 경향이 뚜렷해졌고, 소프트웨어 가격이 하드웨어 가격보다 높은 경우도 많다.

하드웨어 가격이 계속 저렴해지고 또 자주 교체됨에 따라 이제는 컴퓨터시스템을 선택할 때 과거와는 반대로 소프트웨어가 더 중요한 역할을 할 때가 많다. 소프트웨어가 생산성을 얼마나 높여주는가의 여부, 하드웨어가 바뀌더라도 거기에 적응할 수 있는 소프트웨어인가의 여부, 유지보수를 하는 것이 효율적인가의 여부 등이 중요한 요구조건이 되고 있고, 또한 중요한 연구개발 대상이 되고 있다.

2. 소프트웨어 산업 현황

1) 산업규모

〈그림 11-1〉 소프트웨어 시장 규모의 국내외 비교

구 분	2008	2009	2010^{p}	2011^{p}	2012^{p}
세 계	10,188	10,090	10,337	10,800	11,372
국 내	176	178	195	216	240
국내비중	1.7	1.8	1.9	2.0	2.1

주 : IDC의 환율 재환산으로 기존 발표치와 차이가 있으며 p는 예상치임
자료 : 지식경제부, 「2010 정보통신산업의 진흥에 관한 연차보고서」

(1) 자동차분야 등 산업융합측면에서 임베디드 소프트웨어와 휴대폰 분야에서 스마트폰 관련 소프트웨어 증가가 이 분야의 성장을 주도한다.
(2) 특히, 스마트폰 보급의 확대는 모바일오피스, SNS(소셜네트워크 서비스) 등의 확산을 가져오게 되고, 소비자의 니즈에 맞는 다양한 응용소프트웨어에 대한 요구가 증가한다.

2) 연도별 사업체 수

(1) 국내 소프트웨어 기업수는 2005년 4,758개에서 2009년 7,625개 잠정치로 연평균 12.5%씩 꾸준히 증가한다.
(2) 2009년 기준 10억 원 이하 기업수 비중이 49%, 10억 원 초과 기업수 비중은 33.9%로 대부분 중소기업으로 구성되었다.

〈그림 11-2〉 국내 소프트웨어 기업수

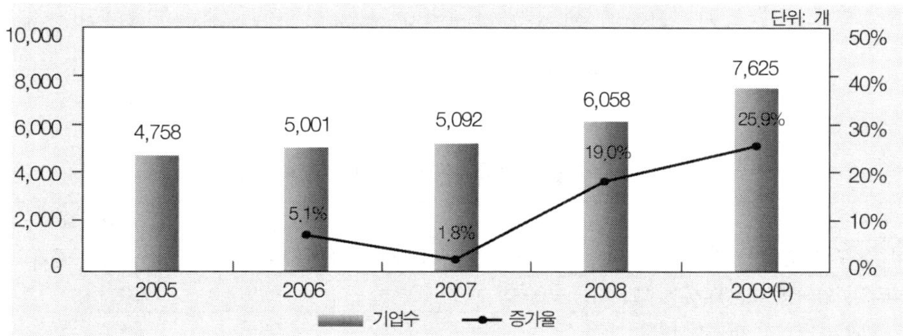

출처 : 한국전자정보통신산업진흥회

〈표 11-1〉 소프트웨어 기업의 매출

구 분		2005	2006	2007	2008	2009(P)
5,000억 초과	기업 수	5	5	6	11	17
	비 중	0.1	0.1	0.1	0.2	0.2
300억 초과	기업 수	118	141	152	170	218
	비 중	2.5	2.8	3.0	2.8	2.9
100억 초과	기업 수	240	294	308	335	425
	비 중	5.0	5.9	6.0	5.5	5.6
50억 초과	기업 수	361	438	473	513	644
	비 중	7.6	8.8	9.3	8.5	8.4
10억 초과	기업 수	1,551	1,847	1,871	2,052	2,585
	비 중	32.6	36.9	36.7	33.9	33.9
10억 이하	기업 수	2,483	2,276	2,282	2,977	3,736
	비 중	52.2	45.5	44.8	49.1	49.0
합 계	**기업 수**	**4,758**	**5,001**	**5,092**	**6,058**	**7,625**

주1) 임베디드 소프트웨어를 제외한 패키지소프트웨어 및 IT서비스 기업에 한함
주2) 2008년부터 IT서비스의 범위(홈페이지 제작, 호스팅서비스 추가)가 확대
출처 : 한국전자정보통신산업진흥회(KEA, 2010)

3) 소프트웨어분야 부문별 산업 현황

(1) 웹 개발 분야

- 웹 프로그래밍과 웹 인프라 구축한다.
- 웹 개발자의 종사자 수는 20,772명이고 월평균임금은 242.2만원이다..

- 스마트폰의 확대, 유비쿼터스 환경도래, 온라인 민원업무처리 등으로 웹을 사용할 수 있는 환경이 확대됨에 따라 웹을 사용하는 사람과 홈페이지 등이 계속 늘어나게 되어 웹 관련 전문가의 역할이 커지고 있다.

〈표 11-2〉 10년간 한국의 평균 인터넷 이용자 변화

	2000	2010	변 화
주 평균 이용시간	11.7시간	14.7시간	3시간 증가
적극적 인터넷 이용자(하루 1회 이상 이용자)	56.4%	82.5%	26.1%p 증가
가정에서 인터넷 이용자 비율	48.8%	98.5%	49.7%p 증가
이메일 계정 보유율	76.3%	85.5%	9.2%p 증가
인터넷쇼핑 이용률	12.3%	64.3%	52.0%p 증가

자료 : 방송통신위원회 · 한국인터넷진흥원, 「2010년 인터넷이용실태조사」

(2) 스마트폰 어플리케이션 개발 분야

- 스마트폰 기반의 비즈니스에 각종 게임, 인터넷 검색, 방송, 교육, 전자책, 음악서비스 및 GPS 등의 적용이 가능하도록 프로그램을 짜거나 어플리케이션을 개발한다.
- 스마트폰 어플리케이션개발자를 포함한 응용소프트웨어개발자의 종사자 수는 111,402명이고 월평균임금은 314.3만원이다.
- 스마트폰의 대중화로 언제 어디서나 유용한 모바일서비스에 대한 기대가 커 이 분야 전문 인력에 대한 수요는 계속될 것이다.

〈표 11-3〉 2010년부터 2014년까지 전세계 앱시장의 증가정도

구 분	2000	2010	변 화
시장규모	52억 달러(5조8000억 원)	580억 달러(65조 원)	10배
다운로드 횟수	82억 건	1,850억 건	20배

자료 : 가트너(2011, 4월) 발표자료

(3) 응용 소프트웨어 개발 분야

- 응용소프트웨어 개발은 기업이나 개인 등이 사용하는 워드프로세서, 회계 관리프로그램, 데이터베이스, 통계처리프로그램, 문서결재프로그램

등 각종 소프트웨어를 특정 업무에 사용할 수 있도록 개발한다.

- 응용소프트웨어 프로그래머의 종사자 수는 111,402명이고 월평균 임금은 314.3만원이다.
- 최근 스마트폰 보급이 대중화되면서 모바일오피스, SNS 등이 확산되고 있어 향후 모바일 응용소프트웨어 개발 관련 응용소프트웨어 전문인력에 대한 수요가 증가할 것이다.

〈표 11-4〉 최근 응용소프트웨어 생산액 및 수출액 추이

단위 : 억 원, 천 달러

구 분	2008	2009	2010	2011.6
응용소프트웨어 생산액(억 원)	19,077	18,511	20,516	9,953
응용소프트웨어 추출액(천 달러)	95,396	99,000	129,600	55,977

자료 : 지식경제부 · 한국전자 · 정보통신산업진흥회, 「정보통신산업월보(2011.6)」

(4) 임베디드 및 펌웨어 개발 분야

- 하드웨어 제어 프로그램 및 특수목적의 응용프로그램을 개발한다.
- 임베디드 및 펌웨어 프로그래머를 포함한 시스템소프트웨어 개발자의 종사자 수는 42,354명이고 월평균임금은 328.6만원이다.
- 모바일 산업의 급격한 성장과 자동차, 조선 등의 전통산업과의 융합추세로 지속적으로 성장한다.

〈표 11-5〉 최근 임베디드소프트웨어 생산액 및 수출액 추이

단위 : 억 원, 천 달러

구 분	2008	2009	2010	2011(e)
임베디드소프트웨어 생산액(억 원)	94,140	108,276	124,476	144,004
임베디드소프트웨어 수출액(백만 달러)	6,146	6,970	7,891	9,061

주 : e는 예상(전망)치임

자료 : 지식경제부, 2011. 2월 보도자료(2011년도 소프트웨어산업육성대책)

(5) 시스템 소프트웨어 개발 분야

- 컴퓨터를 작동하게 하거나 컴퓨터시스템의 구성요소들을 조정하고 컴퓨터 하드웨어와 응용소프트웨어 사이를 중재하는 프로그램 개발한다.

- 종사자 수는 42,354명이고 월평균임금은 328.6만원이다.
- 이동단말기의 다양화, 오픈 소프트웨어의 보급 확대, 방송과 통신이 결합 IPTV 시장 활성화, 그리고 기기와 장비의 디지털화가 가속화되고 있어서 운영 프로그램 등을 개발하는 시스템소프트웨어 프로그래머에 대한 인력 수요가 증가하였다.

제2절 · 소프트웨어 산업의 경제적 중요성

1. 자동차는 이제 가솔린이 아니라 소프트웨어로 달린다

메르세데스 벤츠(Mercedes-Benz) CEO인 디터 제체(Dieter Zetsche)가 한 말이다. 디터 제체의 말대로 자동차 분야에서 무인자동차를 개발하고 있는 BMW와 같은 경우는 실제로 R&D 비용의 90%가 IT개발비에 달할 정도로 이제 전통적인 제조 기업들은 점차 소프트웨어 기업으로 탈바꿈하고 있다.

전기차를 개발하는 기업인 테슬라의 경우도 바로 소프트웨어 기술이 핵심을 차지하고 있다.

이제 제조업의 경쟁력을 결정하는 요소는 소프트웨어에 달려있다고 해도 과언이 아니다. 하버드대 경영대학원의 조쉬 러너(Josh Lerner) 교수와 런던 정치경제대학 마크 섄커맨(Mark Schankerman) 교수의 연구에 따르면, 소프트웨어 관련 특허 중에서 소프트웨어 기업이 낸 특허는 13%에 불과하고, 제조 기업이 낸 특허가 87%에 달한다.

소프트웨어와 경제 성장 사이에는 깊은 관계가 있다 고건 전 전주대 총장(전 서울대 교수)은 지난 2013년 12월 5일 코엑스에서 열린 '포스콘 코리아 2013(FOSS Con Korea 2013, Free Open Source Software Conference, Korea 2013)'에서 "소프트웨어와 경제적 성장 사이에는 깊은 관계가 있다"고 밝혔다.

그는 "소프트웨어는 모든 산업에 광범위하게 내재되어 있다"며 "이제 소프트웨어는 국가 경쟁력을 결정하는 중요한 요소가 되어가고 있다"고 말했다.

아울러 고건 전 총장은 “소프트웨어의 중요성이 날로 커지고 있지만, 한국은 소프트웨어 기술이 영세하여 공개소프트웨어가 한국에서는 중요하다”고 밝혔다.

한편 고건 전 총장은 “소프트웨어 때문에 코닥이 퇴출되었다”며 “월마트 같은 전통적인 유통업체도 RFID나 CRM 등의 소프트웨어가 핵심”이라고 말했다. 한편 애플과 판도라는 음악분야에서, 아마존은 도서 분야에서 소프트웨어로 가장 큰 시장점유율을 나타내고 있다.

구글은 무인운전자동차를 개발 중이고, 리쿠르팅 분야에서 Linkedin이 소프트웨어로 가장 큰 시장점유율을 보이고 있는 상황이다. 이처럼 소프트웨어는 이제 기업의 경쟁력을 결정하는 가장 중요한 요소가 되어가고 있다. 통신 분야에서는 소프트웨어 회사인 Skye를 마이크로소프트가 인수하여 통신사업에 진출하였으며, AT&T와 베리존(Verizone)은 소프트웨어 회사로 전환하고 있는 중이다.

통신 소프트웨어에서 혁신에 실패한 노키아와 블랙베리는 모바일 인터넷과 스마트폰으로의 변화에 대응을 하지 못해 몰락하고 말았다. 국방 분야에서는 무인비행기와 무인탱크, 스마트 폭탄, 전자교란기 등 소프트웨어가

〈그림 11-3〉 소프트웨어 중심의 산업 패러다임 도래

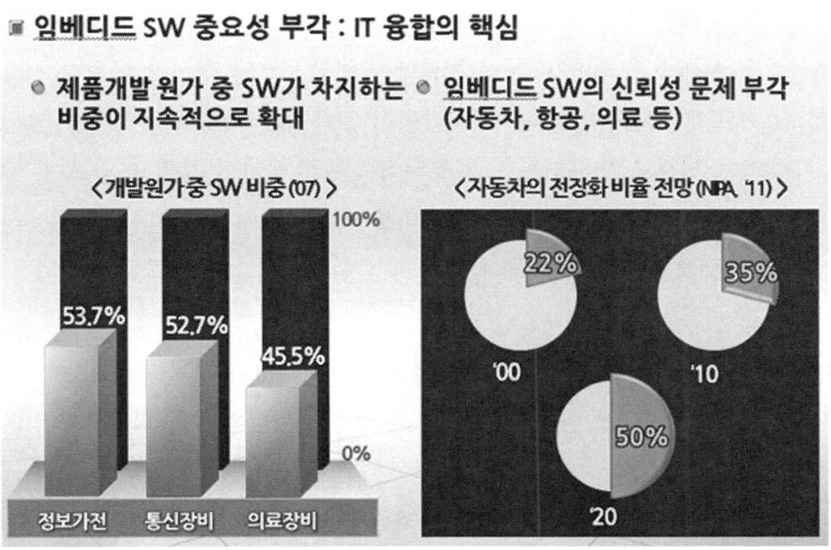

출처: 산업통산자원부 발표자료

무기체계에 광범위하게 사용되고 있다. 또 노스룹그루먼은 무인 로봇헬기를 개발하고 있다.

또 교육 분야에서는 뉴욕주립대 총장이 3년 내에 10만 명에게 온라인 학위를 주겠다고 밝혔으며, 하버드대와 MIT는 6천만 달러를 온라인에 투자한다는 계획을 밝힌 바 있다. 구글은 구글 글래스를 교육 분야에도 활용할 계획이다. 이처럼 이제 소프트웨어는 기업과 산업뿐만 아니라 국방, 교육 등 국가의 모든 분야에서 국가 경쟁력과 국력을 결정하는 요소가 이미 되어버린 상황이다.

2. 삼중고에 처한 우리나라 주력 제조산업

우리나라의 전통적인 주력산업인 제조산업은 전 세계적인 소프트웨어 산업으로의 변화에 대해 아직까지도 그다지 발 빠르게 대응하지 못하고 있는 실정이다. 또한 우리나라 주력산업은 미국과 EU의 경기회복 지연과 중국의 성장세 둔화라는 글로벌 성장 정체를 비롯해 중국의 기술 성장 강화와 일본의 엔화 약세 등 경쟁국의 추격 심화, 범용 기술 위주에 그쳐 하드웨어만의 차별화에 한계를 드러내는 등 혁신 기술 부족이라는 삼중고에 처해 있는 상황이다.

무한 경쟁 시대의 도래에 따라 소프트웨어 중심으로의 혁신이 더욱더 필요하게 되었고, 소프트웨어 중심의 산업 패러다임이 도래하게 되었다.

IT 융합의 핵심으로 임베디드 소프트웨어의 중요성이 부각되고 있으며, 제품개발 원가 중에서 소프트웨어가 차지하는 비중이 지속적으로 증가하고 있는 상황이다. 하지만 자동차, 항공, 의료 분야 등에서는 임베디드 소프트웨어의 신뢰성 문제도 부각되고 있다.

이처럼 글로벌 기업들은 소프트웨어 기업으로의 역량을 강화하고 있는 상황에서 우리나라도 소프트웨어를 통한 기업의 성장과 제조기업의 소프트웨어 기업으로의 전환과 혁신에 대해 하루 빨리 서둘러야한다. 한편 산업통상자원부는 지난 2012년 전 세계 임베디드 소프트웨어 시장이 164조원에서 오는 2017년에는 197조원으로 연평균 4.6% 성장할 것으로 전망하고 있다.

또 우리나라 임베디드 소프트웨어 시장은 지난 2012년 17조원에서 오는 2017년에는 27조원으로 연평균 9.1% 성장할 것으로 내다보고 있다. 하지만 산업통상자원부는 “국내기술력은 선진국 대비 기술 수준 평균 77%로 높은 해외기술 의존도와 전문 인력 부족이 문제점”이라고 밝혔다. 또한 산업통상자원부는 “우리나라 소프트웨어는 범용 소프트웨어와 인포테인먼트 등에 집중되어 있다”며 “전문 인력이 전체 소프트웨어 종사자의 6.8%(2만 명)에 불과하고, 연간 약 2천여 명의 전문 인력 공급 부족”이라고 말했다.

〈그림 11-4〉 임베디드 SW시장 및 국내 기술력

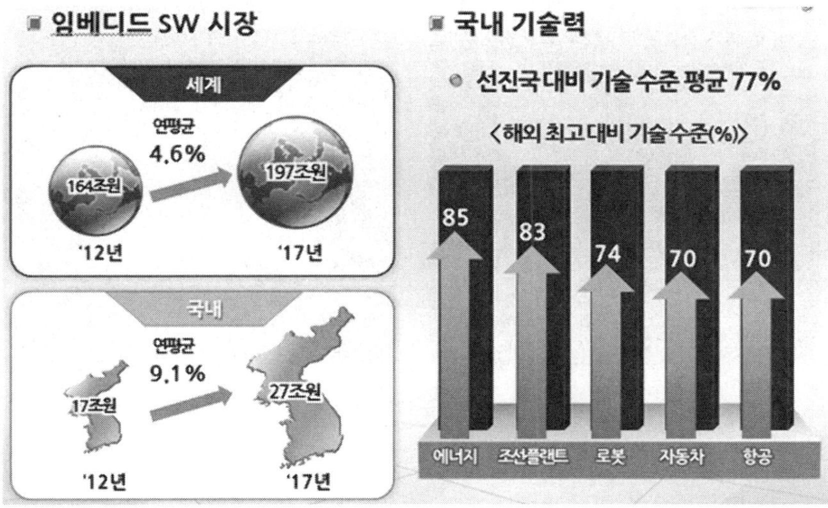

출처 : 산업통산자원부 발표자료

전 세계가 소프트웨어 경쟁력을 강화하기 위해 이미 수많은 돈과 인력을 쏟아붓고 있는 상황에서 우리나라는 지금이라도 하루 빨리 소프트웨어, 그 중에서도 특히 임베디드 소프트웨어의 강화와 전문 인력 양성에 정부와 기업이 나서야만 한다. 고건 전 총장은 우리나라의 소프트웨어 경쟁력을 강화하기 위해 대학은 오픈소스 소프트웨어 실습교육과 지적재산권(Intellectual Property) 교육 강화, 동영상을 활용한 교육 강화를 서둘러야한다고 주문했다.

또한 그는 정부의 역할로는 정부가 오픈소스 소프트웨어 구매에 앞장서야 하며,

소프트웨어에 대한 공정한 제값 주기를 비롯해 법과 제도, 홍보를 통한 지적재산 보호 등 소프트웨어 생태계 바로잡기에 나서야한다고 말했다.

아울러 고 전 총장은 기업의 역할로는 오픈소스 소프트웨어가 미래에는 중요하다며 기업들이 오픈소스 소프트웨어를 적극 활용할 것을 당부했다.

〈그림 11-5〉 높은 해외기술 의존도 및 전문인력 부족

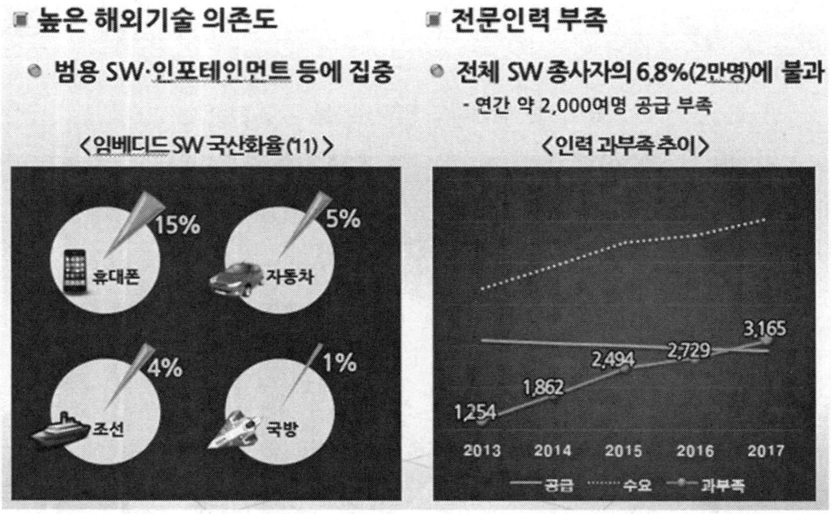

출처: 산업통상자원부 발표자료

제3절 · 소프트웨어 산업의 전망

우리나라 소프트웨어산업은 해외기술에 많은 의존을 하고 있는 게 사실이다. 이러한 문제점 때문에 국내에서도 스프트웨어 산업에 대한 관심과 투자가 많아지고 있다.

1. 사례1

미래창조과학부는 2014년 업무계획보고에서 SW(소프트웨어)산업을 육성시켜 매

출을 2017년까지 100조원대로 키우겠다는 내용을 담았다. 창조경제의 핵심 동력이 되는 소프트웨어산업을 키우고자 투자를 아끼지 않고 연구기관에 핵심역량을 집중하겠다는 것이다. 소프트웨어산업 육성으로 기술, 인력, 산업, 제도 등 분야 간 융합을 활성화한 창조경제분야 발전이 기대된다.

1) 창조경제 소프트웨어산업 육성 계획

(1) 창조경제혁신센터 2014년 상반기 대구, 대전에 개소 예정이다.

(2) 창조경제의 전국 확산을 유도하고 소프트웨어, 바이오헬스, 사물인터넷(IoE), 콘텐츠, 우주산업 등에서 창조성과를 낼 예정이다.

(3) 2017년에는 소프트웨어 매출 100조원, 잠재성장률 4% 달성 계획이다.

(4) 과학기술 창업교육 패키지 프로그램 도입 : 2014년 과학영재학교, 2015년 과학고, 2016년 일반고로 확산.

2) 창조경제를 이끌 신 산업 육성

(1) 소프트웨어산업 : SW전문 창업기획사 2013년 1개 → 2014년 4개로 증가, SW특화펀드 200억원 규모로 조성한다.

(2) 1천억원 규모의 디지털콘텐츠코리아 펀드 운영, K팝 홀로그램 공연장 3개 건설예정이다.

(3) 공공부문 클라우드 컴퓨팅 이용 비율 2012년 0% → 2017년 15%로 늘릴 예정이다.

2. 사례2

대전시의 경우는 내년에 국방산업 클러스터 구축 등 로봇, IT, 소프트웨어를 융합하는 첨단국방산업 육성을 위해 93억원을 투입한다.

대전시는 이같은 내용을 포함하는 내년도 민군기술협력사업 등 8개 분야 22개 세부과제를 확정했다고 29일 밝혔다.

대전시는 우선 죽동 · 문지지구를 시작으로 둔곡 · 대동지구 등 모두 165만 2000㎡ 규모의 새로운 산업단지를 추가 조성하고 국방산업 관련 기업과 인재를 유치해 국방클러스터를 구축해 나갈 예정이다. 또 국방기술의 핵심기능을 전담할 민군기술협력기구의 대전 유치를 지원해 오는 2016년까지 방산기술지원센터 등 6개 관련기구를 유치하기로 했다.

이와 함께 첨단국방산업전 등 국방전시회 육성, 국방기업 해외마케팅 강화, 국방관련 전문인력 양성, 전력지원체계 협의체 신설, 정부 위탁사업 발굴 등을 추진할 계획이다. 이를 통해 대전시는 국방 산업 경쟁력을 확보하고 방산업체와 협력업체를 유치해 지역경제를 활성화 시킨다는 방침이다.

대전시 관계자는 “대전은 산학연군 네트워크를 기반으로 첨단 R&D와 IT 및 소프트웨어 융복합 산업생태계 인프라가 성숙돼 있다”며, “현재 80개인 국방산업체를 2020년까지 200여 개로 확대하고 5000억 원의 생산규모에 1000명의 고용창출 효과를 달성해 국방산업 중심도시로서의 역할을 강화해 나가겠다”고 말했다. 또한 대전시는 이번 발표에 앞서 지난달 28일 산학연군 관계자로 구성된 ‘국방산업발전협의회’를 열고 대전시 국방산업 발전방안 등을 논의한 바 있다.

3. 사례3

중앙대, 삼성 · LG 손잡고 소프트웨어 인재 키운다.

대한상공회의소 회장과 두산그룹 회장을 지낸 박용성 중앙대 이사장은 기업이 필요로 하는 인재로 키워내지 못하는 한국의 대학교육 현실을 개혁해야 한다고 목소리를 높여왔다. 경제단체장으로 기업인들을 만나고, 최고경영자(CEO)로 직접 신입사원을 뽑으면서 ‘기업이 원하는 인재’와 ‘대학이 배출하는 인재’의 간극을 수십년간 경험한 그의 일관된 소신이다.

박 이사장은 2008년 중앙대 이사장에 취임한 이후에는 ‘말’이 아닌 ‘실천’을 시작했다. 특히 공과대학엔 “대한민국 최고의 기업이 데려가는 인재를 키워야 한다”고 끊임없이 주문했다고 한다.

'맞춤형 인재'를 육성하려는 그의 노력이 첫 결실을 보게 될까. 중앙대가 실무형 소프트웨어 인재 양성을 위한 특성화 전공을 신설, 내년에 신입생 40명을 선발한다고 2일 발표했다. 박 이사장이 지난해 삼성전자와 LG전자에 협력을 제안했고, 두 회사가 호응해 3자 간 업무협약 양해각서(MOU)를 지난 2월 체결했다.

컴퓨터공학부에 신설되는 '소프트웨어 특성화 전공'에 입학하면 대학에서 2년간 등록금 전액을 장학금으로 받는다. 또 2학년 2학기에 두 회사가 실시하는 채용에서 최종 합격하면 삼성·LG전자로부터 장학금을 받으며 3·4학년을 보낸 뒤 졸업과 동시에 입사하게 된다.

중앙대는 기존의 주입식 교육 대신 문제해결 능력을 키우는 데 중점을 둔 교육과정을 준비 중이다. 이를 위해 이론은 '온라인공개수업(MOOC·Massive Open Online Course)'으로 수강하게 한 뒤, 강의시간에는 실무 중심으로 학생들을 교육한다는 방침이다. 아울러 4학년 2학기엔 두 회사에 채용이 확정된 학생들을 현장으로 보내 '직장 내 교육(OJT)'을 받지 않고도 입사 후 실무에 적응할 수 있도록 지원할 계획이다.

조성래 중앙대 컴퓨터공학부 학부장은 "삼성과 LG가 소프트웨어 인력을 많이 원하고 있는데다, 소프트웨어 산업을 집중 육성하려는 국가적인 상황도 고려했다"고 말했다. 앞서 박근혜 정부는 소프트웨어를 의료·금융·관광·교육 등과 함께 5대 유망 서비스산업으로 선정, 적극 육성하겠다고 밝힌 바 있다.

대학이 기업과 MOU를 맺고 함께 특정 분야 전문인력 육성을 위한 학과를 개설한 사례는 처음이 아니다. 성균관대(반도체시스템공학과, IT융합학과, 소프트웨어학과) 한양대(융합전자공학부, 미래자동차공학과, 소프트웨어학과) 경북대(모바일공학과) 등도 관련 학과를 개설, 삼성전자 현대차 LG전자 등 협력 기업이 원하는 인재를 육성 중이다. 하지만 수요에 비해서는 맞춤형 인재로 배출되는 학생들이 여전히 부족하다는 게 기업들의 하소연이다. 소프트웨어 분야가 특히 심각하다.

삼성전자만 해도 국내에서 소프트웨어 인력을 찾기 어려워 인도는 물론 베트남 인도네시아 필리핀에서까지 뽑고 있는 실정이다. 삼성전자 관계자는 "한 사업부에서 소프트웨어 인력을 두 배로 늘리라는 지시가 내려왔는데 국내엔 워낙 사람이 부족해 100명도 구하지 못했다"고 말했다.

현재 삼성전자에서 근무 중인 소프트웨어 인력은 약 3만9000명이다. 이 가운데 절반 정도는 해외에서 일하고 있다. 해외에 사업장이 많기도 하지만 국내 인력 부족 문제가 더 큰 요인이라는 설명이다. 삼성 관계자는 "소프트웨어 인력 수요는 갈수록 늘어날 것"이라며 "국내 대학들과의 협력이 기업 현장에서 바로 활용할 수 있는 인력 확보에 어느 정도 도움이 될 것으로 본다"고 말했다.

제4절 · 소프트웨어 산업 활성화 방안

1. 경쟁력 강화를 위한 활성화 방안

1) 인력 측면에서의 활성화 방안

- 소프트웨어 산업은 사람이 핵심이므로 우수 인력 양성 필요하다.
- 대학 교육이 학문적 실적 생산보다는 실용적 교육에 집중이 필요하다.
- 소프트웨어 전공자에 대한 장학금 지급, 대학 복수전공 지원 등을 통해 인력 증원이 필요하다.
- 민간 기업들의 경우 자체교육, SW 전문교육기관 위탁교육 등을 통해 SW 비전공자 또는 초급인력을 고급 SW인력으로 양성하는 것이 필요하다.
- 우수 고졸인력들이 대학에 진학하지 않고도 고급 개발자로 성장할 수 있도록 정부가 기반을 조성하고 업계가 취업을 보장하는 등 지원 확대한다.
- 누구든지 쉽고 편하게 SW를 배울 수 있도록 SW교육 프로그램에 대한 콘텐츠를 개발하고 방송을 통해 방영할 수 있도록 지원한다.
- 소프트웨어 과목을 초, 중, 고등학교 정규 교과과정에 반영하는 방안과 수능 선택과목으로 지정하여 인재 육성을 한다.
- 소프트웨어 분야 세계 유수 대학과 제휴하여 우수한 인재를 양성하는 프로그램을 운영하는 방법을 강구한다.
- 세계적인 거장을 초빙하여 그를 중심으로 우수한 인재들이 클러스터를 구축하게 하는 방법을 활용한다.

2) 시장 측면에서의 활성화 방안

- 임베디드 소프트웨어, 인터넷신산업을 통한 소프트웨어 융합 적극 추진한다.
- 소프트웨어로 지역 혁신역량 강화 및 삶의 질 향상을 위해 맞춤형 지역 특화산업을 지원한다.
- 국민생활과 밀접한 분야에서 과학·IT 접목을 통해 산업 활력을 높이고 국민 편익을 증진하는 사업을 추진한다.
- SW기초체력 강화를 위한 R&D 투자 점진적 확대한다.

3) 생태계 측면에서의 활성화 방안

- '창업-성장-글로벌화'로 이어지는 기업 생태계를 조성한다.
- 공공SW 하도급 구조개선 및 공공SW 사업 추진방식을 합리화 한다.
- 중소기업의 SW 기술자료를 제3의 기관에 보관해 중소기업의 고유기술임을 입증할 수 있도록 하고, 기술탈취 예방을 위한 가이드라인 작성
- 기술유출이 발생할 경우 중소기업이 신속하게 구제를 받을 수 있도록 SW분야 중소기업의 기술유출 분쟁조정제도를 신설한다.
- 중소 SW기업의 제품현지화, 투자유치 등을 세계 최대 SW시장인 미국(실리콘밸리) 등 현지에서 지원한다.
- 민관이 공동으로 태스크포스를 구성해 일반 국민 대상 인식개선 활동 및 정품 SW 활용 확산 등에 노력한다.

2. 결 론

결론적으로 한국의 소프트웨어 산업은 현 정부의 추진전략인 창조경제의 성장동력 중 하나이며, 국내외 산업의 전반적인 환경이 소프트웨어의 필요성이 급격히 증대되는 상황이나, 위에서 살펴본 것과 같이 아직 많은 문제점을 가지고 있는 것이 현실이다. 하지만, 우리가 가지고 있는 문제점을 잘 파악하고 이에 적합한 대책을 수립하여 꾸준히 실천하면 지금의 위기를 기회로 돌릴 수 있는 좋은 시점이라고

생각한다.

소프트웨어는 모든 산업에서 경쟁력 제고의 도구이며 이를 통한 산업은 새로운 창조산업을 견인할 것이다. 이런 의미에서 소프트웨어는 우리 미래의 경쟁력이며 선진국으로 나아갈 수 있는 발판이 될 것이다. 그러기 위해서 정부, 교육기관, 기업이 서로 협동하여 인력 양성, 건강한 소프트웨어 생태계 조성, 소프트웨어 시장 활성화 등 소프트웨어 산업 활성화를 위해 노력한다면 비록 지금은 세계시장의 1%수준밖에 안되는 상황이지만 세계 시장을 선도하는 한국이 될 수 있으리라 믿어 의심치 않는다.

그러므로 현실에 처한 문제점을 직시하고 문제점을 해결해가며 외부적으로 한국의 위상을 높이고 내부적으로 소프트웨어 관련 신성장 사업 및 융합 사업을 발전시키고 그로 인한 일자리 창출을 극대화 시키는 등의 노력을 기울인다면 반드시 '소프트웨어 강국'으로 도약할 수 있을 것이다.

제12장

IPTV의 사회경제적 가치

제1절 · IPTV의 경제적 파급효과

국민경제에서 한 산업의 생산물은 다른 산업의 원재료로 투입되는 거래관계를 통해 직·간접적으로 상호 연관관계를 맺고 있다. 이와 같이 산업부문간의 연관관계를 통해 한 산업의 변화가 국민경제 전체의 생산과 부가가치의 변동에 미치는 경제적 파급효과를 분석하는 방법을 산업연관분석이라 한다. 이에 따르면 IPTV는 2009년~2011년 3년간 정보통신산업 분야를 포함한 국민경제 전체에 총 5.4조 원의 생산을 유발하고, 부가가치 1.6조 원을 창출하였다.

또한 지속되는 글로벌 경제위기와 저성장 속에서도 IPTV는 일자리를 창출하였다. IPTV 사업자들은 지난 3년간 총 2조 7,502억 원을 투자하여 정보통신분야 7천개를 포함, 총 1.5만 개의 양질의 일자리를 만들어 냈다. 향후 IPTV가 더욱 확산되면 IPTV 학습관리사/교육 콘텐츠 전문가, IPTV 보건 관리사 등 새로운 분야에서 더 많은 일자리가 생겨날 것이다.

〈표 12-1〉 IPTV의 경제적 파급효과(2009~2011)

상세 항목	생산(억 원)			부가가치(억 원)	고용(명)		
	전산업	정보통신산업	기타산업		전산업	정보통신산업	기타산업
3년간 누계	53,528	35,954	17,573	16,139	15,661	7,486	8,175

한편, IPTV는 경제적인 효과뿐만 아니라, 사교육비와 노인 의료비 같은 개인적, 사회적 비용을 절감하는데 기여했다. IPTV 교육은 지난 2009년~2011년 3년 동안 총 3조 5천억 원의 사교육비를 절감한 것으로 추정된다. 2009년 방송통신위원회는 사교육비 절감효과를 매월 599억~1,059억 원 정도로 예상한 바 있다. IPTV 최근 현황을 고려해 재산정하면 매월 699억 원('09년)~1,198억 원('11년)의 사교육비 절감 효과가 발생하였다. IPTV가 더욱 스마트해지고 교육 활용이 활성화되면, 사교육비 절감효과도 훨씬 커질 것으로 전망된다.

IPTV를 통한 65세 이상 노인층의 의료비용은 3년간('09~'11년) 약 237억 원 절감된 것으로 추정된다. 삼성경제연구소의 원격의료 편익분석 방식(2007)을 적용하면, 보건소와의 IPTV 원격의료 상담으로 국민건강보험 144억 원, 환자본인 부담금 84억 원, 교통비 9억 원의 비용이 절감되었다.

현행 의료법은 의사-의사간 제한적인 원격의료만 허용하고 있어 의사-환자간 전면적인 원격진료는 불가능하다. 전체 의료기관에 원격진료가 활성화되었다면 의료비는 3년간 약 15.4조 원 절감이 가능했을 것으로 추정된다. 환자 만족도 증가, 삶의 질 향상 등 제반 편익을 포함하면 사회적 후생은 더욱 커질 것이다.

사회를 바꾸고 세상을 움직이는 IPTV의 진정한 역할은 이제 막 시작되었을 뿐이다.

〈표 12-2〉 IPTV의 사회비용 절감효과(2009~2011)

상세 항목	사교육비 (백만 원)	의료비		
		총 계	국민건강보험	본인 부담금
2009년	838,435	7,676	4,701	2,644
2010년	1,181,450	7,906	4,765	2,835
2011년	1,437,316	8,120	4,901	2,915
계	3,457,201	23,703	14,366	8,394

제2절 · IPTV 1000만 가입자 시대

1. IPTV 가입자

2013년 7월, IPTV(Internet Protocol Television) 가입자가 770만을 넘어섰다.(2013년

7월 기준/미래창조과학부 발표) 2009년 1월 상용서비스를 시작한 이후 2012년 4월 500만을 넘어선데 이어, 같은 해 11월에는 600만을 넘어섰고, 2013년 5월 700만을 넘기고 7월에는 가입자가 770만이었으며 2014년 12월에는 1000만 가입자를 예상한다.

〈그림 12-1〉 IPTV 가입자 추이

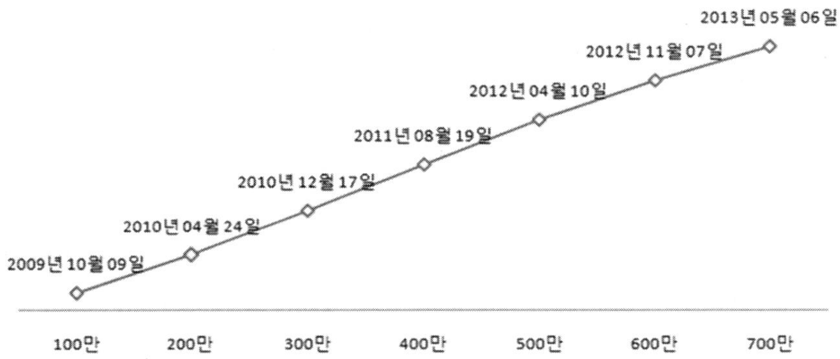

IPTV는 상용 서비스를 개시한 지 4년이 못되어 이와 같은 성과를 거두게 되었다. 반면, 케이블TV는 600만 명에 도달하기 위해서 7년이 소요되었으며, 위성방송은 그 절반인 300만 명을 달성하는데 9년이라는 시간이 걸렸다.

스마트폰과 마찬가지로, IPTV 서비스도 주요 선진국에 비해서 도입이 늦은 편이었다. 그러나 연평균 성장률 51%라는 빠른 속도로 확산되어 현재 가입자 수로 OECD 회원국에서 프랑스, 미국에 이어 3위에 이르고 있다(OECD, 2012).

2. IPTV - 생활 속의 미디어

IPTV의 이러한 성과는 사업적 측면과 사회적 측면에서 큰 의미를 갖는다. 사업적 측면에서 IPTV는 콘텐츠 수급과 광고 시장에서 독자적인 미디어로서의 위상을 갖추게 됨으로써, 미디어 시장을 주도하는 변곡점에 도달하였다. 사회적 측면에서는 IPTV가 생활 속의 미디어로 자리 잡으면서, 사회에 새로운 가치를 제공하고 있다.

특히 교육, 보건의료, 교통, 국방 등 양방향 공공서비스가 확산되면서 개별기업의 수익모델을 넘어 사회적 가치를 창출하는 플랫폼이 되고 있는 것이다. 즉, 국민이 필요로 하는 사회문제 해결에 기여함으로써, 스마트 세상을 함께 만들어 가는 역할이 부각되고 있다.

3. IPTV - TV와 인터넷 결합 그리고 방송통신 융합

IPTV란 TV와 인터넷의 결합이다. 정보를 일방적으로 수용자에게 제공하는 수동적 매체인 TV와 사용자가 직접 원하는 정보를 탐색하고 공유하는 능동적 매체인 인터넷이 융합된 것이다. TV가 대중을 대상으로 하는 엔터테인먼트 미디어인데 반해, 인터넷은 개인에 맞춤화되어 있고 참여를 지향한다는 차이가 IPTV를 통해 하나가 된 것이다.

〈그림 12-2〉 인터넷 및 PC와 방송의 융합

4. TV, 케이블TV 그리고 IPTV

TV는 드라마, 예능 등 오락 콘텐츠와 함께 뉴스, 다큐멘터리 등의 정보성 프로그램을 제공하는 20세기가장 영향력 있는 매스 미디어이다. 그렇지만 시청자에게 소수의 채널을 일방적으로 전송하기 때문에 바보상자라는 오명을 쓰기도 했다. 70여개의 채널을 제공하는 케이블TV가 1995년부터 시작되면서 콘텐츠 선택권이 시청자에게 넘어 오게 되었다. 케이블TV는 또한 유료방송 시장 개척, 홈쇼핑 활성화, 난시청 해소와 같은 성과를 이루어냈다. 그러나 IPTV가 가져온 변화에 비하면 케이블TV는 혁신의 시작에 불과했다.

IPTV는 진보된 기술을 바탕으로 TV를 무한히 확장시키고 있다. 무제한에 가까운 채널과 언제든지 원하는 콘텐츠를 볼 수 있는 VoD는 케이블TV 이상의 가치를 가져오고 있다. 뿐만 아니라, 멀티앵글과 편파방송 등과 같은 새로운 경험을 이용자에게 제공하고 있다. 즉, 여가, 문화 형성, 여론 주도라는 TV의 역할에 양방향 정보 제공이라는 인터넷을 가미함으로써, IPTV는 600만 이용자의 새로운 소통 창구로 자리잡게 된 것이다.

제3절 · 일상생활과 미디어산업 변화

1. VoD 서비스

IPTV로 TV를 보는 방법이 달라졌다. 1936년 BBC에서 상업방송을 시작한 이래 방송국이 보내주는 프로그램을 수동적으로 보는 방식이 70여년간 지속되었는데, 이제 원하는 시간에 원하는 방송을 찾아보는 방식으로 변화하고 있다. TV시청 형태를 변화시킨 중심에는 VoD(Video on Demand, 주문형 비디오)가 있다. IPTV의 VoD니즈는 특히 높다. IPTV를 선택한 가장 큰 이유 중 하나가 VoD이며, IPTV를 이미 이용하고 있는 가입자도 VoD를 가장 매력있는 서비스로 인식하고 있다(DMC미디어, 2012.3).

IPTV VoD를 1주일에 한두번 이상 이용한다는 응답이 70%를 넘었다. 올레TV의 경우 가구당 월 평균 이용건수는 98건에 이른다. IPTV VoD서비스를 통해 TV시청 문화가 수동적 소비에서 원하는 콘텐츠를 골라보는 능동적 소비로 변화하고 있다.

특히 육아나 업무로 TV 본방송을 놓치거나 극장에 가기 어려운 주부와 직장인 등에게 IPTV는 문화 체험의 마당이 되고 있다. 재방송을 보기위해 시간을 기다리며

채널을 돌릴 필요가 없을 뿐 아니라, 종영된 드라마조차도 첫회부터 마지막회까지 언제든지 리모콘을 누르기만 하면 다시 볼 수 있다.

최근에는 인기 영화가 극장 개봉과 동시 또는 극장 상영이 종료되기 전에 IPTV VoD로 서비스되었다. IPTV가 상용화되기 전에는 일반적으로 극장 상영 종료 후3~6개월 뒤에야 VoD가 제공되었으나, 그 기간이 대폭 단축되어 문화 활동이 어려운 계층에게 큰 호응을 얻고 있다. VoD가 활성화될 수 있었던 것은 결국 볼만한 VoD콘텐츠가 많기 때문이다. IPTV VoD 콘텐츠수는 '09년 15만개에서 '11년 약 24만개로 57% 증가하였다. 또한 영화, 드라마, 교육 등 다양한 장르의 콘텐츠를 제공하여 이용자 만족도를 높이고 있다.

2. 합법적 콘텐츠 이용

영화 '건축학개론'은 불법파일 유출로 배급사 추산 약75억 원의 피해를 보았다. 이렇듯 불법복제로 인한 전체시장 침해는 '11년 약 2조5천억 원이며, 영화만 약 7천9백억 원에 이른다(저작권보호센터, 2012.5). 그러나 큰 타격을 받았던 영화 부가판권 시장(DVD · 다운로드 등 극장 외의 시장)이 IPTV VoD로 인해 성장의 발판을 갖게 되었다.

IPTV와 케이블TV 등에서 이용하는 TV VoD는 2011년 총 매출이 910억 원으로 2년만에 3.5배 증가하였다.(영화진흥위원회, 2012.6) TV VoD의 성장을 바탕으로 전체 부가판권시장도 '09년 대비 2년만에 2배 가까이 성장하게 되었다. 업계에서는 TV VoD의 성장에 주로 IPTV가 기여했다고 분석하고 있다.

IPTV가 '콘텐츠제값받기' 문화를 확산시키면서 불법 P2P 감소에도 기여하고 있다. 동영상을 많이 보는 P2P 이용자들이 IPTV VoD 서비스로 이동하고 있다(KT경제경영연구소, 2012.9). P2P를 자주 이용하는 그룹은 IPTV 유료 콘텐츠 이용 경험과 이용시간 뿐만 아니라 지불 요금도 높은 것으로 나타났다.

3. 콘텐츠 산업 활성화와 디지털 전환 촉매

1) 콘텐츠 시장 활성화

국내 IT제조업과 네트워크는 세계 최고의 경쟁력을 가지고 있으나, 소프트웨어/콘텐츠 분야는 매우 취약하다. 이런 상황에서 IPTV사업자는 지난 3년(2009~2011)간 콘텐츠에 약6천억 원을 투자하였고, 방송수신료의 60~70%를 콘텐츠 대가로 지급하였다.

그 결과 국내 콘텐츠 산업에 새로운 성장 기회를 제공하고 있다. 지난 3년간 PP(프로그램 공급자)매출이 급증하였다. 특히 프로그램 판매수익은 '09년 대비 약86% 증가하였는데, 2011년 약 1조5,680억 원으로 '09년 대비 7,300억 원이 늘어났다. PP의 수익원이 확대되자 교육, 정보, 게임 등 다양한 양방향콘텐츠를 제작할 수 있는 재무 기반과 함께 재투자를 통한 성장의 선순환 구조가 마련되고 있다.

2) 유료방송시장의 디지털 전환 촉진

2012년 12월 31일 수도권을 끝으로 지상파 아날로그방송은 종료 되었고, 2013년부터는 진정한 디지털 방송시대가 열렸다. 디지털 전환의 성공을 위해서는 디지털 난시청 가구를 최소화하는 것이 무엇보다 중요한데 IPTV가 그 역할을 하고 있다.

IPTV 보급확대는 디지털 전환의 확산으로 이어지고 있다. 출시 첫해인 2009년 IPTV는 전체 디지털 유료 방송의 31.7%를 차지하였으며, 2010년부터는 디지털 전환을 선도하였다. 이에 따라 디지털 전환경쟁이 촉진되었고, 케이블TV의 전환 속도도 빠르게 증가하게 되었다. 2012년 8월 현재 전체 디지털유료방송전환율은 58.3%까지 증가하였으며, 특히 IPTV는 디지털 유료방송의 40.3%를 차지하여 전체유료방송시장의 디지털 전환을 견인하고 있다.

제4절 · IPTV의 미래

1. 개방형 스마트IPTV로 발전

IPTV 플랫폼은 개방형으로 바뀌고 있다. 기존에는 IPTV 사업자가 직접 모든 콘텐츠를 제공하는 폐쇄형이었으나, 향후에는 인터넷 환경의 모든 콘텐츠를 이용할 수 있게 된다.

이를 통해 IPTV는 스마트폰처럼 검색 및 지도, 날씨, 게임 등의 앱 서비스를 제공하며, 인터넷 동영상 등 콘텐츠를 편리하게 이용할 수 있게 된다. IPTV는 스마트 TV의 기능까지 가지게 될 뿐만 아니라보다 안정적인 서비스 품질 보장이 가능하다. 사실상 IPTV가 컴퓨터로 변화하는 것이다. 국내 IPTV 사업자들의 경쟁은 이미 시작되었으며, '스마트'하게 진화한 IPTV를 통해 소비자에게 새로운 경험을 제공할 것이다.

2. 가상재화(Virtual goods) 유통의 핵심 플랫폼

가상재화는 네트워크 위에서 생산, 거래, 소비되는 모든 디지털 재화를 의미한다. 기존 실물재화(Physical goods)와 달리 가상재화는 시간과 공간의 제약이 없고, 국경도 관세도 무역장벽도 없는 전세계 단일시장에서 거래된다. 가수 싸이가 유투브 조회수 18억(2013년 11월) 건에 돌파하는 놀라운 성공을 거둔 것은 가상재화의 진면목을 보여준 대표적 사례이다.

TV는 지난 70여년 간 가장 사랑 받는 미디어였으며, 항상 우리 일상생활의 중심에 있어왔다. IPTV는 혁신을 통해 '안방의 스마트폰'으로 변화하고, 세상과 소통하는 창구가 되고 있다. 즉, TV 중심의 진정한 Connectivity 시대를 열어 가상재화의 가장 중요한 유통 플랫폼이 될 것이다. 이를 바탕으로 IPTV중심의 새로운 콘텐츠 생태계가 만들어질 것이다. IPTV는 자금과 마케팅 채널이 부족한 개인과 중소기업에게 새로운 기회를 주게 될 것이다. 창의성만 있으면 누구나 글로벌 시장에 마음껏 도전하여 '제2의 강남스타일'을 꿈꿀 수 있도록 IPTV는 디딤돌과 등용문 역할을 하게 될 것이다.

3. 기술혁신의 진원지

IPTV 영역은 N-Screen으로 확대되고 있다. 'TV'가 대중화되면서 자연스럽게 그 다음 단계로 언제 어디서나 시청이 가능한 N-Screen으로 진화하는 것이다. 실시간 채널, VoD를 IPTV 3사 모두 서비스를 제공하고 있으며 가입자도 증가하는 추세이다. 가정의 IPTV가 스마트폰, 태블릿PC과의 연계를 통해 콘텐츠를 끊김 없이 이용할 수 있는 서비스가 구현되고 있다.

한편, IPTV는 개방형 및 N-screen으로의 진화뿐만 아니라 단일 셋톱박스로 위성방송을 같이 볼 수 있는 결합서비스 및 안테나 없이 위성방송을 볼 수 있는 DCS(DishConvergence Solution) 등 기술혁신을 이끌고 있다.

4. 사회를 바꾸는 원동력

컨설팅 업체 Arthur D. Little은 IPTV가 차세대 미디어 소비의 핵심 플랫폼이 될 것으로 보고 있다(IPTV-The Hidden Potential, 2012). 나아가 엔터테인먼트를 넘어 e-health, e-learning, e-working, home security와 같은 양방향 서비스를 통해 사회 전반에 더 큰 영향을 미칠 것으로 전망하고 있다. 스마트폰이 개인의 소통방식을 변화시켰듯이 집 안의 TV가 세상과 연결되는 창구가 되면서 TV의 새로운 가능성을 보여주게 될 것이다.

IPTV의 이런 성과는 지속적인 기술혁신을 통한 'IPTV 2.0'시대를 여는 새로운 출발점이 될 것이며, 이제까지보다 더 큰 변화를 경험하게 될 것이다. 가능성과 잠재력을 잘 활용하면 IPTV는 사회 문제를해소하는 유용한 수단이 될 것이며, 더욱 큰 변화를 일으키는 촉매제 역할을 할 것이다. 그때 비로소 IPTV의 진정한 사회경제적 가치를 재발견하게 될 것이다. 사회를 바꾸고 세상을 움직이는 IPTV의 진정한 가치는 이제 막 '체스판의 후반부'에 접어들기 시작했다.

한편 IPTV 발전을 가로 막는 장애요인으로 전통적인 칸막이 규제를 포함한 제도 및 규제환경을 꼽고 있다. IPTV의 진정한 가치가 꽃피우기 위해서는 시장과 기술진보 수준을 따라잡지 못하는 규제의 전향적인 해결이 필요한 시점이라고 할 수 있다.

제13장

디지털 경제와 기업경영

제1절 · 디지털 경제의 정의

전통적인 수요와 공급의 원칙이 온라인에서 디지털 모형으로 바뀌며 무한대의 비즈니스 법칙을 만들어낸다. e-비즈니스는 디지털 경제의 대명사다. 인터넷을 주요 기반으로 하는 사업인 전자상거래 · 인터넷쇼핑몰 · 검색서비스 등은 기존 제조업체들의 인터넷 활용과는 다르다. 인터넷을 기반으로 하기 때문에 아이디어를 가진 적은 인력으로도 사업할 수 있으며 기술개발 등 경제활동이 빠르게 이루어진다. e-비즈니스의 가장 큰 특징은 벤처이다. 초기에는 많은 비용이 들지만 일정 시기가 지나면 이익이 폭증하는 수확체증의 법칙이 작용하는 것도 벤처의 특징이다.

디지털 경제를 지배하는 키워드는 외형적 팽창보다 그 속에서 일어나는 거대한 패러다임의 변화이다. 신속 · 정확을 생명으로 하는 디지털의 특성을 집약한 광속경제, 세계를 국경 없는 경쟁체제로 묶는 메가컴피티션(Mega-Competition), 시너지 효과를 위해 여러 기업이 힘을 합친 C-커머스(Collabora-Commerce) 등 새로운 경제 용어들이 양산되고 있다.

소비형태 역시 온라인을 통해 상품이 다양화 · 전문화되고 있으며, 인터넷이나 e-마켓플레이스를 통해 제품정보들이 다양하다. 제품의 대상도 의료 · 여행 · 컨설팅 등 유형의 상품에서 벗어나 무형의 서비스로 폭이 넓어졌다. 또한, 인터넷 전자상거래의 중심이 B2C(기업 → 소비자)에서 B2B(기업 → 기업)로 전환되고 있는 가운데 업종별 e-마켓플레이스가 디지털 경제의 새로운 원동력으로 각광받는다.

디지털 경제에서 성공하기 위해서는 기업가는 3C를 염두에 두어야 한다. 3C는 독창성(creativity) · 고객(Customer) · 신용(Credit) 등이며, 독창성과 창의성이 없는 기업은 살아남을 수 없다. 자기만의 특징을 개발하고 계속 발전시켜 나가야만 성공할 수 있다.

디지털 경제의 기반이 되는 디지털 기술의 특징은 광속성(빛과 같은 속도로 이동하면서 정보를 전달), 무한 반복재현성(반복 사용해도 정보가 줄어들거나 질이 떨어지지 않음), 조작 및 변형의 용이성(정보 가공이 쉽고 다양한 형태로 변형), 쌍방향성(정보의 쌍방향 전달이 용이), 압축성(방대한 정보처리를 위한 압축이 가능) 등이 있다.

제2절 · 디지털 경제와 경영환경

좁은 의미에서 디지털 경제는 IT 산업과 인터넷을 기반으로 하는 전자상거래의 역할을 중시하는 개념이다. 하지만 넓은 의미에서의 디지털 경제는 재화와 서비스의 생산, 분배, 소비 등 주요 경제 활동이 디지털화되고 네트워크화된 정보와 지식이라는 생산요소에 주로 의존하는 경제를 의미한다. 인터넷이 눈부신 속도로 발전하면서 기업의 경영 활동에서 인터넷 및 IT의 역할이 하루가 다르게 커지고 있으며 이에 따라 기업의 경영환경도 빠르게 변화하고 있다. 따라서 디지털 경제에 대한 고찰과 이에 따른 현대의 경영환경의 변화에 대한 연구가 필수적이다.

1. 디지털 경제의 등장

20세기 후반 IT 기술이 급속하게 발전하면서 디지털에 기반을 둔 다양한 상품과 서비스가 등장하게 되었다. 또한 인터넷을 이용한 정보검색과 자료전달이 쉬워지면서 개인이 제품에 대한 전문적인 지식을 습득하는데 더 나아가 기업의 경제활동의 근본적인 변화를 초래했다. 디지털 경제는 재화와 서비스의 생산, 분배, 소비 등 주요 경제 활동이 디지털화되고 네트워크화된 정보와 지식이라는 생산요소에 주로 의존하는 경제를 의미한다.

사회가 발전하면서 기본적인 의식주가 어느 정도 충족되어 기본적인 재화에 대한 수요보다 정보나 지식 등 자기개발에 필요한 수요가 늘어나고 있다. 인터넷을 통해 엄청난 양의 정보를 자기가 원하기만 하면 쉽게 전달받을 수 있게 되면서 개인의 지적 욕구가 충족되고 인터넷의 발달로 인해 고객의 목소리가 커지면서 제품의 개발에도 반영되고 있다.

이와 더불어 PC의 보급과 네트워크 기술의 발전으로 글로벌 네트워크가 구축되고 있다. 이러한 여러 영향을 바탕으로 디지털 경제가 도래하고 있는 것이다. 요컨대 디지털 경제로 소비, 생산 등의 경제 활동뿐만 아니라 전반적인 사회구조 또한 급속도로 변하고 있는 것이 사실이다.

2. 디지털과 경영의 특징

디지털 경제의 중요한 특징으로는 다음과 같이 3가지가 있다.

첫째, 정보의 신속한 공유를 들 수 있다. 디지털 기술의 발전으로 정보의 가공, 공유가 쉬워지고 실시간으로 이러한 정보들이 상호 교환됨으로써 정보의 자유로운 교류가 이루어지고 있다. 또한 소비자와 생산자, 공급자와 생산자, 정부와 국민, 개인과 개인 등 여러 수요자와 공급자의 정보공유는 수요자로 하여금 최적의 선택을 가능케 했다.

둘째, 디지털 시대에는 공간개념이 점차 소멸되고 있다. 점차 물리적인 입지의 중요성은 줄어들고 있다. 반면에 정보와 지식이 주가 되는 디지털 경제에서 정보와 지식은 공간적인 제약이 거의 없다고 봐도 무방하고 이러한 지리적인 제약이 없어지면서 기업들의 범국가적인 활동이 가능해져 경제 및 경영활동이 글로벌화 되고 있다.

셋째, 고객인 소비자의 중요성도 커졌다. 생산자와 소비자가 인터넷을 통해 직접 만날 수 있게 되면서 소비자들이 시공간의 제약 없이 원하는 상품을 마음대로 고를 수 있게 되었기 때문이다. 디지털 경제에서는 업체 간 제휴가 큰 비중을 차지하므로 신용도 기업의 생존을 좌우한다.

3. 디지털과 경영환경의 변화

1) 사회경제적 파급효과

디지털혁명은 기술, 산업, 경제, 생활 나아가 국가 간의 관계에 이르기까지 총체적이면서 획기적인 변화를 유발시키는데, 이러한 디지털혁명은 장기호황 속의 물가안정이라는 신경제 현상을 초래하였다. 디지털 신제품 출현, 제조업과 유통 및 금융의 효율성 제고, 가상공간에서의 경제활동 등에 따라 막대한 가치가 새로 창출되며, 1848년 이후 캘리포니아에서 총 20억 달러 상당의 금이 발견되었듯이 디지털혁명은 새로운 부를 창출(뉴골드러시)하였다.

디지털혁명, 디지털 기술 등 다양한 디지털 요소들은 사회 경제적으로 다음과 같은 변화들을 가져왔다.

(1) 디지털혁명은 기존 상품 및 경제활동의 재구성과 새로운 상품 및 경제활동의 출현을 가져왔다. 즉 새로운 상품과 시장이 생겨나고 새로운 경제활동이 발생하였으며, 가상공간을 활용한 레저도구와 활동이 증가하고 있다.

(2) 디지털 기술을 응용한 상품이 고성장하고 인터넷 기반 전자상거래가 확산되고 있는데, 보스턴 컬설팅 그룹에 의하면 미국의 기업 간 전자상거래 비중은 2004년 24%에서 2014년 60%로 높아질 전망이다.

(3) 디지털기술의 확산은 신산업군의 창출과 기존산업의 디지털화를 진전시키고 있다. 디지털 관련 신산업이 출현하고 기존 산업에도 디지털 기술의 접목이 가속화 되고 있는데 디지털 관련 소프트웨어, 콘텐츠, 정보통신기기와 부품산업, 정보통신서비스, 전자상거래, 광산업 등 신산업군이 출현하고 있다.

(4) 정부와 기업도 인터넷 사용이 보편화되고 수평적 구조로 변화되고 있다.

정책 결정, 지식 축적과 활용, 행정서비스 제공 등 여러 부분에서 인터넷의 활용이 확산되고 있다.

2) Keyword로 본 경영환경

(1) Alliance(기업 간 제휴)

불확실성과 리스크의 증대로 기업 간 전략적 제휴가 활발하게 이루어지고 있다. 기업 간의 전략적 제휴가 더욱 활발해지고 제휴를 통해 형성된 연합군간의 표준장악 경쟁이 치열해 지며, 이러한 제휴 관계는 차별화된 우위를 확보한 강자끼리만 파트너가 된다.

(2) Blur(모호함)

적과 동지, 가치관, 직장과 가정, 생산-유통-소비의 구분이 모호해진다. 새로운 기술과 사업의 지속적 탄생으로 특정사업의 동지가 다른 사업에서는 경쟁자로 되면서 적과 동지의 구분이 모호해 질 것이다.

(3) Creativeness(창의성)

디지털 환경에서는 조직구성원의 창의력이 가장 중요한 자산으로 등장한다. 자원의 획득이나 정보의 입수가 쉬워지면서 아이디어와 창의력만 있으면 새로운 시장이 창출된다. 그러나 예기치 못한 경쟁자의 등장으로 제품이 수명주기가 단축되고, 기업의 생성과 소멸이 빈번해지고 있다. 한편 창의적인 두뇌들이 자유업을 선호하면서, 관료주의적 피라밋 조직은 인재 확보가 곤란한 상황도 나타나고 있다.

(4) Discontinuity(불연속성)

디지털 환경에서는 불확실성이 증폭되고 미래에 대한 예측이 불가능해진다. 획기적인 기술의 등장, 사고나 재난의 대규모화, 잠재적 경쟁자의 확산 등으로 기업은 극심한 환경변화를 경험하게 될 것이며, 선점자가 독식하는 수확체증의 효과와 미세한 변화가 엄청난 결과를 초래하여 과거와는 다른 단절적인 변화가 일상화될 것이다. 이러한 무질서가 확산되면서 다양한 글로벌 표준이 나타날 가능성이 크고 그 수명도 단축될 것이다.

(5) Entertainment(재미)

재미와 즐거움이 주요한 사회적 가치로 등장할 것이다. 다양한 분야의 매니아들이 전문가로 등장하며 취미가 곧 직업으로 이어지고 있다. 문화산업과 콘텐츠 산업의 규모가 확대되고 여행, 레저, 스포츠, 가상체험에 대한 지출도 늘어날 것이다. 특히 아이디어만 있으면 영화, 게임, 캐릭터 등으로 연결되면서 큰 성공을 거둘 수 있는 두뇌산업의 경쟁이 더욱 치열해질 것이다.

(6) Flexibility(유연함)

디지털 환경에서는 변화에 대한 예측보다는 이를 재빨리 감지하고 유연하게 대응하는 것이 최선의 방법이자 전략이다. 따라서 돌발변수가 확대되고 이해관계자가 다양해지면서 경영환경의 변화를 예측하고 이에 대한 대응전략을 세우는 과거와 같은 경영방식은 더 이상 무의미하며, CEO의 감각과 판단이 더욱 중요해질 것이다.

(7) Globalization(세계화)

국가 간의 인력이동이 훨씬 용이해지면서 진정한 무국경화를 촉진시키고 있다. 디지털 환경에서는 기업 간 글로벌 네트워크가 확산되고 외국인 임직원이 늘어나면서 기업은 초국적화될 것이다. 반면 초국적화가 이루어질수록 한국적인 것은 그 희소성으로 인해 가치가 상승할 것이다.

(8) Humanity(인간성 추구)

물질만능, 자원고갈, 환경오염, 생명복제 등으로 인간의 가치가 훼손되고 생존에 대한 위협이 일어나면서 이에 대한 반작용으로 인간적인 삶에 대한 욕구가 증가할 것이다. 최근에는 인간의 지능마저 기계가 대신하게 되면서 사람들은 감성적이고 창조적인 분야에 몰두하여 문화와 예술의 장르가 확대되고 있다.

(9) Internet(인터넷)

인터넷이 On-line 네트워크화를 촉발시키면서 경영환경을 변혁시키고 있다. 디지털환경에서 모든 산업이 인터넷 비즈니스의 영역에 편입되면서 인터넷이 이미 산업활동의 중심축으로 자리 잡았다.

(10) KakaoTalk(카카오톡)

주식회사 카카오가 2010년 3월 18일 서비스를 시작한 글로벌 모바일 인스턴트 메신저이다. 현재 스마트폰 사용자를 대상으로 프리웨어로 제공된다. 사용자수는 2011년 4월 1일 국내외 1000만이고, 2012년 3월 11일 4000만 명을 돌파했다. 스마트폰을 이용한 언제어디서나 소통과 이메일 검색 등은 경영환경을 변화시키고 있다.

제3절 · 디지털 경제에서의 기업경영 전략

디지털 경제에서의 기업의 신제품은 가격, 속도, 편리성 측면에서 2배 또는 3배로 좋아야 한다. 특히 다음의 3가지 전략을 염두에 두어서 한다.

첫째, 초기 고객기반을 확충하기 위해서 가격 등을 낮추는 전략 등이 필요할 것이다.

둘째, 다른 기업과 제휴를 통한 기술의 융합. 셋째, 심리적 포지셔닝이다. 디지털 경제를 이해함으로써 이를 토대로 기업에게는 기회가 되는 것을 포착해야 할 것이다.

즉 앞에서 얘기한 디지털시장의 구성요소인 참가자(Player), 제품(Product), 포로세스(Process)와 시장자체의 구조변화는 기업에게 새로운 가치창출의 기회를 제공하게 될 것이다.

1. 시장 참가자들간의 의사소통의 변화

인터넷을 통한 새로운 통신채널의 직접적인 채널확보 및 쌍방향 교류를 가능하게 하며, 이를 통해 판매확대 및 고객관계를 확고히 할 수 있는 기회를 제공한다. 인터넷상의 거래는 DB의 축적이 쉽게 가능하므로 고객 DB를 통하여 고객별로 전자우편 등을 통하여 일대일 마케팅을 고객별로 할 수 있게 되었으며 인터넷은 틈새시장을 찾을 수 있는 기회를 제공한다.

2. 제품 특성의 변화

디지털 경제의 기업들은 인터넷을 활용하여 새로운 서비스를 창출할 수 있으며, 이는 새로운 시장으로의 진출을 가능하게 하기 때문에 제품과 정보를 결합하는 새로운 부가서비스의 창출과 신제품의 개발의 기회를 통한 새로운 시장을 개척하여야 한다. 또한 틈새 및 신규시장으로의 진입을 통해 새로운 가치를 창조해야 한다.

3. 프로세스의 변화

기존의 연구, 개발, 생산, 마케팅, 판매로의 가치창출 단계는 인터넷을 통하여 마케팅, 판매가 동시에 이루어 질 수 있어서 기업내외의 가치사슬을 단축 또는 통폐합 할 수 있다. 이것은 비용절감, 시간단축 및 사업확장이 가능하다.

4. 시장구조의 변화

인터넷을 사용함에 따라 발생하는 서비스와 공급자의 집중화 현상은 산업 내 새로운 기회창출을 제공한다. 서비스와 제품의 전략적 제휴를 통해 고객에게 단일 제품을 제공할 수 있으며 여러 회사의 제품을 단일 인터넷 마케팅을 통하여 고객에게 공급할 수 있다.

5. 디지털 경제시대에서 전자상거래 기회의 인식

이처럼 혁신적인 성과를 거두고 있는 성공기업들은 디지털 사회의 기회를 인지하고 새로운 기회의 창출을 위해 인터넷을 통한 전자상거래를 활용하고 있다는 것이다. 이처럼 기존의 기업들은 디지털 경제환경에서 이의 기회를 인식하고 인터넷을 통한 기업업무와 상거래에 사업의 초점을 두어야 할 것이다.

6. 전자상거래 도입의 필요성

결론적으로 인터넷을 이용한 전자상거래에 신속하게 대처한 기업은 향후 시장을 리드할 것이며, 그렇지 못한 기업은 선진 기업들과의 갭이 더욱 커질뿐 아니라 기업 사업자체의 생존도 어려워질 것으로 보인다. 즉, 인터넷을 통한 전자상거래 도입은 선택의 문제가 아니라 필수불가결한 경영의 새로운 축임을 암시해주고 있다.

즉 제품, 프로세스, 의사소통, 시장구조 등의 기업 환경의 변화는 기업으로 하여금 변화하는 시장환경에 대응하기 위한 전략수립이 필요하며, 신기술을 활용한 사업기회의 적극적인 모색이 필요하며, 고객의 욕구변화에 대한 체계적이고 정확한 분석이 필요하다는 것을 의미한다.

또한 전자상거래 환경에 신속하게 대처한 기업이 향후 시장의 리더가 될 것이기에 전자상거래 선두업체들의 시장점유로 향후 시장진입 장벽은 더욱 높아질 것임을 암시하며 전자상거래로 인한 판매채널의 변화가 선두업체들과의 갭을 더욱 크게 할 것으로 보인다.

제4절 · 디지털 경제에서 기업경영의 변화

모바일 전성시대의 도래로 인해 최근 모바일 인터넷 사용량이 폭발적으로 증가를 하였고 전 세계 인구 5명당 하나의 스마트 폰을 가지게 되어 모바일 트래픽 또한 기하급수적으로 늘어나고 있다. 이에 맞추어 기업 경영에 있어서도 많은 변화의 바람이 일어나고 있다. 기업 경영에 있어서 가장 큰 변화는 온/오프라인 경계의 소멸이 가장 큰 변화로 꼽힌다.

언제 어디서나 필요한 정보에 접근하는 것이 가능해졌으며 메일 및 업무 또한 언제나 바로 진행이 가능해지게 되었다. 이로 인해 고객에 대한 가치 제공 방식에도 많은 변화를 주게 되었고 이는 곧 비즈니스 모델의 변화를 야기시켰다.

업무를 진행하는데 있어서 사무실은 업무를 할 수 있는 유일한 장소였지만 모바일 전성시대에 시간과 장소에 구애받지 않고 모든 회사 업무를 수행 할 수 있는 환경이 만들어 지게 되었다. 직원간의 의사소통, 자료 공유, 자료 확인 등 자리를 비운 경우에도 언제든 연락이 가능할 수 있게 되었으며 고객사나 공급사 방문 시에도 사내와 동일한 업무환경을 제공하여 업무 처리가 가능할 수 있게 되었다.

같은 회사, 같은 부서 직원이라도 물리적으로는 동일한 시간, 동일한 공간에 존재하지 않게 되는 경우가 점점 많아져 모바일 오피스를 통해서 가상공간에서 즉각적으로 소통하며 정보 교환을 할 수 있게 되었다. 이는 기업경영의 경영자 입장에서는 사무실 비용 및 시간 대비 인건비 또한 줄일 수 있는 기회이지만 직원의 입장에서는 언제 어느 때이든 회사에 묶여 있다는 느낌을 직원들에게 줄 수 있는 환경으로 변화되었다.

이를 통해서 업무 방식의 변화 또한 유무선 통합을 통한 직원 간 실시간 소통 후에 모바일로 카톡 혹은 사내 메신저를 통해서 모바일 의사 결정으로 효율적이고 빠른 업무방식으로 변경이 되었다. 현재 모바일 시대에는 기회 선점을 위한 CEO 의 전략적 판단이 중요해 졌으며 사람/조직/사업의 3대 영역에서 관리방식의 혁신이 필요한 시점이 되었다.

조직적인 관리 차원에서는 기업 외부와의 협업 및 지식 공유를 활성화하기 위한 개방적인 파트너십의 형성 및 관리 역량이 필요해 졌으며 직원들의 자발적 동기부여와 효율적 모니터링을 병행함으로 인해서 업무 추진이나 성과 그리고 사내 보안 유지에 각별히 신경을 써야 한다. 모바일 시대에 정보력으로 무장한 직원의 성과를 극대화하기 위해서는 '비전 공유'를 기반으로 하는 자발적 동기부여가 중요 하며 직원들의 성과를 관리하기 위한 효과적인 모니터링 방법을 병행해야 하기 때문에 이에 따른 새로운 대응방안이 필요하다.

결론적으로 현재 IT경제에 따른 기업 경영의 변화는 모바일 시대로 새롭게 변화되고 있다. 모바일 인프라를 구현하고 있으며 모바일 정보 활용을 통해서 기업 경영을 추진하고 있다. 시대에 따라 빠르게 변화하는 기업경영의 모습을 참조해서 배워 나갈 수 있도록 해야 한다.

1. 디지털 경제와 정보혁명

오늘날 경제는 이른바 디지털 경제(Digi-tal Rconomy)로서 지역 및 거리, 시간에 구애받지 않고 인터넷(internet)과 같은 정보 통신망을 통해서 이루어진다. 이와 같은 디지털 경제의 출현은 결코 어느 날 갑자기 나타난 형태는 아니다. 즉 데이터, 정보, 지식의 순환과정에서 나타난 결과인 것이다.

디지털 경제로 인해 생산자와 소비자를 가로 막고 있던 장애물이 크게 줄어듦에 따라 수송비용은 획기적으로 감소될 것이며 금융 서비스 및 통신분야는 경제를 위한 기초를 만들 것이다.

향후에도 여전히 지식중심의 경제사회가 될 것이며 그에 대한 대응책으로서 기업의 경우 전사적 정보 활용이 필요하다. 미국의 운송업체인 FedEx사는 기업내부의 정보 구조를 개편하여 경쟁력을 강화함으로써 북미 소화물 운반시장의 50%를 선점할 수 있었다. 정보기술을 중심으로 실시간(real time)소화물 추적시스템을 개발하여 운반 현황과 처리 상태를 고객에게 계속 제공하여 경쟁 우위를 갖출 수 있었기 때문이다. 또 월마트는 다른 기업과의 네트워크를 통해 기업경쟁력을 강화시켰다.

기업 간 컴퓨팅을 통해 공급자가 수요를 예측하여 제품을 직접 관리 하도록 유도함으로써 판매업자의 입장에서 재고부담을 덜고 진열대에 제품이 항상 유지될 수 있도록 하였기 때문이다. 공급자와 판매자가 별개의 기업이지만 단일 기업과 같은 역할을 함으로써 상호간 경쟁력을 얻을 수 있게 하는 상생(win-win)전략의 하나이다.

전통적 기업에서는 자신의 정보가 사활을 결정할 정도로 중요하다고 판단하여 절대로 유출하지 않으려 했지만 이제는 정보를 공유, 그 정보에 부가가치를 강화할 것이 필요하다.

정보혁명 시대에서 기업은 상당한 변화를 맞고 있다. 산업사회에서는 고객을 '표적대상'으로 생각했다면 정보혁명 시대에는 '파트너(partner)'로 인식된다.

1) 산업사회에서 기업은 하나의 잘 만들어 시스템이었다면 이제는 공동체(community)로 작용하고 있다.
2) 종업원에 있어서도 관리와 조정의 대상인 부하로부터 탈피하여 함께 의견을 나누고 상호영양을 받는 동료로서의 의미가 더욱 강조되고 있다.

3) 산업사회에서는 상품의 브랜드가 중요한 경쟁요소였다면 정보사회에서는 사이트 브랜드(site brand)와 고정적인 웹사이트(web site)의 고객이 중요 한 경쟁요소로 된다.
4) 고객과의 쌍방향 커뮤니케이션을 통해 고객이 무엇을 바라고 무엇을 원하 는지를 파악할 수 있어야만 다양하고 개성화 되어 있는 취합에 맞출 수 있게 된다.

2. 인터넷의 비즈니스와 문제점

미국의 경우 1997년 정보기술 생산분야 종사자의 1인간 연간 평균임금은 약 5만 3천 달러로 전체 평균 3만 달러를 크게 웃돌았다. 90년대 제조업의 총 매출액이 전체 경제규모에서 차지하는 비중이 80%였다면 2010년쯤에는 50%로 줄어들고 이익창출 면에서는 50%에서 20%로 증권시장에서의 시가총액은 80%에서 20%로 각각 감소 추체이다.

반면, 정보통신 관련 산업의 경우 매출액 비중은 20%에서 50%로 이익비중은 50%에서 80%로 시장가치비중은 20%에서 80%로 증가할 것이다. '제3의 물결', '권력이동' 등의 저자인 세계적 미래학자 앨빈 토플러(Alvin Toffler)는 인터넷 산업은 이제 시작에 불과하며 앞으로 50~100년간 계속 성장할 것 이라고 했으며 또한 정보혁명 시대에는 자신만의 시장을 찾아내고 가치를 창출하는 기업이 성공한다고 주장 하였다. 불과 10여 년 전에는 컴퓨터가 일상생활에 필수적 도구가 될 것이라고는 아무도 예측하지 못했다. 그저 게임을 하거나 학생들의 논문을 작성하는 수단으로만 인식하였다.

그러나 정보기술의 발전으로 인해 속도와 메모리 등이 눈부시게 향상되었고 최근에는 정부가 지원하여 '국민PC' 보급 덕분으로 어느 가정에서나 소유하고 있을 정도로 가전제품화 되었다. 전세계를 거미줄처럼 덮고 있는 컴퓨터 네트워크를 통해 전자정보 서비스가 이루어지는 가상공간에서 제품과 서비스를 주문할 수 있으며 많은 기업에서는 공급업체 및 금융기관들과 거래를 수행할 수 있다.

이제 기업은 전통적 사업방법으로부터 탈피하지 않으면 안 되는 시점에 이르렀다 특히 인터넷이 기업에 이용되면서 시장의 시간적 및 공간적 제약을 해소하여 마케팅과 쇼핑의 영역을 확대시키고 있다. 컴퓨터를 연결한 인터넷은 세계 각지에 흩어져 있는 사람들로 하여금 신속하고 저렴하게 서로 통신하고 같이 일할 수 있도록 함으로써 과거 18세기 '산업혁명'에 비견될 정도의 '정보혁명'을 주도하고 있다.

특히 인터넷을 통해 물품 및 서비스를 판매하거나 구매하는 형태의 전자상거래는 기업 및 소비자의 활동에 급격한 변화를 가져오고 있다 인터넷을 이용하여 구매할 경우 일반구매보다 20~30%정도 저렴하고 인재의 채용 및 효율적 인력관리도 가능하다. 또한 인터넷 내에 온라인 쇼핑몰(online shopping mall)을 개설함으로써 지역과 시간에 관계없이 전세계 이용자들을 대상으로 마케팅 활동을 할 수 있을 뿐만 아니라 직접 판매도 가능하게 되었다

그러나 거래가 이루어지더라도 현금 및 상품의 이동이 실물거래에서 가능하기 때문에 거래의 체결에서부터 이행완료에 이르기까지 상당한 기간과 프로세스가 요구되며 개인정보의 보호, 프라이버시의 보호, 네트워크의 장애 등에도 문제가 있으므로 극복방안이 강구되어야 할 것이다.

3. 정보혁명 시대의 기업경영

인터넷을 이용하여 얻을 수 있는 경영효과는 먼저 시간과 비용 절감이다. 전자카탈로그 및 전자사양 등을 인쇄하거나 정리하여 창고에 보관하거나 우편으로 우송하지 않아도 되기 때문에 비용이 절약된다. 그리고 인터넷은 쌍방향성을 기초로 소비자들이 원하는 정보를 빠르게 검색하게 해주며 소비자들의 취향에 맞는 서비스를 제공할 수 있다. 뿐만 아니라 인터넷을 통한 기업경영에서 인종 및 성별, 사업규모, 회사규모 등은 별 문제가 되지 않는다. 인터넷의 개방성으로 인하여 대규모 회사뿐만 아니라 아이디어 및 소규모 자본만을 갖춘 개인도 참여 할 수 있기 때문이다. 참여의 제약해소는 완전 경쟁시장에 가까운 시장환경을 만드는데 기여할 것이다. 정보혁명 시대의 기업경영의 운영방법은 다음과 같다.

1) 고객과 함께하는 전략이여야 한다. 인터넷 비즈니스는 철저히 고객과 함께 만들어 가야하기 때문에 고객은 '봉'이 아니라 기업존립의 근거로서 가히 '신'이라

는 인식하에 고객과 기업이 함께 이익을 공유할 수 있는 전략이 필요하다.

2) 속도와 개인화 전략이다. 소비자의 특성이 다양해지고 경쟁이 치열해짐에 따라 과거처럼 더 나은 품질 및 서비스를 더욱 저렴하게 제공하는 것만으로 부족한 시대가 되었기 때문에 빠르게 제공해야 한다. 즉, 속도와의 전 쟁으로 특징지을 수 있는 광속거래의 시대에서 기업은 고객의 필요(needs)에 능동적이며 즉각적으로 대응해야 할 것이다.

3) 정확한 고객정보의 파악이다. 정보혁명 시대의 중요한 경영전략의 하나는 고객의 욕구를 적극적으로 파악하여 능동적 마케팅을 전개하는 것이다. 이를 위해서는 고객의 행동양식에 대환 정보 및 분석이 필요하며 성별, 연령, 소득수준, 직업 등에 따른 구매행태를 파악하여 마케팅 전략을 전개할 수 있어야 한다.

즉 정보혁명으로 인한 디지털화는 이제 선택이 아니라 피할 수 없는 숙명으로 다가오고 있다. 기업이란 살아있는 유기체이므로 정보혁명이라는 환경에 적응하지 못할 경우 공룡의 멸종과 같은 위기를 피할 수 없는 상황에 처하게 될 것이다.

4. 제조업의 생존방법

정보혁명 시대에서는 인터넷의 성장과정과 무한한 잠재력, 새로운 사업모형을 성공적으로 구축하는 기업만이 살아남을 수 있을 뿐이다. 인터넷에 발전으로 인해 오프라인(off-line)기업들이 온라인(on-line) 업체와 제휴하는 경향도 커지고 있다. 정보혁명시대의 제조업은 기술흐름, 고객성향, 시장움직임 등을 알아야 하고 부품공용화와 각종 정보 및 자료 등을 공유해 상품품질을 개선함으로써 산업생산성을 높여야 한다.

산업 간, 업종 간, 사업 간 영역의 경계가 무너지고 인터넷의 이용을 통해 표준사업방식이 급속히 자리잡아가는 이때 제조업은 직원으로 하여금 인터넷 지식을 보급해야 한다. 그 이유는 인터넷지수(IQ: internet Quotient)와 자본이익률 간에는 상관관계가 있는 것으로 확인되었기 때문이다. 이것 역시 정보혁명 시대의 기업이 생존할 수 있는 또 하나의 방법이 될 것이다.

제14장

디지털 경제와 인적자원 관리

제1절 · 디지털 경제에서의 인적자원개발의 중요성

새로운 세기와 더불어 정보화를 매개로 지식의 창출이 가속화되고 지식의 확산과, 확산된 지식의 흡수·활용을 통하여 경제사회가 근본적으로 변화하는 패러다임적인 전환이 급속히 진행되고 있다. 이러한 지식정보화사회에서는 국가의 경쟁력, 기업의 생산성, 개인의 노동시장에서의 지위를 결정짓는 원천의 중요성이 종래의 자본, 노동 등의 유형자본으로부터 무형의 지식자산(intangible intellectual capital)과 혁신 능력으로 바뀌게 된다.

그간 세계경제뿐만 아니라 OECD 국가의 경험에서 보면 지난 20여 년 동안 첨단기술산업이 제조업에서 차지하는 비중은 20% 이상 증가하였고, 교육, 통신 및 정보 등 지식집약적인 부문은 훨씬 빠른 성장을 보이고 있으며(OECD, 1996), 향후 고위기술제조업과 정보통신, 전문서비스 등 고급서비스산업이경제의 지식집약화를 주도할 것으로 전망되고 있다.

우리 경제에서도 지식기반산업의 비중이 증가하고 기존 산업의 지식집약화가 진전됨에 따라 지식이나 기술의 진보가 경제성장에 기여하는 비중이 크게 증가하고 전문지식과 창의력을 갖춘 지식근로자에 대한 수요가 증대하고 있으며, 잠재성장률의 하락에도 불구하고 향후 이러한 추세는 더욱 가속화될 것으로 전망되고 있다.

이미 최근에는 이러한 추세를 반영하여 상당수의 실업자가 존재함에도 불구하고 정보통신, 첨단기술 분야 등 지식정보화를 선도하는 분야에서는 오히려 인력부족의 심화 현상이 나타나고 있기도 하다. 그런데 이러한 지식정보화사회의 도래는 우리에게 새로운 기회의 창(windows of opportunities)을 제공하기도 하지만 커다란 위기와 도전으로 다가오고 있기도 하다. 지식정보화사회가 지니는 양극화가설에 기초할 때, 우리의 지식확산과 활용인프라가 불충분하고 지식경쟁력이 선진국에 비하여 여전히 낮아 지식 성과가 낮게 나타나 자칫하면 선진국과의 격차가 심화될 수 있기 때문이다.

특히 지식격차의 확산에 따른 양극화는 한 나라 내에서도 작용하여 기회와 부의 불평등을 심화시킬 수 있다. 이는 지식정보화에 대한 획기적인 대응전략의 구축이 필요하다는 점을 시사하는 것으로서 특히 지식의 창출 · 확산과 활용 등 각 단계에서 지식정보화를 주도하여 국가 간 지식격차의 확대에 대응하면서 수확체증 및 선점 효과를 극대화하기 위한 인재를 양성하는 일과, 국내적으로 지식의 흡수 능력을 배양하고 지식격차를 해소하기 위한 인적자원 투자와 개발이 중요하게 부각되게 된다.

제2절 · 디지털 경제와 노동시장의 현황

이러한 지식기반경제화 또는 디지털 경제화는 시간과 공간, 속도의 개념을 바꾸면서 기존 산업사회에서의 생활 및 생산방식의 변혁을 초래하게 되는데, 이는 상품시장은 물론 노동시장에도 구조적인 변화를 가져오게 된다. 우선적으로 산업수요의 변화에 따라 정보통신을 필두로 한 지식정보화 분야의 일자리 증가에 따라 이들 분야에서 노동력 수요가 급증할 것이다. 뿐만 아니라 인구증가율의 정체에 따른 노동가능인구의 정체, 인구의 고령화 경향과 더불어 고학력화 · 여성화 등 인력공급 측면에서도 양적 및 질적 변화가 나타날 것이다.

이러한 노동시장에서의 수급구조의 변화는 디지털 혁명이 초래하는 직업관과 조직문화의 급격한 변화와 상호작용을 통하여 더욱 가속화 된다. 그런데 이러한 지식정보화에 따른 노동력 수급구조의 변화는 노동시장 및 기업의 인사관리에서뿐만 아니라 사회적으로 많은 문제를 야기할 가능성이 크다. 예를 들면, 급격한 정보사회화에 따른 인력수급 불일치, 구조적 및 마찰적 실업의 증가, 조직몰입도의 감소와 인력의 빈번한 이동에 따른 경쟁력 취약 및 조직균열, 인사노무관리의 급격한 변화에 따른 혼란, 그리고 디지털화가 야기하는 소득 및 빈부 격차의 문제, 즉 디지털 격차(digitaldivide)의 문제 등이 그것이다.

1. 노동력 수요의 변화

지식정보화의 진전에 따라 우선은 정보통신기술 관련 인력을 중심으로 한 고기술, 전문인력이 급증할 것으로 전망된다. 디지털 경제화에 따른 지식집약화와 기술변화는 저기능 인력과는 대체적인 관계에 있고, 고급 인적자원과는 보완적 관계에 있기 때문에 고학력·고숙련의 전문인력 고용이 크게 증가할 것이다. 우리나라의 경우에도 이러한 경향은 이미 나타나고 있으며 향후 빠른 속도로 지식정보화에 따른 고숙련화가 진전될 것으로 전망되고 있다.

숙련수준별 인력수요 전망을 보면 직업 구성의 변화에 따라 전반적으로 숙련수요가 크게 증가하여 지적숙련 직업들의 구성비는 현재 18.6%에서 5년 후에는 19.1%로 증가할 것으로 나타나고 있으며, 경험적 숙련수준에서도 숙련 직업 > 반숙련 직업 > 미숙련 직업의 순으로 고용이 증가할 전망이다. 이제 이러한 경향을 산업별로 살펴보자. 우선 제조업에서는 제조업 취업자 증가율의 둔화에도 불구하고 2000~2012년 사이에 정보통신기술 및 중고위기술 제조업 취업자는 연평균 2.15%씩 증가 했다.

반면 저위기술 제조업의 경우는 취업자수가 지속적으로 감소한 것으로 나타났다. 서비스업에서는 전반적으로 고용이 증가할 것이나 지식기반 서비스업의 경우 2000~2012년 사이에 취업자가 연평균 2.6%씩 증가한 반면, 일반 서비스업의 경우 연평균 2.3%의 증가율로 지식기반 서비스업의 취업자 증가율에는 미치지 못하고 있다.

직업별로는 입법공무원, 고위임직원 및 관리자(1995년 2.58%에서 2012년 2.77%로), 전문가(4.76%에서 6.73%로), 기술공 및 준전문가(9.03%에서12.09%로) 등 소위 고학력 직종의 취업자 비중은 증가하나, 생산직에 속하는 기능원 및 관련 기능관리자(15.80%에서 12.37%로), 장치, 기계조작원 및 조립원(10.67%에서 10.56%로), 그리고 단순노무직(11.21%에서 10.00%로)은 비중이 크게 감소한 것으로 나타나고 있다. '사무직원'의 비중은 장기적으로 미미하게 상승할 것이며, '서비스 및 판매근로자'의 비중은 2012년까지 꾸준히 비중이 늘어났다

2. 노동력 공급구조의 변화노동공급 측면에서의 변화

인력의 양적인 공급증가세 둔화와 노동력의 질적인 수준의 제고로 집약할 수 있다. 첫째로 15세 이상 생산가능 인구 증가율의 둔화를 지적할 수 있다. 인구성장률은 1990～95년 연평균 1.0%에서 1995～2000년 0.9%, 2000～2005년까지 0.8%, 2005～2012년 0.6% 등으로 지속적으로 감소하였다.

이에 따라 15세 이상의 민간인구로 정의된 생산가능 인구는 1970년대와 1980년대에는 연평균 2～3%의 높은 증가율을 유지하였으나 이후 지속적으로 둔화되어 2001～2005년간에는 증가율이 0.9%에 머물렀다.

둘째는 베이비 붐 세대의 장노년화 및 인구의 노령화, 청년층 인구의감소를 들 수 있다. 1995년 전체 생산가능인구 중 47.4%를 차지하던 30～54세의 중장년층의 비중은 1999년 47.8%로 다소 증가하고 향후 2010년에는 50.9%까지 증가할 전망이며, 노동력의 중심에서 벗어나기 시작하는 55세 이상 연령층은 1990년 17.3%에서 1999년 20.6%로 상승한 후 2000년대 증가 추세가 가속되어 2012년에는 25.3%로 생산가능인구의 약 4분의 1을 차지했다. 한편 1990년 14.2%를 차지하던 15～19세 인구는 1999년 10.9%로 감소하였으며, 이러한 추세는 2000년대에도 계속 진행되어 2012년에는 7.3%로 급감했다.

셋째는 인구의 고학력화 경향이다. 중등교육의 보편화 및 고등교육의대중화, 남녀간 학력격차의 감소로 나타난 고학력화는 고급인력에 대한수요와 맞물리면서 이들의 경제활동참가율을 증가시킬 것이다. 비록 1998년 이후 외환위기 과정에서 고학력자의 경제활동참가 증가가 정체되기는 하였으나 경제가 지식정보화사회로 급

격히 진행되고 있어, 향후 이들의 경제활동참가 및 취업자수가 크게 증가할 것이다.

마지막으로 여성의 노동시장 진출의 증가를 들 수 있다. 산업구조의 지식집약화와 서비스업 비중의 증대, 유연고용의 증대 및 고용형태의 다양화 등 노동수요 측면에서의 변화와 더불어 여성에 대한 교육기회, 특히 고등교육기회의 확대로 인한 여성인력의 고학력화 · 고급화 · 전문화, 그리고 육아 및 가사노동의 사회화 진전 등 노동공급측 요인이 맞물리면서 노동시장에서 여성의 비중이 지속적으로 증대할 전망이다.

1970년에 40%미만이던 여성의 경제활동참가율은 1980년대 이후 지속적으로 상승하였는데, 향후에도 남성의 상승세를 앞질러 2012년에는 56.0%가 되었다. 남성의 경우도 경제활동참가율은 증가할 것이나 여자보다 완만하게 상승하여 2000년에 75.1%인 참가율이 2012년에 75.7%까지 상승 했으며 이후에는 참가율이 거의 정체될 것으로 전망되고 있다.

지식집약화와 서비스업 비중의 증대, 유연고용의 증대 및 고용형태의 다양화 등 노동수요 측면에서의 변화와 더불어 여성에 대한 교육기회, 특히 고등교육기회의 확대로 인한 여성인력의 고학력화 · 고급화 · 전문화, 그리고 육아 및 가사노동의 사회화 진전 등 노동공급 요인이 맞물리면서 노동시장에서 여성의 비중이 지속적으로 증대할 전망이다. 1970년에 40%미만이던 여성의 경제활동참가율은 1980년대 이후 지속적으로 상승하였는데, 향후에도 남성의 상승세를 앞서갈 것이다. 남성의 경우도 경제활동참가율은 증가할 것이나 여자보다 완만하게 상승하여 2000년에 75.1%인 참가율이 2012년에 75.7%까지 상승하였으나 그 이후에는 참가율이 거의 정체될 것으로 전망되고 있다.

3. 노동 및 직업에 대한 가치관과 기업조직

문화의 변화외환위기 이후 회복 과정에서 벤처와 코스닥 열풍 속에 기업구성원들의 충성심과 몰입도가 떨어지고 전통적인 대기업으로부터 핵심인력의 유출이 심화되었는데, 이는 외환위기의 충격 이후 급격한 디지털 경제화에 따른 직업관과 기업문화의 변화를 반영하는 하나의 예라고 볼 수 있다.

최근의 젊은 세대들은 근본적으로 자기중심성이 강하여 자신이 좋아하고 능력을 인정받는 분야이면서 동시에 변화와 기여한 바에 대하여 확실한 보상을 중시하는 경향이 강하다. 이는 외환위기 이후 외부압력에 의하여 글로벌 스탠더드를 빠르게 도입하면서 확산일로에 있다가 지식정보화 · 디지털화를 통하여 더욱 강화되는 추세를 보이고 있다.

이에 따라 평생직장의 개념이 퇴색하고 능력과 보수가 중시되는 풍조가 급속히 확산되고 있으며, 과거와 달리 안정적 직장으로 인정받던 대기업이나 공공기관에 대한 선호도가 감소하고 있다. 또한 이는 일부 외국계 기업을 선도로 호칭, 직급 파괴 등으로 나타나고 있기도 하다. 결국 디지털 경제화로 압축되는 지식정보화는 직장 및 직업에 대한 인식, 취업선호도 등을 변화시키고 기업에서도 실력주의, 유연고용 및 업무의 외주화 등 유연전략의 강화를 초래하고 있다고 볼 수 있다.

또한 지식정보화사회에서는 빠른 기술진보와 이로 인한 생산 및 소비방식 변화 등 기업 외부의 변화에 신속하게 적응하기 위해서 대다수 기업이 조직과 고용관행을 변화시킬 것으로 예상된다. 우선 기업의 조직이 경직적이고 수직적인 피라미드 조직에서 유연한 수평조직으로 변화되고, 팀(team)간의 네트워크가 중시될 것이다. 인력관리도 명령 · 통제적인 관리에서 스스로 자율적으로 관리하는 시스템으로 변화될 것이고, 의사소통도하향식에서 다양한 채널을 통하여 이루어지게 된다.

더구나 정보기술의 발달로 인하여 사무 및 영업직의 경우 재택근무, 혹은 원격근로가 활성화되는 등 근무형태 역시 다양화될 것이다. 이 밖에도 근로시간에 있어 단시간근로, 탄력적 근로(flexible working time) 등으로 다양해질 것이다. 아울러 지식과 기술의 확산이 종전보다 급속하게 이루어질 경우 기업내 업무가 종전보다 더 표준화될 것이다. 이에 따라 종전에 내부노동시장에 의존하던 고용관행이 외부노동시장에 의존하는 경향이 강해지면서 상용직근로자의 필요성이 상대적으로 감소될 것이다.

제3절 · 디지털 경제를 위한 인적자원개발의 방향

1. 교육훈련 패러다임의 변화

지식기반경제로의 이행은 직업생활의 전 기간에 걸친 능력개발을 요구한다. 이러한 평생학습의 관점에서 볼 때 교육과 훈련의 경계는 모호해질 것이며, 직업교육과 직업훈련 간의 상호 보완·협력적 관계 구축은 더욱 중요하게 될 것이다. 학교에서 일터로, 일터에서 학교로의 원활한 이행은 지식집약화에 부응하는 직업능력개발을 가능케 하는 전제조건이기 때문이다. 또한 교육훈련의 방법과 교육훈련기관의 운영방식도 개방적·탄력적으로 바뀌게 될 것이다.

지식기반경제하의 교육훈련체제는 정부와 기업, 학생과 근로자(단체),지방자치단체, 교육기관 및 훈련기관 등의 이해당사자들 간의 상호보완적인 참여적 파트너십에 기초하여야 할 것이다. 정부주도급자 중심의 교육훈련체제를 벗어나 민간주도·경제주체 간의 상호보완적인 협력체계를 구축하여 전국민의 지식집약화와 지식의 확산·활용을 촉진하는 적극적인력개발정책의 추구가 필요하다. 먼저 인적자원개발에 대한 투자는 그 외부성의 특성 때문에 시장에 방임할 경우 과소 투자(under-investment)가 이루어지는, 이른바 시장 실패(market failure)가 발생할 위험이 큰 부문이라고 할 수 있다.

특히 이미지적하였듯이 지식기반경제에서는 교육훈련 투자에 있어 딜레마가 존재한다. 우선 기업으로서는 더 많은 숙련과 지식노동력이 필요하나 생산물시장의 변동성이 증대하고 노동유동성이 심화되기 때문에 근로자의 인력개발에 대한 투자유인이 약하다. 이에 따라 훈련투자의 책임과 인센티브가 점차 기업으로부터 개인에게 전가된다.

또한 개별 근로자도 디지털 격차의 심화 속에서 고용 및 소득 안정을 위하여는 인력개발 투자의 필요성을 인지하나 비용, 시간, 인센티브 등에서 장애요인이 많다. 이 때문에 IT 인력 등 핵심인력을 중심으로 수요는 크게 증가하나 공급유인이 감소하거나 제약이 커 공급이 불충분하게 이루어지게 된다.

이는 일정하게 정부의 역할을 요구하는 부분이다. 그러나 정부 주도적인 교육훈련체제 또한 지난 경험에서 보듯이 정부의 실패(governmentfailure)를 초래하였다. 특히 지식정보화시대에 정부 주도의 교육훈련은 노동수요와 공급조건이 크게 변화함에도 효율적으로 대처하는 데에는 크게 미흡할 수밖에 없으며, 민간교육훈련에 대한 과도한 규제는 민간부문의 교육훈련 참여를 활성화하는 데 장애요인으로 작용하게 된다. 따라서 이제 정부는 과거의 교육훈련 공급자 · 규제자의 역할로부터 민간, 즉 기업과 개인, 그리고 교육훈련사업자의 교육훈련 참여를 유인하는 제도적인 환경을 조성하는 데 역점을 두어야 할 것이다. 즉 정부는 시장순응적인유인을 통해 지식집약화를 위한 제도적 환경을 조성하는 조정자 · 촉진자 역할로 전환하는 것이 필요하다. 대신 교육훈련정책의 수립 및 집행, 그리고 평가 과정에 민간부문의 참여를 확대하여야 한다. 민간부문은 필요로 하는 지식근로자나 학생에 대한 정보의 획득면에서 정부나 개인보다 우위에 있으므로, 비용 낭비적인 부실훈련이나 교육을 방지할 수 있다.

또한 지속적인 변화에 신속하게 대응하여 적합한 기술을 제공할 수 있다는 점에서 민간부문은 교육훈련의 질, 공급능력, 생산성 · 적합성 · 신속성 면에서 우위를 가진다. 이 때 기업은 교육훈련의 적합성 · 현장성에 기여할 수 있도록 하고, 근로자(단체)는 교육훈련의 사회적 통용력 제고 및 기업 외부의 근로자 및 학생에 대한 교육훈련기회 제공을 대변하는 역할을 수행하는 것이 필요하다. 한편 지식기반경제가 될수록 교육과 훈련이 지니는 사회적 열위자의 사회적응과 자활을 촉진하는 사회정책으로서의 중요성은 크게 증대하고 있다. 보유하고 있는 지식의 격차가 사회 및 노동시장 불평등의 주요한 원천으로 작용하기 때문이다.

평생학습기회의 결여는 실업과 저임금으로 귀결될 뿐만 아니라 평생학습기회의 지속적인 불균등으로 인한 불평등의 확대를 초래한다. 이에 따라 교육훈련은 장기적이고 예방적인 성격의 적극적 노동시장정책일 뿐만 아니라 형평성의 측면에서서도 공정한 소득재분배의 강력하고도 저렴한 수단이므로 정부의 역할은 중대하다고 할 수 있다. 적어도 지식습득기회의 차단으로 인한 사회적인 불평등이 발생하지 않도록 취약계층에 대한 학습기회를 최대한 보장하여야 할 것이다.

2. 지식기반경제로의 이행을 위한 교육훈련 개혁의 방향

지식기반경제로의 이행을 위해 앞으로의 교육훈련은 누구나, 언제, 어디서나, 원하는 교육훈련을 받을 수 있는 '열린 교육훈련'을 통해 '평생학습사회'를 구축할 것을 요구하고 있다. 개방화 · 다원화를 특징으로 하는 지식기반경제에서는 획일적인 교육훈련은 실효성을 상실한다. 새로운 지식을 창출하고, 이를 가공하여 활용할 수 있는 능력 배양을 위해서는 학습자의 창의성과 문제해결능력을 개발하는 것이 중요하다.

이를 위하여 필요한 사람이 언제, 어디서나, 교육훈련을 받을 수 있도록 기회가 열려 있고, 시기와 방법 및 장소가 열려 있으며 또한 정규 학교교육과 사회교육, 직업훈련 간의 문호가 연결되어 있어야 한다. 특히 현행의 사실지 중심으로 되어 있는 학교교육의 내용이나 방법이 지식기반경제에서 강조되는 방법지에 관한 비중을 증가시키는 방향으로 전환되어야 한다.

여기에서 민간, 즉 기업, 근로자, 그리고 교육훈련기관의 참여와 주도가 중요한 역할을 한다. 정부는 촉진자로서의 역할에 충실하되 이들이 할 수 없거나 하려고 하지 않을 부분으로 그 역할을 최소화 하여야 할 것이다. 특히 지식기반경제하에서 교육훈련의 딜레마를 최소화하거나 해소하기 위한 정부의 역할은 중요한 의미를 갖는다. 그 핵심은 교육훈련비용과 위험의 분담 · 공유체제를 구축하는 것과 노동자의교육훈련에 대한 접근 가능성을 제고하는 것에 있다.

이제 이러한 열린 교육훈련체제를 통한 평생학습사회를 구축하기 위한 방향과 과제를 네 개의 영역으로 나누어 살펴보자.

첫째, 지식의 흡수능력을 배양하는 제도적 환경을 구축하여 인적자원의 지식집약화를 촉진하여야 한다. 지식 흡수능력의 배양은 지식의 활용과 확산을 촉진함으로써 경제의 지식집약화와 지식근로자의 형성에 기여할 것이다.

둘째, 지식격차의 해소를 위한 교육과 훈련의 역할을 강화하여 노동시장의 안정과 사회적 통합 증대에 기여하여야 한다. 인력개발을 통하여 지식격차에 따른 지속적인 실업과 소득격차를 최소화하는 것은 적극적 복지의 의의를 가진다.

셋째, 개인 및 근로자가 보유하거나 획득한 지식에 대한 사회적 인정 · 보상체계를 확립함으로써 지식의 습득을 촉진할 수 있도록 하여야 한다. 노동력이 보유하거나 인력개발을 통해 획득하는 지식에 대한 정보의 부족은 인적자원에 대한 과소 투자나 훈련시장의 비효율화를 가져오는 주요한 원인 중의 하나이다. 지식에 대한 신호기제의 강화와 합리적인 평가를 통한 정보흐름의 개선은 시장기능의 활성화를 통해 지식의 습득을 촉진하게 될 것이다.

제4절 · 디지털 경제를 위한 인적자원개발의 과제

1. 지식 흡수능력의 배양

1) 창의적인 교육훈련환경의 조성

지식의 흡수능력을 배양하기 위해서는 우선은 학교교육에서 학습자의 창의성을 개발하는 교육이 충실히 이루어져야 한다. 그러나 현행의 교육제도의 획일성과 경직성, 입시 위주의 주입식 교육방법 등은 학생들의 창의성과 문제해결능력을 개발하는 데 제약요인으로 작용하고 있다. 또한 교원의 전문성 미흡과 열악한 교육여건도 창의적인 교육환경을 저해하고 있다. 따라서 우선은 초·중등 및 고등교육 단계별로 기초능력의 함양뿐만 아니라 개인의 창의력을 극대화시키고 확산적 사고를 신장시킬 수 있는 교육 내용을 도입하여야 한다.

또한 교육방식에 있어서도 프로젝트 중심 교육, 자기주도적 학습방법의 확산, 원격학습의 극대화 등을 꾀하고, 교육성취에 대한 평가방법으로서 수행평가(performance evaluation)방식을 확대할 필요가 있다. 아울러 대학입학방식에서도 학력이나 성적 중심에서 탈피하여 경험과 재능의 비중을 높이고, 전형 대상이나 시기를 다양화하는 방식을 적극적으로 추진할 필요가 있다.

이는 직업훈련에 있어서도 마찬가지이다. 최근에 일부 훈련기관에서 시도되고 있는 프로젝트법(전이지향적 훈련방식)이나 MECT(modules ofemployable competency training)방식 훈련, 훈련비 지원에 있어 성과제 도입 등은 그러한 단초를 보여주는 것이다.

그리고 교사의 전문성과 책무성을 강화하기 위하여 능력주의 인사를 도입하고 산업체 연수휴가제, 연구 과정 휴가제 등을 내실화한다. 또한 직업훈련에 있어서는 지식기반분야 교사 양성 시 외국전문가를 초빙하여 강사로 활용하고, 산업체 현장 전문가를 강사로 적극 활용하도록 하며, 기술교육대학 및 일반대학 등에서 이 분야의 교사를 양성할 수 있도록 한다.

2) 지식기반경제에 부응하는 교육훈련인프라 구축

현재 우리나라 노동시장은 실업률이 여전히 높음에도 불구하고 부문별인력수급 불균형과 질적 괴리가 심각한 상황이다. 지식기반산업의 전문인력이 부족하며, 고학력자는 양산되고 있으나 창의력과 전문성 등 질적인 측면에서 취약하여 고학력 실업이 국제적으로도 높은 편이다. 이에 대응한 교육훈련정책은 중장기적인 인력 수급 계획에 근거하지 않은 단기적인인력 · 실업대책 수립에 중점을 두어 정책을 시행하고 있는 실정이다.

직업훈련체제 또한 산업수요와 괴리된 일회적인 양성훈련, 제조업 생산직 위주의 훈련이 주를 이루어 재직근로자의 지속적인직업능력개발과 지식기반경제에의 대비가 미흡하다. 이에 따라 향후 지식기반경제에 적합한 인력을 양성하고 개발할 수 있는 교육훈련체계의 기반을 구축하는 것이 시급한 과제이다. 이를 위해서는 지식기반경제에서 창출될 가치창조형 일자리에 대한 인력수요 및 교육 및 훈련수요에 대한 실태 분석 및 전망의 제시가 시급하다. 지식기반산업별 · 분야별로 인력수요의 유형과 규모를 전망하여 교과 과정의 개발, 훈련과정의 지정 · 인정, 학생 및 훈련 희망자의 상담 및 진로 가이드의 자료로 활용함으로써 교육훈련을 지식기반산업 위주로 전환하는 데 기여할 수 있을 것이다.

또한 인력수요 전망에 기초하여 미래 유망직종의 교육 및 훈련프로그램을 개발 · 보급하도록 지원이 강화될 필요가 있다. 이를 위해 학교 및 훈련기관뿐만 아니라 연구기관 및 기업체 담당자가 연계하여 지식집약 직종 및 우수 교육 · 훈련 프로그램의 개발 · 보급을 지원하는 시스템의 구축이필요하다. 그리고 국가 · 민간기술자격을 지식기반산업에 부응할 수 있도록 자격의 신설, 검정의 개선 등이 요청된다. 교육훈련에 있어 민간참여의 확대와 경쟁원리의 도입경쟁력 있는 교육훈련체제를 구축하기 위해서는 교육훈련의 운영체계를 혁신하여 자율과 책임에 바탕을 둔 경영을 유도하여야 한다.

특히 민간의 참여와 운영의 자율성을 최대한 확보해 줌으로써 공공교육 · 훈련과 차별성 있는 방향으로 육성되도록 하고 경쟁력 있는 교육훈련기관으로의 변화를 유도하고, 특히 고등교육은 자유시장경제의 논리에 따라 운영되도록 하되 대학의 설립과 퇴출이 자율적으로 이루어질 수 있도록 각종 제도와 규제를 완화할 필요가 있다. 일정 요건을 충족하는 사립 중 · 고등학교에 대하여 우선적으로 학생 선발 및 수업료 결정 등에 대한 자율권을 허용하는 자립형 사립학교의 설립을 확산하고, 다양한 대안학교 설치 및 특성화 고교를 육성하며, 학생의 학교선택권을 확대한다. 아울러 국립대학 및 사학 운영에 있어서도 자율성을 최대한 증대시킨다. 특히 산업체의 대학 설립을 활성화할 필요가 있다.

한편 기업의 다양한 인력개발 수요에 부응하기 위해서는 민간직업훈련산업을 적극적으로 육성할 필요가 있다. 우리나라 직업훈련산업은 훈련기관의 수가 매우 많음에도 불구하고 민간훈련에 대한 지나친 규제로 인하여 훈련기관간 경쟁압력이 그다지 존재하지 않으며, 훈련내용의 부실화 및 실효성의 저하라는 문제를 안고 있다. 정부의 지원을 받기 위해 충족해야 하는 시설, 장비, 교사, 교재, 직종 등의 직업훈련기준, 훈련비용 및 수강료의 결정에서 보다 자율화될 필요가 있다.

특히 직업정보 제공, 직업상담, 교육훈련 상담, 직업교육훈련, 근로자파견등을 일괄적으로 취급할 수 있는 종합인력개발회사를 정책적으로 육성하는 방안을 검토할 필요가 있다. 종합인력개발사업은 인재의 선발 및 채용, 직업훈련, 퇴직관리(퇴직자 직업훈련, 진로지도, 취업알선) 등을 기업체로부터 위탁받아 대행하거나 근로자 파견업을 하기도 하는 등 인력의 관리 및 개발과 관련한 업무를 영리목적으로 행하는 민간사업을 말한다.

미국의 맨파워사, 일본의 파소나사 등은 민간직업훈련에 있어서 중추적인 역할을 담당하고 있다. 우리나라의 경우 종합인력개발회사에 대한 인식이 부족하고, 초창기임을 감안하여 2~3개 회사를 중소벤처기업에 준하는 지원을 통해 육성할 필요가 있다. 또한 종합인력개발회사를 활성화하기 위해서는 근로자파견업에 대한 직종 및 파견기간의 제한 문제를 완화하고, 근로자 파견을 취급하는 영리목적의 인력파견업체에 대한 교육훈련비의 지원이 이루어질 필요가 있다.

공공직업훈련기관의 기능 제고 및 운영방식 개편공공직업훈련기관의 경우 시장실패 부문에 대한 역할은 미흡하고 민간직업훈련과 차별화된 역할도 크지 않다. 직업훈련은 기본적으로 민간이 자율적으로 실시하도록 하고, 정부는 시장실패가 발생하는 부문에 한하여 참여하는 등 훈련에 있어서 민간과 공공부문의 역할 재정립이 필요하다. 따라서 공공직업훈련은 일차적으로 민간이 맡기 어렵거나 외부성이 큰시장실패 부문에 집중하도록 하여야 한다. 즉 취약계층에 대한 직업훈련서비스 제공, 장기간의 훈련 과정이 요구되는 제조업 3D직종의 인력양성, 첨단기간산업의 인력양성, 자체 능력이 부족한 중소기업의 인력개발 지원 등을 공공직업훈련기관이 중점적으로 수행하도록 하여야 한다.

또한 공공직업훈련은 직업훈련의 하부구조를 구축하는 역할을 보다 강화하여야 한다. 직업훈련교사의 양성과 재교육을 활성화하고 직업훈련에 관한 정보를 수집 · 분석 · 제공하며, 훈련프로그램의 개발 등을 지원하는 시스템 구축에 보다 역점을 두어야 할 것이다.이 때 정부가 직접 훈련기관을 운영하는 방식보다는 필요한 훈련에 대하여 자금만을 지원하고 훈련수행은 민간과 공공이 모두 참여하는 등 공공 및 민간직업훈련기관이 서로 경쟁하여 직업훈련의 공공성을 달성할 수 있도록 운영방식이 개선되어야 한다.

이를 위해 공공직업훈련기관에 대해서는 기관별 독립채산제로 운영하여 훈련 과정 및 교육 과정 편성, 인사와 예산의 자율권을 보장하는 대신 책임경영을 촉진하도록 한다. 그 결과경쟁력이 뒤지는 기관은 단계적으로 민영화를 추진하도록 한다. 기업의 직업능력개발 참여 기업이 실시하는 직업훈련이 가진 장점은 기업 내에서 수시로 변동하는 숙련 필요에 가장 효율적으로 대응할 수 있는 데에 있다. 급속히 변화하는 경제환경에서 다양한 훈련필요에 효율적으로 대응할 수 있기 위해서는 기업의 인력개발을 강화할 필요가 있다.

그러나 전반적으로 기업들의 종업원에 대한 훈련 투자가 저조하며, 고용보험의 직업능력개발사업의 활용도 아직 미흡한 수준이다. 1998년 직업능력개발사업에 대한 기업의 참여율은 4.5%에 불과하며 피보험자의 수혜율도 11.2%에 머무르고 있다. 따라서 고용보험 직업능력개발사업의 지원수준과 범위를 확대하여 기업의 훈련투자 확대를 적극적으로 유도할 필요가 있다.

또한 기업의 직업훈련 투자에 대한 긍정적 유인을 제공하는 방법으로 인력개발을 위해 기업이 지출한 비용에 대한 세액공제(tax credit)를 확대할 필요가 있다. 현재 실시되고 있는 직업훈련에 대한 세액공제 규정에 따르면 제조업, 광업 또는 대통령령이 정하는 사업을 영위하는 기업은 당해 연도에 지출한 인력개발비의 5%(중소기업의 경우 15%)를 공제하거나 또는 당해 연도의 지출액이 과거 2년간 연평균 지출액을 초과할 때 초과금액의 50%를 공제할 수 있도록 규정되어 있다.

그러나 초과금액에 대한공제율은 비교적 후한 반면 평상적인 훈련비 지출에 대한 공제율은 실제적인 효과를 거두기에는 극히 낮은 수준이다. 그리고 적용되는 업종과 공제대상이 되는 훈련형태와 소요비용 항목에 대한 규제가 비교적 많기 때문에 효과면에서 제한적일 수밖에 없다. 따라서 세액공제제도가 실효를 거두기 위해서는 공제율을 상향 조정할 뿐만 아니라 각종 규제를 대폭 완화하여 기업이 훈련비를 배분하는 데 있어서 자율성을 최대한 보장할 필요가 있다.

산업수요에 부응한 훈련이 이루어질 수 있도록 일부 실업자 훈련에 한하여 시행하고 있는 맞춤식 직업훈련을 일반 직업훈련에까지 확대하는 방안을 강구할 필요가 있다. 근로자 주도적 직업능력개발의 활성화가 많은 OECD 국가들에서 근로자들의 계속교육훈련을 평생학습의 틀 안에서 재구조화하려는 노력을 기울이고 있다. 그 가운데 주목할 만한 내용은 많은 국가에서 개인 주도적인 훈련을 활성화하기 위해 적극적으로 지원하는 정책을 시행하고 있다는 점이다.

미국과 영국은 승인된 훈련 과정을 수강하는 개인에게는 조세감면의 혜택을 부여하고 있으며, 개인훈련구좌제(미국) 또는 개인학습구좌제(영국)를 통해 개인의 교육훈련 투자비용에 상응하는 지원(matching fund)을 하고 있고, 개인의 교육훈련 투자에 대해서도 낮은 금리의 대부제도를 시행하고 있다.

일본에서도 최근에 고용보험법을 개정, 교육훈련급부제도를 도입하여 개인이 교육훈련에 지출한 경비의 80%(20만 엔 한도)를 지원하고 있다. 또한 1970년대 이후 프랑스를 비롯한 다수의 유럽국가들은 교육휴가제를 법제화하거나 노사간의 교섭을 통해 실시하고 있다.

개인에 대한 포괄적인 훈련휴가권을 인정하고 있는 프랑스의 경우, 2년 이상 근무한 피고용자 누구나 그가 근무하는 기업체의 규모 여하를 불문하고 자발적 의지에 의하여 자신이 선택하는 훈련을 개인적으로 이수할 수 있도록 결근할 권리를 법으로 허용하고 있다. 우리나라 고용보험 직업능력개발사업의 지원체제는 사업주 주도의 직업교육훈련에 대한 지원이 주를 이루고 있다. 그러나 직업능력개발사업 의최종적인 수요자의 한 축은 개별 근로자에게도 있는 만큼 개별 근로자에 대한 직접적인 지원을 확충할 필요가 있으며, 이 때 일본의 경험은 시사하는 바가 크다.

근로자 주도적인 훈련의 활성화를 위해서는 고용보험의 역할이 제고될 필요가 있다. 개인훈련휴가권을 포괄적으로 인정하여 근로자의 자발적인훈련을 통해 평생 취업능력유지 · 제고할 수 있도록 고용보험의 규정을 개정하여 지원을 확대하고, 직업훈련비 대부제를 활성화하여 훈련휴가권의 실효성을 제고할 필요가 있다.

2. 지식격차의 해소

1) 직업교육 · 훈련의 특성화와 다양화

지식기반경제에서 지식정보의 특성상 다양한 교육과정이 요구될 뿐만 아니라 원하는 모든 사람에게 필요한 교육기회를 고루 전달하기 위하여서도 직업교육을 대상별로 특성화하고 다양화할 필요가 있다. 특히 이는 지식격차와 이로 인한 사회적 불평등의 해소에 기여하는 것이기도 하다. 우선 중등교육과정에서 실업계 고교의 특성화 및 다양화는 물론 새로운 다양한 형태의 직업학교나 직업대학을 설립할 필요가 있다. 또한 이러한 교육기관에서 비취업 인문계 졸업자에게 자격취득기회를 확대하고 기술을 습득할 수 있도록 교육을 확대하는 정책수립도 필요하다. 이는 직업훈련에 있어서도 이미 강조되어 온 부분이다.

2) 실업 · 인문 교육과정의 점진적 통합

인문계와 실업계를 구별하는 현행 고교 체계는 점진적으로 통합하는 방향으로 나아가야 한다. 이를 위하여 재학중 자유롭게 계열 또는 과정을 선택하거나 변경할 수 있는 새로운 의미의 통합형 고등학교를 다양한 형태도 신설할 필요가 있다. 하지만 통합형 고교는 충분한 준비와 시범운영 과정을 거쳐 문제점을 보완하면서 다양한 모형을 설계한 후 점진적으로 도입해야 할 것이다.

3) 계속교육의 기회 확대와 교육시기 · 방법의 탄력적 운용

열린 학습사회에서 누구든지 언제 어디서나 학습을 계속할 수 있는 기회를 가질 수 있어야 한다. 이를 위하여 수시입학제는 물론 야간제, 시간제, 계절제 등 교육 시기를 다양화하고 교육방법, 수업연한 등도 탄력적으로 운영할 필요가 있다. 또한 시간적 · 금전적 제약을 고려하여 학점당 등록금을 납부하거나 재학 가능기간을 연장할 수 있도록 하는 방안도 강구할 필요가 있다. 이러한 교육기회의 확충을 통하여 최소한 자질 있는 사람이 시간적 · 금전적 제약 때문에 교육기회를 놓치지 않도록 해야 한다.

4) 실업자 직업훈련의 내실화

실업자 직업훈련은 실업자에 대한 사회보호(social protection)와 함께 인력개발을 통하여 취업능력(employability)을 제고하는 적극적 노동시장정책의 기능을 수행하여야 한다. 최근 경기회복에 따라 실업률은 하락하고 있지만, 구조적 요인에 의한 실업문제는 더욱 심각해질 것으로 보여지므로 노동력의 질적 불일치를 해결하는 직업훈련의 인력개발기능은 더욱 강화되어야 할 것이다.

또한 노동력의 유동성이 높아지고 실업으로의 빈번한 유입 · 유출이 발생하게 될 것이므로 실업자 직업훈련이 향후의 새로운 일자리 수요에 대비한 인적자원개발의 계기로 적극 활용될 수 있도록 할 필요가 있다. 특히 지식기반산업 분야별 인력양성과 연계하여 직업훈련의 질적 수준을 제고하여야 한다. 실업자 직업훈련을 내실화하기 위해서는 우선 훈련생 특성별로 특화된 훈련(target-specific training)으로의 전환이 필요하다.

1998년 이후 양적으로 크게 팽창한 실업자 직업훈련의 가장 큰 문제점 중의 하나는 훈련대상을 명확하게 파악하지 않고 매우 광범위한 수혜대상자들에게 물량위주 · 실적위주의 훈련이 실시되었다는 점을 들 수 있다. 이를 위해서는 먼저 직업안정기관의 상담기능을 대폭 강화하여야 한다. 실업자에 대한 상담을 통해 훈련필요 여부를 결정하고, 훈련대상자에 대해 개인별 능력개발계획(Individual Training Plan)을 작성함으로써 훈련을 필요로 하는 실업자에게 제대로 훈련을 전달할 수 있을 것이다.

그리고 훈련생 특성별로 적합한 훈련과정 및 프로그램의 개발 및 보급을 통해 제한된 재원의 효율적 배분과 활용을 달성할 수 있을 것이다. 또한 마찰적 실업자에 대한 단기간의 훈련을 지양하고 인력개발을 통한재취업을 가장 필요로 하는 중점 실업자집단에 대한 직업훈련을 강화할 필요가 있다. 구조적 실업의 위험이 큰 장기실업자, 고용조정으로 인한 실직자, 청소년, 여성 등의 중점 실업자집단에 대한 직업훈련을 강화하기 위해 이들을 우선훈련대상자로 선정하여 훈련의 일정비율을 할당하는 쿼터제를 도입하거나, 훈련생 가운데 중점 실업자집단이 차지하는 비율을 훈련과정의 평가지표에 포함하는 방안을 검토할 필요가 있다.

또한 1999년 3월부터 일부 실업자 훈련을 대상으로 실시하고 있는 맞춤훈련을 실업자 직업훈련 전체로 확대 실시하는 방향으로 추진할 필요가 있다. 맞춤훈련은 기업의 인력수요를 반영하여 취업률을 제고하고, 훈련생에게는 취업보장으로 훈련에의 참여의식을 높이며, 기업은 즉시 활용 가능한 인력을 적기에 채용함으로써 시간과 비용을 절감할 수 있을 뿐만 아니라 훈련기관은 기업의 요구에 맞는 훈련을 실시함으로써 훈련의 질을 향상시키고자 하는 수요자 중심의 훈련이라고 할 수 있다.

그러나 비록시행 초기이긴 하지만, 실업자 직업훈련의 일부 훈련만을 맞춤훈련화 함으로써 다른 훈련의 취업률을 낮추는 등의 상충(trade-off) 문제가 발생하고 있으며, 참여 기업들 중 채용계획을 가지고 있던 일부 기업들은 맞춤훈련을 신규채용인력의 연수교육으로 활용함으로써 정책의 사중손실(deadweightloss)이 나타나고 있다.

따라서 실업자 직업훈련의 전반적인 맞춤훈련화가 필요하며, 기업별 인력수요에 기초한 맞춤훈련만으로는 사중손실 문제를 방지하기 어려우므로 거시적인 시각에서 산업 · 지역별 인력수요 전망 및 분석에 기초하여 현행의 맞춤훈련을 보완하는 것이 바람직할 것이다. 또한 지역별 훈련과정선정위원회의 활성화를 통하여 수요적합적이며 훈련기관별 특성을 고려한 체계적인 훈련과정 개설을 유도할 필요가 있다.

한편 현재의 실업자 직업훈련제도는 훈련대상별, 추진 부처별, 관련 재원별로 복잡하게 구성되어 있어 훈련생, 훈련기관, 관련 부처 모두에 대해행정업무의 비효율을 낳고 있다. 따라서 현재의 복잡한 실업자 직업훈련제도를 정비하여 저소득층 중심의 고용촉진훈련을 제외하고 그 외 실업자직업훈련은 고용보험으로 통합하는 것이 바람직하다. 이 때 현행 실업자직업훈련을 위한 일반회계 재원은 고용보험기금에 보조금으로 통합되어야 할 것이다.

그리고 고용촉진훈련은 본래의 취지대로 저소득층 중심의 훈련으로 국한하고, 고용보험 등에서의 교육훈련의 혜택을 받지 못하는 실업자를 대상으로 한 고용촉진훈련, 기타 일반회계 지원 실업자 직업훈련 등은 고용보험훈련으로 통합하게 된다. 이렇게 고용보험훈련으로 통합할 경우 훈련전달의 전문성 확보, 훈련비 및 훈련수당 등 지원기준의 통일, 행정관리의 효율화 등을 통하여 실업자 직업훈련의 질적 향상을 도모할 수 있을 것이다.

3. 지식의 인정 · 보상체계 구축

1) 학점은행제의 활성화는 지식의 인정 · 보상체계 구축과 학점 은행제의 활성화

학점은행제 운영을 활성화한다. 먼저 학점은행제에 의한 학습과목 평가인정기관을 확대하고, 비정규 학위제도인 학점은행제와 독학사학위제도를 통합하여 운영할 필요가 있다. 이 밖에 일반 대학의 학점 취득과 학점은행제도와의 연계 방안을 마련하여 일반 학생도 학점은행제에 의해 취득한 학점을 정규대학에서 학점으로 인정받도록 한다. 국민들의 고학력화에 대비하고 평생학습을 권장하기 위하여 중 · 장기적으로 학점은행제에 의한 대학원 과정 설치를 검토한다.

2) 교육구좌제의 도입과 전문직 석 · 박사제도의 도입

교육구좌제는 국민의 평생교육, 특히 취업자의 계속교육을 촉진하기 위해 개별적으로 취득한 학력, 학위, 자격 등 인증된 학습경험과 학교외 교육 등에서 얻은 학습경험을 종합하여 누적 기록 · 관리하고 이를 객관적으로 인정받기 위한 제도적인 장치이다. 또한 교육구좌제는 교육 투자를 위한 신용대출의 근거 자료이자 취업자를 위한 교육재정 지원장치로도 활용된다. 이러한 측면에서 이는 현재 시범적으로 도입되고 있는 교육훈련 바우처제도 및 향후 도입을 검토하고 있는 인적자원회계제도(HRA)와도 밀접히 관련이 된다.

교육구좌제의 실현을 위해서는 취업 근로자를 대상으로 근로자, 기업주, 국가가 공동 부담하는 교육구좌제를 도입하여 모든 국민 · 기업 · 국가로하여금 평생학습에 대한 학습 투자를 확대하고, 학습자가 안정된 재정기반 위에서 끊임없이 자신의 능력을 개발하도록 한다. 교육구좌제는 학습결과의 누적 관리로 평생학습에 의한 각급 학교 졸업 및 학점 · 학력 인정의 기초자료로 활용된다. 따라서 현재 시범 운영되고 있는 학점은행제와연계하여 운영한다. 또한 학습 결과와 구인정보시스템과의 연계 운영으로 일정한 학습결과가 누가(累加) 기록되면 구인업체와 자동적으로 연결하여 취업을 보장하고, 이와 같은 학습 결과의 누가 기록은 자격증 취득 등에 활용되도록 한다.

우선적으로 자격증 무취득자, 비숙련직, 중소업체 근로자, 재취업 희망자, 교육연한이 낮은 자 등 교육적 필요가 우선시되는 근로자를 대상으로 개인 · 기업 · 정부 삼자가 공동으로 구좌 개설을 지원하고, 장기적으로는 근로자 중 학습을 희망하는 누구에게나 계좌 개설을 지원한다. 이에 따른 교육비는 기업과 정부에서 고용보험제도 등에 의해 지원하되 학습자도 일부 부담하여 학습자의 적극적인 학습을 유도한다. 아울러 전문직에서 일정한 역량을 인정받은 자에게는 석 · 박사 학위를 수여하는 방식도 검토할 만하다. 이는 최근에 시도되고 있는 '신지식인상(像)'이나 겸임교수제도 등과 연계하여 운영할 필요가 있다.

3) 자격의 사회적 통용성 확대 및 민간자격제도의 활성화

자격제도는 직업교육훈련을 통해서 도달하는 지표를 제시함으로써 교육훈련을 유인하는 기능을 가지고 있으며, 인력을 수요로 하는 기업에서의 인력 선별을 지원하는 기능을 가지고 있다. 특히 지적 능력에 대한 사회적 인정체계의 하나로서 자격제도의 활성화는 지식의 흡수 · 확산을 촉진하는 데 중요한 역할을 수행할 수 있다. 향후 평생학습사회를 가이드할 수 있도록 자격제도의 기능을 확충하기 위해서는 자격의 사회적 통용성을 확대하고 자격의 공신력을 제고할 필요가 있다.

지적 능력의 척도(indicator)로서 자격제도가 제대로 기능하기 위해서는 직업세계의 급속한 변화에 유연하게 대응할 수 있어야 한다. 자격검정의 민간부문으로의 이

양을 확대하고, 민간자격제도를 활성화하는 것은 산업현장의 다양한 수요를 반영하여 노동시장과의 연계를 강화하는 데 기여할 수 있을 것이다. 특히 우수한 민간자격에 대한 공인을 통해 국가자격에 준하는 지위를 부여함으로써 민간자격제도의 질적인 발전을 이끄는 데 큰 기여를 할 수 있을 것이다. 또한 사내자격제도의 활성화는 근로자의 경력개발을 유인하고 기업의 학습조직화를 뒷받침할 수 있다.

국가자격제도는 기본적으로 국민 대다수와 관련 있는 일반 자격분야 및 민간이 수행하기 곤란한 자격분야를 관장한다. 특히 지식기반경제의 발전을 뒷받침할 전문서비스 분야에서 민간자격제도를 활성화할 뿐만 아니라 국가기술자격의 분야를 확대할 필요가 있다.

한편 자격제도의 문제점 중의 하나인 자격과 학력의 상호 단절을 지양하고 평생학습사회의 정착을 선도할 수 있도록 자격체제와 교육훈련체제의 연계를 강화하여야 한다. 학점은행제는 자격과 학력 간의 호환성 확대를 통해 일과 학습을 연계하는 데 큰 기여를 할 수 있다. 자격검정기준에 교육훈련과정의 내용을 대폭 포함하고, 자격취득자의 학점 인정을 단계적으로 확대하며, 일정 기준에 부합하는 학과목을 이수한 사람에 대해서는 자격시험 일부를 면제하는 등 자격제도와 교육훈련과정의 연계가 강화될 필요가 있다.

국가기술자격을 포함한 국가자격 취득방법을 개방형 경쟁체제로 전환하여 평생학습 교육체제별 각 과정을 자격증 취득과 연계하여 운영할 수 있도록 제도적 장치를 구비한다. 즉 각 과정의 일정 기준에 도달하면 자격증 취득시 필기시험 전체 또는 일부를 면제받도록 한다. 또한 지금까지의 직업훈련체제를 평생교육에 의한 직업기술교육에 의한 완전 경쟁체제로 전환하고, 이들 기관에 대해 자격증 취득률 또는 학습 결과를 평가하여 행정 및 재정지원에 차등을 둔다. 이를 위하여 인정직업훈련제도, 보육교사 양성 과정 등 자격증 취득을 위한 폐쇄형 평생교육 과정은 연차적으로 줄이도록 한다.

4) 직업능력인증제의 도입

형식적인 학력 취득이 아니라 다양한 학습을 통해 획득한 직업능력에 대한 인증제를 도입하여 모든 개인의 지식근로자화를 도모하여야 한다. 우선은 직업기초능력에 대한 인증제를 도입하여 자기 주도적이고 계속학습의 잠재력을 높여 주는 교육훈련으로 유도할 필요가 있다. 직종의 다양한 분화에도 불구하고, 지식기반경제에서는 각 직업군에서 공통적으로 요구되는 기초 능력을 강화할 필요성이 증대하고 있다.

미국에서는 1992년에 직업능력개발위원회(SCANS)를 설립하여 기초 직업능력을 개발하였으며, 이에 기초하여 1995년 연방 차원의 국가직업능력기준위원회(NSSB)를 설립하여 산업 현장에서 필요한 지식 · 기술에 대한 기준 및 성취도를 평가하는 국가직업능력 기준을 확립하고 이와 연계한 자격제도를 도입함으로써 전반적인 직업교육훈련체제 개혁을 추진 중이다. 우선 실용언어 의사소통능력 인증방안을 추진하고 점차로 의사소통능력, 수리능력, 문제해결능력, 정보소양능력, 대인관계능력 등의 인증으로 확대한다.

4. 참여적 네트워크의 구축

1) 인적자원개발체계의 분권화와 수평적 · 수직적 연계 강화

산업인력 수요에 부응하는 인력개발을 추진하기 위해서는 정책의 수립과 집행을 분권화 · 지방화 · 특성화할 필요가 있다. 지식기반경제에서 인적자원개발은 지방자치단체의 중요한 기능으로 설정될 필요가 있다. 지방자치단체가 인력개발정책의 수립과 집행을 주도적으로 이끌어 갈 수 있도록 인적 · 물적 정보의 하부구조를 구축하여 한다.

우선 교육을 산업현장의 수요 및 지역별 특성에 맞게 탄력적 · 신축적으로 운영할 수 있도록 하기 위하여 실질적인 교육자치를 구현할 필요가 있다. 먼저 정원, 학과 조정 등을 각 시 · 도의 자율에 맡기고 또한 자치적으로 교원의 근무여건 및 수당 등의 유인책에 대해 교원노조와의 협약을 체결하도록 할 필요가 있다. 하지만 이는 중앙부처의 조정과 촉진자로서의 역할을 배제하는 것은 아니다.

중앙부처는 교육정책의 기본방향을 제시하고 교육인프라의 구축과 제공, 취약부문의 교육서비스 제공, 지역 간 연계 및 조정 등의 역할을 강화하여야 할 것이다. 또한 교육자치구간의유기적인 수평적 네트워크의 구축도 교육자치의 성공을 위하여는 꼭 필요한 조건이다.

직업훈련체계도 분권화되어야 한다. 공공훈련기관의 경우 훈련공과, 훈련방식 등이 거의 획일화되어 있고, 한국산업인력공단의 경우 최근에 권역화를 통하여 분권화를 꾀하고 있지만 여전히 운영방식이 중앙집중화되어 있어 지역 실정에 맞는 직업훈련 실시가 어려운 것이 현실이다.

앞으로의 직업훈련은 지방화시대에 부응하여 각 지역의 훈련수요에 맞는 분권화된 직업훈련(decentralized training)을 실시할 수 있도록 공공훈련기관 운영의 자율성을 확대해 나가야 한다. 한국산업인력관리공단 본부는 개별 훈련기관에 대한 지원 및 조사 연구기능 중심으로 개편하고 공단 훈련기관의 운영의 자율성을 제고하여야 한다. 특히 직업교육훈련협의회, 훈련과정선정위원회, 고용촉진훈련조정협의회 등 이미 제도화되어 있는 지역단위의 교육훈련 네트워크의 실질적인 운영이 이루어질 수 있도록 책임과 권한이 위양되어야 한다.

기업, 노동조합, 훈련기관 등 각 이해당사자의 실질적인 참여를 보장하고, 지역별 인력 및 훈련수요에 기초하여 훈련과정의 승인 · 평가가 이루어질 수 있도록 지원이 필요하다. 동시에 직업교육훈련시설, 교보재의 공동 활용과 정보공유체계 구축, 교사의 상호 교류, 교육훈련 프로그램의 공동활용 등을 추진하여야 한다. 훈련시설 및 장비가 우수한 공공직업훈련기관(상공회의소 훈련원, 기능대학 등)을 개방하여 각급 직업훈련기관은 물론 공업계 고등학교, 인문계 고등학교직업반, 공업전문대학 등이 공공직업훈련기관의 시설과 장비를 활용하여 실습을 할 수 있도록 한다.

이러한 분권적인 직업훈련체계가 국가정책목표와 조화를 이룰 수 있도록 국가와 지방자단체의 역할이 재정립되어야 한다. 국가는 인력개발에 대한 국가적 차원의 기본 정책을 수립하고 의사결정의 분권화에 따라 야기될 수 있는 시장실패를 최소화할 수 있는 조정자 역할을 담당하여야 할 것이다. 특히 근로취약계층의 인력개발은 여전히 국가의 중요한 역할로 유지되어야 할 것이다. 반면 지방자치단체는 해당 지역의 훈련수요에 입각하여 훈련을 실시하고 그 평가를 통해 훈련의 내실화를 담당하게 된다.

2) 노사참여적 능력개발체제의 구축

지식기반경제에서는 지식이 국가 · 기업의 경쟁력과 개인의 노동시장 지위를 결정짓는 주요한 요소로 대두하게 됨에 따라 전통적인 노사관계의구도 또한 변화를 요구받고 있다. 기업의 성과 역시 근로자가 보유하는 지식과 창의력에 더욱 의존하게 된다. 특히 고용 · 실업 문제와 교육훈련 문제는 밀접한 연관을 갖고 있기 때문에 지식집약화와 고실업이라는 환경의 변화에 대응한 노사의 참여적 능력개발체계의 수립은 더욱 긴요하다 할 것이다.

이에 따라 노사간의 교섭 의제 또한 전통적인 분배 중심으로부터 지식의 생산과 흡수를 둘러싼 생산적인 측면(bargaining for skill)으로의 전환이 요구된다. 이를 위해 훈련정책의 수립 및 집행, 그리고 평가와 관련된 각급 네트워크에 노사의 실질적인 참여를 대폭 확대하여야 한다.

제도화된 틀 내에 노사간의 능력개발 요구를 수렴하는 것은 수요적합적이고 실효적인 훈련을 제고할 뿐만 아니라 취업능력의 개발을 통한 사회통합적 구조조정을 가능케 하는 기초가 될 것이며, 나아가 참여적이고 협력적인 노사관계의 구축을 앞당기는 길이기도 하다. 기업 내에서 노사의 협력을 강화하기 위해서 노사가 근로자직업능력개발계획을 수립하고, 기업내 직업능력개발 담당자제도를 선임 활용토록 적극 유도할 필요가 있다.

제15장

정보통신기술이 국가 경제성장에 미치는 영향

제1절 · 정보통신기술의 개념

20세기를 '연결의 시대'라고 한다면, 21세기는 '융합의 시대'라고 일컫는다. 네트워킹이 확산되면서 정보통신기술은 경제 · 산업 · 과학기술 분야뿐만 아니라 정치 · 사회 · 문화 등 전반에 영향을 미치고 있다. 정보통신기술정책은 국가경제성장의 발전과 함께 국가정보화 추진과정에서 중요한 결정요소로 부각되고 있으며, 패러다임 변화를 통해 디지털 경제와 지식정보사회에 새로운 성장동력기반을 창출함으로써 모든 부문에 혁신적인 변화를 유발하고, 지속적인 국가경제성장과 국민생활 향상에 크게 기여하고 있다.

본 저서를 통하여 우리나라 경제성장과정에서 정보통신기술정책이 경제력에 의한 성장, 지식력에 의한 성장, 사회력에 의한 성장에 얼마나 기여하고 있는지를 고찰해 보기로 한다.

국가정보화 기본법 제3조에 '정보통신'이란 정보의 수집 · 가공 · 저장 · 검색 · 송신 · 수신 및 그 활용, 이에 관련되는 기기(器機) · 기술 · 서비스 및 그 밖에 정보화를 촉진하기 위한 일련의 활동과 수단으로 정의하고 있다. 우리나라에서는 1980년대 초까지 '정보통신'이란 단어는 없었다. 이 용어가 처음 등장한 것은 1983년 말 '공중전기통신사업법'에서 최초로 사용되었다. 이 법령에 따르면, "정보통신"이라 함은 전기통신회선에 문자 · 부호 · 영상 · 음향 등 정보를 저장 · 처리하는 장치나 그에 부수되는 입출력장치 또는 기타의 기기를 접속하여 정보를 송신·수신 또는 처리하는 전기통신을 말한다.

정보통신기술은 정보화 시스템 구축에 필요한 유형·무형의 모든 기술과 수단을 아우르는 간접적 가치창출에 무게를 두는 기술로 국가 성장의 발전과 함께 정보화 사회를 주도하는 기술로 부각되고 있다. 정보통신기술의 광의적 개념은 컴퓨터·소프트웨어·인터넷·멀티미디어·경영혁신·행정쇄신 등 정보화수단에 필요한 유형·무형기술을 아우르는 기술로 해석되고 있으며, 협의적으로는 업무용 데이터, 음성 대화, 사진, 동영상, 멀티미디어는 물론, 아직 출현하지 않은 형태의 매체까지 포함하며, 정보를 개발·저장·교환하는 데 필요한 모든 형태의 기술까지도 망라하고 있다.

지금 세계에서 보편적으로 사용하는 정보통신이란 용어로 IT(Information Technology)를 사용하고 있으나, 국제전기통신연합(ITU)의 공식 용어로 ICT(Information & Communications Technology)는 '정보통신기술'을 의미한다. 이미 미국 등 정보선진국에서는 인터넷의 등장 이후 정보기술을 기반으로 핵심원천기술을 보유하고 있으며, 우리나라의 경우는 이를 기반으로 하여 산업화에 성공하였다.

제2절 · 우리나라 정보통신기술정책의 추진과정

우리나라는 1970년대 이후 농업사회로부터 산업사회로의 급속한 변화를 도모하면서 전화망의 보급에 주력하여 왔고, 전화교환시스템의 국내 개발에 역점을 두어 왔다. 1970년대 후반정보통신정책의 두 가지 큰 흐름이 있었다. 하나는 행정정보화정책, 또 하나는 정보통신기술정책 및 정보통신산업정책이다. 1980년대에는 산업을 가속적으로 발전시켜 나가는 수단으로서 국가기간정보망사업에 주력하여 왔다.

이 시기에는 주로 정보통신산업 육성과 행정업무 효율화에 역점을 둔 정보통신기술정책이 추진되었다. 1990년대 전기통신사업법과 정보화촉진기본법이 법제화되고 정보통신산업정책과 정보화정책의 기본계획이 수립된 이후에 본격적인 정보통신기술정책이 추진되었다.

우리나라 정보통신정책의 시대적 변천과정에 대해 여러 학자들이 의견을 제시하고 있다. 안문석(1996), 김동욱 · 이원희(1998), 성낙일(2003)은 시대별 정책추진과정을 구분하였다. 한국전산원(1996)은 준비기(1970~1980)-태동기(1981~1987), 정체기(1988~1993)-부흥기(1994~)로 구분하고 있다. 황종성(2003)은 도입단계(1987~1994), 확산단계(1995~2000), 전환단계(2001~현재)로 구분하고 있으며, 김성태(2004)는 태동기(1976~1980), 안정기(1981~1984), 발전기(1985~1991), 도약기(1992 이후~)로 구분하였다.

1) 정보통신 태동기(1976~1980)

1960년대부터 시작된 경제개발계획은 1970년대의 세계적인 석유파동과 자원기술보호주의팽배로 인해 경제성장 기조가 노동집약형 산업에서 자본집약형 산업 체계로 수정이 불가피해졌다. 1970년 중반 전후 전자통신 산업에 큰 변화가 일어났다. 이 시기에 우리나라는 국가과학기술 개발체제 및 전자통신 산업체계를 구축하고, 자립적인 과학연구개발을 위한 연구기관의 개편이 있었다.

1970년대 중반 한국과학기술연구소(KIST)의 여러 기능들이 분화 · 독립하여 8개의 부문별 전문연구소가 설립되었다. 그 중에 전자와 통신 분야에서 한국통신기술연구소(KTRI), 한국전자통신연구소, 한국전기기시험연구소가 설립되었다. 이 시기부터 경제기획원을 중심으로 정보통신산업 자립을 위한 「통신산업체계조정계획」을 수립하고 전자교환시스템(ESS) 연구개발을 추진하였다.

2) 산업발전 격동기(1981~1990)

1981년 이후 비약적인 해외수출 증대로 국가경쟁력이 향상되었으나, 선진국의 무역규제와 기술보호 장벽이 높아짐에 따라 첨단기술개발이 중요과제로 등장하였다. 이 시기에 한국전기통신연구소는 한국형 전전자교환기시스템(TDX)의 국산화 개발에 성공함으로써 국내 정보통신기술의 발전에 획기적인 계기를 마련하였다. 한편, 한국전자통신연구소는 컴퓨터기술과 반도체 기술개발에 착수함으로써 우리나라 첨단 반도체산업과 컴퓨터산업의 시발점이 되었다. 1984년 한국이동통신은 차량전화와 무선전화사업을 시작하였고, 1985년 3월 한국전기통신연구소와 한국전자기술연구소는 통합하여 한국전자통신연구소로 출범하였다.

이 시기에 정보통신기술은 우리나라 과학기술정책의 중추적인 역할을 담당하며 타 산업분야와 연계하여 연구개발 사업에 참여하였다. 경제사회발전획이 수립되면서 정보통신부문도 1981년 한국전기통신공사, 1982년 한국데이타통신, 1984년 한국이동통신이 연이어 공사 또는 민간 기업으로 출범하여 관주도 정책에서 탈피하는 격동기를 맞이하였다. 이후에는 교환기 · 서버 등 통신기술을 채택하는 것도 기업이 알아서 할 일이었고, 국제 경쟁을 위해서도연구개발은 불가피한 수단이 되었다.

3) 정보통신기반사회 도입기(1990~2000년)

주요 정보통신기관들이 민영화되면서 첨단정보통신의 발전에 청신호를 제공하는 계기가 되었다. 1990년대 접어들어 비동기식전송방식(ATM) 교환기술과 디지털 이동통신방식(CDMA)기술의 기초기반 연구는 더욱 왕성해졌다. 한국전자통신연구소는 각종 정보통신기술들을 실용화하고 차세대 정보통신기술의 개발에 주력하였다. 그 결과 1996년 한국전자통신연구소2)와 민간 기업들이 CDMA 기술을 공동 · 개발하여 세계 최초로 상용화하였다.

1990년대 중반부터 정보통신정책은 “산업화에는 늦었지만, 정보화에는 앞서가자”는 것이었다. 정부의 정보화정책에 가속도를 낸 것도 이 무렵부터다. 공공부문의 교육정보화사업, 행정정보화사업, 국가기간정보망사업도 1990년대 전후부터 시작되었다. 공공부문의 컴퓨터 수요가 급격히 증대하면서 정보화사업이 진행되었고, 시장 수요 창출을 가져왔다.

1993년 이후 국가기간정보망사업과 연계하여 초고속정보통신 기반 구축사업이 추진되었고, 1995년 체신부가 정보통신부로 확대 · 개편되면서 지역정보화 촉진정책이 새로운 전기를 맞이하였다. 하지만 1990년대 후반 금융위기, 잠재성장률 하락 등으로 국가경제에 위기가 닥쳐오면서 정보화촉진정책에 제동이 걸렸다.

4) 정보통신기반사회 조성기(2000~2010)

2000년 상용 ATM교환망이 보급되면서 공공기관, 연구기관, 교육기관에 인터넷서비스가 확대되었다. 2001년 세계 최초 이동전화 동영상 상용서비스가 개시되고 수도권지역에 디지털방송이 송출되면서 디지털 경제시대를 맞이하였다. 국내 초고속 인터넷 가입가구수가 1000만을 돌파하였고, 인터넷뱅킹 가입자가 1000만 명을 돌파하였다. 2002년 이동통신사업자인 SKT는 이용가입자에게 제3세대 비동기식 이동통신(IMT-2000) 및 CDMA(1X EV-DO) 화상전화 상용서비스를 개시하였다. 공공부문에서는 교육행정정보시스템 'NEIS' 개통되면서 교육정책에 일대혁신을 가져다 주었다.

2000년 중반 정보통신부는 'IT강국 건설'을 위해 IT-839전략을 제시하였다. 이는 IT서비스, 인프라 첨단기기 소프트웨어 및 콘텐츠가 수직적으로 연결되어 있는 정보통신산업에 일대 변화를 강조하였다. 세계 최초 CDMA 기술의 상용화 개발에 성공한 한국전자통신연구원은 2005년 세계 최초 휴대인터넷 '와이브로(WiBro) 시스템' 개발에 성공하였고, 2007년 '제4세대 이동통신 롱텀에볼루션(LTE) 시스템'의 핵심기술을 개발함에 따라 우리나라는 다시 한 번 세계 이동통신 역사에 이정표를 남겼다. 4세대 이동통신시스템(LTE-Advanced)은 시속 300km이상 달리고 있는 열차 안에서도 모든 서비스를 실시간으로, 막힘없이, 제공받을 수 있다.

2006년 'u-KOREA 기본계획'이 수립되었고, 공공부문 정보화에 관심을 기우렸다. 특히 'e-나라지표'시스템 구축, '열린정부' 사이트(통합정보공개시스템) 서비스를 통해 국민생활의 보편적 서비스를 확대하였다. 그 결과 우리나라는 국제전기통신연합(ITU)의 디지털기회지수(DOI) 평가에서 2005년에 이어 2년 연속 세계 1위를 차지하였다. 2008년 세계경제 위기로 또 한 차례 크게 위축되었으나, 정부의 경기진작 대책에 힘입어 2009년부터 회복되기 시작하여, 최근에는 내수와 수출이 회복되면서 가파른 상승세를 유지하고 있다.

5) 국가정보화 정착기(2010~현재)

우리나라는 국가정보화체계가 수립됨에 따라 전자정부기반을 중심으로 본격적인 공공정보화, 지역정보화, 국민생활정보화 계획을 수립하고 있다. 정보화 계획으로는 '차세대 전자정부 기본계획', 'u-City 구축 활성화 기본계획', '녹색정보화 추진계획' 발표, '그린 IT 국가전략' 발표, '클라우드 컴퓨팅 활성화 종합계획' 등의 실행계획과 연계한 정책을 추진하거나 추진할 계획이다. 특히, 방송통신융합이 활성화되면서 방송통신망 중장기 발전계획이 발표되고 지상파텔레비전 방송의 디지털 전환과 디지털방송의 활성화에 관한 특별법이 공포되었다. 또한, 실시간 IPTV 서비스 개시와 더불어 정보보호 및 정보문화 확산을 위한 국가사이버 위기체제도 수립되었다.

우리나라는 「정보화촉진 기본법」 전부개정을 추진하였다. 이 개정안의 주요 내용은 '정보화촉진'에서 '지식정보의 활용' 시대로의 흐름을 반영하며, 국가정보화에 초점을 맞추고 있다. 국가정보화의 기조는 기존 정부 주도의 지속가능한 '지식정보사회'의 실현과 지속 발전을 제시하면서 한편으로는, 지식정보자원관리법과 정보격차 해소에 관한법률은 국가정보화 기본법에 통합 · 재편, 지식정보사회의 실현을 위한 각종 계획 · 시책과 연계되도록 하고 있다.

지난 10여 년의 지속적인 전자정부의 추진결과, 한국은 2010년 1월에 발표된 UN 전자정부발전지수에서 1위를 달성하는 괄목할만한 성과를 거두었다. 최근에는 스마트폰을 중심으로 한 모바일 인터넷은 세계적인 추세로 이어가고 있으며, 그린 IT, 클라우드 컴퓨팅, IT 기반의 컨버전스 가속화 등 정보화를 둘러싼 변화는 새로운 전략방향이 요구되고 있다.

이러한 환경변화에 따라 우리나라는 정보화정책과 정보통신산업정책을 중심으로 모바일, 융합, 그린IT 등 각 분야별로 전략을 수립하여 IT 활용을 극대화하고, 고도정보화 선진국으로서의 입지를 구축해야할 시점이다. 또한 국가정보화의 계획수립 및 추진체계를 개편하고 정보화 역기능 방지에도 한층 노력할 시기이다.

제3절 · 정보통신기술이 성장에 미치는 영향

정보통신기술이 성장에 미치는 영향은 논리관계나 인과관계의 차이에 따라 크게 달라질 수 있다. 지금까지의 관련 연구는 정보통신의 경제적 효과 분석, 계량 모델을 활용한 기술예측 및 기술수요 분석 등의 기술 외적, 계량적인 분석에 초점을 맞추어 왔다. 계량모델 분석은 생산요소(자본, 노동 등)의 투입 증가 및 생산성(혁신, 업무개선 등) 향상에 관한 논리관계는 측정이 가능하고, 인적자본(교육인재, 지식정보 등)에 의한 성장 및 사회자본(지역사회 유대, 거버넌스 등)에 의한 성장에 대해서는 검증할 수 없다는 한계성을 가지고 있었다. 정보통신기술(IT)이 성장으로 이어지는 '경제력', '지식력', 사회력'의 경로를 통해 영향을 분석하고자 한다.

1. '경제력'에 의한 성장

전통적으로 경제학에서 설명하는 경제성장의 요인(생산측면)을 분석하면, 생산요소와 생산성 관점을 통해 정보통신기술과 성장간의 영향을 분석할 수 있다. 생산요소 관점에서 정보통신기술은 자본, 노동 등 생산요소 투입 증가로 성장에 기여하며, 생산성 관점에서는 정보통신기술을 통한 생산효율 증대, 유통효율 향상, 신규시장 확대 등 생산성 향상을 통해 경제성장에 기여한다.

또한 정보통신기술(IT)을 통한 자본과 노동의 투입증가는 정보자본의 축적으로 이어지며, 정보자본의 축적은 성장에 기여한다. 정보통신기술(IT)에 대한 투자는 정보화의 업무개선으로 이어져 원격근무에도 긍정적 영향을 끼친다. 노동측면에서는 정보통신기술이 원격근무 등 유연한 근무형태를 활성화시켜 여성 및 고령자의 참여를 긍정적으로 확대한다. 즉 이들 관계는 정(正)의 상관관계가 존재한다고 설명할 수 있다.

2. '지식력(知識力)'에 의한 성장

지금까지 전통적인 경제학에서는 '자본'과 '노동'의 투입에 주목하여 왔다. 그러나 경제의 서비스화와 정보화가 진전되고 지식정보기반사회가 도래함에 따라 정보 및 지식에 대한 중요성이 강조되고 있다. 따라서 경제학도 물리적 자본뿐 아니라 인적자본, 사회자본 등 무형자본에 대한 관심이 증대되고 있다. 본 연구에서는 성장에 영향을 미치는 요인으로 인재 · 교육 및 지식 · 정보 등의 인적자본의 역할을 부각하고자 하였다.

인적자본을 통한 성장의 영향은 '지식력' 경로를 통해 반영되며 '지식력'은 인적자본의 축적을 통해 국가의 성장에 기여한다. 인적자본의 특징은 물리적 자본과 달리 공공재적 성격이강하고, 외부성이 높아 사회전체에 미치는 파급효과가 크다. 따라서 인적자본에의 투자는 지속적인 성장을 가능하게 하는 원동력이 된다. 정보통신기술은 교육 인재의 고도화 지식 및 정보의 공유를 통해 성장을 촉진하며, 정보통신기술을 통한 원활한 인적자본 축적은 성장에 기여한다.

특히, 앞으로의 지적 생산 활동은 성장의 중요한 엔진으로서 새로운 경제 메커니즘의 중추적인 역할을 지배하게 될 것이다. 노동경제학 및 경제성장론의 선행연구에 의하면 교육수준을 대리변수로 하는 인적자본의 축적은 소득향상 및 경제성장에 기여한다고 주장한다. 궁극적으로 정보통신기술은 교육기회를 확대하고, 지식과 정보의 공유를 원활하게 함으로써 인적자원의 축적을 용이하게 하는 매개체로써 디지털 기술의 발전을 통해 원격교육을 가능하게 하여 교육의 참여기회를 확대하고, 정보의 공유 및 유통을 활성화하여 성장에 기여하게 될 것이다.

3. '사회력' 경로로서의 성장

사회적 자본은 경제자본, 인적자본과는 다르게 실제로 보이지 않지만, 새롭게 부각되고 있는 자본의 형태로 사회발전의 중요한 원동력으로 인식된다. 국가성장을 견인하는 중요한 요인 중 하나로 지역사회의 유대(신뢰, 네트워크 등), 거버넌스(사회규범, 사회통치 등) 등의 '사회자본'이 있다.

사회자본의 정의는 다양하나, 우리 생활의 기반이 되는 국가 및 지역사회의 질(質)을 나타내는 것으로 사람과 사람 사이의 협력과 사회적 거래를 촉진시키는 신뢰, 규범, 연결망 등 사회적 자산을 포괄하여 지칭하며, 한 사회의 문화 특히 그 사회의 신뢰수준과 사회규범, 공동체에 대한 의무 등 사회의 효율성이나 성장에 영향을 미치는 여러 요소를 총칭한 것으로 정의하고 있다.

사회자본은 사회의 안심감, 신뢰도, 투명성 및 공평성 등 문화적, 사회적 측면이 강해 측정이 어렵고 외부성이 강한 특징을 지니고 있다. 정보통신기술은 커뮤니케이션을 높이고, 투명성 · 공정성을 높임으로써 사회자본을 향상시키는 역할을 수행한다. 지역사회 유대는 정보통신기술(IT) 활용을 통해 지역의 유대가 깊어지고 사회 전반의 신뢰 및 안정성을 제고하며 거버넌스는 정보통신기술(IT) 보급을 통해 조직 및 제도의 투명성이 제고되고, 비효율적인 경제활동을 제거할 수 있다.

푸트남(Putnam, 1993)은 사회적 자본이 경제성장, 행정 효율성, 정치제도, 사회문화적 면에서 어떤 성과를 나타냈는지, 그리고 그 원인이 무엇인지를 계량분석, 질적 연구, 역사적 분석과 같은 다양한 방법을 통해 규명하고 있다. 정보화는 행정 효율성을 높이고, 커뮤니티, SNS 등을 통해 유대관계를 높이며, 정보공개 및 유통을 활성화하여 사회전반의 투명성을 제고하고, 인터넷을 통한 정치 참여 및 기부활동이 활성화되고, 파워블로거 등 일반시민의 의견 개진이 쉬워짐으로써 성장이 확대되는 효과를 갖게 된다. 이는 정보통신기술이 사회구성원들 간의 협동적 행동을 활발히 촉진함으로써 사회전반의 효율성을 높일 수 있으며 성장에 기여하게 될 것이다.

제4절 · 정보통신기술이 경제성장에 미치는 영향 분석

1. '경제력' 경로로서의 성장 효과분석

경제력 경로를 분석하여 생산요소와 생산성 관점을 통해 정보통신기술이 경제성장과정에서 성장에 미치는 영향을 살펴본다. 정보통신산업의 발달은 여타 산업으로의 기술 파급을 촉진시켜 생산성을 향상시키는데 중추적인 역할을 하고 있다고 주장한다(Basu and Fernald, 2008; Bosworth and Triplett, 2007).

정보통신 산업의 생산성에 기여하는 경로는 첫째는 정보통신산업 자체가 산업 내 차지하는 비중이 높아지고 동시에 생산성 향상이 급속하게 이루어져 전 산업의 경제성장이 함께 이루어지는 경로와 둘째는, 정보통신산업이 경쟁력 있는 정보자본을 생산함으로써 이를 생산에 이용하는 다른 산업의 생산성을 증가시키는 경로로 크게 고려하여 볼 수 있다. 이러한 점을 고려하여 우리나라 정보통신산업에 대한 경제력 경로로서의 성장 효과를 주요 선진국과 비교, 분석하고자 한다.

1) 생산요소 투입 증가에 의한 성장

정보통신산업에서 자본, 노동 등 생산요소 투입증가는 경제성장에 영향을 미친다. 우리나라 전체 산업에서 정보통신산업이 차지하는 비중은 GDP의 경우, 1995년 2.6%에서 2009년 10.4%, 동기간 중 설비투자의 경우 16.8%에서 32.7%, 민간소비의 경우 2.4%에서 7.7%, 수출의 경우 2000년 23.1%에서 2009년 43.2%로 확대되어 왔다.

우리나라의 정보통신산업 내 제조업과 서비스업의 비중을 살펴보면, 1995년 각각 75.6%와 24.4%, 2005년 73.8%와 26.2%로 정보통신산업에서 제조업의 비중이 서비스업에 비해 3배정도 높은 것으로 나타났다. 한편, 제조업 내 정보통신부문과 비정보통신부문의 비중을 살펴보면, 1995년 각각 21.7%와 78.3%에서 2005년 각각 50.6%와 49.4%의 비중을 나타내어 정보통신부문이 크게 증가한 것으로 나타났다.

미국, 일본을 비롯한 선진국 평균의 제조업 내 정보통신부문과 비정보통신부문의 비중을 살펴보면, 1995년 12.0%와 88.0%에서 2005년에는 18.8%와 81.2%로 제조업 내 정보통신부문의 비중이 소폭 증가한 것으로 나타났다. 선진국과 비교하여 보면, 우리나라 제조업의 정보통신부문의 비중이 매우 높고 동기간 동안 확산 속도도 빨랐다. 한편 서비스업의 경우, 정보통신부문과 비정보통신부문의 비중은 1995년 각각 6.0%와 94.0%에서 2005년 각각 19.4%와 80.6%로 동기간동안 정보통신부문의 비중이 3배 이상으로 증가하였다.

반면 정보통신부문과 비정보통신부문의 선진국 평균은 1995년 각각 5.9%와 94.1%에서 2005년에 각각 8.9%와 91.1%로 정보통신부문의 비중이 소폭 증가한 것으로 나타났다. 우리나라와 선진국간의 비중 격차는 1990년 후반 이후 확대되었다. 우리나라 제조업 정보통신부문의 노동생산성은 미국의 40% 수준으로 매우 낮은 반면, 서비스업 내 정보통신부문의 노동생산성은 1990년대 후반 미국과 거의 동일한 수준까지 접근하였다. 하지만 2000년 들어 그 격차가 확대되고 있는 양상을 보이고 있다. 이는 상대적으로 낮은 자본집약도와 정보통신(ICT)의 자본 비중에 일부 영향을 받은 것으로 판단된다.

서비스업에서 정보통신부문의 노동구조는 고학력자의 비중이 미국이나 일본에 비해 낮고 저학력 노동의 구성 비율이 비교적 높다. 최근 들어 저학력 노동의 비중이 크게 감소하고 고학력 노동의 구성 비율은 비교적 높게 나타나고 있다. 이는 제조업의 정보통신부문과 달리 서비스업의 정보통신부문은 자본이나 기술력보다는 노동의 양적 팽창에 의존한 성장이 주로 이루어지고, 고급인력의 유입으로 인한 효과는 비교적 적기 때문인 것으로 보인다.

2) 업무혁신 · 개선에 의한 성장

정보통신기술(IT) 활용을 통한 조직 진화적 관점에서 4단계 성숙모형인 'IT 활용 발전단계모형'은 4단계로 구분된다. 1단계는 업무효율화 단계이다. 2009년 정보통신기술(IT) 활용의 조사대상 기업의 71%가 업무효율화 단계인 것으로 나타났다. 2단계는 '기업내 통합단계'로 조사대상기업의 13.9%,로 나타났다. 3단계는 '기업 간 통합단계'로 8.7%이다. 마지막으로 4단계는 '전략적 경영 및 신사업 창출단계'로 6.4%를 나타냈다.

업무프로세스별 정보시스템 도입 및 활용은 지원업무에서 정보시스템 활용률이 93.5%로 가장 높게 나타났다. 다음으로 운영업무(47.2%), 통합업무(43.3%), 공급업무(35.0%), 고객접점 업무(33.7%) 순으로 나타났다. 이는 기업들이 정보통신기술(IT) 활용을 기업 내부효율화에 역점을 두고 있음을 나타냈다. 한편, 기업 활동 통합정보시스템의 활용률은 ERP가 26.6%, CRM 9.0%, SCM 6.3%, KMS 5.1%의 순으로 조사되었다.

한편 분야별 정보통신기술(IT) 투자현황을 살펴보면, 유지보수를 포함한 IT서비스에서의 투자기업이 70% 수준으로 가장 많고, 하드웨어 및 소프트웨어, IT인력 분야에서의 투자기업은 50% 수준을 나타내고 있다.

2009년 IT활용지수를 산업 대분류별로 살펴보면, 출판/방송/정보통신업(51.7%), 금융/보험업(48.6%), 전기/가스업(44.9%), 제조업(44.2%) 등의 순으로 IT활용지수가 높게 나타났다.

2009년 전자상거래 규모는 연간 총 거래액 기준으로 2008년 대비 6.5% 증가한 약 671조원으로 나타났으며, 2004년 이후 지속적인 상승세를 보이고 있다. 2009년 B2B 시장규모는 전년대비 5.6% 증가한 591조 3,750억 원으로 88.1%를 점유하고 있으며, B2G 규모는 전년대비 13.8% 증가한 59조 4,560억 원으로 8.9%를 차지하였다. 2009년 중 인터넷뱅킹을 통한 각종조회, 자금이체 및 대출서비스 이용건수는 일평균 2,800

만 건으로 2008년의 2,243만 건에 비해 24.8% 증가하였다. 이에 따른 인터넷뱅킹, 모바일뱅킹, 전자화폐, 온라인증권거래, 온라인보험 등 금융정보화가 확산되었다.

모바일뱅킹서비스의 2009년 중 이용건수는 일평균 172만 건으로 2008년의 106만 건에 비해 62.7% 증가하였다. 한편 2009년말기준 모바일뱅킹 등록고객 수는 1,116만 명으로 2008년말대비 31.6% 증가하였다. 전자화폐는 2009년 중 일평균 기준으로 29만 건으로 2008년보다 각각 5.6% 감소하였다. 전자화폐 활용방법이 다양화됨에 따라 지불방법도 다양화되는 추세에 있어 소비자 이용 선택폭이 넓어졌기 때문이다. 정보통신기술(IT) 활용을 경제성장에 적극적으로 반영하기 위해서는 IT활용지수가 낮은 산업과 서비스에 대한 확산이 지속적으로 이루어져야 한다.

2. 생산성 향상에 의한 성장

1) 제조업 정보통신부문의 성장

2000~2005년대 각 부문의 생산성을 미국, 일본을 포함한 선진국 평균과 비교하여 보면, 우리나라 정보통신부문의 총산출 증가율은 12.85%이고, 선진국 평균은 1.85%로 크게 상회하였다. 총요소생산성 증가율도 선진국 평균과 비교하여 각각 1.94%, 1.42%로 우리나라가보다 높은 수준이어서 양호한 생산구조를 가지고 있었다. 이 통계 결과는 우리나라 제조업에서 정보통신부문의 산출 확대가 투입요소의 양적 팽창뿐만 아니라 기술적 측면이 동시에 진행된 것으로 볼 수 있다.

제조업의 총요소생산성 분석에 의하면, 미국의 총요소생산성 증가율은 1996-2005년대까지 지속적으로 5.3~5.4%대를 유지하였으며, 일본의 경우는 1996-2000년대 3.68%에서 2001-2005년대 5.58%를 나타내어 증가세가 확대되었다. 한편 우리나라의 총요소생산성증가율은 1996-2005년대 증가율은 3.47%로 미국과 일본의 각각 5.38%, 4.63%에 비해서는 낮은 수준인 것으로 나타났다.

우리나라의 정보통신부문은 비교적 빠른 속도로 생산성이 향상되고 있는 것으로 나타났으나, 총요소생산성이 1996-2000년대 5.01%의 높은 수준에서 2001-2005년대 들어 1.94%로 크게 하락한 원인은 기술진보, 기술적 효율성 증가율, 그리고 규모효과 등이 1996-2000년대에 비해 전체적으로 낮아졌기 때문으로 해석된다. 우리나라 정보통신부문의 생산성 증가는 주로 기술진보에 의존하고 있기 때문에 기술적 효율성은 악화되고 있다.

선진국 정보통신부문의 . 생산성 증대도 기술진보에 의존하는 유사한 형태를 나타내고 있다. 이것이 기술진보로 인한 일시적인 상대적 효과인지 혹은 구조적으로 제조업 내 정보통신부문이 가지고 있는 자체적인 문제인지를 면밀히 파악함이 중요하다.

제조업 내 정보통신부문의 경우 모든 지역의 국가들에서 기술적 효율성이 지속적으로 낮아지고 있으며 프론티어에 위치한 국가와의 효율성 격차도 계속 확대되고 있다. 신기술 도입이 빠르게 이루어지면 생산프론티어가 급격히 확장되는 반면 기술 체화는 시차를 두고 이루어지기 때문에 일시적으로 효율성은 낮아지게 되는 현상이 발생할 수 있으나 이러한 현상이 꾸준히 지속적으로 유지되고 있다는데 문제점이 있다고 본다.

2) 서비스업 정보통신부문의 성장

제조업 총요소생산성을 주요 선진국과 비교한 결과, 2000년대 들어 정보통신부문과 비정보통신부문에서 모두 증가율이 둔화된 것으로 나타났다. 우리나라의 비정보통신부문의 총요소생산성 증가율은 1996-2000년대 미국이나 일본보다 약간 하회하는 수준이었으나, 2000년대 이후 점차 하락하면서 미국, 일본 등 주요 선진국 평균을 모두 밑돌았다. 하지만, 우리나라와 유럽 국가의 생산성은 증가한 반면, 영미지역의 경우 오히려 생산성이 감소하고 있는 것으로 나타났다.

생산성 향상은 주로 기술적 효율성 개선으로 인한 것으로, 기술진보는 오히려 생산성을 낮추는 요인으로 작용한 것으로 나타났다. 이는 제조업 부문과 달리 서비스업의 경우 기술진보가 음(-)의 상관관계를 나타났는데, 이에 대한 원인은 크게 두 가지로 추측하였다.

첫째, 서비스 가격에 대한 정보가 불충분함으로 인해 가격 요소에 대한 통제가 분석과정에서 제대로 반영되지 않아 서비스 가격의 하락이 기술진보의 효과에 편이를 가져왔을 가능성이 있다.

둘째, 기술진보를 시간에 따른 생산함수의 변화율로 정의하였는데, 시간에 따른 생산함수의 이동은 기술진보뿐만 아니라 정부의 정책, 규제 등에 따라서도 영향을 받게 된다.

따라서 이를 해석할 때, 기술진보 요인에는 단순히 기술의 발전 정도뿐만 아니라 기술과 관련한 정부의 정책·규제정도도 포함이 되어 있다고 판단하는 것이 타당할 것이다. 한편, 2000년 이후 총요소생산성 분석결과를 선진국 평균과 비교하여 살펴보면, 서비스업 정보통신부문의 총산출과 생산성 증가율 모두 선진국 평균을 상회하는 것으로 나타났다.

선진국에 비해 기술적 효율성 측면이나 규모효과 측면은 보다 양호하게 생산성 상승을 이끌고 있는 것으로 나타났으나 기술진보의 경우 선진국 수준보다 1.16%p 정도 낮아 서비스업 정보통신부문의 생산성을 보다 더 향상시키기 위해서는 기술진보측면을 활성화시킬 수 있는 대안이 제시되어야 한다.

제5절 · 기술을 기반으로 '지식력'에 의한 성장

우리나라 정보통신기술의 특성은 요소 투입에 기반한 성장을 지속적으로 추진하여 왔다. 그동안 생산성의 변화가 생산함수의 이동 즉, 기술 진보(혁신)에 전적으로 기인한다고 암묵적으로 인식해 온 것이 사실이다. 향후 이러한 전통적인 성장의 변화는 물질적인 요소투입확대를 통한 성장이 아닌, 기술을 기반으로 '지식력'에 의한 성장을 확대해야 할 것이다.

이는 정보통신기술과 성장간의 정(正)의 상관관계에 기여할 것이라고 본다. 따라서 앞으로의 10년은 정보통신기술의 발전과 정보통신기술 이용의 확대가 필수적이다. 이러한 추세는 방송통신융합, 모바일화, 융복합화, 소프트화, 개인화 등 새로운 정보통신기술(IT) 트렌드를 더욱 가속화할 것으로 전망된다. 정보통신기술(IT)과 성장을 연결하는 인적자본은 인재·교육 및 지식·정보의 공유는 '지식력' 경로를 통해 검증되어야 한다. 지식·정보 분야에서는 정보 활용 증대, 인터넷 활용과 미디어 활용 확산 등이 될 것이다.

인터넷 활용 증대는 지식기반을 통해 성장에 기여한다. 우리나라 인터넷 이용은 안정적 증가세를 지속하고 있는 가운데, 2009년 현재 만 3세 이상 인구의 인터넷 이용률은 77.2%이며, 인터넷 이용자 수는 36,580천 명에 이르고 있다. 이는 2000년 각각 44.7%, 19,040천 명과 비교하여 크게 확대되고 있다. 한편, 인터넷 이용자의 주평균 인터넷 이용시간은 13.9시간 이용하는 것으로 조사되었다. 인터넷 이용목적은 인터넷을 통해 '자료 및 정보획득(89.4%)' 등의 '커뮤니케이션(87.0%)' 활동을 하는 것으로 나타났다.

2010년에 인터넷 분야는 마이크로 블로깅, 스마트 검색이 각광을 받았다. 스마트폰의 확산과 맞물려 모바일 SNS의 성장세가 높았고, 다양한 모바일서비스들이 개발되었다. 특히 '트위터' 등 모바일과 실시간 커뮤니케이션 네트워킹이 가능한 '마이크로 블로깅'서비스가 각광을 받았다.

2009년에는 다양한 검색서비스가 등장하였다. MS의 검색서비스'빙(Bing)', 네이트(Nate)의 시맨틱 검색, 스마트폰의 위치기반 지도검색, 네이버(Naver)의 시맨틱 검색서비스, 다음(Daum)의 360도 파노라마 지도인 '로드뷰' 출시 등을 통해 장소정보 제공 등 더욱 스마트해진 기능을 적용하고 이용자 편의성을 강화하고 있다. 2010년은 아이폰, 안드로이드폰 등 스마트폰의 폭발적인 성장에 힘입어 향후 성장은 더욱 가속화 될 전망이다.

정보통신기술은 인재 · 교육부문을 통해 성장에 기여한다. 우리나라는 IT강국답게 세계 최고의 교육정보화를 구현하고 있다. 기존의 서책형 교과서에서 디지털교과서, e-교과서로 교육과정과 교과서의 변화를 이끌어 내었을 뿐 아니라 사이버가정학습과 IPTV 활용, EBS 수능방송 서비스 등 다양한 디바이스와 채널을 통해 교육의 질 향상 및 접근성 제고를 도모해왔다.

그뿐만 아니라 KOCW(Korea Open Course Ware) 서비스, 해외 학술정보 이용체제 구축 등 보다 수준 높은 학술 데이터를 제공하는 동시에 유비쿼터스를 실현하는 미래형 학교 설계 등 한 차원 높은 정보화를 구축해 나가고 있다. 우리나라가 새롭게 마련한 "교육과학기술정보화 기본계획"을 추진하는 초년으로 초 · 중등교육에서 사이버가정학습, IPTV, e-교과서 인증 등을 통해 새로운 학교 설계와 교육방법 및 교재 등을 다양화하였고, 고등교육에서는 KOCW 앱 스마트폰 서비스 등으로 좀 더 쉽고 빠르게 더 많은 학술자료를 제공하고 있다. 또한 기존 교육행정정보시스템과 차세대 나이스시스템 구축사업을 통해 선진교육행정서비스를 제공하고, 정보보호와 정보통신윤리교육을 강화하여 정보화 역기능에 철저히 대비하고 있다.

국내 인터넷 보급 초기인 1996년 최초의 교육정보 종합 서비스 시스템으로 개통한 에듀넷은, 이후 교육정책과 학교 현장을 연계하는 매개체로서 국가교육정보화의 한 축을 담당해왔다. 특히, 2004년 정부의 'e-러닝 지원체제 종합 발전방안' 수립 이후 중앙교수학습센터로 그 역할을 확대하였고 2008년에는 웹2.0 패러다임 변화에 따라 개방 · 참여 · 공유 · 협력의 개념 적용을 위한 기반을 마련하였다. 이를 기반으로 사용자 참여 확대를 위해 위키 기반 교사의 평생 교수-학습방 서비스인 명품수업 지식마을과 민간의 교육정보자료 유통을 위한 오픈마켓 서비스를 시범 구축하였다.

한편 중앙교수학습센터-에듀넷과 16개 시 · 도 교수학습지원센터, 교육유관기관 등의 교육용 콘텐츠는 표준화된 교육정보 메타데이터 형태로 공유 · 유통시키는 전국교육정보공유체제 기반으로 운영하고 있다. 전국교육정보공유체제는 개통 초기에 DC(Dublin Core) 기반으로 교육용 콘텐츠를 저장했으나 2003년부터는 초 · 중등 교육정보 메타데이터인 KEM(Korea Educational Metadata) 기반으로 콘텐츠를 저장하고 있다.

16개 시도교육청에서 콘텐츠를 KEM 기반으로 입력하면, 입력된 콘텐츠는 해당 시 · 도교육청의 시스템에 저장되고 중앙의 KEM 데이터베이스에 전송되는 동시에, 타 시도교육청의 KEM 데이터베이스에도 전송하여 저장하는 방식으로 공유 · 유통한다. 이로써 사용자는 중앙교수학습센터-에듀넷 사이트와 16개 시 · 도교육청의 교수학습지원센터 사이트를 통해 원하는 교육용 콘텐츠를 쉽게 검색하여 활용하게 되었다.

에듀넷을 이용하는 일일평균 접속자 수는 2010년 10월말 기준으로 약 41만 명이며, 2004년 9월 중앙교수학습센터-에듀넷으로의 개편, 2006년 대상별 맞춤 서비스 실시 및 사용성 개선, 2007년, 2008년 사용자 참여 서비스(콘텐츠 오류신고, 제안, UCC 공유 등) 확대 및 각 시 · 도 교수학습센터와의 연계 강화(통합검색 Open API 제공) 등 고객과 함께 만들어 가는 서비스 체제 구축으로 이용자 수가 점진적으로 증가하였으며, 2009년에는 통계관리 시스템의 정교화(검색로봇에 의한 통계 수치 제외 등)로 이용자 수 통계는 일부 감소하였으나 다양한 학습용 콘텐츠 확보 등을 통하여 에듀넷 서비스 이용 활성화를 추진하고 있다.

제6절 · '사회력' 경로로서의 성장 기반

향후 '사회력'에 의한 성장은 물질적인 요소투입 확대를 통한 전통적인 성장에 의존하던 형태에 변화를 줄 것이라고 본다. 이는 정보통신기술과 사회자본의 성장 간의 정(正)의 상관관계에 기여할 것이라고 본다. 따라서 앞으로의 10년은 정보통신(ICT)산업의 발전과 정보통신기술 이용의 확대가 필수적이다. 이러한 추세는 국가 정보화를 가속화할 것이며 지역사회 유대 강화, 거버넌스 고도화, 보편적서비스 확산, 보안 · 역기능 개선 등 새로운 IT 트렌드를 더욱 가속화할 것으로 전망된다.

1. 거버넌스 · 지역사회 유대에 의한 성장

전자정부는 훌륭한 전자적 참여모형(good e-participation model)이다. 정부 업무의 전자적처리를 정착시켜 행정 효율성을 향상시켰으며, 범정부 데이터센터를 구축하고 정부의 정보시스템을 통합 운영함으로써 정부 자원의 운영 경제성, 전문성 및 보안성 등을 강화하였다.

우리나라 전자정부는 행정기관의 업무 처리에 정보시스템과 인터넷 등 정보통신기술을 이용함으로써 효율성과 투명성을 향상시키고, 국민과 기업에 대한 정부서비스의 품질을 개선하며, 국민의 참여 촉진, 국민의 삶의 질 향상과 국가경쟁력 향상에 이바지하고 있다.

1970년대 후반 주민등록, 부동산, 자동차 등 국가의 주요 행정업무 전산화를 시작으로, 1990년대에는 여권, 특허, 조달과 같은 단위 업무 또는 기능중심의 정보화를 추진하였다. 2000년부터는 전자정부 11대 과제, 31대 로드맵 등을 추진하여 범정부 차원의 전자정부 핵심 인프라를 구축하였다.

또한 행정기관 간 정보공유를 통해 국민이 민원 신청 시 제출해야 하는 구비서류를 대폭 감축하였으며, 행정기관을 방문하지 않고도 민원이나 조달, 국세 업무 등 정부관련 업무를 처리할 수 있도록 민원24시, 나라장터, 종합국세서비스, 기업지원단일창구, 참여마당 신문고 등 포털서비스를 제공하여 국민 편의성 향상과 더불어 국민의 국정참여 확대에도 기여하였다.

2008년 정부는 각 부처의 정보화에 대한 진전과 발전된 전자정부 수준을 참조하여, '촉진'과 '구축'중심의 전자정부 정책을 '활용'과 '연계'중심으로 전환하여 선진 지식정보사회 구현을 추진하고 있다. 이를 위해 국가정보화 추진 및 전자정부 추진체계를 행정안전부로 일원화 하였고, 국가정보화기본법 및 전자정부법 제 · 개정 등 법 · 제도 기반도 체계화하였다. 또한 범국가적 차원의 정보화 추진을 위해 2009년 기존 정보화추진위원회(국무총리 소관)를 격상하여 대통령 소속으로 국가정보화전략위원회를 설치하였다.

1990년대까지 정부 업무의 전자화를 통한 행정 효율성 향상에 중점을 두고 추진한 전자정부는 2000년 이후 정부서비스에 대한 국민의 만족도 향상, 능동적 국정참여 확대 등으로 무게중심과 가치가 변화하였으며, 현재에는 민주사회의 토대를 발전 · 심화시키고 국가경쟁력 향상을 위한 기반 인프라로서 국가운영의 핵심경영시스템으로 자리 잡고 있다.

한편 2008년 11월 확정된 국가정보화 기본계획은 글로벌 환경변화와 미래 환경에 대한 대응, 정보통신기술의 변화로 인한 새로운 요구 증가에 따라 추진되었다. 지속적인 전자정부 및 국가정보화 추진으로 우리나라는 UN의 전자정부발전지수 및 온라인참여지수 평가에서 모두 1위로 평가받는 전자정부 선진국이 되었다.

경제위기로부터 촉발된 IT 비용절감 이슈와 맞물려 클라우드 컴퓨팅이 녹색성장 지원을 위한 핵심 동력으로 클라우드 컴퓨팅, 그린 IT 도입도 부각되었다. 국내뿐만 아니라 세계 시장에서도 클라우드 컴퓨팅은 시스템 도입 비용절감, 신속한 IT 서비스 구축 · 제공 등의 장점으로 인해 관심과 이슈가 되고 있다. 우리나라는 클라우드 컴퓨팅의 공공부문 적용을 통해 '클라우드 컴퓨팅 활성화 종합계획'을 마련하고 있다.

행정안전부의 '공공부문 클라우드 컴퓨팅 도입 · 확산 방안', 지식경제부의 '클라우드 컴퓨팅산업 육성 전략', 방송통신위원회의 'KCloud 서비스 추진계획' 등 부처별로 클라우드 컴퓨팅 활용방안 등이 본격화되고 있다. 우리나라는 녹색성장 지원을 위한 핵심 동력으로 그린 IT의 활용을 검토하고 있다.

녹색성장위원회는 2009년 5월 부처별로 산재되어 있는 녹색기술 관련 정책계획을 통합하여 '그린 IT 국가전략'을 수립하였다. 이를 통해 정부는 생산유발효과, 고용창출, 탄소배출감축 효과를 극대화할 계획이다. 현재 국내 기업들의 그린 IT 전략 실행 수준은 아직 낮으나, 지속적으로 늘어날 것으로 전망된다.

2. 보편적서비스 확산에 의한 성장

우리나라 인터넷 이용은 국민생활에서 보편적 서비스가 크게 확대하였다. 인터넷 이용목적은 인터넷을 통해 '자료 및 정보획득(89.4%)'이나 '음악, 게임 등 여가 활동(88.4%)', '이메일, 메신저 등 커뮤니케이션(87.0%)', '인터넷 구매 및 판매(56.4%), 교육 · 학습(52.5%), 홈페이지 운영(블로그 · 미니홈피 포함)(44.8%)을 하는 것으로 나타났다.

미디어 활용의 확산은 사회력에 의한 성장에 기여한다. 2010년 미디어분야는 IPTV 가입자 100만 명 시대의 개막과 함께 여러 미디어를 융합하여 활용하는 크로스미디어에 대한 관심이 고조되었다. 그 동안 법제도적 문제로 지연되고 있던 IPTV 서비스도 IPTV법 개정과 정부의 강력한 뒷받침을 바탕으로 본격적인 확산모드에 진입하였다. 상용서비스가 시작된 지 9개월여 만인 2009년 10월에 가입자 100만을 돌파하였다. IPTV 사업자들의 신규 미디어 도입으로 아날로그방송 가입자를 중심으로 이탈 현상이 가속화되고 있다.

그리고 유무선 통신기업 간의 결합으로 유무선 통합도 본격화되고 있다. 유무선 통합으로 통신사업자들은 초고속인터넷, 인터넷전화, 이동전화 서비스, IPTV를 효율적으로 결합해 보다 다양한 콘텐츠를 제공할 수 있게 되었다.

한편, 인터넷과 커뮤니케이션 측면에서는 인터넷 이용자가 '이메일 이용자', '인스턴트 메신저 이용자', '블로그 이용자', '블로그 운영자'로 활동하며 꾸준히 인터넷 활용을 확대하고 있는 것으로 나타났다. 인터넷과 경제활동 측면에서는 인터넷 이용자의 62.3%가 인터넷을 통해 상품이나 서비스를 구매(예약 · 예매 포함)하는 '인터넷쇼핑 이용자'로 나타났다.

또한 인터넷 이용자의 41.2%가 인터넷뱅킹을 이용한 것으로 나타났다.

2009년도 국내 e-러닝 수요시장 규모는 2006년도 시장수요 1조 6133억 원 대비 연평균 11.0% 증가한 총 2조 719억 원으로 증가하였다. 2004년 실태조사가 시작된 이후 꾸준한 성장세를 유지하고 있다. 한편 만 18세 이상 인터넷 이용자의 9.0%는 인터넷을 통해 주식거래를 한 '인터넷 주식거래 이용자'인 것으로 나타났다. 분석결과, 인터넷을 이용하여 경제활동을 하는 인터넷 이용자는 점차 증가하는 것으로 나타났다.

무선인터넷 활용에서는 2010년 2월 기준 우리나라의 이동전화 가입자 수는 4,657만 명으로 인구 100명 당 93.5명이 이동전화 이용자인 것으로 추산되고 있다. 우리나라는 2009년을 기점으로 무선인터넷 대전환기를 맞이하고 있다. 2009년 무선인터넷이용실태조사'결과에 따르면, 2009년 9월 기준 우리나라 무선인터넷 이용률은 54.9%로 2008년 대비 2.4% 증가하였다. 하지만 상대적으로 연령층이 높은 30세 이상 무선인터넷 이용자는 상대적으로 저조하였다.

인터넷중독 및 정보격차는 인터넷의 역기능 개선이 요구되는 부문이다. 인터넷의 역기능 개선은 정(正)의 상관관계로 존재한다. 2009년 인터넷중독 실태조사 결과, 전체 인터넷중독 수준은 8.5%로 전년대비 0.3%p 하락하였으며, 중독자 수는 전년대비 86천 명이 감소하는 등 전체적 수준에서는 인터넷중독이 감소된 것으로 나타났다. 이를 연령별로 보면 청소년 중독률은 2008년 14.3%에서 2009년 12.8%로 하락하였으나, 성인은 2008년 6.3%에서 2009년 6.4%로 증가한 것으로 나타났다.

2009년 조사결과의 특징은 청소년 인터넷중독 수준이 전반적으로 개선되었다는 점이며, 이용목적상 인터넷중독 위험이 높은 게임 등 여가활동을 목적으로 한 인터넷 이용률은 감소한 반면 교육학습 및 커뮤니케이션 등 생산적 인터넷 이용률이 증가하는 등 정보화역기능 예방교육, 상담 등을 통한 대응효과가 점차 나타나고 있는 것으로 보인다. 정보화격차지수는 줄일수록 사회력에 의한 성장을 확산할 수 있다.

2009년 정보격차지수에 따르면 취약계층의 종합정보화 수준은 일반국민 대비

2008년 68%에서 2009년 69.7%로 전년 대비 상승하였으며, 2004년 일반국민의 45%수준에 비해서는 24.7% 증가한 것으로 나타났다. 한편 취약계층별로 살펴보면, 2009년 기준대비 장애인 80.3%, 저소득층 79.5%, 장 · 노년층 65.9%, 농어민 60.3% 순으로 향상되었으며, 고연령 · 저학력 · 취약지역(군지역)으로 분류되는 농어민의 정보화 수준이 가장 낮게 나타났다.

인터넷 침해사고 방지기술 연구개발을 통한 보안 · 역기능 부문에 대한 사회력에 의한 성장에 기여한다. 정보보호는 기존의 정보보안 분야뿐만 아니라 물리보안, 융합보안 등의 분야로도 연구영역에서도 확대되고 있다.

3. 결론 : 2차적 효과의 창출과 연계

연구결과에 의하면, 경제 전체의 시너지효과 제고 차원에서 정보통신기술(IT) 활용에 의한 경제력 강화와 이를 통한 지식력에 의한 성장과 사회력에 의한 성장간의 효과 창출 및 연계강화가 필요하다고 본다. 정보통신기술(IT) 활용에 의한 경제력 강화와 지식력에 의한 성장과 사회력에 의한 성장의 동반 발전을 이루기 위하여 국가정보화 자체의 혁신 노력도 중요하다. 이 3가지 성장경로에 대한 정부의 지속적인 연구개발 지원 확대와 정보통신기술(IT)활용에 의한 경제 잠재력 강화 등에서 '정보통신에 의한 2차적 효과' 창출과 연계를 강구할 필요가 있다.

이는 온라인커뮤니티, 정보공개, 지역사회 유대 조성 등과 연계관계가 높은 지원서비스의 발전 및 연계방안을 적극적으로 모색하는데 있다. 또한 국가정보화 인프라 투자 또는 사회적 자본 투입 구조상의 중요성과 연계성 파급효과의 견지에서 사회적 가치와 경제적 가치의 지속적인 혁신강화 노력이 필요하다고 본다.

특히, 우리나라는 산업원천기술개발사업, 정보통신성장기술개발사업 등을 통해 정보통신기술(IT)융합개발사업을 촉진하여 총요소생산성 증대를 지속적으로 유지하는 것이 필요하다. 국가성장전략에 기반을 둔 전략기술 분야의 핵심 · 원천기술개발 지원을 통해 주력기간산업의 경쟁력을 높이고 미래신산업을 육성하며 정보통신기술 관련 중소기업 기술경쟁력 강화 및 정보통신기술융합 활성화를 위하여 정보통신기술(IT) 분야의 기술혁신 촉진 및 주력산업과의 융합기술개발을 지원하게 된 것에 대한 노력도 진행되어야 할 것으로 본다.

정보통신기반 인프라측면에서는 '10대 IT융합전략산업' 육성을 위해 정보통신기술융합 연구개발 투자를 확대하고, 정보통신기술(IT)융합거점 구축 및 융합기반 조성을 위해 'IT융합포럼' 확산과 '산업IT융합지원센터'를 구축하고, 정보통신기술융합의 원천인 시스템반도체 육성과 산업별 특성에 맞는 정보통신기술(IT) 융합 확산 계획을 마련하기 위한 후속조치도 국가정보화 및 산업 전반에 효율적인 추진이 요구된다.

정 보 통 신 경 제 론

부 록 APPENDIX

정보통신 주요용어 해설

정보통신 주요용어 해설

1) **결합판매** : 별도 판매 가능한 복수의 상품 또는 서비스를 하나의 패키지로 묶어서 판매하는 것으로 통상 요금할인 등 결합으로 인한 편익과 사업자들의 효율성 증대효과가 있는 반면, 시장지배력 전이 등 경쟁제한 가능성을 내포

〈 결합판매 분류형태 〉

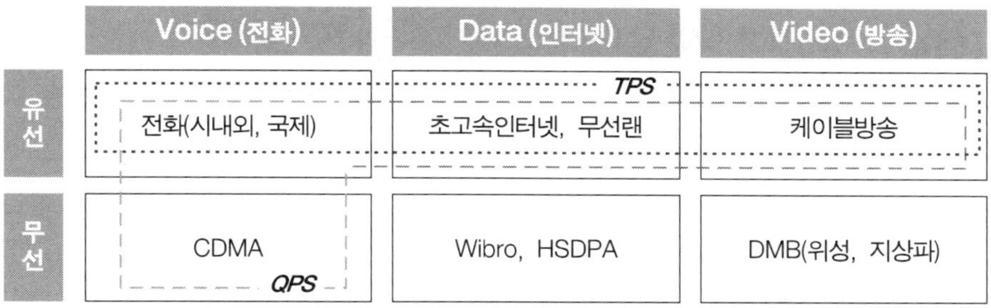

2) **경제협력개발기구(OECD ; Organization for Economic Cooperation and Development)** : 유럽경제협력기구(OEEC)를 개발도상국 원조문제 등 새로 발생한 경제정세변화에 적응시키기 위해 개편한 기구로 1961년 9월 30일에 발족하였으며, 회원국 상호간 정책 조정 및 협력을 통해 회원국의 경제 · 사회 발전을 모색하고 나아가 세계경제 문제에 공동으로 대처하기 위한 정부간 정책연구 · 협력기구임. 회원국은 30개국으로 우리나라는 1996. 12월 29번째 회원국으로 가입하였음

3) **공개 SW(Open Source Software)** : 누구나 해당 소프트웨어를 자유롭게 사용할

수 있는 소프트웨어로서, 원시 프로그램(source code)이 공개되어 있고 자유로운 복사, 수정, 사용, 재배포가 가능한 소프트웨어

4) **공학교육인증** : 바람직한 공학교육을 위한 프로그램 기준과 지침을 제시하고, 이를 통해 인증 및 자문을 시행함으로써 공학 교육의 발전을 촉진하고 실력을 갖춘 공학기술 인력을 배출하는데 기여하기 위한 제도.

5) **기술혁신형 중소기업(Inno-Biz)** : 중소기업기본법상 창업 후 3년 이상 된 기업 중에서 기술능력 등 일정요건을 갖춘 기업에 대해 중소기업청이 지정하며, '06년말 현재 IT분야 기술혁신형 중소기업 수는 약 3,698개로 추산되고 있음

6) **기업고객지원시스템(Post-Hub)** : 우체국택배 계약업체의 주문 · 배송정보를 PostNet(우편물류시스템)과 상호 중계하고, 상품 재고관리를 지원하는 시스템

7) **긴급통신** : 긴급상황 발생시 이용자가 이를 자신의 위치 정보와 함께 긴급통화대응센터(PSAP)로 알리는 서비스로, 유선전화 및 이동망에서는 이 서비스가 제공되고 있으나, 인터넷전화는 긴급통신 서비스가 제공되지 않아 이용자 보호 측면에서 필요성이 제기됨

※ PSAP : Public Safety Answering Point(공공안전응답지점)

8) **누리꿈 스퀘어** : 소프트웨어 및 디지털콘텐츠 분야 국내 · 외 선도기업과 R&D 센터 등을 유치하기 위하여 상암동 DMC(Digital Media City) 내에 조성되고 있는 기업 집적시설로서 IT R&D센터, IT 비즈니스센터, 공동제작센터 및 디지털 전시공간 등으로 이루어져 있으며, 2007년말 준공 예정

9) **대학IT연구센터(ITRC ; Information Technology Research Center)** : IT기술개발과제에 석 · 박사과정 대학원생을 직접 참여시킴으로써 전문지식과 프로젝트 수행능력을 겸비한 고급 IT인력을 육성하기 위한 대학 연구센터. '06년말 현재, 전국 29개 대학교에 50개의 ITRC가 설치되어 있음

10) **디지털콘텐츠(Digital Contents)** : 유무선 전기 통신망에서 사용하기 위해 부호·문자·음성·음향·이미지·영상 등을 디지털 방식으로 제작, 처리, 유통하는 자료나 정보 등을 말함

11) **디지털 크리처(Digtal Creature)** : 인간, 동물 또는 가상의 '괴물', '외계생물' 같은 상상속의 캐릭터뿐만 아니라 나무나 숲과 같은 식물을 포함한 실사 수준의 디지털 생명체를 말하며, 정통부-문화부 공동개발과제로 선정하여 추진 예정(3년, 192억원)

12) **디지털튜너(tuner)** : 디지털방송을 수신하기 위한 장치를 의미하여 보통 튜너라 하면 텔레비전, 라디오 등 무선기에서 수신하고자 하는 전파의 주파수에 맞추어서 필요한 전파를 선택하는 동조장치를 말함

13) **리눅스(Linux)** : 단일 운영체제의 독점이 아닌 다수를 위한 공개 원칙하에 소스코드를 무료로 개방하고 전 세계에 산재한 프로그램 개발자 그룹을 통해 업그레이드가 이루어지고 있는 공개용 오퍼레이팅(OS) 시스템

14) **명예훼손분쟁조정부** : 개정 정보통신망법 제44조10에 의거해 사이버 공간에서 발생하는 명예훼손, 모욕, 스토킹 등의 사이버 권리침해에 대한 분쟁조정과 가해자 정보제공업무를 담당하는 기구임. 명예훼손분쟁조정부는 피해자가 피해사실의 소명자료를 제출하면 정보통신서비스제공자가 보유하고 있는 가해자의 정보를 제공할지 여부를 결정할 수 있으며, 피해자와 가해자간 분쟁조정안을 제시할 수 있고 당사자들이 이를 수용하면 민법상 화해효과를 발생함

15) **모바일 OK** : 모바일 환경에서 단말, 네트워크, 서비스에 관계없이 일관된 웹 콘텐츠 접근이 가능하도록 하는 모바일 웹 표준으로서 국제표준화 기구인 W3C(World Wide Web Consortium)에 의해서 표준개발을 진행중

※ 한국형 모바일 OK : W3C가 추진중인 모바일 웹 국제표준을 준수하면서 한국적 상황에 최적화시킨 국내 모바일 웹 표준

16) **무선국** : 무선설비와 무선설비를 조작하는 자를 통칭.

17) **번호 이동성(番號移動性, Number Portability)** : 전화 사용자가 계약한 번호는 전기 통신 사업자가 변경된 경우에도 기존 전화번호를 계속 사용할 수 있는 것. 번호 이동성이 실현되면 동일한 번호를 계속 사용할 수 있기 때문에 전기 통신 사업자 선택이 쉽고, 사용자의 이용 편의성 향상 및 사업자간 경쟁 촉진을 기대할 수 있음

18) **상호접속(interconnection)** : 통신사업자 또는 서비스 유형이 다른 통신망 상호간에 통신이 가능하도록 전기통신설비를 물리적 · 전기적 · 기능적으로 연결하는 것으로 특정업체 가입자와 타망 가입자간의 원활한 통신을 제공하고 후발사업자의 통신망 중복투자방지 및 기존 통신망의 효율적 이용을 위하여 기간통신사업자간 상호접속을 의무화 하여 운용하는 제도

19) **아시아개발은행(ADB: Asia Development Bank)** : 아시아의 경제성장과 협력을 증진하기 위하여 한국을 비롯한 역내 41개국, 역외 16개국이 참여하고 있는 기구로서 회원국에 대한 대출, 기술원조, 실태조사 및 프로젝트 융자를 수행하고 있음

20) **온라인콘텐츠 거래인증제도** : 온라인상 디지털콘텐츠 판매자와 구매자간 거래사실을 공신력있는 제3의 거래인증기관이 확인 · 증명하는 제도로, 본제도 시행에 앞서 '07. 9월까지 시범사업을 시행할 예정

21) **이동전화 발 · 착신 인증 서비스** : 휴대전화로 전화를 걸거나 받을 때마다 단말기에 장착된 암호 키와 이동통신사가 보관하고 있는 인증번호를 비교하여 정상적인 단말기인지를 확인하여 비정상적일 경우 이를 차단하는 서비스)

22) **인터넷전화(Internet Telephony)** : 전기통신설비를 이용하여 구성한 인터넷을 통해 통화권 구분 없이 음성 등을 송신하거나 수신하게 하는 통신서비스로서 VoIP(Voice over Internet Protocol)라고도 함

23) **임베디드 SW(Embedded Software)** : 컴퓨터, 휴대전화, 가전제품, 공장자동화 시스템, 자동차, 엘리베이터 등 각종 기기나 제품에 내장되어 특정한 작업을 수행할 수 있도록 지원하는 소프트웨어를 총칭

24) **임시조치제도** : 정보통신서비스제공자가 사생활 침해, 명예훼손 등 권리의 침해 여부를 판단하기 어렵거나 이해당사자간에 다툼이 예상되는 경우, 30일 이내에 해당정보를 임시 차단하는 조치

25) **재판매(Resale)** : 통신망 없는 사업자가 통신망 보유사업자의 통신서비스나 통신설비를 도매가격에 구매하여 일반 이용자에게 상업적으로 제공하는 행위

26) **제한적 본인확인제** : 이용자가 인터넷게시판에 정보를 게시하려고 하는 경우 이용자 본인 여부를 확인하는 제도임. 따라서, 인터넷에 정보를 게시하지 않는 이용자는 본인확인을 거칠 필요가 없으며, 1회에 한하여 본인확인을 거치면 기존과 같이 ID나 별명을 사용하여 정보를 게시할 수 있음

※ 대상기관 : 1,142개 공공기관, 일일평균 이용자수 포털부문 30만 · 인터넷언론 20만 · UCC사업자 30만 이상인 정보통신서비스제공자

27) **전자우편(hybrid-mail)** : 우편물을 종이로 제작하지 않고 File(정보) 형태로 우체국 또는 인터넷 우체국에 접수하면, 이 정보를 배달우체국으로 전송하여 배달우체국에서는 종이로 된 우편물을 제작하여 고객에게 배달하는 서비스를 말함

28) **전자파강도** : 어느 한 지점에서의 측정한 전자기파의 신호세기를 말하며, 무선국 및 무선기기에서 발생하는 전자파강도에 대해서는 전자파인체영향보호기준 등에 따라 일정 한도 이상을 초과하지 않도록 제한함

29) **정보기술아키텍처(Information Technology Architecture)** : 조직 또는 기관 전체의 정보시스템(IT)을 효율적으로 구현하거나 재구성하기 위한 정보화 종합설계 및 관리기법을 의미

30) **정보접근센터(Information Access Center)** : 개발도상국 주민들의 정보접근권 확충을 목적으로 2002년부터 우리정부가 개발도상국정부와 협력하여 구축하는 시설로서, 개도국 주민들은 본 시설을 통해 인터넷 이용, 정보화 교육, 각종 세미나 개최 등 다양한 목적으로 활용하면서 자연스럽게 한국의 선진 IT 기술을 접할 수 있는 시설임('06년 12월 기준 10개국 10개소 구축)

31) **정부통합전산센터** : 48개 중앙행정기관이 개별적으로 운영하고 있는 전산실을 범정부적 차원에서 통합하여 관리하는 센터로서, 전산장비 운영에 적합한 전용건물에서 전문인력이 상주하여 사용자의 요구 수준에 맞도록 정보시스템의 안전성, 경제성 및 정보서비스의 품질 등을 보장

32) **주파수** : 1초당 전자파의 진동횟수(단위 : Hz, kHz, MHz, GHz)로서, 전자파와 동일한 의미로 사용되기도 함. 국제전파규칙 및 전파법에서는 3,000GHz 이하의 주파수를 전파로 정의하고 9개 대역으로 구분

주파수 대역	파장	명칭
3~30KHz	100~10km	VLF(초장파)
30~300KHz	10~1km	LF(장파)
300KHz~3MHz	1km~100m	MF(중단파)
3~30MHz	100~10m	HF(단파)
30~300MHz	10~1m	VHF(초단파)
300MHz~3GHz	1m~10cm	UHF(극초단파)
3~30GHz	10~1cm	SHF(마이크로파)
30~300GHz	1cm~1mm	EHF(밀리파)
300GHz~3THz	1~0.1mm	서브밀리파

33) **주파수분배** : 주파수 대역별로 주파수의 세부용도를 정하는 것

34) **주파수 할당** : 특정한 주파수를 이용할 수 있는 권리를 특정인(사업자 등)에게 부여하는 것

※ 할당대상 : 전기통신사업자, 종합유선방송사업자, 전송망사업자 등

35) **주파수재배치** : 주파수를 회수하여 다른 용도나 다른 사용자가 주파수를 이용할 수 있도록 하는 것

36) **유비쿼터스 사회**(Ubiquitous Society) : 모든 사물이 지능화되고 네트워크화 함으로써 사람과 사람, 사물과 사람, 나아가 사물과 사물간에 의사소통이 가능한 사회로서, 개인의 삶의 질 향상 및 기업의 생산성 증대, 공공 서비스의 혁신을 통해 국가 전반의 경쟁력이 제고되는 사회를 의미

37) **임시조치제도** : 정보통신서비스제공자가 사생활 침해, 명예훼손 등 권리의 침해 여부를 판단하기 어렵거나 이해당사자간에 다툼이 예상되는 경우, 30일 이내에 해당정보를 임시 차단하는 조치

38) **컨버전스**(Convergence) : 디지털기술의 발전과 전송망의 광대역화에 따라 기존에 통신과 방송으로 각각 분리되었던 콘텐츠, 네트워크, 단말기 및 서비스의 경계가 허물어지는 현상

39) **통신중계서비스** : 중계사가 수화, 문자 등을 이용하여 청각 · 언어장애인이 일반인과 전화통화를 할 수 있도록 지원하는 서비스

40) ALL-IP(Intetnet Protocol) **망** : 현재 개별적으로 존재하는 유선전화망, 이동전화망, 무선인터넷망, 초고속인터넷망, 방송망을 IP기반의 하나의 데이터망으로 통합하여 통신, 방송, 인터넷 통합서비스를 언제, 어디서나, 끊임없이 안정하게 이용할 수 있도록 하는 정보통신망을 말함

41) APEC(Asia-Pacific Economic Cooperation ; **아 · 태경제협력체**) : 아시아 및 태평양 21개 연안국의 역내 무역 · 투자 자유화 및 경제기술협력을 통해 공동번영을 추구하는 것을 목표로 1989년 호주 캔버라에서 개최된 12개국간 각료회의를 시작으로 출범하여 1993년부터 클린턴 미대통령의 제안으로 매년 정상회의를 개최하는 역내 최고위급 지역경제협력체

42) BcN(Broadband convergence Network) : 통신, 방송, 인터넷이 융합된 품질보장형 광대역 멀티미디어 서비스를 언제 어디서나 끊김없이 안전하게 이용할 수 있는 차세대 통합 네트워크를 의미

43) BPM(Business Process Management) : 기업 내외의 업무 프로세스를 가시화하고, 업무의 수행과 관련된 사람, 시스템을 프로세스에 맞게 실행・통제하며, 전체 업무 프로세스를 효율적으로 관리하고 최적화할 수 있도록 지원하는 변화관리 및 시스템 구현 기법

44) Bps(bits per second ; **초당 전송 비트 수**) : 데이터의 전송 속도를 나타내는 단위로서 1초간에 몇 비트를 전송할 수 있는지를 뜻하며, 1천 단위의 kbps, 100만 단위의 Mbps, 10억 단위의 Gbps, 1조 단위의 Tbps 등이 있음

45) BSC(Balanced Score Card) : 조직의 비전과 전략목표의 실현을 위해 4가지(재무, 고객, 내부프로세스, 학습과 성장) 관점의 성과지표를 도출하여 성과를관리하는 성과관리시스템으로써 단기적 성격의 재무적 목표가치와 장기적 목표가치들 간의 조화를 추구

46) CATV(Cable Television ; **종합유선방송)사업자** : 다채널 유료방송을 행하기 위하여 유선방송국 설비와 그 종사자를 관리・운영하며 전송・선로설비를 이용하여 방송을 행하는 사업자로서 전국적으로 77개 권역 119개 사업자가 있음

47) CID(Caller Identification) : 이용자가 전화를 수신하는 경우 발신자의 전화번호를 단말기 화면에 표시해 주는 서비스

48) CCTV(Closed-Circuit Television) : 특정한 화면 수상자에게 화상정보를 전송하는 것을 폐회로 텔레비젼 시스템 즉, CCTV라고 부르며 화상의 송. 수신을 유선 또는 무선으로 연결함. 수신대상 이외는 임의로 수신할 수 없도록 돼 있어 폐쇄회로 텔레비전이라고도 함

49) DMB(Digital Multimedia Broadcasting ; **이동멀티미디어방송**) : 음성, 영상 등 다양한 멀티미디어 신호를 디지털 방식으로 고정 · 휴대 · 차량용 수신기에 제공하는 방송 서비스로서, 이동 중에도 CD나 DVD급의 고음질, 고화질의 방송을 제공

50) CRM(Customer Relation Management) **시스템** : 고객을 체계적으로 분석 및 관리하여 마케팅 활동을 지원하는 시스템

51) DW(Data Warehouse) : 대량의 데이터를 기반으로 사용자가 쉽게 접근할 수 있고 다양한 분석을 펼칠 수 있는 분석용 데이터베이스

52) EIS(Executive Information System) : 최고경영자들이 조직의 성공적인 경영을 위하여 필요로 하는 조직 내부 혹은 조직 외부의 정보를 효과적으로 제공할 수 있는 컴퓨터 기반의 정보시스템

53) EMS(Express Mail Service ; **국제특급우편**) : 만국우편협약 제14조에 근거하여, 통신문, 서류 또는 물품 등을 다른 우편물보다 우선 취급하는 가장 신속한 우편업무로서 국가 간 표준다자간 협정 또는 양자협정을 통하여 합의한 내용에 따라 취급하는 속달우편서비스

54) ERP(Enterprise Resource Planning) **시스템** : 전사적 자원관리로서 기업의 기간업무인 회계, 인사, 재무 등을 비롯해 생산, 구매, 재고, 주문 등의 업무를 돕는 통합 애플리케이션을 말하며, 주로 패키지 제품을 자사의 전산환경에 맞게 변환하여 구축

55) e-Shipping : 수출입화물의 선적처리 및 컨테이너 관리업무 등을 전자적 방법에 의해 처리하도록 지원하는 서비스로서, EMS 이용고객이 인터넷우체국(e-post)에 접속하여 접수에 필요한 정보(주소 · 성명, 내용품명 등)를 입력하고, 전산으로 송장을 출력하여 EMS을 접수하는 서비스

56) **ESCAP ICT개발센터(APCICT ; Asian & Pacific Training Center for ICT Development)** : 우리나라 최초로 설립되는 UN 산하기구(subsidiary body)로서 역내 ESCAP(아·태경제사회위원회) 62개 회원국 정보격차문제 해소를 위한 ICT 전문 교육훈련 기관

57) **4G(4 Generation)** : 3G 이동통신인 IMT-2000의 뒤를 잇는 통신서비스로서 멀티미디어 전송속도가 수십, 수백Mbps의 멀티미디어 전송속도를 가짐.

58) **FTA(Free Trade Agreement ; 자유무역협정)** : 국가 간의 상호 무역증진을 위해 물자나 서비스 이동을 자유화시키는 협정으로, 나라와 나라 사이의 제반 무역장벽을 완화하거나 철폐하여 무역자유화를 실현하기 위한 양국간 또는 지역 사이에 체결하는 특혜무역협정

59) **GS(Good Software) 인증** : 기능성, 신뢰성, 효율성 등 국제표준에 따른 인증기준을 통과하는 우수 소프트웨어 제품에 대해 한국정토통신기술협회(TTA)가 소프트웨어산업진흥법에 의해 부여하는 국가 공인 품질인증 마크

※ 참고 : www.goodsoftware.or.kr

60) **HD(High Definition)** : 고선명 TV를 말하며 주사선수가 기존 브라운관 TV의 2배 이상으로 해상도가 높고, 화면의 가로 세로 비율이 16:9로 폭이 넓어 영화를 보는 듯한 현장감을 느낄 수 있음. CD와 비슷한 음질을 제공하며 아날로그가 아닌 디지털신호를 전송

61) **HRM(Human Resource Management)** : 구성원의 잠재적 능력을 육성, 개발하여 조직의 전략적 목표를 달성하는데 기여하기 위한 인적자원계획활동, 인적자원육성활동, 인적자원활용활동 등의 조직적 활동

62) **IP(Intellectual Property)** : 반도체 디자인, 도큐먼트, 라이센스를 포함하는, 미리 설계되고 검증되어 있는 반도체 설계모듈

63) i-PIN(Internet Personal Identification Number) **주민번호 대체수단** : 이용자가 자신의 신원정보를 본인확인기관에게 제공하고 본인확인이 필요할 때마다 식별 아이디와 비밀번호를 이용하여 본인확인을 받는 방법

64) IPTV(Internet Protocol TV) : 초고속인터넷망을 통하여 이용자의 요청에 따라 양방향으로 실시간방송프로그램, VOD, T-커머스 등 다양한 멀티미디어콘텐츠를 제공하는 통신방송 융합서비스

65) IPv6(Internet Protocol version 6) : 현재 인터넷에서 널리 이용되고 있는 IP주소 공간을 4배(232→2128)로 확장하여 무한한 IP주소 생성이 가능하고, 이동성 서비스의 품질 및 보안성 등의 기능을 강화한 차세대 인터넷 주소체계

66) **IT멘토링 제도** : 대학(원)생들이 실습위주의 프로젝트를 수행할 수 있도록 기업의 전문가와 학생을 연결해주는 산학협력 제도

67) **IT전공역량강화사업**: 국제경쟁력을 갖춘 창의력 있는 IT전문인력을 양성하기 위해 대학의 교육품질을 개선하고 글로벌 수준의 공학교육 인증확산을 유도하는 IT인력양성사업. 약칭 NEXT(Nurturing EXcellent engineers in information Technology) 사업

68) **IT전문협의회**(Focus Group) : IT분야 중소기업, 벤처 투자자, 유관 정책담당자 및 협회 등으로 구성된 민관 합동의 정보교류 및 정책협의 네트워크로서, '06년말 현재 세부업종별로 47개 전문협의회가 구성 · 운영중

69) **T서비스** : 네트워크, 하드웨어, 소프트웨어 등 IT와 관련된 수많은 요소들을 결합시켜, 하나의 시스템으로 운영될 수 있도록 구축해 주는 사업. IT 컨설팅, 시스템 개발, 시스템 통합(system integration) 등을 모두 포함함

70) **ITU-R 8F 분과회의(Working Party 8 F)** : WRC-07에서 논의예정인 차세대 이동통신 주파수의 소요량, 후보대역 등을 검토하는 ITU 산하 전문가 회의

71) **ISM(Industrial, Scientific, Medical) 기기** : 산업, 과학 및 의료용 전파응용설비로서 일상생활에서 쉽게 접할 수 있는 ISM기기로는 전자레인지, 초음파세척기, 고주파조명기기, MRI 및 고주파치료기 등이 있으며, 최근에는 반도체의 제조, 금속의 용접, 고주파주명기기 등으로 응용분야가 대폭 증가하고 있음

72) **ISP(Internet Service Provider)** : 개인이나 회사들에게 인터넷 접속서비스, 웹사이트 건설 및 웹호스팅 서비스 등을 제공하는 회사들을 의미하며, KT, 데이콤, 하나로텔레콤 등이 있음

73) **ITA(정보기술아키텍처)** : 정보시스템의 업무, 데이터, 응용기능, 기술 등을 조직 · 기관 전체의 관점에서 바라본 정보화 종합설계도

74) **IT SMERP(IT Small & Medium-sized Enterprises Revitalization Program)** : 정보통신부가 '04. 7월부터 추진하고 있는 IT중소 · 벤처기업 경쟁력 강화 대책으로서 기업 생태계 건전화와 맞춤형 정책지원에 초점을 두고 있음

75) **IT-SoC(IT System on a Chip)** : 하나의 반도체 칩에 여러 기능을 집적하여 복합기능화, 저전력화, 고성능화를 가능하게 하는 차세대 반도체

76) **IT839 전략** : 국민소득 2만불 달성을 위해 정보통신부가 '04. 2월부터 추진하고 있는 IT산업 발전 전략으로서, IT분야의 8대 신규 서비스, 3대 첨단 인프라, 9대 신성장동력을 IT산업의 독특한 가치사슬에 따라 유기적으로 연계하여 동반 성장하도록 촉진하기 위한 IT산업 전략. '06년부터는 시장환경에 맞게 이를 한단계 더 보완 · 발전시킨 『u-IT839 전략』을 추진중

77) **ITU(International Telecommunication Union ; 국제전기통신연합)** : 1865년 5월 17일에 국제전신연합으로 창설하여 1932년 마드리드 만국무선전신회의에서 지금의 명칭으로 바뀌었음. 1932년 국제전기통신협정에 따라 국제전신협정과 국제무선전신협정을 통합하였고, 협정의 효력이 발생하는 1934년부터 국제전기통신연합이 국제전신연합을 계승하였음. 1947년부터는 국제연합(UN) 전문기구가 되었고 협정 내용도 몇 차례 개정되었으며, 2006년 1월 현재 회원국 수는 189개국

78) **KCSI(Korean Customer Satisfaction Index)** : 한국산업의 상품 및 서비스에 대한 고객의 만족 정도를 나타내는 종합지수

79) **M&A(Mergers and Acquisitions)** : 기업결합(M&A)은 두개 이상의 기업이 합병하거나 한 기업이 다른 기업의 주식 · 자산 등을 취득하여 경영권을 인수하는 것을 말하며, 기업결합의 유형으로는 법인의 합병, 주식의 인수, 영업 또는 자산의 양도 · 양수 등이 있으며, 전기통신사업법에는 기간통신사업자간 합병, 사업 또는 자산의 양도 · 양수를 규율하고 있음

80) **M/W 대역(고주파통신대역)** : 주파수가 3~30㎓인 초고주파(Super High Frequency) 대역을 의미하며, 전파의 직진성이 뛰어나 지역적 · 방향간 이격에 의한 주파수 공유가 용이함

81) **NCSI(National Customer Satisfaction Index)** : 기업의 제품 및 서비스에 대한 고객의 만족도를 나타낸 수치

82) **OECD ICT 장관회의** : 2006. 10월 OECD 정보통신위원회 및 OECD 이사회(12월)를 통해 2008년 6월 우리나라 개최가 최종 확정된 회의로서 '98년 캐나다 오타와에서 정보화 관련 내용을 주제로 처음 개최된 이래 10년 만에, 아시아지역에서는 최초로 개최되는 OECD 장관급 회의임. 인터넷의 미래라는 주제로 향후 인터넷의 발전방향 및 인터넷이 정치 · 경제 · 사회 · 문화에 미칠 파급효과 등에

대한 논의를 통해 IT분야의 미래에 대한 비전을 제시하고, 정책권고안을 마련하는 중요한 계기가 될 것으로 예상됨

83) **OpenLab** : 시험 인프라를 갖추지 못한 중소 소프트웨어기업들이 제품을 검증에 필요한 테스트를 할 수 있도록 독립된 시험 공간과 테스트 베드, 시험전문인력을 제공하는 서비스

84) **P2P(Peer to Peer)서비스** : 인터넷상의 정보를 검색엔진을 거쳐 찾아야 하는 기존 방식과는 달리 인터넷에 연결된 모든 개인 컴퓨터로부터 직접 정보를 제공받는 서비스

85) **PDA(Personal Digital Assistant)** : 개인정보를 관리하거나 컴퓨터와 정보를 주고받을 수 있는 휴대용 컴퓨터의 일종이며, 손으로 정보를 직접 써서 입력 받을 수 있고 무선인터넷도 가능

86) **R&D센터(Research & Development Center)** : 일반적으로는 기업에서 이전에 없었거나 더 나은 제품, 기술을 만들기 위한 연구개발활동을 하는 기관을 말하며 정부기관이나 대학에서의 연구개발활동을 포함시키기도 함

87) **RFID(Radio Frequency Identification)** : 정보축적과 발신 기능을 가진 얇은 평면 형태의 전자태그(chip)를 각종 물품에 부착해 사물의 정보와 주변 환경 정보를 무선주파수(RF)로 전송 · 처리하는 비접촉식 전자식별 기술로서, 유비쿼터스 환경을 구현하기 위한 핵심기술

88) **RUPI(Robot Unified Platform Initiative)** : 로봇 SW플랫폼간의 상호호환성, 다양한 통신 및 정보기기와의 상호운용성, 이종통신망과의 상호접속성을 갖는 지능형 로봇의 SW 표준플랫폼 및 표준규격

89) SBSM(Single Band Single Mode) : 한 개의 주파수 대역에서 한 가지 모드만 지원하는 단말기 형태

90) SMATV(Satellite Master Antenna Television) : 아파트 등 공동주택에서 지상파TV를 시청하기 위하여 설치한 공동시청용 안테나설비에 접시안테나를 추가로 연결하여 위성방송 시청을 가능하게 하는 설비

91) SMS(Short Message Service, **단문메시지서비스**) : 이동전화 시스템에서 음성 통신과는 별도로 짧은 문자 메시지를 상대방 단말기에 전송하는 일종의 양방향 무선 데이터서비스

92) SQI(Service Quality Index) : 고객에 대한 서비스 품질에 대한 만족도를 조사하여 발표하는 서비스 산업전반의 품질수준을 나타내는 종합지표

93) 3G Evolution : 현재 IMT-2000으로 분류되는 CDMA2000 계열과 W-CDMA 계열의 진화된 차세대 이동통신 시스템을 말하며, 고속 이동시 10~30Mbps 급의 속도로 멀티미디어 서비스 제공이 가능함

94) 6시그마(6 Sigma) : 백만분의 3.4를 의미하는 통계척도인 6σ(sigma)를 사용하여 품질혁신과 고객만족을 달성하고자 하는 업무 프로세스 혁신 전략으로서 결함 발생률을 6σ(sigma) 수준으로 줄이는 것이 궁극적인 목표

95) TV-Payment : 디지털 케이블 방송을 기반으로 하여 디지털 TV를 통해 발생하는 전자상거래상의 결제를 지원하는 지불서비스

96) UCC(User Created Contents) : 네티즌들이 직접 만든 다양한 소재의 콘텐츠들로, 미디어 조직 등에 속하지 않은 일반인들의 비직업적 활동의 산물로 웹사이트에 공표한 콘텐츠

97) **UCI(Universal Contents Identifier)** : 디지털콘텐츠의 유통 및 관리 효율화를 위해 개별 디지털콘텐츠에 고유의 ID와 해당 콘텐츠에 대한 정보(메타데이터)를 체계적으로 부여하는 방식

98) **u-City** : 최첨단 IT기술을 도시 공간에 적용하여 도시 경쟁력을 혁신함으로써 주민의 삶의 질 향상, 신산업 창출, 국토 균형발전 등이 가능한 미래형 도시

99) **u-IT 클러스터(Ubiquitous IT Cluster)** : 정보통신부와 인천경제자유구역청이 올해부터 2010년까지 송도 경제자유구역에 조성하고자 하는 RFID/USN 산업 집적지역. 국내외 선도기업 유치와 중소기업 지원을 위해 종합시험센터 등 공유기반 시설을 정부가 조성 · 지원

100) **UN ESCAP(United Nations Economic and Social Commission for Asia and the Pacific ; 유엔 아 · 태경제사회위원회)** : UN 경제사회이사회(ECOSOC) 직속 5개 지역위원회 중 하나로 아 · 태 지역을 포괄하는 정부간 기구로서 역내 경제 · 사회 분야 개발 및 협력을 위한 중심적 역할을 수행하며, 1947년 3월 전후 아시아 · 극동지역의 경제재건 지원을 위해 ECAFE(Economic Commission for Asia and the Far East)로 창립되었으며 1974년 8월 UN ESCAP으로 명칭을 변경(태국 방콕 소재)

101) **URC(Ubiquitous Robotic Companion 네트워크 로봇)** : 기존 로봇 개념에 네트워크를 더한 것으로 로봇의 기능을 애초부터 만들어 출시하는 것이 아니라 마치 PC에서 소프트웨어를 다운로드하듯 로봇에 필요한 기능을 네트워크를 통해 로봇에 내려받는 방식을 취하는 로봇

102) **USIM(Universal Subscriber Identity Module)** : USIM은 WCDMA 이동통신 단말기에 필수적으로 탑재되며, 가입자정보를 탑재한 SIM카드와 UICC(Uinversal IC card)를 결합한 형태로서 사용자 인증과 글로벌 로밍, 전자상거래 등 다양한 기능을 가능하게 하는 범용 가입자 식별모듈

103) USN(Ubiquitous Sensor Network) : 필요한 모든 것(곳)에 전자태그를 부착하고, 이를 통하여 기본적인 사물의 인식정보는 물론 주변의 환경정보(예 : 온도, 습도, 오염도, 균열정보 등)까지 탐지하여 이러한 다양한 정보를 실시간으로 관리할 수 있는 네트워크 환경

104) USN Fab : 유비쿼터스 사회의 핵심인 센서 등 생산에 있어서 기업들이 공동으로 활용할 수 있는 반도체 공장

105) UWB(Ultra-WideBand ; **초광대역**) **통신** : 매우 넓은 주파수 대역을 사용하여 PC와 주변기기 및 가전제품간 대용량의 데이터를 근거리(평균 10~20m) 공간에서 저전력 전송이 가능하도록 하는 통신기술

106) VOC(Voice of Customer) **시스템** : 콜센터에 접수되는 고객불만사항을 접수부터 처리가 완료될 때까지 처리상황을 실시간으로 관리하고 처리결과를 관서별로 지표화하여 관리 및 평가함으로써 고객의 체감서비스를 향상시키는 고객관리시스템

107) WB(World Bank ; **세계은행**) : 세계은행(World Bank)은 국제부흥개발은행(IBRD ; International Bank for Reconstruction and Development)과 국제개발협회(IDA ; International Development Association)를 총칭함

※ 세계은행그룹(World Bank Group) : 세계은행, 국제금융공사(IFC : International Finance Corporation), 국제투자보증기구(MIGA : Multilateral Investment Guarantee Agency), 국제투자분쟁해결본부(ICSID : International Center for Settlement of Investment Disputes) 등 5개 기관

108) WCDMA(Wideband-Code Division Multiple Access) : IMT-2000서비스의 비동기식 기술방식으로 기존 CDMA 기술방식을 광대역화하여 고속의 무선인터넷, 화상전화 서비스 등이 가능한 3세대 이동통신 서비스

109) Web 2.0 : 구글, 아마존 등과 같은 성공한 인터넷 기업들의 특성을 분석하여

향후 인터넷 비즈니스 방향을 정립한 것으로 인터넷 기술의 급변 속에서 살아남은 특징을 의미하기도 하며, 다른 한편으로는 현 시점에서 성공하기 위해서 가져야 할 개방, 참여 등의 트렌드를 의미

110) WiBro(Wireless Broadband Internet) : 이동전화 기반의 무선인터 넷보다 저렴하고, 언제 어디서나, 시속 100km의 속도로 이동중에도 가 입자당 1Mbps 이상의 전송속도로 초고속의 무선인터넷서비스를 제공 하는 차세대 통신서비스로서 휴대인터넷 서비스라고도 함

111) WorldDMB 포럼 : 유럽 디지털 라디오방식(Eureka-147)의 세계적인 확산을 위해 '95년 EuroDAB로 시작되어 현재 세계 각국의 방송사, 연구기관, 제조사 등 120개 회원사가 활동하고 있으며 '97년 WorldDAB로, '06.10월 서울 총회에서 WorldDMB로 명칭 변경

112) USIM(Universal Subscriber Identity Module) : USIM은 WCDMA 이동통신 단말기에 필수적으로 탑재되는데, 가입자정보를 탑재한 SIM카드와 UICC(Uinversal IC card)를 결합한 형태로서 사용자 인증과 글로벌 로밍, 전자상거래 등 다양한 기능을 가능하게 하는 범용 가입자 식별 모듈

113) 4G(4 Generation) : 3G 이동통신인 IMT-2000의 뒤를 잇는 통신서비스로 멀티미디어 전송속도가 수십, 수백Mbps의 멀티미디어 전송속도를 가지는 기술

114) SNS(Social Network Service) : 'social'은 사회를 뜻하는 말로 공동체를 의미하고 인터넷에서 개인의 정보를 공유할 수 있게 하고, 의사소통을 도와주는 1인 미디어, 1인 커뮤니티 개념이며 참가자가 서로에게 친구를 소개하여 친구관계를 넓힐 것을 목적으로 개설된 커뮤니티형 웹사이트이다. 오늘날 SNS라고 말하면 첨단 IT기술을 이용하여 사람들 사이의 관계를 연결하는 서비스를 말 한다. 싸이월드, 페이스북, 카톡, 마이스페이스 등이 있다.

115) Social media : 자신의 생각과 의견, 경험, 관점 등을 서로 공유하고 참여하기 위해 사용하는 개방화된 온라인 툴과 미디어 플랫폼이다. 소셜미디어는 그 자체가 일종의 유기체처럼 성장하기 때문에 소비와 생산의 일반적인 매커니즘이 동작하지 않으며 양방향성을 활용하여 참여하고 정보를 공유하며 사용자들이 만들어 나가는 미디어이다.

116) Facebook : 페이스북은 댓글을 한눈에 볼 수 있고 친구사이를 기초로 친목교류와 쌍방향 커뮤니케이션에 무게를 둔 소셜미디어이다. 특징으로는 웹에서 소중한 친구를 만들고, 인맥을 확장하고 서로 간의 대화를 통한 소통을 중시한다.

117) twitter : 트위터는 일부 댓글을 확인하고 자신의 느낌이나 생각 및 주변의 소식을 알리는 브로드캐스팅 뉴스미디어이다. 특징으로는 짧고 간단한 메시지가 수많은 사람들을 팔로우하게 하는 방식이라 메시지의 전달속도가 매우 빠르다.

118) **모바일 비즈니스**(mobile business ; m-biz) : 무선 인터넷, 이동전화 등을 이용한 경재활동, 전자상거래와 무선망을 이용한 모든 사업을 말한다. 모바일 뱅킹, 모바일 증권거래, 모바일 티켓팅, 모바일 쿠폰, 모바일복권, 모바일 지갑 등 다양한 종류의 모바일 금융 상품과 모바일 전자상거래의 전면적 부상으로 기업 간 전자상거래, 전자책, 모바일 주문형 비디오 등이 있다.

119) **모바일 웹**(mobile web) : 이동 단말기에서 일반 웹에 접속할 수 있는 부라우징 기술이다.

120) 5G(5 Generation) : 4세대(4G) 이동통신인 LTE(롱텀에블루션)보다 1000배 빠른 5세대(5G) 이동통신이 2020년 세계 최초로 상용화 된다. 5G는 개인당 1Gbps급 전송속도이며 800MB 용량의 영화를 내려받을 때 4G는 40초 걸린다면 5G는 1초도 안 걸린다. 미래창조과학부는 2020 년까지 세계 단말기시장 1위, 장비시장 점유율 20%, 국제 표준특허 경쟁력 1위, 일자리 1만6000개 창출을 목표로 1조

6000천억원을 투자할 계획이다. 목표가 달성되면 2020년부터 2026년까지 5G 장비의 수출, 내수를 통해 331조원의 매출이 발생하고 국내통신서비스 부분에서 68조 원의 시장이 창출될 것으로 전망한다. 이에 따라 552조원의 생산유발, 2026년 58만 명의 고용효과를 전망한다.

121) **카카오톡(KakaoTalk)** : 주식회사 카카오가 2010년 3월 18일 서비스를 시작한 글로벌 모바일 인스턴트 메신저이다. 현재 스마트폰 사용자를 대상으로 프리웨어로 제공된다. 사용자수는 2011년 4월 1일 국내외 1000만이고, 2012년 3월 11일 4000만 명을 돌파 했다. 2014년 5월 26일 다음으로 합병되어 '다음카카오'로 통합법인을 정하였다.

122) **소셜커머스(social commerce)** : 소셜커머스라는 용어는 2005년 11월 야후를 통해 처음 사용되면서 확산되기 시작했다. 야후는 장바구니, 평점 등을 공유하는 서비스를 제공하면서 이를 소셜커머스라고 불렀다. 소셜커머스의 대표적인 분야인 소셜쇼핑(social shopping)은 특정 제품이나 서비스에 일정 참가자 이상이 구매 신청을 하면 가격을 할인해주는 비지니스 모델로, 2008년 10월 미국 시카고에 설립된 온라인 할인 쿠폰 업체 그루폰(Groupon)이 처음 만들어 성공을 거두었다. 그루폰은 'Group'과 'Coupon'의 합성어로 직역하면 '단체 쿠폰'이라는 뜻을 갖는다.

상품의 할인 폭이 50% 이상 되고 수수료까지 지불해야 하기 때문에 쿠폰 판매 자체는 소매업체에 크게 이익이 되지 않는다. 그럼에도 불구하고 소셜커머스 방식으로 상품 판매를 하는 이유는 광고 효과 때문이다. 마땅한 광고수단이 없는 소규모 소매업체들은 쿠폰을 판매함으로써 일정 기간 엄청난 주목을 받을 수 있다. 소셜네트워크 서비스인 페이스북이나 트위터 등을 통해 제품을 홍보하거나 물품을 판매하는 일련의 과정이 소셜커머스 분야에 해당한다.

123) **비트코인(Bitcoin)** : 2009년 1월 사토시 나카모토라는 필명의 프로그래머가 개발한 비트코인은 실제 생활에서 쓰이는 화폐가 아니라 온라인 거래상에서 쓰이는

가상화폐이다. 비트코인은 2008년 사토시 나카모토라는 정체불명의 인물이 각국의 중앙은행이 화폐 발행을 독점하고 자의적인 통화정책을 펴는 것에 대한 반발로 고안해 낸 것으로 알려져 있다. 컴퓨터가 제시하는 매우 난해한 수학 문제를 풀면 그 대가로 비트코인을 지급하는 작동방식으로, MIT 라이선스를 적용해 오픈소스로 공개했다.

비트코인을 만드는 과정은 광산업에 빗대어 '캔다'(mining)라고 하며 이러한 방식으로 비트코인을 만드는 사람을 '마이너'(miner), 즉 '광부'라고 부른다. 2009년부터 캐기 시작해, 2014년 3월 현재까지 약 1200만 비트 코인을 캤다. 처음 설계 당시 2145년까지 총 2100만 비트코인만 캘 수 있도록 설정했으므로 앞으로 약 800만 비트코인을 캐면, 비트코인은 고갈된다. 한 사람이 다수의 지갑을 만들 수 있으며 개수에 제한이 없다. 지갑을 만들 때는 개인 식별정보가 필요하지 않고 특정 국가나 발행주 체의 관리도 받지 않으므로 익명성이 보장되는 한편 누구나 접속하고 들여다볼 수 있는 오픈소스 소프트웨어이기 때문에 공개성도 가진다.

참고문헌

1. 국내문헌

1) 단행본

강성진. 2013. 일자리중심의 창조경제 실현방안, 서울: 국회
곽동균. 2013. 창조경제의 개념 및 역할, 서울: 한국방송통신전파진흥원
김국진. 2013. "IT와 미래창조경제의 나아갈 방향", 서울: 미디어미래연구소
김상규 외. 2014. "알기쉬운 경제학", 서울: 형설출판사
김승환 외. 2002. "디지털경영전략", 서울: 도서출판 두남
김범환. 2001. "정보통신경제론", 서울: 청목출판사
김정홍. 2011. "기술혁신의 경제학", 서울: (주)시그마프레스
김철환. 2010. "소셜커머스 해외 추진 사례와 전망", 서울: KT경제경영연구소
김환식. 2002. "디지털 경제시대의 중소기업 인적자원", 서울: 한국직업능력개발원

류석상 외. 2013. "창조경제 실현을 위한 ICT의 새로운 역할과 과제", 서울: 한국정보화진흥원
론 에드너. 2012. "혁신은 천개의 가닥으로 이어져 있다", 김태운 역, 생각연구소
류한석. 2010. "소셜커머스의 거부할 수 없는 매력", 서울: 기술문화연구소
민경식 외. 2013. 창조경제 패러다임과 ICT정책방향, 서울: 한국인터넷진흥원
박경진. 2009. "과학기술정책론", 서울: 도서출판 오름
박경진 외. 2011. "실용 정보통신공학", 서울: 도서출판 오름
박경진. 2011. "정보통신정책과 전자정부", 서울. 도서출판 오름
백삼균. 2011. "전략적 인적자원 개발론", 서울: 한국방송통신대학교 출판부
안홍식. 2009. "경제학원론", 서울: 도서출판 삼영사
오원선. 2011. "디지털 경제학", 서울: (주)새로운사람들
유병규. 2013. 창조경제의 의미와 새정부의 실현 전략, 서울: 현대경제연구원
이덕희 외. 2010. "정보통신경제학", 서울: 이앤비플러스

이장우. 2013. 창조경제의 이해와 대응방안, 서울: 창조경제연구원
이준승. 2013. 창조경제의 개념과 주요국 정책분석, 서울: 창조경제연구원
임영모 외. 2006. "개방형 기술혁신의 확산과 시사점", 서울: 삼성경제연구소
정병열 외. 2013. "재정학을 위한 미시경제학", 서울: 도서출판 세경
차두원 외. 2013. 창조경제 개념과 주요국 정책분석, 서울: 한국과학기술기획평가원
최계영. 2013. 창조경제와 ICT, 서울: 한국통신정책연구원

2) 연구보고서 및 간행물

강홍렬 외. 2012. "스마트 생태계의 확산과 SW산업의 패러다임 변화", 정보통신정책연구원, (2012. 12)
김성태. 2013. 창조경제시대의 ICT의 새로운 역할과 추진전략, 서울: 새누리당 창조 경제일자리창출특별위원회
김진형. 2013. "우리는 또다시 소프트웨어산업 육성을 논한다", KAIST SW정책연구
김창경. 2013. "창조경제를 위한 미래창조과학부의 비전과 과제", 정보통신정책연구원 토론회 발표자료
박수용. 2013. "2012 소프트웨어산업 연간보고서", SOFTWARE INDUSTRY ANALYSIS REPORT, (2013. 05)
송위진 외. 2013. "기술 집약형 사회적 기업 활성화 방안", 과학기술정책연구원 Issues & Policy 제65호
이민형. 2013. "창조경제 구현을 위한 국가혁신시스템의 전환방향과 과제", 과학기술 연구원 제72호
이민화. 2009. "창조경제와 벤처 생태계" 과학기술정책 2009년 겨울호
이상은 외. (2012. "Software engineering", 2012년 SW공학백서(2012. 09)
이양호. 2013. "창조경제와 창조경영의 개념정립에 관한 연구", 서울: 경영컨설팅연구소 제13권 제2호 통권 제37호
이윤준 외. 2012. "기업가 정신 고취를 위한 기술창업 활성화 방안", 과학기술연구원 2012년 12호
지석구. 2011. "소프트웨어산업 경쟁력 강화를 위한 활성화 방안", TTA Journal Vol 137(2011. 09)
조병선 외. 2014. "소프트웨어산업의 특징 및 구조변화에 대한 분석", 전자통신동향분석 제29권 제2호(2014. 04)
최계영 외. 2012. "ICT 페러다임 변화와 중장기 정책과제", 정보통신정책연구원 제06호
한국정보화진흥원. 2013. "창조경제 실현을 위한 ICT", 서울: 한국정보화진흥원 제03호

3) 홈페이지 및 기타자료

(1) 홈페이지 검색

국회도서관 http://www.nanet.go.kr

미래창조과학부 http://www.msip.go.kr

통계청 http://www.kostat.go.kr

청와대 http://www.president.go.kr

창조경제연구회 http://www.kcern.org

창조경제타운 http://www.creativekorea.or.kr

(2) 인터넷 검색

네이버 http://news.mk.co.kr/newsRead.php?year=2014&no=768395

네이버 http://www.ebn.co.kr/news/view/678633

네이버 http://www.ajunews.com/view/20140311083956969

네이버 http://www.ajunews.com/view/20140421154112180

네이버 http://www.etnews.com/20140422000151

네이버 http://www.dt.co.kr/contents.html?article_no=2013073002012269614007

네이버 http://www.mcst.go.kr/web/s.

네이버 http://www.etnews.com/20140423000152

2. 외국문헌

Adner, Ron. 2006. "Match Your Innovation Strategy to Your Innovation Ecosystem", Harvard Business Review, April.

Amanda Lenhart, Mary Madden. 2007. "Teens, Privacy, & online social networks", Pew Internet and American Life Project Report.

Bharnagar, S. 2002. "E-government and Access to Information", in Robin Hodess(ed.).

Boston Consulting Group. 2010. "The Connected Kingdom: How the Internetis Transforming the U.K. Economy"

Boston Consulting Group. 2011. "Turning Local: From Madrid to Moscow, the Internet is going Native"

Boston Consulting Group. 2012. "The $4.2 Trillion Opportunity: The Internet Economy in the G-20"

Branscomb, Lewis M. 1995. "Balancing the Commercial Public-Internet Vision of the NII", in : Kahin, Brian & J. Keller(eds.), Public Access to the Internet, MIT Press.

Castells, M. 1999. "The Information City is a Dual City" in High Technology and Low Income Communities : Prospects for the Positive Use of Advanced Information Technology, ed.

Chesbrough, Henry William. 2003. Open Innovation: The new imperative for creating and profiting from technology. Harvard Business School Press.

Fukuyama, F. 1999. "Social Capital and Civil Society", IMF Conference on Second Generation Reforms.

July. Bourreau, M&P. 2002. "Service-based vs, Facility-based Competition in Local Access Networks", Information Economics and Policy.

Knorr, Eric. 2010. "Get rady for the IBM Cloud", Info World.

Liu, H. 2007. "Social network profiles as taste performances", Journal of Computer-Mediated Communication.

Loader, Brian. 1998. "Cyberspace divided: equality, agency and policy in the information society", In Brian D. Loader, ed. Cyberspace Divide. London, England: Routledge.

Mckinsey Quarterly. 2007. "How business are Web2.0", A Mckinsey Global Survey.

Mckinsey Global Institute 2011. "Internet matters: The Net's sweepingimpact on growth, jobs, and prosperity"

Roche, E. 1996. "Information Technology, Development and Policy", Brookfield USA, Aldershot.

Scott Golder. 2007. "Rhythms of social interaction", Proceedings of Third International Conference on Communities and Technologies.

World Bank. 2001. "Bridging the Digital Divide : How Enterpriser Ownershin and Foreign Competition Affect Interest Access in Eastern Europe and Central Asia", Policy Research Working Paper.

찾아보기

[B]

[C]

[D]

[E]

[F]

[G]

[H]

[I]

[K]

| 저자소개 |

박 경 진

▸ **약력**

현)국가과학기술위원회 국가연구개발사업 평가위원
환경관리공단 자문위원
호텔등급 심사위원
경기도 심의위원
서울시 심의위원
인천시 심의위원
수원시 심의위원
정보통신기술사시험 출제위원
한국기술사회 기술중재위원장
성균관대학교 초빙교수
인하대학교 겸임교수
연세대학교 겸임교수

▸ **학력과 경력**

성균관대학교 공학사(정보통신공학부)
연세대학교 공학석사(전자통신전공)
연세대학교 행정학석사(정보통신정책전공)
경원대학교 행정학박사(정책전공)
고려대학교 정책대학원 고위정책과정 수료
한국생산성본부 고위경영자 과정 4기 수료
정부기관 상위평가위원
정보통신기술사
정보통신부, KBS(한국방송공사) 근무
(사)한국정책포럼 수석부회장(3년 역임)
한국정보통신기술사회 회장(8년 역임)
한국기술사회 이사(12년 역임)
한국기술사회 제도개선위원장(9년 역임)
한국기술사회 부회장(3년 역임)

▸ **주요 저서 및 논문** 과학기술정책론(국가우수학술도서 선정), 2009

실용 정보통신공학, 2011

정보통신정책과 전자정부, 2011

인력정책평가와 과학기술인 사회, 「한국인사행정학회보」, 2005

과학기술인력정책 평가에 관한 연구, 「한국정책연구원보」, 2004

한국 엔지니어링산업정책 개선방안, 「한국정책학회보」, 1998

정보통신경제론

2014년 9월 1일 초판 1쇄 인쇄
2014년 9월 5일 초판 1쇄 발행

저 자 박 경 진
발행인 진 욱 상 · 진 성 원

발행처 백산출판사
서울시 성북구 정릉로 157(백산빌딩 4층)
등 록 : 1974. 1. 9. 제 1-72호
전 화 : 914-1621, 917-6240
FAX 912-4438
http://www.ibaeksan.kr
editbsp@naver.com

저자와의 합의하에 인지첩부 생략

이 책의 무단복사 및 전재는
저작권법에 저촉됩니다.

값 18,000원
ISBN 978-89-6183-413-1